ALTA DEFINICIÓN

DAR Y RECIBIR

Un enfoque revolucionario sobre el éxito

OCEANO

Adam Grant

DAR Y RECIBIR

Un enfoque revolucionario
sobre el éxito

OCEANO

DAR Y RECIBIR
Un enfoque revolucionario sobre el éxito

Título original: GIVE AND TAKE: A Revolutionary Approach to Success

© 2013, Adam Grant

Traducción: Enrique Mercado

Diseño de portada: Departamento de Arte de Océano
Fotografía del autor: Michael Kamber
Fotografía de Jon Huntsman: Huntsman International LLC. Used by permission.
Fotografía de Kenneth Lay: Enron 1997 annual report.

D. R. © 2021, Editorial Océano de México, S.A. de C.V.
Guillermo Barroso 17-5, Col. Industrial Las Armas,
Tlalnepantla de Baz, 54080, Estado de México
info@oceano.com.mx

Tercera edición: 2021

ISBN: 978-607-557-408-0

Impreso en México / Printed in Mexico

En memoria de mi amigo

JEFF ZASLOW

quien vivió como un modelo para los principios de este libro.

Índice

1

Buenos rendimientos

Los riesgos y beneficios de dar más de lo que se recibe

El principio de dar y tomar, eso es diplomacia: da uno y toma diez.

—MARK TWAIN, ESCRITOR Y HUMORISTA[1]

Una soleada tarde de sábado en Silicon Valley, dos orgullosos padres veían jugar a sus hijas a la orilla del campo de futbol, y un rato después ya estaban hablando de trabajo.[2] El más alto era Danny Shader, emprendedor serial con antecedentes en Netscape, Motorola y Amazon. Vehemente, de cabello oscuro y capaz de no parar de hablar de negocios ni un minuto, había lanzado su primera compañía en los últimos años de su treintena, y le agradaba llamarse a sí mismo "el veterano de internet". Le gustaba formar compañías, y en aquel entonces hacía despegar su cuarta nueva empresa.

A Shader le simpatizó de inmediato el otro padre, David Hornik, quien se gana la vida decidiendo en qué compañías invertirá su empresa. De un metro sesenta de estatura, cabello oscuro, anteojos y barba de chivo, Hornik es un hombre de intereses eclécticos: colecciona libros de *Alicia en el País de las Maravillas*, y en la universidad creó su propia especialidad de música por computadora. Más tarde obtuvo una maestría en criminología y se tituló de abogado, y tras quemarse las pestañas en un despacho jurídico aceptó incorporarse a una sociedad de inversión de capital de riesgo, donde pasaría la década siguiente oyendo propuestas de emprendedores y decidiendo si financiarlos o no.

En una pausa entre partidos, Shader se volvió hacia Hornik y le dijo: "Traigo un proyecto entre manos. ¿Te gustaría conocerlo?". Hornik se especializaba en compañías de internet, así que parecía un inversionista ideal para Shader. El interés era mutuo. La mayoría de quienes hacen propuestas de nuevas empresas están por montar la primera de ellas en su vida, así que carecen de un historial de éxito. En contraste, Shader era un emprendedor de categoría que había dado en el clavo no una vez, sino dos. En 1999 su primera nueva empresa, Accept.com, fue adquirida por Amazon en ciento setenta y cinco millones de dólares. En 2007 su compañía siguiente, Good Technology, fue comprada por Motorola en quinientos millones. Con esa hoja de servicios, Hornik estaba más que curioso por saber qué tramaba Shader ahora.

Días más tarde, Shader se presentó en la oficina de Hornik para describir su idea más reciente. A casi la cuarta parte de los estadunidenses se les dificulta hacer compras en línea, porque no tienen cuenta bancaria ni tarjeta de crédito, y Shader tenía una solución innovadora para este problema. Hornik fue uno de los primeros capitalistas de riesgo en conocer esa propuesta, y le agradó al instante. Menos de una semana después, llevó a Shader frente a sus socios y le tendió una carta de intención: quería financiar su compañía.

Aunque Hornik actuó rápido, Shader estaba en una posición de fuerza. Dada su fama y la calidad de su idea, Hornik sabía que muchos inversionistas clamarían por trabajar con él. "Es raro que uno sea el único inversionista en ofrecer a un emprendedor una carta de intención", explica. "Hay que competir con las mejores sociedades de capital de riesgo del país, e intentar convencer al emprendedor de que acepte el dinero que se le ofrece, no el de otros."

Hornik habría casi asegurado la inversión si hubiera fijado una fecha límite para la decisión de Shader. Si hubiese hecho una oferta atractiva de vigencia corta, tal vez aquél la habría aceptado antes de poder presentar su propuesta a otros inversionistas. Esto es lo que muchos de ellos hacen para inclinar la suerte a su favor.

Pero Hornik no impuso a Shader una fecha límite. De hecho, prácticamente lo invitó a promover su propuesta entre otros inversionistas. Hornik es de la opinión de que los emprendedores necesitan tiempo para evaluar sus opciones, así que, por principio, se niega a hacer ofertas explosivas. "Tómate todo el tiempo que necesites para tomar la decisión correcta", dijo a Shader. Aunque esperaba que éste optara por él, puso los intereses de su cliente antes que los suyos propios, para que pudiera explorar otras opciones.

Y eso fue justo lo que Shader hizo: pasó las semanas siguientes presentando su idea a otros inversionistas. Hornik quiso confirmar en tanto que seguía siendo un contendiente serio, así que envió a Shader su recurso más valioso: una lista de cuarenta referencias capaces de confirmar su calibre como inversionista. Él sabía que los emprendedores buscan en los inversionistas los mismos atributos que todos buscamos en los asesores financieros: competencia y honradez. Cuando los emprendedores firman un contrato con un inversionista, éste pasa a formar parte del consejo de administración de la nueva empresa, donde brinda asesoría especializada. La lista de referencias de Hornik reflejaba la sangre, sudor y lágrimas que él había puesto trabajando con emprendedores durante más de una década en el ramo del capital de riesgo. Sabía que ellos avalarían su habilidad y carácter.

Semanas más tarde, su teléfono sonó. Era Shader, listo para anunciar su decisión.

"Lo siento", le dijo, "pero voy a firmar con otro inversionista".

Los términos financieros de la oferta de Hornik y del otro inversionista eran prácticamente idénticos, así que la lista de cuarenta referencias del primero debía haberle dado una ventaja. Además, una vez que habló con las personas objeto de esas referencias, a Shader le quedó muy claro que Hornik era una buena persona.

Pero fue justo este espíritu de generosidad lo que condenó al fracaso la oferta de Hornik. A Shader le preocupaba que, en vez de desafiarlo, aquél se dedicara a darle ánimos. Quizá Hornik no sería lo bastante firme para ayudarle a poner en marcha una empresa exitosa, mientras que el otro inversionista tenía fama de asesor brillante que cuestionaba y presionaba a los emprendedores. Tras su entrevista inicial con Hornik, Shader pensó: "Creo que necesitaré en el consejo a alguien que me desafíe más. Hornik es tan afable que podría no funcionar en la sala de juntas". Así, cuando le llamó, explicó: "Mi corazón me recomendó optar por ti, pero mi cabeza me aconsejó inclinarme por el otro inversionista. Decidí hacerle caso a mi cabeza, no a mi corazón".

Devastado, Hornik dudó de sí mismo. "¿Soy acaso un idiota? Si hubiera presionado a Shader para que aceptara mi carta de intención, tal vez él lo habría hecho. Pero he dedicado una década entera a forjar mi prestigio como inversionista justo para que no me sucedan cosas como ésta. ¿Cómo es posible que esto pasara?"

Hornik aprendió a la mala su lección: que los buenos siempre son los últimos.

¿Verdad?

* * *

De acuerdo con el saber establecido, los triunfadores tienen tres cosas en común: motivación, aptitud y oportunidad. Si queremos tener éxito, necesitamos una combinación de trabajo arduo, talento y suerte. Sin embargo, la historia de Danny Shader y David Hornik pone de relieve un cuarto ingrediente, decisivo pero a menudo ignorado: la forma en que interactuamos con los demás. Cada vez que interactuamos con alguien en el trabajo, tenemos que tomar una decisión: ¿reclamaremos todo el valor que podamos, o aportaremos valor sin importar qué recibamos a cambio?

Como psicólogo organizacional y profesor de Wharton, he dedicado más de diez años de mi vida profesional a estudiar estas decisiones en organizaciones que van de Google a la Fuerza Aérea estadunidense, y resulta que tienen consecuencias asombrosas para el éxito. En las tres últimas décadas, en una serie de estudios innovadores, los científicos sociales han descubierto que los individuos difieren drásticamente entre sí en sus preferencias de reciprocidad, su combinación favorita entre dar y tomar.[3] Para arrojar un poco de luz sobre esas preferencias, permítaseme presentar a los dos tipos de personas que ocupan los extremos opuestos del espectro de la reciprocidad en el trabajo: los interesados y los generosos.

Los *interesados* poseen un rasgo distintivo: gustan de tomar más de lo que dan. Inclinan la reciprocidad a su favor, poniendo sus intereses por encima de las necesidades ajenas. Creen que el mundo es un sitio competitivo, de rivalidad brutal. Sienten que, para tener éxito, deben ser mejores que los demás. Para demostrar su aptitud, se autopromueven, asegurándose de obtener amplio reconocimiento por sus esfuerzos. Los interesados ordinarios no son crueles ni violentos, sólo prudentes y cautelosos. "Si no veo por mí antes que por cualquier otro", piensan, "nadie lo hará". Si David Hornik hubiera sido un interesado, habría fijado una fecha límite para Danny Shader, poniendo así su meta de conseguir esa inversión antes que el deseo de Shader de contar con un horizonte temporal flexible.

Pero Hornik es lo contrario a un interesado: un *generoso*. Los generosos son una especie relativamente rara en el trabajo. Inclinan la reciprocidad en la dirección contraria, prefiriendo dar más de lo que reciben. Mientras que los interesados suelen centrarse en sí mismos, evaluando lo que los demás pueden ofrecerles, los generosos se centran en los otros, prestando atención a lo que éstos necesitan de ellos. Estas preferencias no se reducen al dinero: generosos e interesados no se distinguen entre sí por cuánto donan a la beneficencia ni por la compensación que exigen a sus jefes. Difieren más bien en sus actitudes y acciones con los demás. Si tú eres un interesado, ayudas estratégicamente a otros, cuando los beneficios *para ti* superan los costos. Si eres generoso, es probable que apliques un distinto análisis de costo-beneficio: ayudas siempre que los beneficios *para los demás* exceden los costos para ti. O bien, quizá no pienses en los costos personales, y ayudes a otros sin esperar nada a cambio. Si eres generoso en el trabajo, te empeñas en serlo compartiendo tu tiempo, energía, conocimientos, habilidades, ideas y contactos con quienes pueden beneficiarse de ellos.

Sería tentador reservar la etiqueta de "generoso" a grandes héroes como la Madre Teresa o Mahatma Gandhi, pero ser generoso no requiere sacrificios extraordinarios, sólo la inclinación a actuar en beneficio ajeno, sea prestando ayuda, ofreciendo orientación, compartiendo créditos o haciendo contactos en bien de los demás. Fuera del trabajo, este tipo de conducta es muy común. Según investigaciones realizadas por la psicóloga de Yale Margaret Clark, la mayoría de nosotros actuamos generosamente en nuestras relaciones íntimas.[4] En el matrimonio y la amistad, contribuimos tanto como podemos, sin llevar la cuenta de lo que aportamos.

Pero en el trabajo, dar y tomar es más complicado. Profesionalmente, pocos actuamos como generosos o interesados, adoptando en cambio un tercer estilo: nos volvemos *equitativos*, empeñándonos en preservar el equilibrio entre dar y recibir. Las personas equitativas operan con base en un principio de justicia: cuando ayudan a otros, se protegen buscando reciprocidad. Si tú eres equitativo, crees que debes pagar con la misma moneda que recibes, y riges tus relaciones por intercambios de favores equiparables.

Dar, tomar e igualar son tres estilos fundamentales de interacción social, pero las líneas que los separan no son absolutas. Tú podrías verte pasar de un estilo de reciprocidad a otro en diferentes roles de trabajo y relaciones.* Así, no sería de sorprender que actuaras en forma interesada al negociar tu salario, generosa al orientar a alguien menos experimentado que tú y equitativa al compartir tu experiencia con un colega. Pero las evidencias indican que, en el trabajo, la gran mayoría de nosotros desarrollamos un estilo de reciprocidad primario, en reflejo de la manera en que abordamos a casi todos casi todo el tiempo. Y este estilo primario puede desempeñar en nuestro éxito un papel tan importante como el trabajo arduo, el talento y la suerte.

De hecho, los patrones de éxito basados en estilos de reciprocidad son muy evidentes. Si yo te pidiera adivinar quién tiene más probabilidades de terminar en lo más bajo de la escala del éxito, ¿qué responderías? ¿Los interesados, los generosos o los equitativos?

* Alan Fiske, antropólogo de la University of California-Los Angeles, descubrió que la gente participa en una combinación de dar, tomar e igualar en todas las culturas humanas, de Norte a Sudamérica, de Europa a África y de Australia a Asia. Al vivir en Burkina Faso con el grupo tribal oesteafricano conocido como los mossis, observó que sus miembros oscilan entre dar, tomar e igualar. Tratándose de tierra, los mossis son generosos; si alguien quisiera instalarse en su poblado, automáticamente le otorgarían tierra, sin esperar nada a cambio. En el mercado, en cambio, se inclinan a tomar, regateando con énfasis en pos de mejores precios. Y en lo tocante a los cultivos, los mossis son equitativos: se espera que todos contribuyan en la misma medida, y las comidas se dividen en partes iguales. Véase Alan P. Fiske, *Structures of Social Life: The Four Elementary Forms of Human Relations*, Free Press, Nueva York, 1991.

En términos de vida profesional, esos tres estilos de reciprocidad tienen beneficios y desventajas. Pero uno de ellos resulta más costoso que los otros. Con base en la historia de David Hornik, tú podrías predecir que los peores resultados corresponden a los generosos, y tendrías razón. Las investigaciones demuestran que los generosos se ubican en la parte más baja de la escala del éxito. Estos individuos están en desventaja en una amplia variedad de ocupaciones; procuran el bien de los demás, pero en tanto sacrifican su éxito.

Entre los ingenieros, los menos productivos y eficaces son personas generosas. Cuando, en un estudio, más de ciento sesenta ingenieros de California opinaron unos de otros en lo referente a ayuda dada y recibida, los menos exitosos fueron los que daban más de lo que recibían. Estas personas generosas obtuvieron las peores calificaciones objetivas en su compañía respecto a número de tareas, informes técnicos y planos terminados, para no hablar de errores cometidos, fechas límite incumplidas y dinero perdido. Tomarse la molestia de ayudar a los demás les impedía hacer su trabajo.[5]

El mismo patrón emerge en las escuelas de medicina. En una investigación realizada entre más de seiscientos estudiantes de medicina en Bélgica, aquellos con las calificaciones más bajas tuvieron resultados inusualmente altos en enunciados propios de personas generosas como "Me gusta ayudar a los demás" y "Me adelanto a las necesidades de quienes me rodean". Los generosos se tomaban la molestia de ayudar a estudiar a sus compañeros, compartiendo lo que ya sabían a costa de sí mismos (por no poder llenar vacíos en sus conocimientos), lo que beneficiaba a aquéllos en la temporada de exámenes.[6] Con los vendedores sucede lo mismo. En un estudio sobre vendedores que yo efectué en Carolina del Norte, los generosos rendían dos y media veces menos ingresos anuales de ventas que los interesados y los equitativos. Lo mejor para sus clientes les preocupaba tanto que sus prácticas de ventas carecían de dinamismo.[7]

En todas las ocupaciones, parece que los generosos son sencillamente demasiado atentos y confiados, y están demasiado dispuestos a sacrificar sus intereses en bien de los demás. Incluso hay pruebas de que, en comparación con los interesados, los generosos ganan en promedio catorce por ciento menos,[8] tienen el doble de riesgo de ser víctimas de delitos[9] y son juzgados como veintidós por ciento menos eficaces y dominantes.[10]

Si los generosos son más propensos a terminar en la parte más baja de la escala del éxito, ¿quiénes ocupan la más alta? ¿Los interesados o los equitativos?

Ni unos ni otros. Cuando eché un nuevo vistazo a los datos, descubrí un patrón inaudito: *ese sitio corresponde también a los generosos.*

Como ya vimos, los ingenieros de más baja productividad son principalmente personas generosas, pero también los de productividad más alta lo son. Los ingenieros de California con la mejor puntuación objetiva en cantidad y calidad de resultados son aquellos que dan sistemáticamente a sus colegas más de lo que reciben. La gente de rendimiento más alto y más bajo son personas generosas; es muy probable que los interesados y los equitativos ocupen el área intermedia.

Este patrón es válido en todas partes. Los estudiantes de medicina belgas de más bajas calificaciones presentan resultados de generosidad inusualmente altos, pero lo mismo se aplica a aquellos con las calificaciones *más altas*. En el curso íntegro de sus estudios, los generosos obtienen calificaciones once por ciento más elevadas. Aun en las ventas, yo descubrí que los vendedores menos productivos tenían resultados de generosidad veinticinco por ciento más altos que los vendedores promedio, pero que lo mismo ocurría con los más productivos. Los de mejor rendimiento eran personas generosas, y promediaban cincuenta por ciento más ingresos anuales que los interesados y los equitativos. Los generosos ocupan la base y la cima de la escala del éxito. De examinarse el vínculo entre estilos de reciprocidad y éxito en la totalidad de las ocupaciones, se descubriría que hay una alta probabilidad de que no sólo los perdedores, sino también los campeones, sean personas generosas.

Adivina qué clase de persona es David Hornik.

* * *

Habiendo firmado el contrato con el otro inversionista, una sensación acuciante atormentaba a Danny Shader. "Acabábamos de cerrar un ciclo importante y debíamos estar celebrando. ¿Por qué no me sentía satisfecho? Me agradaba mucho mi nuevo inversionista, excepcionalmente brillante y talentoso, pero lo cierto es que había perdido la oportunidad de trabajar con Hornik." Shader quería buscar la manera de atraer a este último, pero había un problema: para involucrarlo, su principal inversionista y él tendrían que vender una parte más de la compañía, diluyendo así la propiedad de ésta.

Shader decidió que valía la pena hacerlo. Antes de finiquitar el financiamiento, invitó a Hornik a invertir en su compañía. Éste aceptó el ofrecimiento, con lo que pasó a participar en la propiedad de la empresa. En las reuniones del consejo, a Shader le impresionó que Hornik fuera tan capaz de instalo a considerar nuevas direcciones. "Vi su otro lado", dice Shader, "aquel que su afabilidad había opacado". Gracias en parte a la asesoría de Hornik, la nueva empresa de Shader despegó. Se llama PayNearMe y permite a los

estadunidenses sin cuenta bancaria ni tarjeta de crédito hacer compras en
línea con un código de barras o una tarjeta, y pagarlas después en efectivo
en tiendas participantes. Shader logró muy buenos acuerdos con 7-Eleven
y Greyhound para prestar ese servicio, y en su primer año y medio de operación PayNearMe creció más de treinta por ciento al mes. Como inversionista, Hornik tuvo algo que ver con ese crecimiento.

A su vez, Hornik añadió a Shader a su lista de referencias, algo quizá
más valioso que el hecho de que hubiera obtenido el contrato. Cuando un
emprendedor llama pidiendo referencias sobre Hornik, Shader le dice: "Él es
mucho más que una buena persona. Es un individuo fenomenal, supertraba-
jador y muy intrépido. Puede ser desafiante y comprensivo al mismo tiempo. Y es sumamente receptivo, uno de los mejores rasgos que pueda tener
un inversionista. Te llamará a cualquier hora del día o de la noche en respuesta a algo importante".

La compensación para Hornik no se redujo a su convenio con PayNear-
Me. Luego de verlo en acción, a Shader le pareció admirable su compromiso con los intereses de los emprendedores, y empezó a ofrecerle nuevas y
abundantes oportunidades de inversión. Por ejemplo, se lo recomendó al director general de Rocket Lawyer, quien lo contrató como inversionista pese
a que ya tenía una carta de intención de otro.

Aunque reconoce los inconvenientes de ello, David Hornik cree que operar como generoso ha sido uno de los motores de su éxito en el ramo del capital de riesgo. Él calcula en cincuenta por ciento el índice de cartas de intención que derivan en contratos firmados con emprendedores: "Si cierras
la mitad de los tratos que ofreces, te va muy bien". Pero en once años como
capitalista de riesgo, ha ofrecido a emprendedores veintiocho cartas de intención, veinticinco de las cuales han sido aceptadas. Shader es uno de los
sólo tres individuos que han rechazado una inversión de Hornik. En el otro
ochenta y nueve por ciento de los casos los emprendedores han aceptado su
dinero. Gracias a la asesoría financiera y especializada de Hornik, estos emprendedores han creado nuevas empresas de éxito; una de ellas fue valuada
en 2012 en más de tres mil millones de dólares en su primer día de operaciones en la bolsa, y otras han sido adquiridas por Google, Oracle, Ticket-
master y Monster.

El empeño y talento de Hornik, para no hablar de la suerte que tuvo de
estar en la orilla correcta en aquel partido de futbol de su hija, desempeñó
un papel importante en la obtención de su acuerdo con Danny Shader. Pero
el factor decisivo fue su estilo de reciprocidad. Más aún, él no fue el único en ganar. También Shader ganó, lo mismo que las compañías a las que

más tarde les recomendó a Hornik. Operando como generoso, éste creó valor para sí al tiempo que maximizaba las oportunidades de valor para otros.

* * *

En este libro, deseo convencerte de que tendemos a subestimar el éxito de personas generosas como David Hornik. Aunque solemos estereotipar a los generosos como "tontos" y "dejados", resulta que son muy exitosos. Para saber por qué ocupan la cima de la escala del éxito, examinaremos estudios y casos sorprendentes que ilustran que el acto de dar puede ser más eficaz —y menos riesgoso— de lo que la mayoría de nosotros creemos. Entre tanto, te presentaré a generosos de éxito en muchas áreas, como consultores, abogados, médicos, ingenieros, vendedores, escritores, emprendedores, contadores, maestros, asesores financieros y ejecutivos del deporte. Estos individuos voltearon el conocido plan de triunfar primero y retribuir después, aumentando la posibilidad de que quienes dan primero estén en mejores condiciones para triunfar después.

Pero no podemos olvidar a aquellos ingenieros y vendedores en lo más bajo de la escala. Algunas personas generosas se vuelven "pan comido" y "dejados", y deseo explorar lo que distingue a los campeones de los chambones. La respuesta tiene menos que ver con el talento o la aptitud en sí que con las estrategias que siguen los generosos y las decisiones que toman. Para explicar cómo evitan la parte más baja de la escala del éxito, desacreditaré dos mitos comunes sobre ellos, demostrándote que no son necesariamente amables ni necesariamente altruistas. Todos tenemos metas propias, y resulta que los generosos de éxito son tan ambiciosos como las personas interesadas y las equitativas. Sencillamente tienen una manera distinta de perseguir sus metas.

Esto nos lleva a mi tercer propósito: revelar las particularidades del éxito de los generosos. Permítaseme aclarar que generosos, interesados y equitativos pueden alcanzar el éxito por igual, como efectivamente lo hacen. Pero cuando los primeros tienen éxito, ocurre algo muy peculiar: su éxito se extiende y cae en cascada. Cuando los interesados ganan, es común que alguien pierda. Las investigaciones demuestran que tendemos a envidiar a los interesados de éxito, y a buscar la forma de hacerlos bajar un nivel.[11] En contraste, cuando quienes ganan son personas generosas como David Hornik, las alentamos y apoyamos en vez de declararles una guerra secreta. Los generosos triunfan de tal forma que producen una onda expansiva, incrementando el éxito de quienes los rodean. Como se verá más adelante, la diferencia estriba en que el éxito del generoso crea valor, no sólo lo reclama. Como dice el capitalista de riesgo Randy Komisar: "Es más fácil ganar si todos quieren que ganes. Si no te haces de enemigos, es más sencillo tener éxito".[12]

En algunas esferas, sin embargo, parecería que los costos de dar son mayores que los beneficios. En política, por ejemplo, el epígrafe de Mark Twain al principio de este capítulo sugiere que la diplomacia implica tomar diez veces más de lo que se da. "La política", escribe el expresidente estadunidense Bill Clinton, "es un oficio de 'recibir'. Debes recibir apoyo, contribuciones y votos una y otra vez".[13] Así, los interesados deberían tener ventaja para presionar y vencer a sus adversarios en elecciones competitivas, y los equitativos tendrían que ser muy aptos para el constante intercambio de favores que la política demanda. ¿Qué suerte corren los generosos en este ámbito?

Considera las dificultades políticas de un rústico que se hacía llamar Sampson.[14] Según él, su meta era ser el "Clinton de Illinois", de modo que puso la mira en ganar un asiento en el Senado. Sampson era un candidato insólito para cualquier puesto político, ya que había pasado sus primeros años trabajando en una granja. Pero dotado de una ambición enorme, contendió por primera vez por un escaño en la legislatura estatal cuando tenía apenas veintitrés años. Sólo los cuatro primeros entre los trece candidatos recibieron un asiento; Sampson tuvo una actuación deslucida y terminó en el octavo sitio.

Tras esta derrota, Sampson volvió la mirada a los negocios, consiguiendo un préstamo para poner un taller con un amigo. Pero la empresa quebró y él no pudo pagar el préstamo, así que las autoridades confiscaron sus bienes. Poco después, su socio murió en la pobreza y Sampson tuvo que asumir la deuda íntegra. Bromeaba diciendo que sus obligaciones eran "la deuda nacional": debía quince veces sus ingresos anuales. Años más tarde, terminaría de pagar hasta el último centavo.

Habiendo caído en bancarrota, Sampson compitió de nueva cuenta en la legislatura estatal. Aunque tenía sólo veinticinco años, acabó en segundo sitio, y recibió una curul. Para su primera sesión legislativa, tuvo que pedir prestado dinero a fin de comprar un traje. Ejerció en la legislatura estatal los ocho años siguientes, obteniendo entre tanto su título como abogado. Tiempo después, a los cuarenta y cinco años, estaba listo para tratar de influir en la escena nacional, e intentó llegar al Senado.

No obstante, Sampson sabía que libraba una batalla cuesta arriba. Sus principales adversarios eran James Shields y Lyman Trumbull. Ambos habían sido jueces de la Suprema Corte estatal y tenían un origen mucho más privilegiado que el suyo: Shields, titular del cargo en busca de reelegirse, era sobrino de un congresista; Trumbull, nieto de un eminente historiador educado en Yale. En comparación con ellos, Sampson tenía escasa experiencia y peso político.

Para sorpresa de todos, él salió favorito en la primera encuesta, con cuarenta y cuatro por ciento de las preferencias. Shields le seguía muy de cerca, con cuarenta y uno por ciento, mientras que Trumbull ocupó un distante tercer lugar, con cinco por ciento. En la encuesta siguiente, Sampson ganó terreno, obteniendo cuarenta y siete por ciento de las preferencias. Pero la marea empezó a cambiar cuando un nuevo candidato entró a la contienda: el entonces gobernador del estado, Joel Matteson. Matteson era popular, y podía arrebatar votos tanto a Sampson como a Trumbull. Cuando Shields se retiró de la lid, Matteson tomó rápidamente la delantera: tenía cuarenta y cuatro por ciento de las preferencias, Sampson había bajado a treinta y ocho y Trumbull contaba con apenas nueve. Horas más tarde, sin embargo, este último ganó la elección, con cincuenta y uno por ciento de los votos, superando por muy poco el cuarenta y siete de Matteson.

¿Por qué Sampson se había desplomado, y cómo fue posible que Trumbull ascendiera tan pronto? La súbita inversión de sus posiciones se debió a una decisión del primero, que parecía aquejado de generosidad patológica. Cuando Matteson entró a la contienda, Sampson dudó de poder reunir suficiente apoyo para asegurar su triunfo. Sabía que, aunque pocos, los seguidores de Trumbull le eran leales, y no se le rendirían. Cualquiera en sus zapatos habría presionado a los partidarios de Trumbull para que abandonaran el barco. Después de todo, con sólo nueve por ciento de las preferencias, Trumbull tenía pocas posibilidades de ganar.

Pero lo más importante para Sampson no era ganar, sino impedir el triunfo de Matteson. Creía que éste incurría en prácticas cuestionables. Algunos observadores lo habían acusado de tratar de sobornar a votantes influyentes. Sampson tenía al menos información confiable de que aquél se había acercado a algunos de sus partidarios clave. Sampson la tenía tan difícil, alegaba Matteson, que sus seguidores debían apoyarlo.

La preocupación de Sampson por los métodos y motivos de Matteson resultó profética. Un año después, al cabo de su periodo como gobernador, aquél cobró cheques del gobierno ya anacrónicos o cobrados, pero no cancelados, llevándose a casa varios cientos de miles de dólares por los que se le acusó de fraude.

Aparte de abrigar sospechas de Matteson, Sampson creía en Trumbull, con quien compartía la misma postura ante algunos de los problemas que enfrentaban. Sampson llevaba años promoviendo apasionadamente un gran cambio en la política social y económica. Creía que esto era vital para el futuro de su estado, y Trumbull estaba de acuerdo con él. Así, en vez de inten-

tar ganarse a los leales seguidores de Trumbull, Sampson decidió caer sobre
su propia espada. Dijo a su jefe de campaña, Stephen Logan, que se retiraría
de la contienda, y que pediría a sus partidarios que votaran por Trumbull.
Logan no lo podía creer: ¿a cuenta de qué un candidato con numerosos seguidores debía entregar la elección a uno con tan pocos? Logan rompió a
llorar, pero Sampson no cedió; tras retirarse, pidió a sus simpatizantes votar por Trumbull. Esto bastó para propulsar a Trumbull a la victoria, a expensas de Sampson.

Ésa no era la primera vez que Sampson ponía los intereses de los demás
por encima de los suyos. Pese a su éxito como abogado, padecía una desventaja aplastante: era incapaz de defender a clientes a los que creía culpables. Según un colega suyo, sus clientes sabían que "ganarían su caso si éste
era justo; de lo contrario, perdían el tiempo poniéndolo en manos de Sampson". Respecto a un cliente acusado de robo, Sampson dijo al juez: "Si usted
puede hablar a favor de este hombre, hágalo; yo no puedo. Si lo intentara,
el jurado notaría que lo creo culpable, y lo condenaría". En un juicio penal,
comentó a su socio: "Este sujeto es culpable; defiéndelo tú, a mí no me es
posible". Le cedió entonces el caso, dando la espalda a jugosos honorarios.
Estas decisiones le ganaron respeto, pero hacían dudar de que fuera tan tesonero como para tomar difíciles decisiones políticas.

Sampson "está muy cerca de ser un hombre perfecto", dijo uno de sus rivales políticos. "Pero le falta una cosa": no estaba capacitado para que se le
confiara poder, pues su interés en los demás empañaba fácilmente su juicio.
En política, operar como generoso ponía a Sampson en desventaja. Su negativa a ponerse primero a sí mismo le costó la elección al Senado, e hizo que
los observadores se preguntaran si era lo bastante fuerte para el implacable
mundo de la política. Trumbull era un polemista feroz, y Sampson pan comido a este respecto. "Lamento mi derrota", admitió éste, aunque después
aseguró que el triunfo de Trumbull contribuiría a promover las causas que
ambos compartían. Pasada la elección, un reportero local afirmó que, en
comparación con Sampson, Trumbull era "un hombre de verdadero talento y poder".

Pero Sampson no estaba dispuesto a marginarse para siempre. Cuatro
años después compitió otra vez por el Senado; y aunque perdió de nuevo,
en las semanas previas a la elección nada menos que Lyman Trumbull fue
uno de sus más francos partidarios. El sacrificio de Sampson se había visto
con buenos ojos, y Trumbull no fue su único adversario en sumársele en respuesta a su generosidad. En la primera contienda por el Senado, justo cuando Sampson contaba con cuarenta y siete por ciento de las preferencias y
parecía estar muy cerca de la victoria, Norman Judd, abogado y político de

Chicago, encabezaba a un firme cinco por ciento de los votantes, quienes no flaquearían en su lealtad a Trumbull. En su segunda tentativa por el Senado, Judd fue un sólido partidario de Sampson.

Dos años más tarde, luego de dos fallidas contiendas senatoriales, Sampson ganó al fin su primera elección de escala nacional. De acuerdo con un comentarista, Judd no olvidó nunca la "generosidad" de Sampson, e "hizo más que nadie" por asegurar su nominación.

En 1999, C-SPAN, la red estadunidense de televisión por cable a cargo de la política, encuestó a más de mil informados espectadores, quienes calificaron la eficacia de Sampson y otras tres docenas de políticos en pos de puestos similares. Sampson ganó el primer lugar en la encuesta, recibiendo las evaluaciones más altas. Pese a sus fracasos, resultó ser el político más popular de esa lista.[15] Pues bien, has de saber que Sampson's Ghost no era sino el seudónimo que este rústico utilizaba en sus cartas.

Su verdadero nombre era Abraham Lincoln.

En la década de 1830, Lincoln se empeñó en ser el DeWitt Clinton de Illinois, en referencia al senador federal estadunidense y gobernador de Nueva York que encabezó la construcción del Canal de Erie. Al retirarse de su primera contienda por el Senado en apoyo a Lyman Trumbull, compartió el compromiso de éste de abolir la esclavitud. Sea que se tratara de emancipar a los esclavos, sacrificar por la causa sus oportunidades políticas o negarse a defender a clientes que parecían culpables, Lincoln actuaba sistemáticamente por el mayor bien. Cuando expertos en historia, ciencia política y psicología calificaron a los presidentes estadunidenses, identificaron inequívocamente a Lincoln como generoso. "Aun si era inconveniente hacerlo, se tomaba la molestia de ayudar a otros", escribieron dos especialistas, lo que demuestra su "obvio interés en el bienestar individual de los ciudadanos".[16] Resulta notable que Lincoln sea visto como uno de los presidentes menos egocéntricos, egoístas y jactanciosos de la historia de Estados Unidos. En ponderaciones por separado de biografías presidenciales, Lincoln terminó entre los tres primeros —junto con Washington y Fillmore— en reconocer a los demás y actuar en su beneficio. En palabras de un general que trabajó con él, "Lincoln parecía poseer los elementos de la grandeza y la bondad en mayor medida que cualquier otro".

En la Oficina Oval, Lincoln se mostró resuelto a poner el bien de la nación por encima de su ego. Cuando, en 1860, ganó la presidencia, invitó a tres candidatos a los que había derrotado en la liza por la nominación republicana a que fueran sus secretarios de Estado, del Tesoro y de Justicia. En *Team of Rivals* (Equipo de rivales), la historiadora Doris Kearns Goodwin documenta lo inusual de ese gabinete. "Cada uno de los miembros del gobierno era más conocido, culto y experimentado que Lincoln en la vida pública. Su presencia en el gabinete podría haber amenazado con eclipsar al oscuro abogado de las llanuras."

Puesto en el lugar de Lincoln, un interesado habría preferido proteger su ego y poder invitando como colaboradores a sujetos complacientes. Un equitativo habría ofrecido puestos a sus aliados. Pero Lincoln invitó a sus más acérrimos competidores. "Necesitábamos en el gabinete a los hombres más fuertes del partido", diría después a un reportero incrédulo. "Yo no tenía derecho a privar al país de sus servicios." Algunos de esos rivales lo despreciaban, y otros lo creían incompetente, pero él se los ganó a todos. Según Kearns Goodwin, "el éxito de Lincoln al lidiar con el fuerte ego de los miembros de su gabiente sugiere que, en manos de un gran político, las cualidades que solemos asociar con la decencia y la moral –bondad, receptividad, compasión, honestidad y empatía– pueden ser también magníficos recursos políticos".

Si la política está en posibilidad de ser tierra fértil para las personas generosas, entonces éstas pueden tener éxito en cualquier labor. Pero la eficacia de la generosidad depende del tipo particular de intercambio en el que se le emplee. Es importante tener en mente este rasgo de la generosidad mientras avanzamos entre las ideas de este libro: en un momento dado, esta virtud puede ser incompatible con el éxito. En situaciones de estricta suma cero y en interacciones de ganar-perder, es raro que rinda dividendos. Lincoln aprendía esta lección cada vez que decidía dar algo a costa suya. "Si acaso tengo un vicio", dijo él mismo, "y no me es posible llamarlo de otra manera, ¡es el de no poder decir no!".

En su mayor parte, sin embargo, la vida no es de suma cero, y quienes optan por dar como su estilo de reciprocidad primario suelen cosechar recompensas. Para Lincoln, como para David Hornik, decisiones aparentemente abnegadas fueron una ventaja a la larga. Al concluir preliminarmente que Lincoln y Hornik salieron perdiendo, no habíamos ampliado lo suficiente los horizontes temporales. Las personas generosas tardan en inducir buena voluntad y confianza, pero esto les permite crear la fama y relaciones que favorecen su éxito. De hecho, comprobarás más adelante que, en las ventas y las escuelas de medicina, la ventaja de los generosos se amplifica con el tiempo. A largo plazo, la generosidad puede ser tan peligrosa como eficaz. Como explica Chip Conley, el renombrado emprendedor que fundó Joie de Vivre Hotels: "Ser generoso no es bueno para la carrera de cien metros planos, pero sí para la maratón".[17]

En tiempos de Lincoln, la maratón era muy tardada. Sin teléfonos, internet ni transporte ágil, forjar relaciones y reputaciones era un proceso lento.

"Antes podías enviar una carta y nadie se enteraba", dice Conley, quien cree que en el mundo interconectado de hoy, donde las relaciones y la fama son más visibles, los generosos pueden acelerar su ritmo. "Ya no tienes que sacrificar una cosa por la otra", afirma Bobbi Silten, expresidente de Dockers y actual director de responsabilidad social y ambiental global de Gap Inc. "Puedes ser generoso y tener éxito."[18]

El hecho de que el largo plazo se haya acortado no es la única fuerza que ha vuelto más productiva la generosidad en términos profesionales. Vivimos en una época en la que grandes cambios en la estructura del trabajo –y en la tecnología que la determina– han acrecentado las ventajas de la generosidad. Hoy, más de la mitad de las compañías estadunidenses y europeas se sirven de equipos para realizar sus labores.[19] Dependemos de equipos para producir coches y casas, practicar cirugías, volar aviones, librar guerras, tocar sinfonías, hacer notas informativas, auditar compañías y prestar servicios de consultoría. Y los equipos dependen a su vez de personas generosas que compartan información, se ofrezcan voluntariamente a ejecutar tareas impopulares y presten ayuda.

Cuando Lincoln invitó a sus rivales a su gabinete, ellos tuvieron la oportunidad de ver de primera mano su gran disposición a contribuir al bien ajeno y el de su país. Años antes, otro rival suyo, Edwin Stanton, lo había rechazado como coabogado en un juicio, llamándolo "mono torpe y de brazos largos". Pero habiendo trabajado con él, Stanton lo describió como "el mejor conductor de hombres que yo haya conocido". A medida que más personas se organizan en equipos, los generosos tienen más oportunidades de mostrar su valía, como lo hizo Lincoln.

Aun si no trabajas en equipo, es muy probable que tengas un puesto de servicio. Casi todos nuestros abuelos trabajaban en puestos por separado produciendo bienes. No siempre debían colaborar con otros, así que en ese entonces ser generoso resultaba muy ineficiente. Ahora, un alto porcentaje de personas trabajan en puestos interconectados prestando servicios a otras. En la década de 1980, el sector servicios representaba la mitad del producto interno bruto (PIB) mundial, pero en 1995 ya era responsable de cerca de dos tercios de él. Hoy, más de ochenta por ciento de los estadunidenses laboran en puestos de servicio.

Conforme el sector servicios continúa expandiéndose, cada vez más individuos valoran a los prestadores con fama y relaciones de generosidad.[20] Así tu estilo de reciprocidad sea principalmente el generoso, interesado o equitativo, podría apostar que quieres que tus prestadores de servicios clave sean personas generosas. Esperas que tu médico, abogado, maestro, dentista, plomero y agente de bienes raíces dé más importancia a aportarte valor que a reclamártelo. A esto se debe que David Hornik tenga un índice de éxito de ochenta y nueve por ciento, ya que los emprendedores saben que cuando les ofrece invertir en sus compañías, tiene en mente sus mejores intereses. Y mientras que muchos capitalistas de riesgo no atienden propuestas no solicitadas, prefiriendo dedicar su escaso tiempo a personas e ideas que ya han demostrado ser promisorias, Hornik responde personalmente a correos electrónicos de completos desconocidos. "Me gusta ser lo más útil posible, independientemente de si tengo o no algún interés económico", dice. En su opinión, un capitalista de riesgo exitoso es "un prestador de servicios. Los emprendedores no están para servir a los capitalistas de riesgo, sino al revés".

El ascenso de la economía de servicios arroja luz sobre el motivo de que los generosos obtengan las peores y mejores calificaciones en las escuelas de medicina. En la ya citada investigación sobre los estudiantes de medicina belgas, los generosos obtuvieron calificaciones significativamente menores en su primer año. Estaban en desventaja, y la correlación negativa entre puntuación como generosos y calificaciones era más fuerte que el efecto de fumar sobre el riesgo de contraer cáncer de pulmón.

Pero ése fue el único año en su carrera en que los generosos registraron bajo rendimiento. En el segundo año cerraron la brecha, alcanzando un rendimiento ligeramente superior al de sus compañeros. En el sexto, obtuvieron calificaciones sustancialmente más altas que aquéllos. Medido *seis años antes*, el estilo generoso predecía las calificaciones a lo largo de la carrera mejor que el efecto de fumar sobre el índice de cáncer de pulmón (y el de usar parches de nicotina para dejar de fumar). En el séptimo año, cuando los generosos se hicieron médicos, habían llegado más alto aún. El efecto de la generosidad en el desempeño final en la carrera de medicina resultó más fuerte que los ya referidos del tabaquismo, y más fuerte incluso que el del alcoholismo en la conducta agresiva.

¿Por qué la desventaja de los generosos se invirtió, convirtiéndose en una ventaja tan notoria?

Los generosos no presentaron cambio alguno, pero su plan de estudios sí. Al avanzar en su carrera, los estudiantes de medicina pasan de clases independientes a rotaciones clínicas, internados y atención a pacientes. Entre más progresan, más depende su éxito del trabajo en equipo y el servicio. Y al modificarse la estructura del trabajo en el aula, los generosos se benefician de su tendencia natural a colaborar eficazmente con otros profesionales médicos y a expresar interés en sus pacientes.

Esta ventaja de los generosos en los roles de servicio difícilmente se limita a la medicina. Steve Jones, galardonado exdirector general de uno de los bancos más grandes de Australia, quiso saber cuál era la clave del éxito en la asesoría financiera.[21] Su equipo analizó factores esenciales como experiencia financiera y esfuerzo. Pero "el factor más influyente", me dijo él mismo, "resultó ser que el asesor financiero tenga en mente los intereses del cliente, antes que los de la compañía, e incluso los suyos propios. Una de mis tres prioridades principales fue inculcar este valor y demostrar que tratar de esa forma a los clientes nos beneficia a todos".

Un asesor financiero ejemplo de ese estilo generoso es Peter Audet, australiano de anchos hombros que alguna vez se dejó la melena a la manera de Bon Jovi. Peter se inició como representante de servicio al cliente contestando teléfonos en una gran compañía de seguros. Un año después ganó el premio Personalidad del Año, superando a cientos de empleados gracias a su pasión por ayudar a los clientes, y se convirtió en el supervisor de departamento más joven de la compañía. Años más tarde, al participar con otros quince ejecutivos en un ejercicio de dar y tomar, resultó que el ejecutivo promedio ofrecía ayuda a tres colegas; Peter la ofreció a los quince. Es tan generoso que ayuda incluso a los solicitantes de empleo que no contrata, dedicando horas enteras a hacer contactos en busca de otras oportunidades para ellos.

En 2011, cuando trabajaba como asesor financiero, Peter recibió una llamada de un cliente que quería hacer ajustes a un modesto fondo de pensiones, valuado en setenta mil dólares. Cuando el empleado al que se le asignó esta tarea se enteró de que el cliente en cuestión era un hojalatero, pensó como equitativo y se negó a ir a verlo: sería una pérdida de tiempo. Ciertamente, esta visita no valía el tiempo de Peter, especializado en clientes de alto patrimonio, cuyos fondos valían miles de veces más y cuyo cliente más importante invertía más de cien millones de dólares. Calculando el valor en dólares del tiempo de Peter, el fondo del hojalatero no valía siquiera el que él tendría que invertir para ir en coche hasta su casa. "Era un cliente insignificante y nadie quería hacerse cargo de él; estaba muy por debajo de los demás", reflexiona Peter. "Pero no puedes ignorar a alguien por el simple hecho de no creerlo importante."

Peter concertó una cita con el hojalatero para ajustar su plan de inversión. Cuando llegó a su casa, se quedó boquiabierto; la puerta estaba llena de telarañas y no se había abierto en meses. Iba a marcharse cuando un hombre de treinta y cuatro años la abrió. La sala estaba repleta de alimañas, y desde ahí podía verse el cielo; no tenía techo. El cliente señaló con timidez unas sillas plegadizas, y Peter se sumió en los cambios a su plan. Sintiendo lástima por él, que parecía un obrero serio y trabajador, le hizo una propuesta generosa: "Por qué no me cuenta un poco acerca de usted, para ver si hay algo más en lo que le pueda ayudar".

El cliente dijo ser aficionado a los automóviles, y lo condujo a un sucio cobertizo, en el que Peter supuso que presenciaría otra deprimente exhibición de pobreza, imaginando una pila de metal oxidado. Pero cuando entró al lugar, tuvo que reprimir una exclamación. Frente a él se tendían, en inmaculadas condiciones, un Chevy Camaro de primera generación, fabricado en 1966; dos Valiant australianos clásicos, con motor de mil caballos de fuerza para carreras de dragsters; una camioneta con medio compartimiento trucado, y un cupé Ford de la película *Mad Max*. El cliente no era un chatarrero cualquiera; tenía un lucrativo negocio de hojalatería. Acababa de comprar esa casa para repararla, sobre un terreno de cuatro y medio hectáreas que costaba 1.4 millones de dólares. Peter pasó el año siguiente sometiendo a reingeniería la empresa del cliente, mejorando su posición fiscal y ayudándolo a renovar la casa. "Todo lo que hice fue tratar de hacer un favor", señala Peter. "Al llegar a trabajar al día siguiente, me reí del colega que se había negado a visitar al cliente." Peter siguió desarrollando una firme relación con este último, cuyos ingresos se multiplicaron por cien en un año, y espera continuar trabajando con él durante décadas.

En el curso de su carrera, dar ha permitido a Peter Audet acceder a oportunidades que los interesados y equitativos suelen dejar pasar, aunque esto también ha tenido un alto costo para él. Como se verá en el capítulo 7, Peter fue explotado por dos interesados que estuvieron a punto de hacerlo quebrar. Pero él se las ingenió para subir de la base a la cima de la escala del éxito, convirtiéndose en uno de los asesores financieros más productivos de Australia. La clave, cree él, fue aprender a aprovechar los beneficios de la generosidad al tiempo que minimizaba los costos. Como director ejecutivo de Genesys Wealth Advisers, logró salvar a su compañía de la bancarrota y volverla uno de los líderes de la industria, éxito que atribuye al hecho de ser generoso. "Es indudable que he tenido éxito en el ramo gracias a que me gusta dar. Ésta es mi mejor arma", dice. "Cuando peleo un contrato con otros asesores, la gente me dice que es por eso que gano."

Pese a que la generosidad debe sus actuales ventajas a cambios tecnológicos y organizacionales, posee de igual forma un rasgo más duradero: cuando pensamos en los principios que rigen nuestra vida, descubrimos que dar ejerce sobre muchos de nosotros una atracción natural. En las tres últimas décadas, el respetado psicólogo Shalom Schwartz examinó los valores y principios que más importan a la gente en diferentes culturas de todo el mundo. En uno de sus estudios analizó muestras razonablemente representativas de miles de adultos en Alemania, Australia, Chile, España, Estados Unidos, Finlandia, Francia, Israel, Malasia, los Países Bajos, Sudáfrica y Suecia. Tradujo su encuesta a una docena de idiomas, y pidió a los entrevistados calificar la importancia de ciertos valores. He aquí algunos ejemplos:

Lista 1
- Riqueza (dinero, bienes materiales)
- Poder (dominio, control de los demás)
- Placer (gozar de la vida)
- Éxito (hacer las cosas mejor que otros)

Lista 2
- Ser útil (trabajar por el bienestar ajeno)
- Responsabilidad (ser confiable)
- Justicia social (interés por los menos favorecidos)
- Compasión (reaccionar a las necesidades de los demás)

Los interesados se inclinan por los valores de la lista 1, mientras que los generosos priorizan los de la 2. Schwartz quiso saber qué país respaldaba los valores de los generosos. Repasa los doce países ya mencionados. ¿La mayoría de la población de cuál de ellos aprueba los valores de los generosos por encima de los del interesado?

La de todos ellos. En esos doce países, la mayoría de la gente aseguró que dar era su principal valor.[22] Que esto le importaba más que el poder, la realización, la diversión, la libertad, la tradición, la conformidad, la seguridad y el placer. De hecho, lo mismo sucedió en más de setenta países del mundo entero. Los valores de los generosos son el principio rector número uno en la vida de la mayoría de la gente de la mayoría de los países, de Argentina a Armenia, de Bélgica a Brasil, de Eslovaquia a Singapur. En casi todas las culturas del mundo, incluida la estadunidense, la mayoría de la gente coincide en que dar es su principio rector más importante.

En cierto modo, esto no es de sorprender. Como padres, leemos a nuestros hijos libros como *The Giving Tree* (El árbol pródigo), y enfatizamos la importancia de compartir y cuidar. Pero tendemos a compartimentar la generosidad, reservando para la esfera del trabajo otra serie de valores. Tal vez nos gusta Shel Silverstein para nuestros hijos, pero la popularidad de libros como *Las 48 leyes del poder* de Robert Greene —para no hablar de la fascinación de muchos gurús de los negocios por *El arte de la guerra* de Sun Tzu— sugiere que los valores de los generosos no tienen cabida en nuestra vida profesional.

En consecuencia, aun quienes operan como generosos en el trabajo suelen temer admitirlo. En el verano de 2011 conocí a Sherryann Plesse, ejecutiva de una prestigiosa institución de servicios financieros.[23] Es evidentemente una persona generosa: dedicaba horas incontables a orientar a nuevos colegas y se había ofrecido voluntariamente a encabezar en su compañía una iniciativa de liderazgo femenino y una importante iniciativa de recaudación de fondos de beneficencia. "Doy por sistema", dice. "No busco retribución; quiero hacer una diferencia y tener impacto, y me concentro en la gente que más puede beneficiarse de mi ayuda."

Con objeto de enriquecer su visión para los negocios, Sherryann participó en un curso de liderazgo de seis semanas de duración, junto con otros sesenta ejecutivos de compañías de todo el mundo. Para identificar sus fortalezas, se sometió a una exhaustiva evaluación psicológica. Pero le asustó saber que sus principales fortalezas profesionales eran la bondad y la compasión. Temiendo que estos resultados pusieran en peligro su fama de líder dura y exitosa, decidió no revelarlos a nadie. "No quería parecer un bicho raro. Temí que la gente comenzara a percibirme de otra forma, tal vez como una ejecutiva menos seria", confía. "Fui condicionada a dejar al margen mis sentimientos y a ganar. Quiero que sean el trabajo arduo y la orientación a resultados, no la bondad y la compasión, lo que se vea como mis habilidades principales. En los negocios, a veces tienes que ponerte una máscara."

El miedo a que se les juzgue débiles o ingenuas impide a muchas personas operar en el trabajo como generosas. Muchas con valores de generosidad en la vida optan por la equidad como su principal estilo de reciprocidad en el trabajo, persiguiendo un equilibrio entre dar y tomar. En un estudio, la gente respondió una encuesta sobre si su enfoque predeterminado de las relaciones de trabajo era dar, tomar o igualar. Sólo ocho por ciento dijo ser generosa; el otro noventa y dos por ciento aseguró no estar dispuesta a dar más de lo que recibe. En otra investigación descubrí que, en las oficinas, una proporción superior a tres veces más personas prefieren ser equitativas que generosas.

Quienes prefieren dar o igualar suelen sentirse presionados a seguir la dirección de los interesados cuando perciben que un centro de trabajo es de suma cero.[24] Así se trate de una compañía con sistemas forzosos de clasificación, un grupo de empresas en pos de los mismos clientes o una escuela que exige ciertas curvas de calificación y con más demanda que oferta de puestos deseables, es natural suponer que los compañeros se inclinarán a tomar más que a dar. "Cuando prevé en los demás una conducta de interés propio", explica el psicólogo de Stanford Dale Miller, la gente teme que se le explote si opera con generosidad, de modo que concluye que "perseguir una orientación competitiva es lo más apropiado y racional". Incluso hay evidencias de que el mero hecho de ponerse un traje de oficina y analizar un caso de la Harvard Business School basta para reducir significativamente la atención que la gente presta a los vínculos y a los afanes de los demás.[25] El temor a la explotación por interesados es tan amplio, escribe el economista de Cornell Robert Frank, que, "al alentarnos a esperar lo peor en otros, saca lo peor de nosotros mismos: temiendo el papel del fracasado, solemos resistirnos a atender nuestros instintos más nobles".[26]

Dar es especialmente arriesgado cuando se trata con interesados, y David Hornik cree que muchos de los capitalistas de riesgo más exitosos del mundo operan como tales: insisten en porciones desproporcionadamente grandes de las nuevas empresas de los emprendedores y reclaman excesivo crédito cuando sus inversiones son afortunadas. Hornik está decidido a cambiar estas normas. Cuando un planificador financiero le preguntó qué perseguía en la vida, él respondió: "Quiero demostrar que el éxito no tiene por qué ocurrir a expensas de otra persona".

En un intento por probarlo, Hornik ha roto dos de las reglas más sagradas del ramo del capital de riesgo. En 2004 fue el primer capitalista de riesgo en iniciar un blog. Ese ramo era una caja negra, así que Hornik invitó a los emprendedores a conocerlo. Compartía abiertamente información en línea, a fin de ayudar a los emprendedores a mejorar sus propuestas entendiendo mejor cómo piensan los capitalistas de riesgo. Los socios de Hornik y el apoderado legal de su compañía intentaron disuadirlo. ¿Por qué querría divulgar secretos comerciales? Si otros inversionistas leían su blog, podían robar ideas sin ofrecer nada a cambio. "La idea de que un capitalista de riesgo hablara de lo que hace se juzgó descabellada", reflexiona Hornik. "Pero mi intención era conversar con una amplia serie de emprendedores y serles útil." Sus críticos estaban en lo cierto: "Muchos capitalistas de riesgo terminaron leyéndolo. Cuando yo hablaba de compañías específicas que me entusiasmaban, la competencia por contratos se volvía más intensa". Pero él estaba dispuesto a pagar ese precio. "Mi único propósito era crear valor para los emprendedores", dice, y ha mantenido ese blog en los últimos ocho años.

Su segundo paso inusual resultó de la frustración que le hacían sentir los oradores aburridos en conferencias. Cuando él estaba en la universidad, se había asociado con un profesor para establecer una oficina de oradores que le permitiera invitar al campus a personas interesantes, entre las que se contaron el inventor del juego Dungeons & Dragons, el campeón mundial de yo-yo y el animador que creó los personajes del Coyote y el Correcaminos para Warner Bros. Los oradores en conferencias de capital de riesgo y tecnología no estaban a la altura. "Me di cuenta de que, en vez de oírlos, yo prefería dedicar mi tiempo a preguntar a la gente en el lobby en qué trabajaba. El verdadero valor de esos actos son las conversaciones y relaciones en-

tre personas. ¿Qué pasaría si una conferencia giraba alrededor de esas conversaciones y relaciones, no de su contenido supuesto?"

Hornik planeó en 2007 su primera conferencia anual. La llamó The Lobby, y la meta fue reunir a emprendedores para que hablaran de sus ideas
acerca de nuevos medios. Hornik arriesgó en ello cuatrocientos mil dólares,
y la gente intentó disuadirlo de nuevo. "Podrías destruir la reputación de tu
empresa", se le advirtió, insinuando que, si la conferencia fracasaba, él vería
arruinada su carrera. Pero Hornik siguió adelante y, al mandar las invitacio-
nes, hizo lo impensable: invitar a capitalistas de riesgo de empresas rivales.

Varios colegas creyeron que había perdido el juicio. "¿Por qué diablos has
de permitir que otros capitalistas de riesgo asistan a la conferencia?", preguntaron. Si él conocía en The Lobby a un emprendedor con una idea atractiva,
tendría una ventaja para invertir en ella. ¿Por qué querría ceder esa ventaja
y ofrecer oportunidades a sus competidores? Una vez más, Hornik ignoró a
los pesimistas. "Quiero crear una experiencia que nos beneficie a todos, no
sólo a mí." A uno de sus rivales que asistieron al acto le gustó tanto el formato que más tarde haría su propia conferencia estilo Lobby, aunque sin
invitar a Hornik y otros capitalistas de riesgo: sus socios no se lo permitieron. No obstante, Hornik siguió invitando a sus competidores a The Lobby.

Él mismo reconoce los costos de operar generosamente. "Hay quienes me
consideran iluso. Creen que para triunfar hay que ser un interesado", dice.
Si él lo fuera, tal vez no aceptaría propuestas no solicitadas, no responde-
ría personalmente correos electrónicos, no compartiría información con sus
competidores a través de su blog ni invitaría a sus rivales a beneficiarse de
The Lobby. Protegería su tiempo, guardaría celosamente sus conocimientos
y aprovecharía sus contactos con más cuidado. Si fuera un equitativo, habría
exigido retribución al capitalista de riesgo que asistió a The Lobby y no lo
invitó a su conferencia. Sin embargo, Hornik pone más atención en lo que
los demás necesitan que en lo que él obtiene de ellos. Estos valores le han
permitido tener mucho éxito como capitalista de riesgo y ser ampliamente
respetado por su generosidad. "Es una relación de beneficio mutuo", reflexiona. "Produzco un entorno en el que otras personas pueden lograr acuerdos
y establecer relaciones, y vivo en el mundo en que quiero vivir." Su experiencia refuerza la impresión de que, además de profesionalmente arriesgado, dar también puede ser profesionalmente satisfactorio.

Conocer la razón de que dar sea tan eficaz como peligroso es el tema de
Dar y recibir. En la primera sección del libro se revelarán los principios del
éxito de los generosos, ilustrando cómo y por qué hay personas generosas
que llegan a la cima. Te mostraré que los generosos de éxito tienen singula-

res enfoques de la interacción en cuatro dominios clave: formación de redes, colaboración, evaluación e influencia. Una atenta mirada a la formación de redes pondrá de manifiesto enfoques originales para desarrollar relaciones con contactos nuevos y fortalecer las existentes con contactos antiguos. Examinar la colaboración revelará qué se necesita para trabajar productivamente con colegas y para obtener su respeto. Explorar la manera en que evaluamos a los demás brindará técnicas contraintuitivas para juzgar y desarrollar el talento, a fin de conseguir mejores resultados de los demás. Y un análisis de la influencia arrojará luz sobre novedosas estrategias para presentar, vender, convencer y negociar, todo en el espíritu de persuadir a los demás de apoyar nuestras ideas e intereses. En estos cuatro dominios, verás qué hacen diferente los generosos de éxito, y qué pueden aprender de este enfoque los interesados y equitativos. Descubrirás en tanto cómo desarrolló sus contactos el mejor formador de redes en Estados Unidos, por qué el genio detrás de uno de los programas más exitosos en la historia de la televisión trabajó durante años en el anonimato, cómo un ejecutivo del basquetbol responsable de algunos de los peores descalabros en el draft de ese deporte cambió radicalmente las cosas, si un abogado al que las palabras se le atoran puede batir a uno que habla con aplomo y cómo identificar a un interesado con tan sólo examinar su perfil de Facebook.

En la segunda parte de este volumen la atención pasará de los beneficios a los costos de dar, y a la forma en que pueden manejarse éstos. Examinaré qué hacen los generosos para protegerse del agotamiento y no volverse "pan comido" ni "dejados". Descubrirás cómo una maestra redujo su fatiga dando más en vez de menos, cómo un multimillonario ganó dinero regalándolo y el número ideal de horas de trabajo voluntario que debes adoptar si quieres ser más feliz y vivir más. Verás por qué la generosidad retardó el paso de un consultor a socio pero aceleró el de otro, por qué solemos equivocarnos al juzgar quién es generoso y quién interesado, y cómo se protegen los primeros en la mesa de negociaciones. Sabrás asimismo cómo evitan los generosos la base de la escala del éxito y llegan a la cima, induciendo a otros a dar en lugar de tomar. Conocerás una actividad de noventa minutos alentadora de la generosidad, y entenderás por qué hay quienes regalan cosas que podrían vender fácil y lucrativamente en Craigslist, por qué a algunos radiólogos les va bien y a otros mal, por qué pensar en Superman vuelve a la gente menos proclive a hacer trabajo voluntario y por qué quienes se llaman Dennis tienen inusuales probabilidades de ser dentistas.

Al terminar de leer este libro, quizá reconsideres algunos de tus supuestos fundamentales sobre el éxito. Si eres un generoso abnegado, hallarás muchas ideas para subir de la base a la cima de la escala del éxito. Si suscribes los valores de los generosos pero en el trabajo actúas como un equitativo, te sorprenderá la abundancia de oportunidades de expresar tus valores y de encontrar significado en ayudar a los demás sin comprometer tu éxito. En vez de tratar de triunfar primero y dar después, podrías decidir que dar primero es un camino promisorio para triunfar después. Y si hoy en día te inclinas por tomar, podrías verte tentado a adoptar la dirección de los generosos, y a intentar dominar las habilidades de la creciente especie de personas que alcanzan el éxito contribuyendo al de los demás.

Aunque si lo haces únicamente para triunfar, lo más probable es que no te dé resultado.

2

El pavo real y el panda

Cómo forman redes las personas generosas, las interesadas y las equitativas

Cada hombre debe decidir si caminará bajo la luz del altruismo creativo o en la oscuridad del egoísmo destructivo.

–Martin Luther King, Jr.,
líder de los derechos civiles y ganador
del Premio Nobel de la Paz[1]

Hace varias décadas, un hombre nacido en la pobreza vivió el sueño americano. De origen humilde, creció en poblados agrícolas de Missouri sin drenaje. Para contribuir al sostenimiento de su familia, trabajaba largas horas en granjas y como repartidor de periódicos. Tras ingresar a la University of Missouri, se graduó con honores, luego de lo cual obtuvo una maestría y un doctorado en economía. Ya en el servicio público, se alistó en la Marina, y ocupó puestos importantes en el gobierno, recibiendo la Navy Commendation Medal y la National Defense Service Medal. Más tarde creó su propia compañía, de la que fue presidente y director general durante quince años. Al abandonar su cargo, su compañía valía ciento diez mil millones de dólares y contaba con más de veinte mil empleados en cuarenta países del mundo entero. Por cinco años consecutivos *Fortune* la eligió como la compañía más innovadora de Estados Unidos y uno de los veinticinco mejores centros de trabajo de ese país. "Cuando se le preguntaba sobre su éxito, él reconocía la importancia del 'respeto, [...] la regla de oro. [...] Integridad absoluta. [...] Todos saben de mi apego a un código de conducta personal muy estricto'." Instituyó asimismo una fundación benéfica familiar, destinando más de 2.5 millones de dólares a más de doscientas cincuenta organizaciones, aparte de lo cual donaba a la beneficencia uno por ciento de las ganancias anuales de su compañía. Su prodigalidad llamó la atención del expresidente George W. Bush, quien lo llamó "buena gente" y una "persona generosa".

Hasta que se levantaron cargos legales en su contra.

Se llamaba Kenneth Lay, y se le recuerda sobre todo como el principal villano del escándalo de Enron.[2] Enron era una compañía de energía, materias primas y valores bursátiles con sede en Houston. En octubre de 2001 perdió mil doscientos millones de dólares en patrimonio neto tras reportar pérdidas en el tercer trimestre de ese año por seiscientos dieciocho millones, la mayor reformulación de ganancias en la historia de Estados Unidos. Esta compañía quebró en diciembre, dejando a veinte mil personas sin empleo, muchas de las cuales vieron evaporarse así los ahorros de toda su vida. Investigadores descubrieron que Enron había engañado a los inversionistas al reportar ganancias falsas y ocultar deudas por más de mil millones de dólares, lo mismo que manipulado los mercados de energía y electricidad de California y Texas y obtenido contratos internacionales pagando sobornos a gobiernos extranjeros. Lay fue condenado por seis cargos de conspiración y fraude.

Aunque es discutible cuánto sabía Lay en verdad de las actividades ilegales de Enron, resulta difícil negar que era un individuo interesado. Quizá haya parecido generoso a muchos observadores, pero era un impostor: un interesado disfrazado de pródigo, que se sentía con derecho a usar los recursos de Enron en su beneficio. Como explican Bethany McLean y Peter Elkind en *The Smartest Guys in the Room* (Los chicos más listos del salón), Lay tomó prestadas de su compañía sumas exorbitantes, y hacía usar a sus colaboradores fuentes de plata y porcelana fina para que pusieran en ellas sus sándwiches. Una vez una secretaria quiso reservar para un ejecutivo un avión de la empresa, sólo para enterarse de que la familia Lay usaba en ese momento tres aviones de Enron en viajes personales. De 1997 a 1998, Enron pagó comisiones de 4.5 millones de dólares a una agencia de viajes propiedad de la hermana de Lay. Según las acusaciones en su contra, éste vendió más de setenta millones de dólares en acciones justo antes de la quiebra de la corporación, apoderándose así del tesoro de un barco en pleno naufragio. Esta conducta había sido prefigurada en la década de 1970, cuando Lay trabajaba en Exxon. Uno de sus jefes escribió entonces una carta de recomendación a su favor, en la que advirtió, sin embargo, que era "quizá demasiado ambicioso". Hoy se cree que ya desde 1987 Lay aprobó y ayudó a encubrir en Enron Oil las actividades de dos operadores bursátiles que crearon compañías fantasma y robaron 3.8 millones de dólares mientras evitaban a Enron grandes pérdidas de operación. Cuando se descubrieron estas pérdidas, Enron Oil tuvo que reportar un impacto de ochenta y cinco millones de dólares, pese a lo cual Lay negó todo conocimiento y responsabilidad sobre el asunto: "Si alguien puede decir que yo lo sabía, que se ponga de pie". De acuerdo con McLean y Elkind, un operador intentó hacerlo, pero dos colegas se lo impidieron.

¿Cómo fue posible que un individuo tan interesado haya tenido tanto éxito? Conocía a alguien. O, mejor dicho, conocía a muchos "alguienes". Ken Lay obtuvo grandes beneficios reclamando como propios los recursos financieros de su compañía, pero gran parte de su éxito al desarrollar ésta sucedió al viejo estilo: formando una red de contactos influyentes y usándola en bien propio. Lay fue desde el principio un consumado formador de redes. En la universidad impresionó al profesor de economía Pinkney Walker, de cuyos contactos se valió para emprender su ascenso. Walker lo ayudó a conseguir un puesto como economista en el Pentágono, y luego como jefe de asesores en la Casa Blanca de Nixon.

A mediados de los años ochenta, Lay era ya el mayor jerarca de Enron, habiendo planeado el traslado de ésta a Houston, a raíz de una fusión. Mientras consolidaba su poder, empezó a codearse con operadores políticos capaces de apoyar los intereses de su compañía. Incorporó en el consejo de Enron a Charls Walker, hermano de Pinkney Walker, y desarrolló una relación con George H. W. Bush, quien contendía entonces para la presidencia de Estados Unidos. En 1990 codirigió para él una importante Cumbre de Naciones Industrializadas en Houston, montando un espectáculo deslumbrante que encantó a los asistentes, entre quienes estaban la primera ministra británica Margaret Thatcher, el canciller alemán Helmut Kohl y el presidente francés François Mitterrand. Cuando Bush perdió la reelección ante Bill Clinton, Lay buscó de inmediato a un amigo y asesor clave del presidente electo, de quien éste había sido compañero en el jardín de niños; pronto, Lay jugaba golf con el nuevo presidente. Años más tarde, cuando George W. Bush llegó al poder, Lay usó sus contactos para presionar a favor de la desregulación del sector energético y colocar a partidarios suyos en relevantes puestos gubernamentales en Texas y la Casa Blanca, a fin de poder influir en medidas beneficiosas para Enron. En casi todas las etapas de su carrera, Lay mejoró drásticamente las perspectivas de su compañía –o las suyas propias– haciendo uso de contactos debidamente colocados.

Durante siglos se ha reconocido la importancia de la formación de redes. Según Brian Uzzi, profesor de administración en la Northwestern University, las redes ofrecen tres grandes ventajas: información privada, diversificación de habilidades y poder.[3] Al desarrollar una red sólida, la gente puede tener acceso a invaluables conocimientos, experiencias e influencia. Amplias investigaciones demuestran que las personas con redes sustanciales obtienen mejores evaluaciones de desempeño, ascienden más rápido y ganan más. Y como las redes se basan en interacciones y relaciones, son un prisma efectivo para comprender el impacto de los estilos de reciprocidad en el éxito. ¿Cómo se relaciona la gente con los miembros de su red y cuál cree que es el propósito de formar redes?

Por un lado, la noción misma de formar redes suele tener connotaciones negativas. Cuando conocemos a alguien que dice estar ansioso de relacionarse con nosotros, a menudo nos preguntamos si actúa en forma amigable por estar genuinamente interesado en una relación que nos beneficiará a ambos o porque quiere sacarnos algo. Quizá alguna vez hayas experimentado ya la frustración de tratar con charlatanes, amables ante ti cuando necesitan un favor pero que terminan apuñalándote por la espalda –o ignorándote– en cuanto obtienen lo que desean. Tal estilo fársico de formación de redes concibe esta tarea como maquiavélica, una actividad interesada mediante la que la gente forja relaciones con el propósito único de promover su beneficio. Por otro lado, las personas generosas y las equitativas suelen ver la formación de redes como una atractiva manera de relacionarse con personas e ideas nuevas. A lo largo de nuestra vida profesional y personal conocemos a mucha gente, y como todos poseemos conocimientos y recursos distintos, es lógico que recurramos a ella para intercambiar ayuda, consejos y referencias. Esto plantea una pregunta fundamental: ¿es posible forjar redes amplias y profundas empleando diferentes estilos de reciprocidad, o basta con uno solo de ellos para crear sostenidamente una red sustanciosa?

En este capítulo examinaré la manera en que las personas generosas, interesadas y equitativas desarrollan redes esencialmente distintas, y el motivo de que sus interacciones en ellas sean de diferente carácter y tengan consecuencias diversas. Veremos que generosos e interesados forman y manejan sus redes de modo diferente, y conoceremos algunas señales que unos y otros emiten sobre la marcha, entre ellas las que nos habrían permitido reconocer a los interesados en Enron cuatro años antes del desplome de esta compañía. Mi argumento básico es que aunque generosos e interesados pueden tener redes igualmente grandes, los primeros producen un valor mucho más perdurable en las suyas, en formas que tal vez no parezcan obvias.

En 2011 *Fortune* llevó a cabo una extensa investigación para identificar al mejor formador de redes en Estados Unidos. La meta fue utilizar las redes sociales en línea para saber quién tenía más contactos con los estadunidenses más poderosos. Empleados de esa publicación compilaron entonces una lista de directores generales de *Fortune* 500, así como listas de las cincuenta personas más inteligentes en el campo de la tecnología, las cincuenta mujeres más poderosas y las cuarenta mejores estrellas ascendentes en los negocios de menos de cuarenta años de edad. Luego compararon esta lista de seiscientas cuarenta personas con la base de datos de LinkedIn, de más de noventa millones de entradas.

Quien terminó siendo el mejor formador de redes del mundo tenía enlaces en LinkedIn con la mayoría de los seiscientos cuarenta individuos influyentes de *Fortune* como nadie más en el planeta. Tenía asimismo más de tres mil contactos en LinkedIn, con personas como el cofundador de Netscape, Marc Andreessen; el cofundador de Twitter, Evan Williams; la cofundadora de Flickr, Caterina Fake; el cofundador de Facebook, Dustin Moskovitz; el cofundador de Napster, Sean Parker, y el fundador de Half.com, Josh Kopelman, para no hablar del exchef de la banda rockera Grateful Dead. Como se verá más adelante, ese extraordinario formador de redes es una persona generosa. "Por contraintuitivo que parezca, entre más altruista sea tu actitud, más beneficios obtendrás de la relación", escribe el fundador de LinkedIn, Reid Hoffman. "Si te propones ayudar a los demás", explica, "tu fama se extenderá rápidamente, y ampliarás tu universo de posibilidades".[4] En mi opinión, esto se debe en parte a la manera en que las redes han cambiado y siguen evolucionando, aunque mi indagatoria gira alrededor de una exploración de cómo los motivos que perseguimos al formar redes determinan la fortaleza y alcance de éstas, igual que el modo en que la energía fluye en ellas.

Reconocer al interesado con piel de generoso

Si alguna vez te has puesto en guardia al conocer a alguien, quizá se deba a que percibiste el rastro del beneficio propio. Cuando vemos acercarse a una persona interesada, nos protegemos cerrando el acceso a nuestras redes, negando nuestra confianza y ayuda. Para no verse excluidos, muchos interesados se convierten en buenos impostores, actuando con largueza para poder entrar desenfadadamente a nuestras redes disfrazados de personas generosas o equitativas. Durante casi dos décadas, esto le dio resultado a Ken Lay, cuyos favores y donativos hacían que se le viera bajo una luz positiva, lo que le abrió puertas a nuevas relaciones y fuentes de ayuda.

Pero no es fácil que los interesados mantengan esa fachada en todas sus interacciones. Ken Lay era encantador cuando se mezclaba con los poderosos en Washington, pero muchos de sus compañeros y subordinados no se dejaban engañar. Un exempleado suyo en Enron dijo: "Si uno quería lograr que Lay asistiera a una reunión, tenía que invitar a alguien importante". Un proverbio holandés recoge inmejorablemente esta dualidad: "Lisonjea al de arriba, patea al de abajo". Aunque los interesados tienden a ser dominantes y controladores con sus subordinados, son sorpresivamente sumisos y obsequiosos con sus superiores. Cuando tratan a individuos poderosos, son convincentes como impostores. Quieren que sus superiores los admiren, así que se toman la molestia de encantar y adular. En consecuencia, es común que los poderosos tengan una buena impresión de los interesados. Un trío de psicólogos alemanes descubrió que nada nos resulta más agradable que conocer a personas que "lo creen merecer todo y tienden a manipular y explotar a los demás".[5]

Cuando lisonjean, los interesados suelen ser buenos impostores. Analistas de Wall Street visitaron las instalaciones de Enron en 1998, ocasión para la que Lay reclutó a setenta empleados para que se hicieran pasar por agitados operadores bursátiles, a fin de engañar a esos analistas con la imagen de una productiva operadora de acciones de energía. Como parte de la farsa, durante la que el propio Lay sirvió de guía a los analistas, aquellos empleados llevaron fotos personales al piso donde se montó el espectáculo, para que pareciera que trabajaban ahí. Hacían llamadas telefónicas falsas, con objeto de crear la ilusión de que compraban y vendían frenéticamente acciones de energía y gas. Éste es otro indicio de que Lay era un interesado: le obsesionaba causar buena impresión a los de arriba, pero le preocupaba menos cómo lo veían los de abajo. Como escribió Samuel Johnson, afamado escritor inglés del siglo XVIII: "La verdadera medida de un hombre es la forma en que trata a alguien de quien es imposible que reciba un favor".

Los interesados pueden ascender lambisconeando, pero a menudo caen pateando a sus inferiores. Cuando Lay quiso impresionar a los analistas de Wall Street, lo hizo explotando a sus empleados, a quienes pidió comprometer su integridad levantando una fachada para engañar a aquéllos. Las investigaciones muestran que cuando la gente adquiere poder, se siente suelta y segura: menos restringida y más libre de expresar sus tendencias naturales. Cuando los interesados adquieren poder, no se fijan en cómo los perciben sus subordinados y colegas; se sienten con derecho a perseguir metas en beneficio propio y a reclamar para sí todo el valor posible.[6] Con el tiempo, no obstante, el maltrato a compañeros y subordinados pone en peligro sus relaciones y su fama. Después de todo, la mayoría de la gente es equitativa: sus valores básicos enfatizan la justicia, la igualdad y la reciprocidad. Cuando los interesados lesionan estos principios, los equitativos que forman parte de sus redes creen en la ley del talión, de manera que desean ver que se haga justicia.

Para ilustrarlo, imagina que participas en uno de los célebres estudios que dirigió Daniel Kahneman, psicólogo de Princeton ganador del Premio Nobel. En cumplimiento del juego del ultimátum, te sientas a una mesa frente a un desconocido que acaba de recibir diez dólares. Su tarea es hacerte una propuesta de cómo repartirse ese dinero. Pero se trata de un ultimátum: tú sólo puedes aceptar la propuesta o rechazarla, caso este último en el que nadie obtendrá nada. Supón que, dado que es probable que nunca vuelvan a verse, el desconocido actúa como interesado y te ofrece dos dólares, para quedarse con los ocho restantes. ¿Qué harías?

En términos de ganancias, sería razonable que aceptaras su ofrecimiento. Después de todo, dos dólares son mejor que nada. Pero si eres como la mayoría, lo rechazarás. Estarás dispuesto a sacrificar esa suma con tal de castigar al interesado por su injusticia, quedándote con nada sólo para impedir que él gane ocho dólares. Las evidencias indican que, en esta situación, la gran mayoría de la gente rechaza propuestas con un desequilibrio de ochenta por ciento o más a favor de quien efectúa la repartición.*

¿Por qué castigamos la injusticia de los interesados? No lo hacemos por fastidiar. No nos vengamos de ellos porque hayan querido aprovecharse de nosotros, sino por sentido de justicia. Si tú eres equitativo, igual castigarás a los interesados por ser injustos con *otros*. En un estudio complementario de Kahneman era posible optar entre repartir doce dólares en partes iguales con un interesado que hubiera hecho una propuesta injusta en el pasado y repartir diez en partes iguales con un equitativo que hubiera hecho una propuesta justa en el pasado. Más de ochenta por ciento de los involucrados prefirieron repartir diez dólares en partes iguales con el equitativo, aceptando cinco dólares en lugar de seis con tal de impedir que el interesado se llevara seis.

En cuanto a las redes, nuevas investigaciones indican que cuando la gente es estafada por interesados, los castiga haciéndoles mala fama. "El chisme es una forma de castigo extendida, eficiente y de bajo costo", escriben los científicos sociales Matthew Feinberg, Joey Cheng y Robb Willer.[7] Al enterarnos de que alguien tiende a ser interesado, podemos negarle nuestra confianza y evitar que nos explote. Con el paso del tiempo, y a medida que su mala fama se esparce, los interesados terminan cortando sus lazos existentes y quemando sus naves con potencial de nuevos lazos. Cuando se revelaron los abusos de Lay, muchos de sus expartidarios –incluida la familia Bush– se distanciaron de él. Como explica Wayne Baker, sociólogo de la University of Michigan y experto en formación de redes: "Si creamos redes con la única intención de *obtener algo a cambio*, no tendremos éxito. Es imposible

---

* Curiosamente, es raro que en los juegos de ultimátum los repartidores hagan una propuesta tan asimétrica. Más de tres cuartos de ellos proponen dividir el dinero en partes iguales, actuando así como sujetos equitativos. Véase Daniel Kahneman, Jack L. Knetsch y Richard H. Thaler, "Fairness and the Assumptions of Economics", en *Journal of Business*, núm. 59, 1986, pp. S285-S300.

perseguir los beneficios de las redes; éstos se derivan de nuestra inversión en actividades y relaciones significativas".[8]

Pero antes de invertir en relaciones, debemos poder reconocer a los interesados en nuestras interacciones diarias. Para muchos de nosotros, uno de los retos de la formación de redes es tratar de adivinar los motivos o intenciones de un nuevo contacto, sobre todo si, como ya vimos, los interesados pueden ser muy hábiles para hacerse pasar por generosos en presencia de posibles rendimientos. ¿A este individuo que acabas de conocer le importa una relación genuina, o sólo busca beneficios personales? ¿Existe un medio eficaz para distinguir la diferencia?

Por fortuna, las investigaciones señalan que los interesados dan pistas de serlo. Más específicamente, que se *pavonean*.

En el reino animal, el *pavoneo* es el ritual mediante el que los machos presumen su atractivo como pareja. Al llegar la temporada de celo, se reúnen en cierto lugar y ocupan sus puestos establecidos. Hacen entonces despliegues extravagantes para impresionar y cortejar a las hembras. Algunos ejecutan danzas de apareamiento, otros entonan canciones seductoras y otros más hacen acrobacia. El pavoneo más llamativo es el de los pavorreales. En cada temporada de celo, los machos toman su puesto y hacen gala de su plumaje. Se dan aires. Extienden las alas. Dan vueltas para ostentar su cola.

En el reino de los directores generales, los interesados ejecutan una danza muy parecida.

En un estudio célebre, los profesores de estrategia Arijit Chatterjee y Donald Hambrick analizaron a más de cien directores generales de compañías de hardware y software.[9] Examinaron más de una década de informes anuales de cada compañía, en busca de indicios de pavoneo. Lo que hallaron cambiaría para siempre la faz del liderazgo.

Resulta que el colapso de Enron habría podido preverse desde 1997, aun sin conocer a Ken Lay ni examinar una sola cifra de la corporación. Señales de advertencia de su caída son visibles en una imagen tomada cuatro años antes. Mira un momento las dos fotografías de directores generales que se muestran a continuación, reproducidas de los informes anuales de sus respectivas compañías. Ambos sujetos nacieron en la pobreza, trabajaron en el gobierno de Nixon, fundaron su propia organización, se hicieron ricos como directores generales y donaron sumas sustanciales a la beneficencia. ¿Podrías decir, con base únicamente en su rostro —o su ropa—, cuál de ellos es un interesado?

En la foto de la izquierda aparece Jon Huntsman Sr., un individuo generoso del que hablaremos en el capítulo 6, tomada del informe anual de 2006 de su compañía. La de la derecha presenta a Ken Lay. Miles de expertos analizaron los estados financieros de Enron pero pasaron por alto un hecho importante: que, en efecto, una imagen vale más que mil palabras. Si los informes de Enron se hubieran estudiado con más detenimiento, en ellos se habrían percibido reveladores indicios de que un interesado se pavoneaba en el timón.

Pero estos indicios no están donde esperamos encontrarlos; no están en los rostros ni el atuendo de los directores generales. En su investigación sobre directores de compañías de computación, Chatterjee y Hambrick intuyeron que los interesados se verían a sí mismos como los soles del sistema solar de su compañía, y descubrieron varias señales de pavoneo de interesados en la cima. Una de ellas era visible en las entrevistas con los directores generales. Dado que los individuos interesados tienden a abstraerse en sí mismos, suelen usar pronombres y adjetivos en primera persona del singular como *yo, me, mío, mi* y *a mí mismo*, en vez de pronombres y adjetivos en la primera del plural como *nosotros, nos, nuestro* y *a nosotros mismos*. En el caso de la industria de la computación, un promedio de veintiuno por ciento de los pronombres en primera persona usados por los directores en referencia a su compañía estaban en singular, proporción que llegaba a treinta y nueve por ciento entre los interesados desmedidos. Cuatro de cada diez palabras de los directores interesados sobre sus compañías aludían exclusivamente a ellos mismos.

Otra señal era la compensación: los directores interesados ganaban mucho más que los altos ejecutivos de su empresa. Se creían superiores, así que se sentían con derecho a sustanciales diferencias monetarias a su favor. En la industria de la computación, un director interesado representativo se llevaba a casa más del triple del sueldo y bonos anuales de cualquier otro empleado de la compañía. En contraste, el promedio en la industria era de una y media veces más que el siguiente empleado mejor remunerado. Los directores interesados disponían igualmente de opciones de compra de acciones y otras compensaciones no monetarias siete veces superiores a las disponibles para el siguiente empleado mejor remunerado, contra dos y media veces en promedio en la industria.*

Sin embargo, la señal más interesante residía en los informes anuales para los accionistas. A continuación se advierten las mismas fotos de Ken Lay y Jon Huntsman Sr., aunque esta vez ubicadas en su contexto.

La foto de la izquierda apareció en el informe anual de Huntsman correspondiente a 2006. La pequeña imagen del director ocupa menos de diez por ciento de la página. La de la derecha, de Lay, apareció en el informe anual de Enron relativo a 1997, y ocupa una página entera.

Cuando Chatterjee y Hambrick escudriñaron los informes anuales de las compañías de computación, notaron diferencias drásticas en el realce de la imagen de sus directores generales. En algunos informes no aparecía una sola foto del director general; en otros, la foto respectiva ocupaba una página entera. Adivina en cuál de estos casos se ubican los interesados.

Para los directores interesados, todo giraba alrededor de *mí*. Una foto grande es jactanciosa y emite un mensaje claro: "Soy la figura central de esta compañía". Pero, ¿de veras esto delata a un interesado? Para saberlo, Chatterjee y Hambrick invitaron a analistas de valores informáticos a opinar sobre los directores generales de ese sector. Tales analistas evaluaron si cada director tenía un "concepto excesivo de sí mismo, reflejado en una sensación de mérito y superioridad, una constante necesidad de consideración y

---

* De conformidad con este estudio, cuando el mando recaía en directores interesados las compañías de computación presentaban un desempeño más fluctuante y extremoso, medido en rendimiento total de las acciones y rendimiento de los activos. Registraban más ganancias, pero también más pérdidas. Demasiado seguros de sus apuestas, los interesados perdían toda mesura. Tomaban decisiones audaces y triunfalistas, como más y mayores adquisiciones y perturbaciones enormes de la estrategia corporativa. Estas decisiones surtían efecto de vez en cuando, pero a la larga los interesados solían poner en peligro a sus compañías.

admiración, [...] gusto por ocupar el centro de la atención, insistencia en que se le debe respeto, exhibicionismo y arrogancia". Entre las evaluaciones de los analistas y el tamaño de la foto de los directores se dio una correlación casi perfecta.

En el profético informe de 1997 de Enron, todos los reflectores apuntaban a Ken Lay. Dos de las nueve primeras páginas se dedicaban a grandes imágenes de Lay y el entonces director de operaciones Jeff Skilling. Este patrón se repitió en 1998 y 1999. En 2000, Lay y Skilling ascendieron a las páginas cuatro y cinco, aunque con imágenes más pequeñas. A manera de filminas, cada página contenía cuatro fotos de ellos, que más bien daban idea de dibujos animados. Tres de las fotografías de Lay eran prácticamente idénticas, con la misma sonrisa sugerente y petulante de un ejecutivo que se sabía especial. Pero la vida no le tenía reservado a Lay un final de cuento de hadas: murió de un infarto antes de que se le dictara sentencia.

Hasta aquí hemos considerado dos formas de reconocer a las personas interesadas. Primero, cuando tenemos acceso a información sobre el prestigio de la gente, podemos ver cómo trata ésta a los miembros de sus redes. Segundo, cuando tenemos oportunidad de observar las acciones y huellas de los interesados, podemos buscar indicios de pavoneo. Imágenes jactanciosas, conversaciones ensimismadas y grandes diferencias salariales pueden emitir señales precisas y confiables de que cierto individuo es un interesado. Gracias a los drásticos cambios ocurridos en el mundo desde 2001, hoy estos signos son más fáciles de detectar que antes. Las redes se han vuelto más transparentes, proporcionando así nuevas ventanas a la fama y el pavoneo de los demás.

La red transparente

En 2002, meses después del colapso de Enron, el científico computacional Jonathan Abrams fundó Friendster, la primera red social del mundo basada en internet. Friendster hizo posible publicar perfiles personales y difundir contactos. En los dos años posteriores, emprendedores lanzaron LinkedIn, Myspace y Facebook, que ofrecían acceso entre desconocidos. En 2012, mil de los siete mil millones de habitantes del mundo eran usuarios activos de Facebook, o sea más de diez por ciento de la población mundial. "Siempre ha habido redes sociales", escriben los psicólogos Benjamin Crosier, Gregory Webster y Haley Dillon, "sólo que en fecha reciente la internet ha suministrado una vía para su explosión electrónica. [...] De la comunicación rutinaria a conocer al amor de tu vida e incitar revoluciones políticas, los vínculos en la red son conductos para compartir información y recursos".[10]

Estas conexiones en línea han reproducido una característica definitiva del antiguo mundo. Antes de que las revoluciones tecnológicas nos permitieran comunicarnos por teléfono y correo electrónico y viajar en coche y avión, la gente disponía de una cantidad relativamente razonable de vínculos sociales en ceñidos círculos transparentes. En esas redes aisladas, le era fácil reunir información sobre prestigio y observar el pavoneo de otros. Al simplificarse la comunicación y el transporte y aumentar la población, las interacciones se hicieron más dispersas y anónimas, y la fama y el pavoneo menos visibles. Por eso Ken Lay pudo mantener ocultos gran parte de sus abusos. Al pasar de un puesto y organización a otros, no siempre sus contactos tenían fácil acceso entre sí, y los nuevos miembros de su red no disponían de mucha información sobre su fama. En Enron, sus actos impremeditados no podían documentarse en YouTube, propagarse en Twitter, indizarse fácilmente en una búsqueda en Google ni publicarse en forma anónima en blogs internos o la intranet de la compañía.

Ahora es mucho más difícil para los interesados hacerse pasar por generosos. Hoy podemos hallar en internet información sobre el prestigio de nuestros contactos accediendo a bases de datos públicas y descubriendo relaciones comunes. Y ya no necesitamos el informe anual de una compañía para sorprender a un interesado, porque el pavoneo, en sus diversos grados y formas, abunda en los perfiles de las redes sociales. Claves menudas como fotos y palabras pueden revelar muchas cosas sobre nosotros, y las investigaciones sugieren que cualquiera puede identificar a un interesado con sólo examinar su perfil en Facebook. Tras pedir a un grupo de personas contestar una encuesta para saber si eran interesadas o no, varios psicólogos remitieron a desconocidos al perfil en Facebook de aquéllas. Los desconocidos identificaron a los interesados con increíble precisión.[11]

La información publicada por los interesados se juzgó en este caso más autopromocional, abstraída y presuntuosa. Sus frases se consideraron vanidosas y arrogantes. Tenían asimismo mucho más amigos en Facebook, acumulando relaciones superficiales para poder publicitar sus logros y recibir favores, y difundían fotos suyas más atractivas y halagüeñas.

Howard Lee, exdirector de Groupon en el sur de China, es una entre las cada vez más numerosas personas que se sirven de los medios sociales para sorprender a interesados.[12] Cuando contrataba a vendedores, gran cantidad de buenos candidatos eran agresivos, lo que dificultaba distinguir entre interesados y candidatos sociables y motivados. Gratamente impresionado por un candidato con un currículum notable, desempeño sobresaliente en la entrevista y excelentes referencias, temió que se tratara de un farsante: "Hablar unas horas con alguien te brinda apenas un destello de él, la punta del iceberg", pensaba Lee, "y no hay que olvidar que cada quien selecciona sus referencias". A un interesado le habría sido fácil hallar superiores dispuestos a cantar sus loas.

Lee recorrió entonces sus redes propias en LinkedIn y Facebook e identificó a un amigo mutuo, quien le dio información desconcertante sobre el candidato: "Había indicaciones de peso de que era un interesado. Si él ya había sido implacable en una compañía, ¿lo quería yo trabajando con nosotros?". Lee cree que las redes sociales han revolucionado el proceso de contratación de Groupon. "Ya no tengo que llamar a una compañía para enterarme del prestigio de alguien. Todos nuestros candidatos están muy bien relacionados. Una vez que aprueban las rondas técnicas, consulto su LinkedIn o Facebook. A veces resulta que tenemos amigos en común, o que fuimos a la misma escuela, o que alguien de mi equipo tiene un vínculo con ellos", explica Lee. "Ahora puedes conocer rápidamente la fama de alguien en un nivel de igualdad." Dada la actual visibilidad de la fama y las relaciones, hoy es más difícil triunfar como interesado, y seguirlo siendo.

En Silicon Valley, un individuo apacible y con apariencia de oso panda ha llevado las redes transparentes a un nuevo nivel. Se llama Adam Forrest Rifkin, también conocido como el panda gigante de la programación. Rifkin dice ser tímido, un nerd introvertido de la computación con dos lenguas preferidas: JavaScript, el lenguaje de programación de computadoras, y klingon, el idioma de los extraterrestres en *Star Trek* (Viaje a las estrellas).* Es de igual modo un "anagramaniaco": ha dedicado horas enteras a reacomodar las letras de su nombre para descubrir el que mejor lo representa, generando versiones como *Offer Radiant Smirk* ("Ofrece una sonrisa radiante") y *Feminist Radar Fork* ("Tenedor de sintonía feminista"). Rifkin cuenta con dos maestrías en ciencias de computación, es dueño de una patente y ha desarrollado aplicaciones de supercomputadoras para la NASA y sistemas de internet para Microsoft. Al aproximarse el nuevo milenio, fundó con Rohit Khare KnowNow, compañía de software dedicada a volver más eficiente y rentable el manejo de información por las empresas. Luego de atraer más de cincuenta millones de dólares de financiamiento de riesgo, KnowNow cosechó una década de éxitos. En 2009, aún en su treintena, Rifkin anunció su retiro.

Tropecé con Rifkin entre los contactos en LinkedIn de David Hornik, el capitalista de riesgo del que se habló en el capítulo anterior. Cuando abrí su

---

* Ésta es una referencia a la canción de "Weird Al" Yankovic sobre los nerds, uno de cuyos versos dice: "Domino JavaScript, y el klingon también". Por cierto, Rifkin lamenta haber desperdiciado tanto tiempo teniendo que teclear dos espacios después de un punto y seguido.

perfil, vi que había dejado su retiro para lanzar PandaWhale, empresa destinada a crear un registro público permanente de la información que la gente intercambia. Como es obvio que Rifkin es un firme defensor de la transparencia en las redes, me dio curiosidad ver cómo lucía la suya. Así, hice lo propio en un mundo interconectado: entré a Google y tecleé "Adam Rifkin". Al recorrer los resultados de búsqueda, la decimosexta liga llamó mi atención. Decía que Rifkin había sido designado el mejor formador de redes del mundo por la revista *Fortune*.

No hay favor sin recompensa

En 2011, Adam Rifkin tenía con las seiscientas cuarenta muy poderosas personas de las listas de *Fortune* más contactos en LinkedIn que cualquier otro individuo en el globo.[13] Rebasaba a luminarias como Michael Dell, el multimillonario fundador de Dell Computer Company, y Jeff Weiner, director general de LinkedIn.* A mí me sorprendió que un tímido aficionado a *Star Trek*, obseso del software y los anagramas, hubiera conseguido formar una red que incluía a los fundadores de Facebook, Netscape, Napster, Twitter, Flickr y Half.com.[14]

    Rifkin forjó su red operando como un individuo sumamente generoso. "Mi red se desarrolló poco a poco, día a día de hecho, mediante pequeños gestos y favores, en el curso de muchos años", explica él mismo, "con el deseo de contribuir a una vida mejor para la gente con la que estoy conectado". Desde 1994, él ha sido líder y vigía de una amplia variedad de comunidades en línea, trabajando con diligencia por fortalecer las relaciones entre las personas y ayudándolas a resolver conflictos. Como fundador de Renkoo con Joyce Park, produjo aplicaciones que fueron usadas más de quinientos millones de veces por más de treinta y seis millones de sujetos en Facebook y Myspace. Pero pese a su gran popularidad, no se sentía satisfecho. "Si diez millones de personas van a usar tu software, deberías hacer algo de veras valioso, que cambie al mundo", dice. "Francamente, me gustaría ver más gente ayudando a los demás." Él decidió cerrar Renkoo y ser un generoso de tiempo completo ofreciendo orientación muy diversa a nuevas empresas y enlazando a ingenieros y emprendedores con gente de negocios en grandes compañías.

---

* Dado que, en términos técnicos, los empleados de LinkedIn gozan de muchas ventajas para relacionarse con los miembros de esa red, se les excluyó del análisis de *Fortune*. Extraoficialmente, Rifkin superó a todos los trabajadores y ejecutivos de LinkedIn salvo dos: su fundador, Reid Hoffman, y el consejero e inversionista David Sze.

Con este fin, en 2005 fundó con Joyce Park 106 Miles, red profesional con la misión social de instruir a ingenieros emprendedores a través del diálogo. Esta red congrega a más de cinco mil emprendedores, quienes se reúnen dos veces al mes para ayudarse a aprender y triunfar. "Me comprometí a dar a otros emprendedores asesoría gratis, pues por ella les suelen cobrar más de lo que vale", comenta, aunque lo cierto es que "lo que más me gusta es ayudar a los demás".

Este enfoque ha dado resultados fabulosos, no sólo para Rifkin, sino también para sus beneficiarios. En 2001 él era fan de Blogger, uno de los primeros servicios de publicación de blogs. Cuando este servicio se quedó sin recursos, Rifkin ofreció a su fundador un contrato de KnowNow, su primera empresa. "Decidimos contratarlo porque queríamos que Blogger sobreviviera", dice. "Le pedimos que hiciera algo que pudiéramos usar como demo y que le permitiera mantener en pie su compañía." Estos recursos contribuyeron no sólo a la permanencia de Blogger, sino también a que su fundador participara después en la fundación de Twitter. "También otros contrataron a Evan Williams para que preservara su empresa", apunta Rifkin. "Nunca se sabe adónde va a llegar alguien. Pero lo que está en juego no es tu prestigio, sino tu disposición a ayudar a los demás."

Cuando Rifkin emergió como el mejor formador de redes de *Fortune*, la periodista a cargo del reportaje, Jessica Shambora, no pudo contener una carcajada. "¡Yo lo conocía! Alguien me había remitido con él a propósito de un artículo en que yo trabajaba sobre bienes virtuales y redes sociales." Shambora, hoy empleada de Facebook, asegura que Rifkin es "el formador de redes por antonomasia, lo cual no logró porque haya sido trepador o calculador. La gente lo busca porque sabe que es una buena persona". Cuando se mudó a Silicon Valley, Rifkin sintió que dar era la forma natural de salir de su concha. "Como computólogo tímido y protegido, el concepto de la red se convirtió en mi estrella", afirma. "¿Qué haces cuando no tienes nada? Relacionarte con alguien que te dé la oportunidad de hacer algo por él."

El lema de Rifkin en su página en LinkedIn es "Quiero hacer un mundo mejor y no oler mal por eso". Desde septiembre de 2012, cuarenta y nueve personas han hablado bien de él en LinkedIn, y ninguno de sus atributos se repite tanto como su generosidad. En respuesta, una persona equitativa habría hablado bien de esas mismas cuarenta y nueve personas, agregando quizá algunas recomendaciones no solicitadas de contactos clave con la esperanza de que fuesen correspondidas. Pero Rifkin da más de cinco veces lo que recibe: ha hablado bien en LinkedIn de doscientos sesenta y cinco individuos. "La generosidad de Adam es atípica", asevera el emprendedor Raymond Rouf. "Da mucho más de lo que recibe. Ser útil forma parte de su mantra."

El estilo de formación de redes de Rifkin, ejemplo del enfoque de los generosos sobre las redes, está en marcado contraste con la manera en que los interesados y equitativos tienden a establecer contactos y extraer valor de ellos. El hecho de que Rifkin dé mucho más de lo que recibe es un aspecto clave de ello: interesados y equitativos también dan en el contexto de las redes, pero suelen hacerlo de modo estratégico, con un rendimiento personal esperado superior o igual a lo que ellos aportan. Al entablar relaciones, interesados y equitativos tienden a fijarse en quién puede ayudarlos en el futuro próximo, lo que determina qué, dónde y cómo dan. Sus acciones suelen explotar así una práctica común en casi todas las sociedades del mundo, consistente en suscribir esta norma de reciprocidad: "Si tú me rascas la espalda, yo te la rascaré a ti". "Si me ayudas, estaré en deuda contigo, y obligado por tanto a corresponder." Según el psicólogo Robert Cialdini, esta norma de reciprocidad puede capitalizarse dando justo aquello que se desea recibir.[15] En vez de reducirse a reaccionar haciendo favores a quienes les ayudaron, interesados y equitativos suelen hacer favores proactivamente, a personas cuya ayuda desean en el futuro.* Como resume el gurú de la formación de redes Keith Ferrazzi en *Never Eat Alone* (Nunca comas solo): "Es mejor dar antes de recibir".[16]

Ken Lay seguía este principio: tenía un don especial para hacer favores no solicitados con objeto de que personas importantes se sintieran forzadas a responder con la misma moneda. Cuando lisonjeaba al de arriba, se tomaba la molestia de acumular créditos con personas poderosas a las que después pudiera recurrir. En 1994, al contender por la gubernatura de Texas, George W. Bush estaba en desventaja; pero, por si acaso, Lay donó doce mil quinientos dólares a su campaña, lo mismo que su esposa. Una vez que Bush fue electo gobernador, Lay apoyó una de sus iniciativas de alfabetización y terminó escribiéndole dos docenas de cartas para presionarlo. Según el líder de un organismo de control ciudadano, Lay exigió de este modo retribución, ayudando a Bush para que éste apoyara la desregulación de los servicios públicos. En una de sus cartas, Lay sugirió su disposición a seguir apoyándolo si él lo ayudaba a promover sus metas: "Dígame qué puede hacer Enron para ser útil no sólo en la aprobación de la ley de reestructuración de la electricidad, sino también en el resto de su agenda legislativa".

La reciprocidad es una norma muy eficaz, pero con dos desventajas, que explican la cautela con que muchos de nosotros vemos la formación de redes. La primera de ellas es que el receptor suele sentirse manipulado. Dan

---

* Claro que cuando dan para recibir, interesados y equitativos lo hacen con propósitos diferentes. Por lo general, los primeros buscan obtener lo más posible, mientras que a los segundos los motiva mantener intercambios nivelados.

Weinstein, expatinador de velocidad olímpico y actual consultor de mercadotecnia del Resource Systems Group, señala que "algunos de los principales despachos de consultoría gerencial cuentan con palcos en importantes encuentros deportivos. Cuando ofrecen boletos de los Medias Rojas, sus clientes saben que, al menos en parte, lo hacen esperando obtener algo a cambio".[17] Los favores condicionados pueden dejar un mal sabor de boca, puesto que implican una interacción propia de una transacción, no de una relación significativa. "¿De veras me quieres ayudar, o sólo intentas obligarme a corresponder el favor?"

Por lo visto, tal fue la impresión que Ken Lay causó en George W. Bush. Cuando éste contendía por la gubernatura de Texas, pidió a aquél que presidiera una de sus campañas de finanzas. En ese tiempo Lay no creía que Bush tuviera posibilidades de ganar, así que declinó, diciendo que ya asesoraba a la entonces titular del cargo, la demócrata Ann Richards. Como premio de consolación, Lay hizo su donativo de doce mil quinientos dólares. Pero hacia el final de la campaña, cuando la situación parecía favorecer a Bush, se apresuró a donar la misma suma. Y aunque terminó dando más dinero a Bush que a Richards, su decisión de hacerlo únicamente por razones estratégicas dejó una marca indeleble en su relación con el primero. Esa decisión "lo relegó para siempre a la periferia del círculo íntimo de Bush", escribió un periodista, citando a una docena de colaboradores de este último, quienes revelaron que Lay abrió "entre ambos una brecha que nunca se pudo cerrar". A diferencia de su padre, Bush no invitó jamás a Lay a la Casa Blanca. Al estallar el escándalo de Enron, Lay buscó ayuda entre varios funcionarios, pero Bush no fue uno de ellos; su relación no era tan fuerte para eso.

La segunda desventaja de la reciprocidad atañe en especial a las personas equitativas. Éstas tienden a formar redes más pequeñas que las de los generosos (quienes tienden a ayudar a una extensa gama de personas) y las de los interesados (los que a menudo amplían sus redes para compensar las naves quemadas en transacciones previas). Muchos equitativos operan con base en la actitud de "Haré algo por ti si tú haces algo por mí", escribe Reid Hoffman, fundador de LinkedIn, de manera que "se limitan a acuerdos en los que su beneficio inmediato es al menos tan grande como el destinado a otros. [...] Pero si al ayudar a los demás insistes en ser correspondido, tu red será muy restringida". Cuando los equitativos dan, lo hacen con la expectativa de recibir, así que dirigen su generosidad a quienes creen que pueden ayudarlos. Después de todo, si tus favores no son correspondidos, ¿de qué te sirve ser una persona equitativa?

Al acumularse en el tiempo, estas desventajas de la reciprocidad estricta pueden reducir tanto la cantidad como la calidad de las redes que interesados y equitativos desarrollan. En última instancia, ambas desventajas son producto de miopía para con las redes, ya que interesados y equitativos parten de supuestos absolutos sobre quién podrá rendirles el máximo beneficio en un intercambio. En esencia, el enfoque del generoso es de alcance más amplio, lo que ensancha la gama de posibles beneficios, pese a que éstos no sean el motor principal de sus acciones. "Al conocer a alguien, sea quien sea", dice el exevangelista de Apple y leyenda de Silicon Valley Guy Kawasaki, "pregúntate: '¿En qué puedo ayudar a esta persona?'".[18] A algunos, esto podría parecerles una manera de sobreinvertir en otros; pero como aprendió Adam Rifkin, en forma por demás elocuente, no siempre nos es posible predecir quién nos ayudará.

Despertar a los gigantes dormidos

En 1993, el estudiante universitario Graham Spencer se asoció con cinco amigos suyos para poner una empresa en internet. Spencer era un ingeniero en computación tímido e introvertido, con entradas en la frente, anteojos enormes y una obsesión por los cómics. Según dice él mismo, ahora comprende que Superman le enseñó a ser recto y justo, los X-Men encendieron su interés por los oprimidos y Spider-Man le dio esperanzas: "Aun a los superhéroes les podía ir mal en la escuela".

Spencer y sus amigos fundaron Excite, uno de los primeros portales y buscadores de internet, y muy pronto uno de los sitios más populares del ciberespacio. Adquirido en seis mil setecientos millones de dólares en 1998, Spencer comenzó a volar alto, como principal accionista y director de tecnología de la compañía. En 1999, recibió un inesperado correo electrónico de Adam Rifkin, quien le pidió asesoría para montar una empresa. Aunque no se conocían, Spencer aceptó reunirse con él, tras de lo cual lo puso en contacto con un capitalista de riesgo que terminó financiando su nueva empresa. ¿Qué hizo Rifkin para poder tener acceso a Spencer? ¿Y por qué éste hizo un esfuerzo por ayudarlo?

En 1994, cinco años antes de que buscara la ayuda de Spencer, Rifkin se había prendado de una banda en ascenso. Ansioso de darla a conocer entre un público amplio, creó una página de fans en internet, hospedada en el servidor Caltech. "Ésta fue una auténtica expresión de pasión musical. Me encantaba la música." La página despegó: frecuentada por cientos de miles de personas, lanzó al estrellato a aquella agrupación.

La banda se llamaba Green Day.

La página de Rifkin se volvió tan popular en aquellos pujantes días de la internet comercial que, en 1995, los gerentes de Green Day le pidieron convertirla en la página oficial de la banda. "Yo les dije: 'Claro, es toda suya'", recuerda Rifkin. "Se la regalé." El verano anterior, en 1994, millones de individuos habían visitado ese sitio. Uno de ellos, fan del punk, convencido de que Green Day era en realidad música pop, mandó un correo a Rifkin para instruirlo sobre el "verdadero" punk.

Ese fan era nada menos que Graham Spencer, quien sugirió que, al buscar punk en internet, la gente debía poder encontrar algo más que a Green Day. Cuando Rifkin leyó su correo, imaginó a Spencer como un estereotipado fan del punk, con un corte de cabello mohawk color verde. Jamás pensó que Spencer podría ayudarlo algún día; esto no sucedería hasta mucho tiempo después de que Spencer puso en marcha Excite. Una persona interesada o equitativa habría ignorado ese correo. Pero como era generoso, la inclinación natural de Rifkin fue ayudar a Spencer a correr la voz acerca del punk, y a que bandas empeñosas crearan una base de fans. Así pues, incluyó en la página de fans de Green Day ligas con las bandas de punk sugeridas por Spencer.

La experiencia de Rifkin con Spencer posee cierto toque de exquisitez, de recompensa merecida por las buenas obras. Pero si se le analiza más de cerca, se percibirá ahí un ejemplo de aquello que vuelve tan eficaces a las redes de los generosos, lo cual tiene mucho que ver con los cinco años que transcurrieron desde el acto de generosidad de Rifkin tanto como con la generosidad misma. Las experiencias de Rifkin indican que los generosos llevan la ventaja en el máximo aprovechamiento de sus redes.

Una de las máximas de Rifkin es "Creo en la fuerza de los lazos débiles", en alusión a un estudio clásico del sociólogo de Stanford Mark Granovetter.[19] Los lazos fuertes son nuestros amigos y colegas, las personas en las que confiamos. Los débiles son nuestros conocidos, las personas a las que tratamos casualmente. Para poner a prueba el extendido supuesto de que nuestros lazos fuertes son los que más nos ayudan, Granovetter estudió a personas de ocupaciones profesionales, técnicas y administrativas que acababan de cambiar de empleo. Cerca de diecisiete por ciento de ellas se enteró de su nuevo trabajo gracias a un lazo fuerte. Sus amigos y colegas les dieron muchas pistas.

Pero, por increíble que parezca, la gente tuvo más probabilidades de beneficiarse de sus lazos débiles. Casi veintiocho por ciento se enteró de su nuevo empleo gracias a uno de ellos. Los lazos fuertes brindan relaciones, pero los débiles sirven como puentes: ofrecen mejor acceso a información nueva. Nuestros lazos fuertes tienden a moverse en los mismos círculos sociales que nosotros, y a conocer las mismas oportunidades que llegan a nuestros oídos. Los débiles son más proclives a brindar acceso a redes distintas, lo que permite descubrir pistas originales.

He aquí el meollo del asunto: no es fácil pedir ayuda a los lazos débiles. Aunque son la ruta más directa a pistas nuevas, no siempre nos resulta agradable recurrir a ellos. La falta de confianza entre meros conocidos levanta una barrera psicológica. Pero generosos como Adam Rifkin han encontrado un resquicio. Es posible obtener lo mejor de ambos mundos: la confianza de los lazos fuertes y la información novedosa de los débiles.

La clave es reconectar, una de las principales razones de que los generosos tengan éxito a largo plazo.

Después de que, en 1994, Rifkin incluyera las ligas punk de Spencer en la página de Green Day, Excite despegó, y Rifkin reanudó sus estudios de posgrado. Rifkin y Spencer perdieron contacto cinco años. Cuando el primero se mudó a Silicon Valley, recuperó aquella vieja cadena de correos y envió un mensaje a Spencer. "Quizá no me recuerdes; soy la persona que, hace cinco años, hizo cambios en la página en internet de Green Day", escribió. "Ahora estoy echando a andar una empresa, acabo de mudarme a Silicon Valley y no conozco a mucha gente. ¿Estarías dispuesto a concederme una cita para orientarme?"

Rifkin no se comportó como un equitativo. Cuando ayudó a Spencer en un primer momento, lo hizo en forma incondicional, sin intención de pedir un favor a cambio. Pero cinco años después, cuando necesitó ayuda, buscó a Spencer con una solicitud genuina. Éste reaccionó amablemente, y ambos se reunieron a tomar un café. "Yo seguía creyendo que él era un grandote con un corte mohawk", dice Rifkin. "Cuando lo conocí en persona, apenas si dijo algo. Era más introvertido que yo." En la segunda reunión, Spencer lo presentó con un capitalista de riesgo. "Una serie fortuita de acontecimientos ocurridos en 1994 me permitió volver a hacer contacto electrónico con él en 1999, y fundar mi empresa en 2000", recuerda Rifkin. "Los generosos tenemos buena suerte."

Pero hay razones para creer que parte de lo que Rifkin llama "suerte" es de hecho una reacción predecible y predeterminada de la mayoría de la gente a las personas generosas. Hace treinta años, el sociólogo Fred Goldner escribió acerca de qué significa experimentar lo contrario a la paranoia: la pronoia.[20] Según el distinguido psicólogo Brian Little, la pronoia es "la falsa creencia de que otros traman tu bienestar, o hablan bien de ti a tus espaldas".

Si eres generoso, esta impresión podría ser cierta, no falsa. ¿Y si, en efecto, otros tramaran el éxito de personas generosas como Adam Rifkin?

Cuando, en 2005, Rifkin inició Renkoo, con Joyce Park, instaló su despacho en su cocina. Un colega se tomó la molestia de presentarlo con Reid Hoffman, quien acababa de fundar LinkedIn, con entonces menos de cincuenta empleados. Hoffman se reunió un domingo con Rifkin y Park y les ofreció escritorios gratis en LinkedIn, lo que llevó a Rifkin al corazón mismo de Silicon Valley. "En el verano de 2005, uno de nuestros vecinos era YouTube, al que conocimos en pañales, antes de que despegara de verdad", relata él mismo.

La experiencia de Rifkin arroja nueva luz sobre el viejo dicho de que no hay favor sin recompensa. Estos momentos kármicos pueden atribuirse a menudo a un propósito explícito de individuos equitativos. Así como éstos sacrifican sus beneficios con tal de castigar a los interesados cuando son egoístas con otros, también hacen un esfuerzo por recompensar a los generosos por ser espléndidos con los demás. Cuando Rifkin ayudaba a miembros de su red, los equitativos creían justo tramar su bienestar. Como de costumbre, él usó su reciente acceso a LinkedIn para tramar el bienestar de otros en su red, difundiendo entre ingenierios la disponibilidad de empleos en esa empresa.

Un miércoles de mayo por la tarde, me fue permitido ver al panda en su hábitat natural. Rifkin llegó con una sonrisa enorme y un jersey de los Gigantes de San Francisco al bar de Redwood City donde tendría lugar una reunión de 106 Miles. Lo rodeó al instante un grupo de emprendedores tecnológicos, algunos de ellos muy desenvueltos, otros conmovedoramente torpes. En medio de docenas de individuos apiñados en ese bar, Rifkin me contó la historia de cada uno, no una proeza menor para alguien que recibe más de ochocientos correos al día.

Su secreto era engañosamente simple: hacer preguntas meditadas y escuchar con notoria paciencia. A primera hora de la tarde, Rifkin preguntó a un emprendedor en ciernes cómo le iba con su empresa. El sujeto habló catorce minutos sin parar. Aunque este monólogo habría fatigado hasta al más curioso de los obsesos tecnológicos, Rifkin no perdió interés. "¿Qué necesitas?", preguntó, a lo que el emprendedor contestó que le hacía falta un programador especializado en un lenguaje de computación poco conocido. Rifkin recorrió su Rolodex mental y mencionó algunos candidatos. Uno de ellos llegó horas después, y Rifkin lo presentó con el emprendedor. Aunque el grupo no cesaba de aumentar, Adam siguió dándose tiempo para conversar personalmente con todos los presentes. Cuando se le acercaban personas desconocidas, él dedicaba quince o veinte minutos a enterarse de su situación, preguntando qué perseguían y en qué les podía ayudar. Pese a que muchos de los ahí reunidos eran completos desconocidos, Rifkin se hacía cargo de buscarles trabajo, darles referencias de posibles cofundadores e indicarles cómo resolver problemas de sus empresas, igual que como, sin pensarlo dos veces, dieciocho años antes había ayudado a Graham Spencer. Cada vez que daba, Rifkin creaba una relación nueva. Pero ¿en verdad es posible seguir el paso a todos estos contactos?

Lazos latentes

Dado el gran tamaño de su red, Rifkin cuenta con un cada vez mayor número de lazos latentes, personas a las que conoce bien y que en cierta época veía con frecuencia, pero con las que ha perdido contacto. Según los profesores de administración Daniel Levin, Jorge Walter y Keith Murnighan, "los adultos acumulan miles de relaciones en su vida, pero antes de internet no mantenían activas más de cien o doscientas de ellas en un momento dado".[21] En los últimos años, esos profesores han instado a los ejecutivos a hacer algo que éstos temían: reactivar sus lazos latentes. Cuando un ejecutivo se enteró de esta tarea, "protesté", dijo. "Si existen contactos latentes, lo son por algún motivo, ¿no es así? ¿Por qué querría yo volver a tratar con ellos?"

Pero las evidencias dicen otra cosa. En un estudio, Levin y colegas pidieron a más de doscientos ejecutivos reactivar lazos que hubieran dejado latentes al menos tres años. Cada ejecutivo buscó a dos excolegas para que lo asesoraran acerca de un proyecto en marcha. Tras recibir la asesoría, la evaluaron: ¿en qué medida les había ayudado a resolver problemas y obtener referencias útiles? También evaluaron la asesoría recibida de dos contactos en vigor sobre el mismo proyecto. Sorprendentemente, la de los lazos latentes recibió mejores evaluaciones que la de los lazos en vigor. ¿Por qué?

Los lazos latentes proporcionaron información más novedosa que los vigentes. En los últimos años, habiendo perdido contacto con los ejecutivos, aquéllos habían entrado en conocimiento de nuevas ideas y perspectivas. Los contactos vigentes compartían en mayor medida la base de conocimientos y punto de vista de los ejecutivos. Uno de éstos comentó que, "antes de buscar a los contactos latentes, pensé que tendrían poca información nueva que ofrecerme, pero me equivoqué. La frescura de sus ideas me asombró".

Los lazos latentes ofrecen el acceso a información novedosa que los lazos débiles permiten, aunque sin las molestias concomitantes. Como explican Levin y colegas, "recuperar el contacto con una relación latente no es lo mismo que iniciar una desde cero. Quienes se reconectan siguen teniéndose confianza". Un ejecutivo observó: "Me sentí bien. [...] No tuve que ponerme a adivinar las intenciones del otro. [...] Nuestra confianza mutua de hace años hizo muy fluida nuestra conversación". Reactivar un lazo latente requirió en realidad una conversación breve, gracias a la previa existencia de un terreno común. Los ejecutivos no tuvieron que invertir tiempo en entablar relaciones con sus lazos latentes, como, en cambio, habrían tenido que hacerlo con sus lazos débiles.

Levin y colegas pidieron a otro grupo de más de cien ejecutivos identificar diez lazos latentes y clasificarlos en orden de importancia, según el valor que les aportarían. Estos ejecutivos reactivaron a continuación dichas relaciones y evaluaron sus conversaciones. En todos los casos, los diez lazos latentes aportaron por igual alto valor, así se tratara de la décima opción o de la primera. Cuando necesitamos información nueva, nuestros lazos débiles pueden agotarse pronto, pero tenemos una enorme reserva de lazos latentes. Y a mayor edad, más lazos latentes, y más valiosos éstos. Levin y colegas determinaron que las personas de entre cuarenta y sesenta años recibían más valor de la reactivación de lazos latentes que aquellas que se hallaban en su treintena, las que a su vez se beneficiaban más que aquellas otras en su veintena. El ejecutivo que se resistía a reconectar admitió que "esta experiencia me abrió los ojos. [...] Me mostró el inmenso potencial de mi Rolodex".

Los lazos latentes son el valor olvidado de nuestras redes, y los generosos tienen una clara ventaja sobre interesados y equitativos para hacerse de ese valor. Para los interesados, reactivar lazos latentes constituye un gran desafío. Si también éstos son interesados, desconfiarán y se protegerán, reteniendo información novedosa. Si son equitativos, tal vez quieran castigar a los interesados, como vimos en el juego del ultimátum. Como veremos más adelante, si son generosos inteligentes, se resistirán a ayudar a los interesados. Y, desde luego, si los actos en beneficio propio de un interesado son la causa de que un lazo haya quedado latente, será casi imposible reanimar la relación.

Los equitativos están en mejores condiciones para reconectar, pero su apego a la norma de la reciprocidad suele impedirles buscar ayuda. Cuando piden un favor, sienten que deben otro. Si ya están en deuda con el lazo latente, es doblemente difícil que pidan un favor. Y, a muchos equitativos, los lazos latentes no les inspiran confianza, ya que su relación con ellos ha sido transaccional, y por tanto irrelevante.

De acuerdo con expertos en formación de redes, reconectar es una experiencia totalmente distinta para los generosos, en especial en un mundo interconectado. Estos últimos tienen un historial de conocimientos compartidos, gracias a lo cual nos han enseñado sus habilidades, así como ayudado a encontrar empleo sin preocuparse de qué recibirán a cambio, de modo que, cuando vuelven a hacer contacto con nosotros, los ayudamos gustosamente. Hoy, Rifkin pasa menos tiempo que antes estableciendo relaciones, pues se concentra en un creciente número de lazos latentes. "Ahora dedico

mi tiempo a buscar a personas con las que no he hablado desde hace mucho". Cuando restablece el contacto con uno de sus abundantes lazos latentes, a éste suele alegrarle saber de él; su bondad y generosidad han ganado
su confianza. Se siente agradecido por su ayuda, y sabe que ésta fue incondicional, porque Rifkin siempre está dispuesto a compartir sus conocimientos,
dar asesoría y proporcionar referencias. Necesitado en 2006 de un orador es-
pectacular para una reunión de 106 Miles, volvió a buscar a Evan Williams;
y aunque éste ya era famoso y estaba muy ocupado con el lanzamiento de
Twitter, aceptó. "Cuando, cinco años después de que lo conocimos, le pedimos que hablara ante nuestro grupo, Evan no había olvidado lo que hicimos por él", dice Rifkin.

La benevolencia que generosos como Rifkin provocan ha sido objeto de
sugestivas investigaciones. Es común que quienes estudian las redes sociales tracen el intercambio de información que acontece en ellas: el flujo de
conocimientos de una persona a otra. Pero cuando Wayne Baker colaboró
con el profesor de la University of Virginia Rob Cross y Andrew Parker de
IBM, se dio cuenta de que también era posible trazar los flujos de energía
de una red.[22] Empleados de varias organizaciones calificaron sus interacciones en una escala que iba de muy extenuantes a muy tonificantes. El mapa
de la red de energía que los investigadores elaboraron parecía el modelo de
una galaxia.

Los interesados eran los agujeros negros; absorbían la energía de quienes
los rodeaban. Los generosos eran soles: inyectaban luz en la organización.
Creaban oportunidades de generosidad para sus colegas, antes que imponer
sus ideas y acaparar el crédito por lo logrado. Cuando discrepaban de ciertas sugerencias, mostraban respeto por quienes se habían atrevido a decir
lo que piensan, en vez de subestimarlos.

Si se trazara la energía de la red de Rifkin, se vería que él parece el centro de muchos sistemas solares. Hace unos años, Rifkin conoció en una fiesta
al empeñoso Raymond Rouf y se puso a platicar con él, haciéndole algunos
comentarios. Seis meses después, Rouf gestaba una nueva empresa, y pidió
asesoría a Rifkin; éste se comunicó con él el mismo día y concertó un desa-
yuno para la mañana siguiente, donde dedicó dos horas a asesorarlo. Meses más tarde, sus caminos se cruzaron de nuevo. Rouf llevaba dos años sin
ingresos y la cañería de su casa no funcionaba, así que se había inscrito en
un gimnasio para poder irse a bañar ahí. Un día en que tropezó con Rifkin,
éste le preguntó cómo le iba con su nueva empresa, y le dio invaluables ideas
para relanzarla. Luego lo presentó con un capitalista de riesgo, quien terminó
financiando la compañía e incorporándose a su consejo de administración.
"Ambos se reunían conmigo para hablar de cómo me podían ayudar", cuen-

ta Rouf. La empresa de éste, GraphScience, es ya una de las diez compañías analíticas de Facebook más importantes del mundo, lo que, como asegura el propio Rouf, habría sido imposible sin la ayuda de Rifkin.

Éste ha conseguido incluso incitar proyectos de un autor/director de Hollywood. Como veremos en el capítulo 8, Rifkin y este director se conocieron gracias a que aquél comparte abiertamente en internet su información de contacto. En una conversación informal, el director de Hollywood mencionó que acababa de concluir la producción de una serie para Showtime, y pidió ayuda a Rifkin. "Aunque es muy exitoso en su campo, no creí que fuera hábil como publicista de Hollywood", confiesa el director. "¡Pero me equivoqué!". Menos de veinticuatro horas más tarde, Rifkin ya había concertado reuniones y proyecciones privadas de ese programa con altos ejecutivos de Twitter y YouTube. Explica el contacto en Hollywood:

Hay que subrayar que el éxito de mi programa no le reportaría a Adam ningún beneficio, así que le habría dado lo mismo que mi serie naufragara o saliera a flote. Pero, fiel a su afición a dar, se tomó la molestia de ofrecernos incontables oportunidades mediáticas. Por lo tanto, a él se debieron los elogiosos artículos posteriores de un sinnúmero de publicaciones nacionales, lo mismo que la increíble promoción que recibimos en los medios sociales. Su generosidad terminó siendo de mayor alcance y eficacia que el trabajo del publicista hollywoodense, muy bien remunerado, de nuestro programa. Gracias a esto, ¡nuestra serie alcanzó los ratings más altos en su horario en la historia de Showtime! Las cifras de nuestro modesto programa impresionaron tanto a esta compañía que ya nos dio luz verde para otra serie. La generosidad de Adam es la verdadera razón de que el programa haya sido un éxito y de que Showtime haya dicho que sí a mi nueva serie.

Para alguien que emite tan buenas vibraciones e inspira tanta benevolencia, reconectar es una experiencia tonificante. Pensando en las doscientas sesenta y cinco personas de las que Rifkin ha hablado bien en LinkedIn, o en los cientos de emprendedores a los que ayuda en 106 Miles, no es exagerado suponer que si estos individuos perdieran contacto con él, lo restablecerían entusiasmados y ayudarían a Adam.

Pero Rifkin no persigue su ayuda, al menos no para sí mismo. Su verdadero propósito es transformar nuestras ideas básicas acerca de cómo creamos redes y quién debe beneficiarse de ellas. Él cree que las redes deben verse como un vehículo para generar valor para todos, no para reclamarlo para nosotros. Y está convencido de que este enfoque de la formación de redes, propio de los generosos, puede erradicar la tradicional norma de la reciprocidad de manera muy productiva para todos los involucrados.

El favor de cinco minutos

En 2012 se pidió a una agente de contratación de LinkedIn, llamada Stephanie, enlistar a las tres personas que más habían influido en su carrera. A Rifkin le asombró contarse entre ellas, porque, aunque conocía a esa agente, sólo la había visto una vez, en una reunión meses atrás. En busca de empleo, Stephanie lo conoció gracias a la amiga de una amiga. Él la había asesorado, sobre todo mediante mensajes de texto, y ayudado a buscar trabajo. Al agradecérselo por correo electrónico, ella se dijo dispuesta a corresponder el favor: "Aunque sólo nos hemos visto una vez y nuestros demás intercambios han sido ocasionales, me ayudaste tanto que [...] me gustaría ayudarte en respuesta".

Pero como no quería ayudarlo sólo a él, asistió a una reunión de emprendedores de Silicon Valley convocada por 106 Miles, para ayudar a Rifkin a ayudarlos. En esa reunión, Stephanie comentó ideas de los emprendedores, y les ofreció probar sus prototipos de productos y facilitarles contactos con posibles colaboradores e inversionistas. Lo mismo han hecho muchas otras personas a las que Rifkin ha asistido. Raymond Rouf suele presentarse en juntas de 106 Miles para auxiliar a otros emprendedores. Igual hace un ingeniero llamado Bob, quien conoció a Rifkin en 2009, en un bar. Al enterarse de que Bob no tenía trabajo, Rifkin le dio algunas referencias, gracias a las cuales consiguió empleo. La compañía en la que trabajaba quebró, así que Rifkin volvió a recurrir a sus contactos, lo que resultó en un trabajo para Bob en una nueva empresa, que Google adquirió seis meses después. Hoy Bob es un exitoso ingeniero de Google, y corresponde la ayuda que recibió prestándola a la red de 106 Miles.

Ésta es una reciprocidad de nuevo cuño. En la versión antigua, la gente operaba con equidad, intercambiando valor. Ayudábamos a quien nos ayudaba, o a aquellos de quienes queríamos algo a cambio. Hoy, al contrario, generosos como Rifkin son capaces de desencadenar un modo de reciprocidad más efectivo. En vez de intercambiarlo, Rifkin busca agregar valor. Su generosidad está regida por una regla muy simple, el favor de cinco minutos: "Haz por *cualquiera* algo que te quite cinco minutos o menos".

Rifkin no piensa en que será correspondido por quienes ayuda. Mientras que los interesados forman grandes redes para parecer importantes y tener acceso a personas poderosas, y los equitativos para conseguir favores, Rifkin lo hace para producir más oportunidades de generosidad. En palabras de Robert Putnam, especialista en ciencia política de Harvard, "haré esto por ti sin esperar nada a cambio, confiando en que alguien hará algo por mí más adelante".[23] Quienes, como Stephanie, agradecen la ayuda de Rifkin, tienden a prestarla a su vez. "Siempre he sido auténtica y bondadosa", dice ella, "pero antes intentaba ocultarlo y ser competitiva, para poder progresar. Adam me enseñó que puedes ser bueno sin sacrificar tus avances en el mundo". Cada vez que Rifkin comparte generosamente su experiencia o contactos, alienta a los integrantes de su red a ser generosos. Cuando pide ayuda, suele hacerlo en bien de otro. Esto vuelve más posible que los miembros de su vasta red deseen agregar más que intercambiar valor, lo que abre la puerta para que él y otros obtengan beneficios de personas a las que nunca han ayudado, o a las que ni siquiera conocen. Al crear una norma de agregación de valor, Rifkin hace que la generosidad deje de ser una pérdida de suma cero y se convierta en una ganancia de beneficio mutuo.

Al forjar redes, los interesados intentan reclamar para sí el mayor valor posible de un pastel inalterable. Cuando, en cambio, generosos como Rifkin forjan redes, agrandan el pastel para que todos reciban una rebanada mayor. Nick Sullivan, emprendedor que se ha beneficiado de la ayuda de Rifkin, dice que "Adam tiene el mismo efecto en todos: inducirnos a ayudar a los demás". Detalla Rouf: "Siempre confirma que aquel a quien él le da, dé a su vez. Si asesora a alguien, se asegura de que ayude a otros de sus beneficiarios; esto crea una red, y garantiza que todos sus miembros se ayuden entre sí".

Investigaciones recientes muestran cómo es que Rifkin motiva a otros a dar. La generosidad, sobre todo cuando es expresa y sistemática, impone un patrón que cambia el estilo de reciprocidad de los miembros de un grupo. Así, dar puede ser contagioso. Los expertos en contagio James Fowler y Nicholas Christakis descubrieron en un estudio que la generosidad se propaga rápida y ampliamente en las redes sociales.[24] Cuando, a sus expensas, alguien decidía hacer aportaciones a un grupo en una serie de rondas, los demás miembros eran más proclives a aportar en rondas futuras, aun si interactuaban con personas ausentes en el acto original. "Esta influencia persiste en varios periodos y se extiende a tres grados (de una persona a otra y de ésta a otra más)", señalan Fowler y Christakis, de tal forma que "cada aportación adicional de un sujeto [...] en el primer periodo se ve triplicada en el curso del experimento por otros, directa o indirectamente influidos por él para aportar más".

En una situación nueva, la gente busca en otros señales de conducta adecuada. En presencia de la generosidad, ésta pasa a ser la norma, y la gente la traslada a sus interacciones con otros. Para ilustrarlo, imagina que se

te incorpora a un grupo de cuatro personas desconocidas entre sí y que tomarán decisiones anónimas y secretas en seis rondas. En cada una de ellas,
cada cual recibirá tres dólares y decidirá si conservarlos o darlos al grupo.
Si los conserva, se quedará con los tres dólares íntegros. Si los cede al grupo, obtendrá dos, el generoso incluido. Al final de cada ronda se sabrá qué
decidió cada quien. El grupo estará en mejor posición si todos dieron; cada
miembro recibirá ocho dólares por ronda, lo que hace un total de cuarenta y
ocho en seis rondas. Pero si uno da y nadie más lo hace, sólo obtendrá doce
dólares. Esto lo inducirá a tomar, para garantizar al menos dieciocho dólares.

Como está vedado comunicarse con los demás, dar es una estrategia
arriesgada. Pero en el estudio, quince por ciento de los participantes fueron
incesantemente generosos:[25] contribuyeron en las seis rondas, haciendo un
sacrificio personal en bien del grupo. Esto no resultó tan costoso como se
esperaba. Sorpresivamente, incluso a los siempre generosos les fue bien: terminaron en promedio con una suma veintiséis por ciento superior a la de
los participantes en grupos sin un solo generoso incesante. ¿Cómo fue posible que aquéllos dieran más y recibieran más?

Cuando los grupos incluían a un generoso incesante, los demás miembros aportaban más. La presencia de un generoso bastaba para establecer
una norma de generosidad. Al dar, los participantes favorecían a los miembros de su grupo y obtenían más a cambio. Aunque cada contribución les
implicaba recibir cincuenta por ciento menos, al inspirar a otros a dar hacían disponible un total mayor para todos los participantes. Los generosos
elevaban el nivel y agrandaban el pastel para el grupo entero.

En este experimento, los generosos incesantes practicaban el equivalente a un favor de cinco minutos al aportar su dinero en cada ronda. Hacían
pequeños sacrificios en bien de cada miembro del grupo, lo que inspiraba
a éstos a hacer lo mismo. Gracias al favor de cinco minutos, Rifkin agranda
el pastel para la totalidad de su red. En 106 Miles, la norma es que los cinco mil emprendedores miembros se ayuden unos a otros. Rifkin explica que
"no haces un favor porque vayas a obtener algo a cambio. La meta es inculcar el valor de la generosidad, no el intercambio. Si haces algo por alguien,
alguien hará algo por ti cuando lo necesites".

Esta generosidad incesante no deja de parecer un tanto arriesgada a interesados y equitativos. ¿Generosos como Rifkin mantienen su productividad, en ausencia sobre todo de garantías de que su ayuda será correspondida y los beneficiará directamente? Para arrojar luz sobre esta pregunta, el
profesor de Stanford Frank Flynn estudió a ingenieros de una importante
compañía de telecomunicaciones del área de la bahía de San Francisco, a los
que pidió evaluarse, tanto a sí mismos como a los demás, respecto a cuán-

ta ayuda daban y recibían, lo que le permitió identificar a los generosos, interesados y equitativos.[26] Pidió igualmente a sus sujetos evaluar el prestigio de otros diez: ¿cuánto se les respetaba?

Los interesados resultaron ser los menos prestigiados. Quemaban naves pidiendo muchos favores, que rara vez correspondían. Sus colegas los consideraban egoístas y los castigaban mostrando poco respeto por ellos. Los generosos fueron los más prestigiados. Entre más pródigos eran, más respeto y consideración obtenían de sus colegas. Gracias a que daban más de lo que recibían, dejaban ver sus singulares habilidades, mostraban su valor y exhibían sus buenas intenciones.

Pero pese a que se les tenía en tan alta estima, los generosos enfrentaban un problema: pagaban un precio de productividad. Flynn midió por tres meses la cantidad y calidad del trabajo de cada ingeniero. Los generosos resultaron ser más productivos que los interesados: trabajaban más y hacían más cosas. Pero los equitativos registraron la productividad más alta, por encima de la de los generosos. Al parecer, el tiempo que éstos dedicaban a ayudar a sus colegas mermaba su capacidad para concluir sus labores, informes y planos. Los equitativos tendían a exigir correspondencia y recibir ayuda, lo que al parecer les permitía preservar su nivel. Por lo visto, ésta es una traba para el estilo de formación de redes de los generosos. ¿Cómo puede valer la pena que los generosos ayuden a otros si esto los obliga a sacrificar su productividad?

Pero Rifkin ha conseguido ser generoso y mantener un alto nivel de productividad como cofundador de varias empresas de éxito. ¿Cómo evita la disyuntiva entre generosidad y productividad? Dando más.

En el estudio acerca de los ingenieros, los generosos no siempre pagaban un precio de productividad. Flynn determinó si los ingenieros eran generosos, equitativos o interesados pidiendo a sus colegas evaluar si daban más, igual o menos de lo que recibían. Esto significa que algunos podían ser catalogados como generosos aun si no ayudaban muy a menudo, en tanto pidieran menos a cambio. Cuando Flynn examinó los datos de la frecuencia con que los ingenieros daban y recibían ayuda, los generosos presentaban un descenso de productividad sólo cuando daban poco. Los ingenieros más productivos eran los que daban mucho, más de lo que recibían. Éstos eran los verdaderos generosos, quienes exhibieron la productividad y prestigio más altos: sus compañeros los veneraban. Al dar con frecuencia, los ingenieros pródigos generaban más confianza y atraían ayuda más valiosa de todos sus grupos de trabajo, no sólo de colegas a los que hubieran ayudado.

Esto es justo lo que ha sucedido con Rifkin y sus favores de cinco minutos. En los días previos a los medios sociales, quizá él haya bregado en el anonimato. Pero gracias al mundo interconectado de hoy, su fama como generoso ha viajado a mayor velocidad que la del sonido. "Rifkin no tarda nada en conseguir financiamiento para sus nuevas empresas", dice Rouf, con dejo de estupefacción. "Así de grande es su fama; la gente sabe que es una buena persona. Recibe estos dividendos gracias a ser como es."

La experiencia de Rifkin ilustra que los generosos pueden desarrollar y aprovechar redes muy sustanciales. Dado el modo en que interactúan en sus redes, producen normas que favorecen la agregación antes que el reclamo o intercambio de valor, agrandando el pastel para todos los involucrados. Cuando necesitan ayuda, pueden reconectarse con lazos latentes, recibiendo asistencia novedosa de fuentes casi olvidadas pero confiables. "Resumiré la clave del éxito en una sola palabra: generosidad", escribe Keith Ferrazzi. "Si tus interacciones se rigen por la generosidad, te verás recompensado." No por casualidad Ivan Misner, fundador y presidente de BNI, la organización de redes de negocios más grande del mundo, necesita sólo tres palabras para describir su filosofía fundamental: "Triunfan los generosos".

Luego de años de reacomodar las letras de su nombre, Adam Rifkin dio por fin con el anagrama perfecto: I Find Karma ("Encuentro mi karma").

3

La onda expansiva

La colaboración y la dinámica de dar y tomar crédito

Es bueno recordar que el universo, con una excepción trivial,
se compone de otros.

—JOHN ANDREW HOLMES,
EXDIPUTADO Y SENADOR ESTADUNIDENSE[1]

Tal vez nunca hayas oído hablar de George Meyer, pero sin duda conoces su trabajo.[2] De hecho, puede ser que alguien a tu alrededor sea adepto a sus ideas, las cuales han cautivado a toda una generación en el mundo entero. Aunque hasta hace poco yo no sabía que era suyo, he admirado su trabajo desde que tenía nueve años. Meyer es un individuo alto, de facciones angulosas, cincuenta y tantos años de edad, cabello largo y barba de chivo. No lo reconocerías si tropezaras con él en la calle, aunque quizá sospecharías que es fan de la banda rockera Grateful Dead. Y estarías en lo correcto: en los últimos cinco años de la vida de Jerry Garcia, Meyer asistió al menos a setenta conciertos de esa agrupación.

George Meyer estudió en Harvard, de donde estuvo a punto de ser expulsado por venderle a un alumno de nuevo ingreso un refrigerador que nunca entregó. También se libró de que lo expulsaran cuando, en otra ocasión, rompió la ventana de un dormitorio con una guitarra eléctrica. Uno de los pocos episodios brillantes de su paso por la universidad fue su elección como presidente de la famosa revista de humor *Harvard Lampoon*, lo que, no obstante, se vio rápidamente empañado por un intento de golpe de Estado en su contra. Según el periodista David Owen, sus compañeros "intentaron destituirlo mediante una enconada e injuriosa batalla interna, por no creerlo lo bastante responsable".

Tras graduarse en 1978, Meyer volvió a casa y buscó una manera fácil de ganar dinero. En la universidad había pasado mucho tiempo apostando en carreras de perros en un galgódromo, así que pensó que podía dedicar-se a eso. Se instaló entonces en una biblioteca pública a analizar estrategias científicas para vencer al sistema, aunque sin fruto alguno: dos semanas des-pués se quedó sin un quinto.

Tres décadas más tarde, George Meyer es una de las personas más exi-tosas del mundo del espectáculo. Fue colaborador destacado de una pelícu-la que recaudó en taquilla más de 527 millones de dólares. Ha ganado siete Emmys e inventado varias palabras ya incluidas en diccionarios del inglés, una de las cuales pronunció a diario por cuatro años mi compañero de cuar-to en la universidad. Pero debe ante todo su celebridad a su papel en un fe-nómeno de la televisión que cambió al mundo. Sus colegas aseguran que él fue el principal responsable del aclamado programa que la revista *Time* de-signó como la mejor serie de televisión del siglo XX.

En 1981, por recomendación de dos amigos, Meyer envió un par de tex-tos al entonces nuevo programa de la NBC *Late Night with David Letter-man*. "Todo en sus composiciones, hasta el menor detalle, estaba sumamen-te trabajado", dijo Letterman a Owen, con inocultable admiración. "Jamás he vuelto a ver nada semejante." En la primera temporada de esa emisión, Meyer inventó una rutina que se volvería clásica: usar una aplanadora para prensar cosas comunes y corrientes, como frutas. Dos años después se in-corporó a *The New Show*, con Lorne Michaels, y más tarde a *Saturday Night Live*, que dejó en 1987 para escribir el guión de una película de Letterman que finalmente se archivaría.

Los dos amigos que lo recomendaron con Letterman dijeron que era "el hombre más gracioso de Estados Unidos". Y es un hecho que sabían lo que decían; tiempo después ganarían el Emmy por sus libretos humorísticos en programas como *Seinfeld*, *The Wonder Years* y *Monk*. Además, si se exami-nan los logros de Meyer desde el guión de la película de Letterman, es muy probable que se esté de acuerdo con ellos.

Meyer es el cerebro de gran parte del humor de *Los Simpson*, el progra-ma cómico de dibujos animados de más larga duración en Estados Unidos.

Los Simpson ha ganado veintisiete Emmys como el mejor programa de televisión en horario estelar, seis de los cuales se destinaron a Meyer, y cam-bió la faz de la comedia animada. Aunque Meyer no formó parte del gru-po iniciador de esta serie –creada por Matt Groening y desarrollada con Ja-mes L. Brooks y Sam Simon–, priva un amplio consenso en el sentido de que el éxito de *Los Simpson* se debe primordialmente a él. Contratado para escribir para esta emisión antes de su estreno en 1989, Meyer fue durante dieciséis temporadas uno de sus principales colaboradores, como guionista y productor ejecutivo. "Él fue tan determinante para el programa que bien podría decirse que la sensibilidad cómica de *Los Simpson* es principalmente suya", escribe Owen. Según el humorista Mike Sacks, "los guionistas de la serie lo consideran el genio de genios tras bastidores, [...] responsable de sus mejores chistes y parlamentos". Jon Vitti, uno de los guionistas originales de *Los Simpson*, autor de muchos de sus primeros episodios y más tarde productor de *The Office*, indicó que Meyer era "quien escribía la mayor parte del programa; sus huellas son perceptibles en casi todos los libretos. Hoy, la suya sigue siendo la influencia más importante en la serie, sin haber sido uno de sus creadores".

¿A qué debe un hombre como Meyer su éxito para trabajar en equipo? Los estilos de reciprocidad son un cristal muy provechoso para explicar por qué hay quienes florecen trabajando en equipo mientras otros no. En *Multipliers* (Multiplicadores), la exejecutiva de Oracle Liz Wiseman distingue entre genios y formadores de genios. Los genios suelen ser personas interesadas: para promover sus fines, "extraen inteligencia, energía y capacidad" de los demás. Los formadores de genios tienden a ser personas generosas: usan "su inteligencia para desarrollar las habilidades y capacidades" de otros, escribe Wiseman, gracias a lo cual "se prenden focos, fluyen ideas y se resuelven problemas".[3] Mi meta en este capítulo es explorar cómo influyen estas diferencias entre personas generosas e interesadas en el éxito individual y grupal.

Colaboración y carácter creativo

Cuando consideramos qué se necesita para alcanzar el nivel de impacto humorístico de George Meyer, resulta indudable que la creatividad forma parte importante de la ecuación. Carolyn Omine, veterana guionista y productora de *Los Simpson*, dice que Meyer "tiene una manera muy peculiar de ver el mundo, absolutamente excepcional". El productor ejecutivo y director del programa, Mike Scully, comentó una vez que, cuando él se sumó al equipo, Meyer "sencillamente me deslumbró. Yo ya había hecho para entonces mucho trabajo de comedia, pero George hacía algo tan distinto y original que por un tiempo dudé de estar a la altura".

Para resolver el misterio de la creatividad, en 1958 el psicólogo de Berkeley Donald MacKinnon llevó a cabo un estudio precursor.[4] A fin de identificar los rasgos propios de las personas creativas en el arte, la ciencia y los negocios, analizó a un grupo de profesionales cuya labor abarca esos tres campos: los arquitectos. Para comenzar, MacKinnon y colegas pidieron a cinco expertos en arquitectura presentar por separado una lista de los cuarenta arquitectos más creativos de Estados Unidos. Aunque no conferenciaron

entre sí, esos expertos coincidieron en alto grado. Habiendo podido seleccionar hasta doscientos arquitectos, tras eliminar repeticiones su lista com-
binada contenía sólo ochenta y seis. Más de la mitad de ellos fueron mencionados por más de un experto, más de un tercio por la mayoría de ellos y
quince por ciento por los cinco.

Luego, cuarenta de los más creativos arquitectos estadunidenses acce-
dieron a ser diseccionados psicológicamente. El equipo de MacKinnon los
comparó con otros ochenta y cuatro arquitectos exitosos pero poco creativos, haciendo asociaciones de edad y ubicación geográfica entre ellos. La
totalidad de los arquitectos accesibles viajaron a Berkeley, donde pasaron
tres días abriendo su mente al equipo de MacKinnon y a la ciencia: respondieron a un conjunto de cuestionarios de personalidad, experimentaron situaciones sociales estresantes, fueron sometidos a difíciles pruebas de resolución de problemas y contestaron entrevistas exhaustivas sobre la historia
de su vida. MacKinnon y colegas examinaron minuciosamente montones de
datos, usando un seudónimo para cada arquitecto a fin de no distinguir de
antemano entre creativos y poco creativos.

Un grupo particular de arquitectos sobresalió como significativamente
más "responsable, sincero, confiable y formal", de "mejor carácter" y "cálido
interés en los demás". El principio del karma sugiere que ese grupo debería haber sido el de los arquitectos creativos, pero no es así; se trataba del
grupo de los arquitectos "ordinarios". MacKinnon descubrió que los creativos destacaban por su "exigencia, agresividad y egocentrismo". Dueños de
un ego desmesurado, reaccionaban agresiva y defensivamente a la crítica.
En estudios posteriores emergieron patrones similares al comparar a científicos creativos y poco creativos: los primeros obtuvieron resultados más
altos en dominación, hostilidad y desviación psicopática, y fueron calificados por observadores como generadores y explotadores de dependencia en
otros. Ellos mismos dijeron coincidir con enunciados como "Tiendo a subestimar las contribuciones ajenas y a atribuirme más méritos de los que me
corresponden" y "Tiendo a ser sarcástico y desdeñoso al referirme al valor
de otros investigadores".[5]

Las personas interesadas tienen el don de generar ideas creativas y de-
fenderlas contra viento y marea. Demasiado seguras de sí mismas y de sus
opiniones, se sienten libres de las cadenas de la aprobación social que res-
tringen la imaginación de muchos otros. Ésta es una marca distintiva de
los textos humorísticos de George Meyer. En 2002, Meyer escribió, dirigió
y protagonizó una pequeña obra de teatro, titulada *Up Your Giggy*. En sus
monólogos, llamó a Dios "una superstición ridícula, inventada por caverní-
colas asustados", y aludió al matrimonio como "un caldero inmóvil de re-

sentimientos fermentados, conformidad apocada y sentenciosa, exagerada preocupación por los hijos [...] y secreta redención de imágenes eróticas de amantes del pasado, en un desesperado y desgarrador intento por hacer siquiera posible el sexo conyugal".

El secreto de la creatividad: ¿ser interesado?

¡Un momento! Meyer puede tener un sentido del humor cínico, profunda desconfianza por la tradición y unas cuantas indiscreciones; pero en un universo hollywoodense dominado por personas interesadas, pasó gran parte de su carrera apropiándose del estilo de los generosos. Esto se remonta a sus primeros años: de chico, fue Eagle Scout y monaguillo. En Harvard estudió bioquímica y se le admitió en la Facultad de Medicina, a la que decidió dejar de asistir, desalentado por sus hipercompetitivos compañeros del curso propedéutico, quienes solían "sabotear los experimentos ajenos, así de triste". Cuando sus colegas intentaron destituirlo como presidente de *Lampoon*, señala Owen, "él no sólo sobrevivió al golpe, sino que además, clásico en él, se hizo amigo de su rival más importante". Tras graduarse y fracasar en las carreras de perros, trabajó en un laboratorio de investigación de cáncer y como maestro suplente. Cuando le pregunté qué le había atraído de la comedia, contestó: "Me gusta hacer reír a la gente, entretenerla y tratar de hacer un mundo un poco mejor".

Meyer ha usado su talento como humorista para promover la responsabilidad social y ambiental. En 1992, uno de los primeros episodios de *Los Simpson* escritos por él, "Mr. Lisa Goes to Washington", fue nominado al Environmental Media Award a la mejor serie cómica de la televisión con mensaje proambiental. Durante su estancia ahí, *Los Simpson* obtuvo seis de estos premios, y en 1995 un Genesis Award de la Humane Society por crear conciencia sobre los apuros de los animales. Vegetariano y practicante de yoga, en 2005 Meyer coescribió *Earth to America*, programa especial de TBS que se valió del humorismo para alertar del calentamiento global y otros problemas ambientales. Meyer ha colaborado asimismo con Conservation International produciendo divertidas conferencias de PowerPoint para promover la biodiversidad. En 2007, cuando en Sri Lanka se descubrió una nueva especie de ranas de musgo, se le bautizó con el nombre de la hija de Meyer, en respuesta a las contribuciones de él a la Global Amphibian Assessment para la protección de dichos anfibios.

No obstante, la forma en que Meyer trabaja en equipo es más imponente todavía. Su gran cambio a este respecto ocurrió mientras hacía el guión de la película de Letterman, en 1988. Para diversificar sus actividades, también escribió y autopublicó entonces la revista de humor *Army Man*. "En ese tiempo, eran pocas las publicaciones que sólo buscaban ser divertidas", dijo

al humorista Eric Spitznagel, "así que intenté crear algo con la única intención de hacer reír". El primer número de *Army Man* constó de apenas ocho
páginas. El propio Meyer lo mecanografió, lo formó en su cama y lo fotocopió, para obsequiar después esa muestra de su mejor trabajo cómico y enviar ejemplares gratis a doscientos amigos.

Esta revista pareció hilarante a sus lectores, quienes la hicieron circular entre sus conocidos. Pronto atrajo a seguidores de culto y llegó a la Hot
List de *Rolling Stone* de lo mejor del año en entretenimiento. Más tarde, los
amigos de Meyer empezaron a mandar colaboraciones para los números siguientes. Cuando él produjo la edición número dos, ya había demanda suficiente para mil ejemplares. Pero dejó de publicarla luego del tercer número, debido en parte a que no le gustaba rechazar los artículos de sus amigos
para los que ya no disponía de espacio.

El primer número de *Army Man* apareció cuando *Los Simpson* despegaba apenas, y fue a dar a manos del productor ejecutivo, Sam Simon, quien
se preparaba en esos días para reclutar a un equipo de guionistas. Simon
contrató a Meyer y otros colaboradores de *Army Man*, quienes harían de
Los Simpson un éxito. En la sala de guionistas, Meyer sentó sus reales como
persona generosa. Tim Long, guionista del programa y cinco veces ganador
del Emmy, me dijo: "No conozco a nadie con tanto prestigio como George.
Es increíblemente generoso". Meyer también despierta la admiración de Carolyn Omine: "Todos los que lo conocemos sabemos que es una buena persona. Tiene un código de honor y se apega a él con un grado de integridad
sobrenatural".

La buena fortuna de Meyer pone de manifiesto que los generosos pueden ser tan creativos como los interesados. Estudiar sus hábitos de colaboración nos puede permitir apreciar que los generosos trabajan en formas
que contribuyen a su éxito y el de quienes los rodean. Pero para comprender a cabalidad la eficacia de las personas generosas en la colaboración es
importante que las comparemos con las interesadas. La investigación sobre
los arquitectos creativos sugiere que los interesados suelen tener seguridad
para generar ideas originales contra la tradición y para librar arduas batallas
con tal de defender esas ideas. Pero ¿esta independencia no tiene un precio?

Volar en solitario

En el siglo XX, quizá nadie haya simbolizado mejor la creatividad que Frank
Lloyd Wright,[6] reconocido en 1991 como el arquitecto estadunidense más
grande de todos los tiempos por el American Institute of Architects. Wright

tuvo una carrera muy productiva, habiendo diseñado la famosa casa Fallingwater cerca de Pittsburgh, el Guggenheim Museum y más de un millar de
estructuras adicionales, la mitad de las cuales fueron efectivamente cons-
truidas. En una trayectoria de siete décadas, ejecutó un promedio de más de
ciento cuarenta diseños y setenta estructuras por decenio.

Pero pese a haber sido sumamente prolífico en el primer cuarto del siglo XX, Wright inició en 1924 una caída en picada que duró nueve años.
En 1925 "hizo apenas unas cuantas casas en Los Ángeles", escriben el sociólogo Roger Friedland y el arquitecto Harold Zellman. Luego de estudiar la
trayectoria de Wright, el psicólogo Ed de St. Aubin concluyó que "su peor
crisis como arquitecto sobrevino entre 1924 y 1933, cuando terminó sólo
dos proyectos". En esos nueve años, Wright fue treinta y cinco veces menos
productivo que de costumbre. En dos años no recibió un solo encargo y "se
tambaleó profesionalmente", señala el crítico Christopher Hawthorne. En
1932, "el mundialmente famoso Frank Lloyd Wright" se hallaba "casi en el
desempleo", escribió el biógrafo Brendan Gill. "Su último gran encargo había sido una casa para su primo" en 1929, y "estaba endeudado casi todo el
tiempo", al punto de sufrir "para poder comprar víveres". ¿Qué hizo langui-
decer al mayor arquitecto de Estados Unidos?

Wright fue uno de los arquitectos invitados a participar en el estudio de
creatividad de MacKinnon. Aunque se rehusó a hacerlo, la descripción del arquitecto creativo que emergió del análisis de MacKinnon era su vivo retrato.
Wright parecía humanitario en sus diseños. Introdujo el concepto de arquitectura orgánica, empeñándose en fomentar la armonía entre los individuos y
su entorno. Pero en su interacción con los demás, operaba como interesado.
Los expertos estiman que, siendo todavía aprendiz, diseñó de contrabando
al menos nueve casas, violando así los términos de su contrato, que prohibía
la ejecución de trabajos propios. Se dice que para ocultar éstos, convenció a
un compañero dibujante de firmar algunos de los contratos respectivos. En
determinado momento, Wright prometió a su hijo, John, pagarle como asistente de varios proyectos. Cuando éste exigió tal pago, Wright le envió una
cuenta de todo lo que había gastado en él desde que nació.

Wright tardó meses en diseñar la famosa casa Fallingwater. Cuando el
cliente, Edgar Kaufmann, llamó por fin para anunciar que ya viajaba doscientos veinticinco kilómetros para ver sus avances, Wright aseguró que la casa
estaba terminada. Pero cuando Kaufmann llegó, aquél no había concluido
siquiera un plano, y menos aún la casa. En unas horas, Wright boceto ante
su cliente un diseño detallado. Kaufmann había encargado una casa de fin
de semana en uno de los parajes favoritos de su familia para comidas cam-
pestres, con vista a una cascada, pero Wright tenía otra cosa en mente: una

residencia en lo alto de una roca sobre la cascada, la que en consecuencia no se vería desde la casa. Hizo que Kaufmann la aceptara, y al final cobró ciento veinticinco mil dólares por ella, más del triple de los treinta y cinco mil especificados en el contrato. Una persona generosa no se hubiera apartado tanto de las expectativas del cliente, y mucho menos habría intentado convencerlo de la conveniencia del nuevo proyecto, ni le habría cobrado extra por él. Por lo visto, Wright tenía el descaro de desarrollar una visión original y de vendérsela a un cliente en virtud de su mentalidad de interesado.

Pero fue justo esta tendencia lo que precipitó sus nueve años de crisis. Durante dos décadas, hasta 1911, Wright se había hecho fama como arquitecto en Chicago y Oak Park, Illinois, donde se beneficiaba de la colaboración de artesanos y escultores. En 1911 diseñó Taliesin, finca en un remoto valle de Wisconsin. Creyéndose capaz de sobresalir solo, se mudó allá, pero terminó a la deriva en "largos años de ociosidad forzosa", escribió Gill. En Taliesin no disponía de aprendices talentosos. "El aislamiento por el que optó para crear Taliesin", observa De St. Aubin, "lo dejó sin los elementos que se le habían vuelto esenciales: encargos de proyectos arquitectónicos y trabajadores hábiles que lo ayudaran a ejecutar sus diseños".

La sequía duró hasta que Wright renunció a la independencia y volvió a trabajar en forma interdependiente con colaboradores talentosos. No fue idea suya: Olgivanna, su esposa, lo convenció de crear una sociedad de aprendices que le ayudaran. Al reclutarlos en 1932, su productividad aumentó, y pronto se ocupaba ya de la casa Fallingwater, considerada por muchos la obra arquitectónica más importante de la historia moderna. Wright encabezó esa sociedad por un cuarto de siglo, aunque renuente siempre a apreciar lo mucho que dependía de sus aprendices. Se negaba a pagarles, y les exigía hacer la comida, el aseo y trabajo de campo. "Era un gran arquitecto", explicó su exaprendiz Edgar Tafel, quien trabajó en Fallingwater, "pero necesitaba que personas como yo hiciéramos realidad sus diseños, algo que era imposible decirle".[7]

La historia de Wright exhibe la brecha entre nuestra natural tendencia a atribuir el éxito creativo a individuos y la realidad cooperativa que sostiene gran parte de las obras verdaderamente grandes. Esta brecha no es exclusiva de campos creativos. Aun en puestos aparentemente independientes y basados en la capacidad intelectual, nuestro éxito se funda en otros más de lo que creemos. En la última década, profesores de Harvard estudiaron a cirujanos cardiacos en hospitales y a analistas bursátiles en bancos de inversión. Ambos grupos se especializan en un trabajo intelectual: precisan de grandes habilidades para renovar el corazón de sus pacientes y organizar información compleja a fin de poder recomendar acciones. Según el gurú de la administración Peter Drucker, estos "trabajadores del conocimiento, a diferencia de los trabajadores manuales en la manufactura, son dueños de sus medios de producción: portan sus conocimientos en la cabeza, así que pueden llevarlos consigo". Pero en la realidad, portar conocimientos no es nada fácil.

Los profesores Robert Huckman y Gary Pisano quisieron saber en un estudio si los cirujanos cardiacos mejoraban con la práctica.[8] Dada la gran demanda de que son objeto, estos cirujanos operan en varias clínicas. Huckman y Pisano rastrearon durante dos años 38 577 operaciones de 203 cirujanos cardiacos en 43 hospitales. Se concentraron en implantes de bypass en las coronarias, los que consisten en abrir el pecho del paciente y atar una vena de una pierna o una sección de una arteria del pecho para eludir una obstrucción en una arteria del corazón. En promedio, tres por ciento de los pacientes sometidos a estas operaciones morían en su transcurso.

Cuando Huckman y Pisano analizaron los datos, hallaron un patrón inusitado. En general, los cirujanos no mejoraban con la práctica; mejoraban únicamente en un *hospital específico*. Por cada operación en el hospital de referencia, el riesgo de mortalidad del paciente bajaba uno por ciento, pero se mantenía igual en otros hospitales. Los cirujanos no podían llevar consigo su rendimiento. No mejoraban haciendo implantes de bypass en las coronarias; conocían mejor a ciertas enfermeras y anestesiólogos, familiarizándose más con sus fortalezas y debilidades, hábitos y estilos. Esta cercanía les permitía evitar que el paciente muriera, pero no se transfería a otras clínicas. Para reducir el riesgo de mortalidad de pacientes, los cirujanos precisaban de firmes relaciones con miembros de equipos quirúrgicos específicos.

Mientras Huckman y Pisano recolectaban datos en hospitales, también en Harvard progresaba un estudio similar sobre el sector financiero. Los analistas bursátiles de bancos de inversión hacen investigaciones para pronosticar ganancias y recomendar a sociedades administradoras de dinero si comprar o vender acciones de ciertas compañías. Los analistas estrella destacan por sus conocimientos y experiencia, sean quienes sean sus colegas. El ejecutivo de investigación de inversión Fred Fraenkel explica: "Los analistas se cuentan entre los profesionales más móviles de Wall Street, porque su experiencia es portátil. Es decir, disponen de ella en cualquier lado. La base de clientes no cambia. Para ejercer su profesión, les basta con su Rolodex y sus archivos".

Para probar esta hipótesis, Boris Groysberg estudió nueve años a más de un millar de analistas de valores de renta fija y variable en setenta y ocho empresas.[9] La eficacia de tales analistas fue calificada por miles de clientes en instituciones administradoras de inversiones con base en la calidad de sus estimaciones de ganancias, conocimiento de la industria, informes escritos, servicio, selección de acciones y accesibilidad y receptividad. Los tres mejores analistas de cada uno de los ochenta sectores de la industria fueron catalogados como estrellas, con una producción de ganancias de entre dos y cinco millones de dólares. Groysberg y colegas rastrearon qué pasaba cuando dichos analistas cambiaban de empresa. En ese periodo de nueve años, 366 analistas –35 por ciento del total– cambiaron de empleo, lo que permitió ver si las estrellas seguían siéndolo en otras compañías.

Aunque se supone que se trataba de individuos estrella, resultó que su rendimiento no era portátil. Los analistas estrella tenían un rendimiento más bajo cuando cambiaban de empresa, durante al menos cinco años. En el primer año posterior al cambio, tenían cinco por ciento menos probabilidades de ocupar el primer sitio en su sector, seis por ciento menos de ocupar el segundo, uno por ciento menos de ocupar el tercero y seis por ciento menos de ocupar cualquiera de ellos. Cinco años después del cambio, tenían cinco por ciento menos probabilidades de ocupar el primer sitio y ocho por ciento menos de ocupar cualquiera de los tres primeros. Las empresas implicadas perdieron veinticuatro millones de dólares en promedio contratando a analistas estrella. Contra lo que pensaban Fraenkel y otros miembros de la industria, Groysberg y colegas concluyeron que "la contratación de analistas estrella no favorece ni a ellos mismos, en términos de desempeño, ni a las compañías, en términos de su valor de mercado".

Sin embargo, algunos analistas estrella sí conservaron su éxito. Si se desplazaban con su equipo, su rendimiento no descendía. Los que cambiaron solos de empresa tenían cinco por ciento menos probabilidades de ocupar el primer sitio, mientras que quienes lo hicieron junto con su equipo tenían diez por ciento de probabilidades de ocupar ese puesto, igual que los que no cambiaron de empleo. En otro estudio, Groysberg y colegas determinaron que los analistas tenían más probabilidades de mantener su desempeño estelar si trabajaban con colegas de alta calidad en sus equipos y departamentos. La información y nuevas ideas de los analistas estrella dependían de colegas hábiles.

Los analistas estrella y los cirujanos cardiacos dependían en gran medida de colaboradores que los conocieran bien y poseyeran grandes habilidades propias. Si Frank Lloyd Wright hubiera sido más generoso que interesado, ¿podría haber eludido los nueve años en que sus ingresos y fama se desplomaron? George Meyer cree que sí.

"Me gustaría poder odiarte"

Al dejar *Saturday Night Live* en 1987, Meyer abandonó Nueva York por Boulder, Colorado, para trabajar solo en el guión de la película de Letterman. Como Wright, se separó de sus colaboradores. Pero en marcado contraste con éste, reconoció que necesitaba de otros para triunfar. Sabía que su desempeño era interdependiente, no independiente: su aptitud para hacer reír a los demás se debía en parte a la colaboración de otros humoristas. En consecuencia, buscó a personas que habían trabajado con él en *Lampoon* y en sus programas previos, para invitarlas a colaborar en *Army Man*. "Creo que la colaboración es magnífica, sobre todo en el humorismo", me dijo. "En compañía de gente graciosa, puedes alcanzar una sinergia excepcional, chistes que jamás se te habrían ocurrido a ti solo". Cuatro colegas terminaron ayudándolo en el primer número. Uno de ellos fue Jack Handey, quien ofreció una de las primeras versiones de "Deep Thoughts", más tarde una serie de chistes muy popular. Meyer publicó "Deep Thoughts" tres años antes de que se volviera famosa en *Saturday Night Live*, y ella contribuyó al éxito de *Army Man*.

La yuxtaposición de Meyer y Wright pone de relieve las diferencias entre generosos e interesados en su forma de concebir el éxito. Wright se creyó capaz de llevar su genio arquitectónico de Chicago, donde trabajaba con un equipo de expertos, a una distante región de Wisconsin, donde estaba casi solo. El lema de su familia era "La verdad contra el mundo", tema común en la cultura occidental. Tendemos a privilegiar al genio solitario generador de ideas que nos cautivan o cambian nuestro universo. Según las investigaciones de un trío de psicólogos de Stanford, los estadunidenses conciben la independencia como fortaleza y la interdependencia como debilidad.[10] Esto es particularmente cierto de los interesados, quienes suelen verse como superiores y alejados de los demás. Creen que depender demasiado de otros los expone a ser rebasados. Como Wright, los analistas estrella que salían de un banco de inversión sin sus exitosos equipos –o sin considerar la calidad de los nuevos grupos a los que se integraban– caían en esta trampa.

Los generosos rechazan la noción de que la interdependencia es debilidad, concibiéndola en cambio como fuente de fuerza, una manera de aprovechar las habilidades de numerosas personas en favor de un bien mayor. Esta apreciación de la interdependencia influyó mucho en el estilo de colaboración de Meyer. Él sabía que si podía contribuir eficazmente en beneficio del grupo, todos estarían en mejor posición, así que se tomaba la molestia de apoyar a sus colegas. Cuando, a mediados de los años ochenta, aún prácticamente desconocido, escribía para *Saturday Night Live*, pasaba mucho tiempo en la oficina, dispuesto a hacer comentarios. Terminó ayudando así a que

comediantes famosos como Jon Lovitz, Phil Hartman y Randy Quaid conta-
ran con guiones mejores y alcanzaran una actuación más acabada.

Muchos guionistas de *Saturday Night Live* competían tras bastidores
para que sus sketches aparecieran en el programa. "Había un elemento darwi-
niano en eso", admite Meyer. "Una emisión tenía cabida para quizá diez sketches, y en la mesa había entre treinta y cinco y cuarenta. Esto daba lugar a
cierto forcejeo, pero yo intentaba concentrarme en ser un buen colaborador."
Cuando se preveía la presencia en la serie de grandes estrellas como Madonna, los guionistas presentaban un sinfín de sketches. También Meyer aportaba material para esos programas, pero ponía un empeño extra en sketches
para invitados menos electrizantes, que por lo general atraían menos colaboraciones. Fue así como desarrolló buenos sketches para invitados menos
glamurosos como Jimmy Breslin, porque era justo entonces cuando el programa más lo necesitaba. "Sólo quería ser un buen soldado", dice. "Cuando
la gente perdía entusiasmo, yo sentía que tenía que elevar mi nivel de juego."
Y vaya si lo hacía, coescribiendo para Breslin, por ejemplo, un divertidísimo
sketch de entrevistas con villanos de James Bond, en el que aquél interpretó a Goldfinger dando consejos para diseñar fortalezas y quejándose de que
Bond frustrara sus planes. Este sketch se adelantó más de una década a la
afortunada parodia de Bond por *Austin Powers*.

Tal patrón de generosidad de Meyer persistió en *Los Simpson*, cuyos guionistas siempre intentaban escribir el primer borrador de un episodio, para
poder imprimir en él su huella creativa. Meyer generaba muchas ideas para cada capítulo, pero rara vez escribía el primer borrador. Sintiendo, en cambio, que su habilidad era más útil en la reescritura, asumía el trabajo sucio
de dedicar meses enteros a reescribir y corregir cada episodio. Éste es un
rasgo distintivo del estilo de colaborar de los generosos: asumir las tareas
que más benefician al grupo, no necesariamente a ellos mismos. Esto colo-
ca en mejor posición al grupo; los estudios demuestran que, en promedio,
así se trate de equipos de ventas, cuadrillas de fábricas de papel o restau-
rantes, mientras más dan los miembros de un equipo, mayor es la cantidad
y calidad de sus productos y servicios.[11] Pero las recompensas no se reducen al grupo; al igual que Adam Rifkin, los generosos de éxito agrandan el
pastel en beneficio tanto de sí mismos como de su equipo. Amplias investigaciones revelan que quienes dan tiempo y conocimientos con regularidad
para ayudar a sus colegas, consiguen más aumentos y ascensos en una extensa variedad de centros de trabajo, desde bancos hasta compañías manu-
factureras. "Creo que, en *Los Simpson*, George se sometía al programa", dice
Tim Long. "Su intuición le decía que lo mejor para él era que el programa
resultara lo mejor posible."

Hay un nombre para las acciones de Meyer: en el mundo del alpinismo se les conoce como *conducta de expedición*. Este término fue acuñado por la National Outdoor Leadership School (Escuela Nacional de Liderazgo en Exteriores, NOLS), organización que ha impartido educación ecológica a miles de personas, entre ellas escuadras de astronautas de la NASA. La conducta de expedición implica poner primero las metas y misión del grupo y mostrar por los demás tanto interés como por uno mismo. Jeff Ashby, comandante de transbordadores espaciales de la NASA, en los que ha realizado más de cuatrocientas órbitas alrededor de la Tierra, dice que, "siendo desinteresada y generosa y poniendo al equipo por encima de uno, la conducta de expedición es lo que nos permite triunfar en el espacio". John Kanengieter, director de liderazgo en NOLS, añade que tal comportamiento "no es un juego de suma cero: cuando das, obtienes más en respuesta".[12]

Parte del éxito de Meyer se debió a que agrandaba el pastel: entre más contribuía al éxito de sus programas, más éxito compartía con el equipo. Pero su conducta de expedición también hacía que sus colegas lo vieran de otra forma. Cuando los generosos ponen los intereses del grupo por encima de los suyos, indican que su meta principal es beneficiar al equipo. Por tanto, se ganan el respeto de sus colaboradores. Si Meyer hubiera competido por hacer mejores sketches para Madonna, los demás guionistas lo habrían visto como una amenaza para su prestigio y carrera. Haciendo su mejor trabajo para huéspedes menos codiciados hacía un favor a sus colegas. Los interesados no sentían que tuvieran que competir con él, los equitativos sentían que estaban en deuda y los generosos lo veían como uno de ellos. "Cuando dabas a conocer una historia o reescribías un argumento en la sala de guionistas, George era siempre una grata adición al grupo", dice Don Payne, guionista de *Los Simpson* desde 1998. "Invariablemente aportaba algo que mejoraba tus guiones. Esto le atraía la curiosidad, el respeto y la admiración de todos."

Además de generarle buena voluntad, el hecho de que Meyer se ofreciera a realizar tareas impopulares y a hacer comentarios le permitía demostrar su talento cómico sin hacer sentir inseguros a sus colegas. Los investigadores de la University of Minnesota Eugene Kim y Theresa Glomb descubrieron en un estudio que las personas talentosas suelen despertar envidia en los demás, lo que las expone al rechazo, el aislamiento y el boicot. Pero si son generosas, dejan de cargar un blanco en sus espaldas[13] y son apreciadas en cambio por sus contribuciones al equipo. Al asumir tareas que sus colegas repelían, Meyer podía deslumbrarlos con su humor e ingenio sin provocar envidia.

Él mismo resume así su código de honor: "1) Da la cara, 2) Trabaja con ahínco, 3) Sé amable, 4) No pierdas la calma nunca". Mientras dejaba ver sus habilidades sin generar envidia, sus colegas admiraban y confiaban en su genio cómico.[14] "La gente lo veía como alguien no solamente dotado de motivación personal", explica Tim Long. "No se le veía como competidor. Era alguien a quien podías concebir en un plano más alto, y en quien podías confiar creativamente." Carolyn Omine agrega: "En comparación con otros grupos de guionistas en los que he estado, yo diría que *Los Simpson* tiende a dedicar más tiempo a la búsqueda de chistes. Creo que esto se debe a que tenemos guionistas que, como George, dirán: 'No, esto no está bien', aun si es muy tarde y todos estamos cansados. Pienso que ésta es una cualidad importante. Necesitamos personas que, como George, no teman decir: 'No, esto no está del todo bien. Podemos hacerlo mejor'".

En un artículo clásico, el psicólogo Edwin Hollander sostuvo que, cuando actúa generosamente en grupos, la gente obtiene *créditos idiosincrásicos*,[15] impresiones positivas que se acumulan en la mente de los miembros del equipo. Dado que muchas personas piensan como equitativas, cuando trabajan en equipo es común que sigan la pista del debe y haber de cada miembro. Una vez que uno de ellos obtiene créditos idiosincrásicos gracias a su generosidad, los equitativos le dan permiso de apartarse de las normas o expectativas grupales. Como resume el sociólogo de Berkeley Robb Willer, "los grupos premian el sacrificio individual".[16] En *Los Simpson*, Meyer reunió muchos créditos idiosincrásicos, lo que le dio margen para aportar ideas originales y cambiar la dirección creativa del programa. "Una de las mejores consecuencias de haber desarrollado esa credibilidad fue que si yo quería intentar algo muy extraño, los demás estaban dispuestos a darle al menos una oportunidad en la lectura de mesa", reflexiona él mismo. "Al final no reescribían tanto mi texto, porque sabían de mi decente historial. Creo que veían mi buen corazón, que mis intenciones eran buenas. Esto te brinda una gran ventaja."

En sintonía con la experiencia de Meyer, las investigaciones demuestran que los generosos reciben crédito extra cuando aportan ideas que cuestionan el orden establecido. En estudios efectuados con mis colegas Sharon Parker y Catherine Collins, hallé que cuando los interesados presentan sugerencias de mejora, sus colegas dudan de sus intenciones y las desechan por considerarlas de beneficio propio. Pero cuando son individuos generosos quienes proponen ideas potencialmente amenazantes, sus colegas los escuchan y los premian por hablar claro, sabiéndolos motivados por un auténtico deseo de contribuir.[17] "Al pensar en George en la sala de guionistas, no lo describiría como amable, es más efervescente que eso", dice riendo Carolyn Omine. "Pero cuando es duro, sabes que se debe a que le interesa que todo se haga bien."

En 1995, durante la sexta temporada de *Los Simpson*, Meyer anunció a sus colegas que dejaría la serie al final de ese periodo. Ellos se opusieron; no vieron en absoluto su partida como una oportunidad de avance para sí mismos. Pronto unieron fuerzas para retenerlo, convenciéndolo de que volviera como consultor. Poco después, él ya estaba de regreso como guionista de tiempo completo. "Se dieron cuenta de que George era demasiado importante para dejarlo ir", dijo Jon Vitti al *Harvard Crimson*. "Ninguna opinión se valora tanto como la suya." Al recordar su experiencia de trabajo con Meyer, Tim Long añade que "hay algo mágico en hacerse fama de interesarse más por los demás que por uno mismo. Esto redunda en tu beneficio de incontables maneras".

Reclamar el grueso del reconocimiento

Pese a que la generosidad de Meyer aumentó su fama en el mundo del espectáculo, él bregaba en el anonimato en el mundo exterior. Hollywood tiene una solución fácil para este problema: reclamar crédito en tantos episodios de televisión como sea posible, para dejar constancia de las ideas y escenas propias.

Meyer moldeó y esculpió más de trescientos episodios de *Los Simpson*, pero, en un discreto desafío a las normas de Hollywood, sólo recibió crédito como guionista en doce de ellos. En cientos de capítulos, el crédito de sus chistes e ideas recayó en otros. "George nunca se atribuyó méritos como guionista de *Los Simpson*, pese a que era una máquina de ideas", me dijo Tim Long. "Todos tendían a proteger celosamente sus ideas, mientras que George las cedía y jamás las reclamaba como propias. En un crucial periodo de diez años, nunca recibió crédito por un solo chiste de *Los Simpson*, pese a haber sido responsable de gran número de ellos."*

Renunciando al reconocimiento, Meyer comprometía su visibilidad. "Por mucho tiempo, la destacada contribución de George al que se considera el pro-

---

* Aunque mi tema es George Meyer, debe reconocerse que *Los Simpson* ha sido siempre un logro colectivo. Meyer se apresura a elogiar a Jon Swartzwelder, quien escribió cinco docenas de episodios, más del doble que cualquier otro guionista en la historia del programa. Otros colaboradores con numerosos créditos como guionistas son Joel Cohen, John Frink, Dan Greaney, Al Jean, Tim Long, Ian Maxtone-Graham, Carolyn Omine, Don Payne, Matt Selman y Jon Vitti. Esta lista, señala Meyer, no incluye a los creadores ni a muchos otros autores, productores y animadores que contribuyeron al éxito de la serie. Ya desde antes, él compartía créditos. "Desde *Army Man* pensaba que dar crédito atraía colaboraciones, sobre todo porque ahí no había pago." Agradecía las colaboraciones con un símbolo militar especial. "Fue una mala decisión", dice riendo, "porque tenía que cortarlos con una navaja X-Acto y pegarlos en una tabla. Era difícil encontrarlos en el estampado de mi colcha".

grama de televisión más importante de su época no fue tan conocida como
debería", recuerda Long. "Aportaba mucho material y no se le reconocía." ¿Debió haber reclamado más crédito a sus esfuerzos? Acaparar el reconocimiento
parece haberle funcionado a Frank Lloyd Wright: en Taliesin insistió en que su
nombre apareciera en cada documento como arquitecto principal, aun si sus
aprendices tomaban la delantera en algún proyecto. Los amenazaba diciendo
que si no le daban el primer crédito ni presentaban todos los documentos para
su aprobación, los acusaría de plagio y los llevaría a los tribunales.

Pero si se analiza mejor la experiencia de Meyer, se podría concluir que
Wright triunfó como arquitecto pese a atribuirse todos los méritos, no a causa de ello. La negativa de Meyer a atribuirse méritos quizá le haya costado
un poco de fama a corto plazo, pero esto no le preocupaba. Ya recibía crédito como productor ejecutivo, función por la que obtuvo media docena de
Emmys, y sentía que había reconocimiento para todos. "Muchos se sienten
devaluados cuando en un guión aparecen varios nombres, como si compar-
tieran un plato de perro", dice. "Pero no es así; el crédito no es de suma cero.
Hay lugar para todos, y uno brilla si los demás brillan."

El tiempo le daría la razón: pese a sus sacrificios a corto plazo, terminó
recibiendo el crédito que merecía. Era prácticamente desconocido fuera de
Hollywood antes de 2000, cuando David Owen publicó un artículo sobre él
en el *New Yorker*, describiéndolo en el encabezado como "el hombre más divertido detrás del programa más divertido de la televisión". Cuando Owen
entrevistó a guionistas clave de *Los Simpson*, ellos aprovecharon para cantar
las alabanzas de Meyer. Como dijo Tim Long, "me da mucho gusto ensalzar
las virtudes de George, aun si esto lo hace avergonzarse".

Así como conceden un reconocimiento a los generosos en la colaboración, los equitativos imponen una carga a los interesados. En un estudio de
Matej Cerne sobre compañías eslovenas, resultó que los empleados ocultaban conocimientos e ideas creativas a sus compañeros porque éstos hacían
lo mismo, negándose a compartir información con ellos.[18] Considérese, por
ejemplo, la carrera del investigador médico Jonas Salk, quien en 1948 comenzó a buscar una vacuna contra la polio.[19] Al año siguiente, los científicos John
Enders, Frederick Robbins y Thomas Weller lograron cultivar en tubos de
ensayo el virus de esa enfermedad, lo que allanó el camino a la producción
en serie de una vacuna con base en un virus vivo. En 1952, el laboratorio de
investigación de Salk en la University of Pittsburgh ya había desarrollado
una vacuna que parecía eficaz, justo mientras se extendía la peor epidemia
de polio en la historia de Estados Unidos, con más de cincuenta y siete mil
personas infectadas, más de tres mil decesos y veinte mil casos de paráli-
sis. En los tres años siguientes, el mentor de Salk, Thomas Francis, encabe-

zó una prueba de campo de la vacuna, aplicándola a más de 1.8 millones de niños gracias a la participación de doscientos veinte mil voluntarios, sesenta y cuatro mil empleados docentes y veinte mil profesionales de la salud. El 12 de abril de 1955, Francis hizo en Ann Arbor, Michigan, un anuncio esperanzador: la vacuna de Salk era "segura, eficaz y potente". En menos de dos años, el remedio se propagó por todas partes, a través de los esfuerzos hercúleos de la Marcha de los Diez Centavos, y la incidencia de polio cayó cerca de noventa por ciento. En 1961 hubo sólo ciento sesenta y un casos en Estados Unidos, con efectos similares en todo el mundo.

Jonas Salk se volvió un héroe internacional. Pero en la histórica conferencia de prensa de 1955 pronunció un desdeñoso discurso que puso en peligro sus relaciones y su fama en la comunidad científica. En él, no reconoció las importantes aportaciones de Enders, Robbins y Weller, quienes habían ganado el Premio Nobel el año anterior por su pionera labor, la cual permitió al equipo de Salk producir la vacuna. Peor todavía, tampoco dio crédito alguno a los seis investigadores de su laboratorio que habían contribuido notablemente al desarrollo de la vacuna: Byron Bennett, Percival Bazeley, L. James Lewis, Julius Youngner, Elsie Ward y Francis Yurochko.

El equipo de Salk salió llorando del evento. Como escribe el historiador David Oshinsky en *Polio: An American Story*, Salk no reconoció a "los miembros de su laboratorio. Orgullosamente sentados unos junto a otros en aquella sala repleta, se sintieron penosamente desairados. [...] Los compañeros de Salk en Pittsburgh [...] llegaron esperando que su jefe los honrara. Parecía esencial, y más que merecido, que fueran mencionados". Esto era especialmente cierto desde la perspectiva de los equitativos. Un colega de Salk dijo a un reportero: "Al principio, Salk fue para mí como una figura paterna, pero después se convirtió en una mala figura paterna".[20]

El tiempo dejó ver que Julius Youngner se sintió particularmente desdeñado. "A todos nos gusta que se reconozca lo que hacemos", dijo a Oshinsky. "Fue muy duro que esto no sucediera entonces." Aquel desaire fracturó la relación entre ellos: Youngner dejó el laboratorio de Salk en 1957, para hacer después importantes contribuciones a la virología y la inmunología. Se reencontraron finalmente en 1993, en la University of Pittsburgh, y Youngner le confió lo que sentía. "Tus colegas más cercanos y colaboradores leales, que habíamos trabajado sin descanso en pos de la misma meta que tú, estábamos presentes ese día", dijo. "¿Recuerdas a quién mencionaste y a quién no? ¿Te das cuenta de lo devastados que nos sentimos entonces y después, cuando persististe en ignorar a tus compañeros?" Según Youngner, Salk "se mostró muy perturbado por estos recuerdos y apenas si pudo decir algo".

Haberse adjudicado todo el reconocimiento persiguió a Jonas Salk el resto de su carrera. Aunque fundó el Salk Institute for Biological Studies, donde hoy cientos de investigadores siguen rompiendo moldes en favor de la ciencia humanitaria, su productividad decayó; cuando, más tarde, trató infructuosamente de desarrollar una vacuna contra el sida, sus colegas lo rechazaron. Jamás se le concedió el Premio Nobel ni se le aceptó en la prestigiosa National Academy of Sciences.* "Casi todos los principales investigadores de la polio ingresaron a esa institución en los años siguientes", escribe Oshinsky, "con excepción de Salk. [...] Como dice un observador, él incumplió los 'mandamientos no escritos' de la investigación científica", entre los que está "Darás crédito a otros". Según Youngner, "la gente la tomó contra él por haberse vanagloriado de esa manera, la menos colegiada que quepa imaginar".

Salk pensaba que sus colegas le tenían envidia. "Si alguien hace algo y recibe reconocimiento por ello, existe la tendencia a una reacción competitiva", dijo en uno de sus escasos comentarios sobre el incidente. "Yo no salí ileso de Ann Arbor."[21] Falleció en 1995, sin haber acreditado las contribuciones de sus colegas. Diez años después, la University of Pittsburgh organizó un evento para conmemorar el quincuagésimo aniversario del anuncio de su vacuna. En presencia de Youngner, el hijo de Salk, el investigador del sida Peter Salk, puso por fin las cosas en su sitio. "Esto no fue logro de un solo hombre, sino de un equipo entregado y calificado", aseguró. "Fue un esfuerzo conjunto."[22]

Todo indica que Salk cometió el mismo error que Wright: verse como un profesional independiente, no interdependiente. En vez de recibir los créditos idiosincrásicos de Meyer, sus colegas lo sancionaron por acaparar el reconocimiento.

¿Por qué Salk no admitió nunca las aportaciones de sus colegas al desarrollo de su vacuna? Tal vez protegía celosamente sus logros, como lo haría en forma natural un interesado, pero creo que hay una respuesta aún más convincente: no creyó que lo merecieran. ¿A qué pudo deberse esto?

El sesgo de responsabilidad

Para entender este enigma, desplacémonos a Canadá, donde un grupo de psicólogos pidió a parejas de casados analizar sus relaciones. Piensa en tu

---

* Se dice que la National Academy of Sciences no admitió a Salk justo por el incidente en que acaparó el crédito, además de que concedía mucha atención a los medios. Pero aún se debate por qué no se le otorgó el Premio Nobel. Algunos científicos alegan que aunque la vacuna contra la polio fue una invaluable contribución aplicada a la salud pública, no representó una contribución original al conocimiento científico básico.

matrimonio o relación sentimental más reciente. Del esfuerzo total implicado en la relación, desde hacer de comer y planear salidas hasta sacar la basura y resolver conflictos, ¿qué porcentaje asumes tú?

Supongamos que reclamaras la responsabilidad de cincuenta y cinco por ciento del esfuerzo implicado en la relación. Si tu pareja y tú están perfectamente calibrados, ella reclamará la responsabilidad sobre el cuarenta y cinco por ciento restante, y los cálculos de ambos sumarán cien por ciento. Pero los psicólogos Michael Ross y Fiore Sicoly descubrieron que la suma obtenida por tres de cada cuatro parejas es muy superior a cien por ciento, porque cada miembro de esas parejas tiende a sobrestimar sus contribuciones. Esto se conoce como *sesgo de responsabilidad*: exagerar nuestras aportaciones en comparación con las ajenas.[23] Los interesados son especialmente vulnerables a este error, el cual se debe en parte al deseo de vernos y presentarnos de modo positivo. En sintonía con esta idea, es indudable que Jonas Salk no evitó los reflectores. "Uno de sus grandes dones", escribe Oshinsky, "era aparentar indiferencia por su fama. [...] Reporteros y fotógrafos lo hallaban siempre renuente pero disponible. Él les pedía que no le quitaran mucho tiempo, porque tenía cosas muy importantes que hacer, tras de lo cual accedía a todo lo que le solicitaban".

Pero hay otro factor en juego, más potente y halagador: la discrepancia de información, es decir, el mayor acceso a información sobre nuestras contribuciones que las ajenas. Percibimos la totalidad de nuestros esfuerzos, pero sólo una parte de los de nuestros colaboradores. Al pensar en quién merece el crédito, estamos más al tanto de nuestras contribuciones que de las suyas. Cuando, en efecto, se le pedía enlistar sus aportaciones específicas y las de su cónyuge al matrimonio, la gente mencionaba en promedio once aportaciones propias y sólo ocho de su pareja.

Cuando Salk reclamó para sí todo el mérito de su vacuna, recordaba vívidamente la sangre, sudor y lágrimas que había invertido en desarrollarla, pero, en comparación, poca información sobre las aportaciones de sus colegas. No había experimentado directamente lo que Youngner y el resto del equipo hicieron, ni había estado presente en el descubrimiento que les mereció a Enders, Robbins y Weller el Premio Nobel.

"Aun las personas bien intencionadas", escribe el fundador de LinkedIn, Reid Hoffman, "tienden a sobrevalorar sus aportaciones y subestimar las ajenas". Este sesgo de responsabilidad es causa importante de colaboraciones fallidas. Relaciones profesionales se desintegran cuando emprendedores, inventores, inversionistas y ejecutivos creen que sus colegas no les dan el crédito que se merecen, o no hacen la parte que les corresponde.

Tan sólo entre 1993 y 1997, más de cuatrocientos guiones cinematográficos –un tercio de los presentados en ese periodo– fueron objeto en Hollywood de arbitraje de créditos. Si tú eres interesado, tu motivación principal es recibir más de lo que das, lo cual quiere decir que cuentas minuciosamente cada una de tus aportaciones. En estas condiciones, es muy fácil que creas haber hecho la parte del león del trabajo, pasando por alto las contribuciones de tus colegas.

George Meyer fue capaz de vencer el sesgo de responsabilidad. *Los Simpson* ha aportado numerosas palabras al vocabulario inglés, la más famosa de las cuales es ¡*d'oh!*, reacción de Homero a un hecho que le causa ansiedad mental o física. Meyer no inventó este término, pero sí *yoink*, conocida expresión de los personajes de *Los Simpson* al arrebatar un objeto a alguno de ellos. En 2007, la revista de humor *Cracked* dedicó un número a las principales palabras creadas por esta serie,[24] entre ellas términos ya clásicos como *cromulento* (algo fino y aceptable, o ilegítimamente lícito) y *tomaco* (palabra compuesta por Homero con "tomate" y "tabaco", inicialmente sugerida en un artículo de 1959 de *Scientific American* y en realidad ideada en 2003 por Rob Bauer, fan de este programa). Sin embargo, la palabra más importante de esa lista era *meh*, expresión de indiferencia absoluta aparecida en la sexta temporada de la serie. En un episodio, Marge Simpson contempla fascinada un telar en una Feria del Renacimiento, habiendo estudiado tejido en la preparatoria. Teje entonces este mensaje: "¡Mírame, Bart, tejiendo en un telar!", a lo que éste responde: "*Meh*". Seis años más tarde, Lisa Simpson deletreó esta misma palabra en otro capítulo.

Meh aparece ya en muchos diccionarios, como el Macmillan ("muestra de desinterés en algo"), Dictionary.com ("expresión de aburrimiento o apatía") y el *Collins English Dictionary* ("interjección que sugiere indiferencia o aburrimiento, o adjetivo para indicar que algo es mediocre o no impresiona a una persona"). Cuando, hace unos años, un guionista de *Los Simpson* evocó el episodio en que debutó *meh*, Meyer se llevó una gran sorpresa. "Me recordó que yo había trabajado en ese episodio y dijo que siempre creyó que yo había inventado *meh*. A mí ya se me había olvidado eso." Cuando pregunté a Tim Long quién creó *meh*, dijo estar seguro de que había sido Meyer. "Hoy es una palabra muy común, aunque casi nadie sabe que procede de *Los Simpson*." Conversaciones con otros guionistas por fin le refrescaron la memoria a Meyer. "Yo buscaba entonces una palabra muy fácil de decir, con apenas el poco de aire que sale al separar los labios."

¿Por qué él no recordaba sus aportaciones? Porque, como persona generosa, dirigía su atención a la obtención de un resultado colectivo que entretuviera a la gente, no a reclamar responsabilidad sobre ese resultado. Sugería tantos parlamentos, chistes y palabras como eran posibles, y permitía que los demás se apropiaran de ellos y los incluyeran en sus guiones. Lo que le importaba era elevar la calidad de los libretos, no rastrear la responsabilidad sobre ellos. "Es como un pase en el basquetbol; cuando alguien me decía: 'Ése fue tuyo, George', la verdad yo no sabía si era cierto o no", refiere él. "No me acordaba de lo que había hecho, así que no siempre me lo atribuía. Prefería decir: 'Cuando hicimos esto o aquello'. Pienso que éste es un buen hábito."

Las investigaciones demuestran que adoptar esta costumbre no es tan difícil para los equitativos y los interesados. Recuérdese que el sesgo de responsabilidad ocurre porque tenemos más información sobre nuestras aportaciones que sobre las ajenas. La clave para equilibrar nuestros juicios de responsabilidad es fijarnos en las contribuciones de otros. Así, *antes* de calcular lo que aportas a tu relación, haz una lista de lo que aporta tu pareja. Los estudios indican que cuando los empleados piensan en la ayuda que reciben de sus jefes antes que en la que ellos les prestan, duplican el cálculo de la contribución de aquéllos, de menos de diecisiete a más de treinta y tres por ciento. Si a cada miembro de un equipo de tres a seis personas se le pidiera estimar el porcentaje de trabajo que realiza, el total sería en promedio de más de ciento cuarenta por ciento. Pero si se le pidiera considerar las contribuciones ajenas antes que las propias, el total bajaría en promedio a ciento veintitrés por ciento.[25]

Las personas generosas como Meyer tienden por naturaleza a reconocer las aportaciones de los demás. El psicólogo Michael McCall pidió a varios sujetos contestar una encuesta para saber si eran generosos o interesados, y luego tomar decisiones en parejas sobre la importancia de diversos objetos para sobrevivir en el desierto. Cuando, al final, dijo aleatoriamente a la mitad de esas parejas que habían tomado malas decisiones y a la otra mitad que las suyas habían sido buenas, los interesados culparon de los errores a sus compañeros y reclamaron el crédito de los aciertos, mientras que los generosos cargaron con la culpa de las deficiencias y acreditaron los aciertos a sus compañeros.[26]

Ése es el *modus operandi* de Meyer: ser duro consigo mismo cuando las cosas marchan mal y felicitar a los demás cuando marchan bien. "Un programa malo afecta físicamente a George", dice Tim Long. Meyer quiere que cada chiste haga reír a la gente, y que muchos la hagan pensar. Aunque aplica a los demás normas tan estrictas como a sí mismo, es indulgente ante los errores ajenos. Al principio de su carrera, fue despedido del programa *Not Necessarily the News* seis semanas después de su ingreso. Al encontrarse veinte años más tarde con la jefa que lo despidió, ella le ofreció disculpas —era evidente que había cometido un error— y se previno del enojo de él. Meyer rio mientras me lo contaba: "Me dio mucho gusto volver a verla. Le dije: '¡Hace ya tanto de eso!… Todo está perdonado'. En Hollywood es difícil que prosperes haciendo morder el polvo a tus enemigos. Esta motivación es absurda. Además, no tienes necesidad de hacerte de adversarios".

En la sala de guionistas de *Los Simpson*, ser indulgente ayudaba a Meyer a obtener mejores ideas de los demás. "Trataba de crear una atmósfera en la que todos sintieran que podían contribuir, que no tenía nada de malo darse de narices muchas veces", dice. Esto se conoce como *seguridad psicológica*, la noción de que puedes correr un riesgo sin ser sancionado ni castigado.[27] Investigaciones de Amy Edmondson, profesora de la Harvard Business School, señalan que, en el tipo de entorno psicológicamente seguro que Meyer contribuía a crear, la gente aprende más y es más innovadora.* Y son los generosos quienes suelen producir un entorno así: en un estudio, los ingenieros que compartían ideas sin esperar nada a cambio desempeñaban un papel importante en la innovación, ya que volvían seguro el intercambio de información.[28] Don Payne recuerda que cuando John Frink y él llegaron al grupo de guionistas de *Los Simpson*, los veteranos del programa los intimidaban, pero Meyer los alentaba a proponer ideas. "George era muy comprensivo, y nos tomó bajo su tutela. Nos hacía intervenir y participar, nos animaba a hacer propuestas y no nos subestimaba. Escuchaba, y nos pedía nuestra opinión."

Al revisar un texto ajeno, muchos guionistas lo reducen sin piedad, lesionando psicológicamente a sus autores. Meyer dice que, por el contrario, "yo intenté especializarme en apoyarlos emocionalmente". Cuando reescribía textos de otros guionistas, él mismo se encargaba de serenarlos. "Siempre trataba a personas *in extremis*, a las que tranquilizaba", observa. "Me volví bueno para apaciguarlas y hacerles ver las cosas de otra manera." Aun si

---

* ¿Hay un lado oscuro de la seguridad psicológica? Muchos gerentes creen que tolerar errores emite el mensaje de que está bien cometerlos. Los errores de un programa de televisión tal vez no sean desastrosos, pero considérese un lugar en que están en juego vidas humanas: los hospitales. Edmondson pidió a empleados de ocho hospitales evaluar la seguridad psicológica que sentían en ellos y cuántos errores de medicación cometían. Como era de esperar, cuanto más alta era la seguridad psicológica, mayor era también el número de errores reportados. Al parecer, ahí donde sentían que sus errores eran tolerados, esos profesionales tenían más probabilidades de equivocar las prescripciones de sus pacientes, con los consecuentes riesgos de tratamiento ineficaz o reacciones alérgicas. Aunque es lógico que tolerar errores genere complacencia, y más errores, Edmonson no estaba tan segura de ello. Razonó que quizá la seguridad psicológica no propiciaba fallas, sino que facilitaba reportarlas. Pero al examinar más datos objetivos e independientes sobre fallas de tratamiento, descubrió que en los hospitales psicológicamente seguros no se cometían más errores. De hecho, a mayor seguridad psicológica, menos errores. ¿Por qué? Porque en los hospitales sin seguridad psicológica los profesionales ocultaban sus errores, temiendo castigos, así que no aprendían de ellos. En las clínicas con seguridad psicológica, reportar errores permitía prevenirlos.

él ponía su trabajo por los suelos, ellas sabían que le importaban como individuos. Carolyn Omine comenta que "George no se andaba con rodeos; si pensaba que un chiste tuyo era malo, te lo decía, pero nunca te hacía sentir mal por eso". Tim Long me contó que dar un guión a Meyer para que lo leyera "era como confiarle un bebé para que dijera si estaba enfermo o no. Le importaba mucho que el guión fuera bueno, pero también le importabas tú".

La brecha de perspectiva

Si evitar el sesgo de responsabilidad nos permite comprender mejor las aportaciones de los demás, ¿qué hace posible que apoyemos a nuestros colegas al trabajar en equipo, contexto en el que las emociones pueden desbordarse y la gente suele tomarse personalmente las críticas? Compartir el crédito es sólo una de las diversas piezas necesarias para un venturoso trabajo grupal. La aptitud de Meyer para apaciguar a los guionistas cuando recortaba sus textos y para crear un entorno psicológicamente seguro es el rasgo distintivo de otro importante paso de los generosos al colaborar: ver más allá de la brecha de perspectiva.

En un experimento realizado por Loran Nordgren, psicólogo de la Northwestern University, la gente predecía lo doloroso que sería estar cinco horas en un cuarto congelado.[29] Tales predicciones se hicieron en dos condiciones: calor y frío. Al estimar cuánto dolor experimentaría en el cuarto congelado, el grupo en condiciones de calor tenía metido un brazo en una cubeta con agua caliente. El grupo en condiciones de frío emitió su juicio con un brazo en una cubeta con agua helada. ¿Cuál de ambos grupos predijo más dolor en el cuarto congelado?

El grupo en condiciones de frío, como quizá tú lo supusiste. Catorce por ciento más personas con el brazo en agua fría pronosticaron un cuarto congelado gravoso. Tras sentir frío un minuto, sabían que varias horas en tales circunstancias serían terribles. Pero un tercer grupo experimentó frío en condiciones distintas: metió el brazo en una cubeta con agua fría, pero al sacarlo se le hizo esperar diez minutos antes de calcular lo gravoso del cuarto congelado.

Las predicciones de este último grupo debían haberse parecido a las del grupo en condiciones de frío, habiéndolo sentido apenas diez minutos antes, pero no fue así: fueron idénticas a las del grupo en condiciones de calor. Aunque había experimentado frío diez minutos antes, al último grupo no le fue posible imaginarlo una vez que dejó de sentirlo. Esto se llama *brecha de perspectiva*: cuando no experimentamos un estado psicológica o físicamente intenso, subestimamos drásticamente lo mucho que nos afecta. Por ejemplo, las evidencias indican que, por sistema, los médicos creen que sus pacientes sienten menos dolor del que en verdad sufren. Carentes de dolor, no pueden darse cuenta cabal de lo que significa sentirlo.

En un hospital de San Francisco, un connotado oncólogo veía con preocupación que un paciente "perdía día tras día claridad mental". Ya anciano, el paciente padecía un cáncer con metástasis avanzado. El oncólogo decidió ordenar una punción lumbar, con la esperanza de prolongar la vida del enfermo. "Quizá tenga una infección tratable, como meningitis o un absceso cerebral."

El neurólogo de guardia, Robert Burton, tenía sus dudas. El pronóstico del paciente era desalentador y la punción lumbar sería muy dolorosa. Pero el oncólogo se mantuvo firme. Cuando Burton entró al cuarto con la bandeja para la punción, la familia del paciente protestó. "No más, por favor", dijeron los parientes. El enfermo, demasiado delicado para hablar, asintió con la cabeza en señal de confirmación. Tras ubicar por radiolocalizador al oncólogo, Burton le explicó el deseo de la familia, pero aquél persistió. Finalmente, la esposa del enfermo tomó a Burton del brazo, rogándole que no aceptara la punción que proponía el oncólogo. "No la queremos", dijo. Pero resuelto a salvar al paciente, el oncólogo explicó por qué ese procedimiento era esencial, ante lo que, por fin, la familia y el paciente cedieron.

Burton practicó la punción, difícil de ejecutar y muy dolorosa para el enfermo. Éste desarrolló un dolor de cabeza taladrante, cayó en coma y murió tres días después. Aunque el oncólogo era experto en su campo, Burton lo recuerda "por la aceptación acrítica de creer que haces bien cuando sólo puedes saberlo preguntándoselo al paciente y dialogando con él".[30]

Al trabajar en equipo, es raro que los interesados atraviesen la brecha de perspectiva. Atentos como están a sus puntos de vista, no perciben cómo reaccionan los demás a sus comentarios e ideas. El investigador Jim Berry y yo descubrimos que, por el contrario, en el trabajo creativo los generosos se sienten motivados a beneficiar a los demás, así que siempre encuentran la manera de ponerse en sus zapatos.[31] Cuando Meyer editaba el trabajo de animadores y guionistas de *Los Simpson*, enfrentaba una brecha de perspectiva: recortaba escenas y chistes ajenos, no propios. Reconociendo que no podía sentir lo que los demás experimentaban, buscaba algo semejante: qué se sentía recibir comentarios y correcciones estando en igual posición que ellos.

Cuando se integró a *Los Simpson*, en 1989, Meyer escribió un episodio del día de Acción de Gracias que incluía una secuencia de sueño. Aunque a él le parecía hilarante, Sam Simon, entonces director del programa, la eliminó, lo que enfureció a Meyer. "Perdí la cabeza. Me enojé tanto que Sam me mandó a hacer otra cosa sólo para sacarme de la sala." Al criticar y corregir el trabajo de autores y animadores, Meyer recordaba esta experiencia. "Podía identificarme con la aniquilante sensación que se tiene cuando alguien reescribe un texto tuyo", me dijo. Esto lo volvía más empático y considerado, lo que le permitía tranquilizar a los demás y convencerlos de que aceptaran sus correcciones.

Como Meyer, los generosos de éxito adaptan sus marcos de referencia a la perspectiva del receptor. Éste no es el punto de partida natural de la mayoría de la gente. Considérese el dilema común al momento de hacer un regalo de bodas o en ocasión del nacimiento de un bebé. Cuando el receptor ha optado por una mesa de regalos, ¿eliges algo de ésta o envías un obsequio diferente?

Una noche en que mi esposa buscaba un regalo de bodas para unos amigos, decidió que lo correcto era hallar algo que no estuviera en su mesa de regalos y optó por unos candeleros, dando por supuesto que ellos apreciarían este obsequio imprevisto. Yo me quedé atónito. Años antes, cuando nosotros recibimos regalos de bodas, a ella le había desconcertado que algunas personas nos hicieran obsequios no incluidos en nuestra mesa. Quería cosas específicas y le pareció muy extraño que hubiese individuos que dieran obsequios que ellos preferían. Sabiendo que, como receptora, ella se había inclinado por los regalos de la mesa, ¿por qué optaba por hacer obsequios imprevistos ahora que le tocaba regalar a ella?

Para llegar al fondo de este dilema, los investigadores Francesca Gino, de Harvard, y Frank Flynn, de Stanford, examinaron las reacciones de emisores y receptores a obsequios de la mesa de regalos e imprevistos.[32] Descubrieron que, invariablemente, los emisores subestimaban cuánto apreciaban los receptores los obsequios de la mesa. Como parte de un experimento, esos investigadores reclutaron a noventa personas para dar o recibir un regalo de Amazon.com. Los receptores tenían veinticuatro horas para hacer una lista de sus diez objetos preferidos de entre veinte y treinta dólares. Tras acceder a esa lista, a los emisores se les asignó aleatoriamente un regalo incluido en ella o bien ellos decidían uno diferente.

Aunque los emisores esperaban que los receptores apreciaran el regalo imprevisto como algo más personal y considerado, lo cierto fue lo contrario: reportaron mayor apreciación de los obsequios incluidos en la lista. Estos mismos patrones emergieron en el caso de amigos que daban y recibían regalos de bodas y de cumpleaños. Los emisores preferían dar regalos imprevistos, pero los receptores se inclinaban por los de su lista.

¿Por qué? Las investigaciones indican que, cuando intentamos adoptar la perspectiva ajena, tendemos a permanecer dentro de nuestro propio marco de referencia, preguntándonos: "¿Qué sentiría *yo* en esta situación?".[33] Al hacer un regalo, imaginamos la emoción que sentiríamos al recibirlo. Pero el receptor no sentirá lo mismo que nosotros, porque tiene otras preferencias. Puesta en el papel de dar, a mi esposa le gustaron los candeleros que eligió. Pero si a nuestros amigos les hubieran agradado, los habrían incluido en su mesa de regalos.*

Para ayudar eficazmente a sus colegas, la gente debe salir de su marco de referencia. Al igual que Meyer, tiene que preguntarse: "¿Qué sentirá *el receptor* en esta situación?". Esta capacidad para ver el mundo desde la perspectiva del otro se desarrolla pronto en la vida. Como parte de un experimento, las psicólogas de Berkeley Betty Repacholi y Alison Gopnik estudiaron a bebés de catorce y dieciocho meses de edad con dos tazones frente a ellos, uno con galletas de animalitos y otro con brócoli.[34] Tras probar el contenido de ambos, los bebés mostraron marcada preferencia por las galletas sobre el brócoli. Luego, vieron que una de las investigadoras manifestaba repugnancia por las galletas y gusto por el brócoli. Cuando, a continuación, esa misma investigadora estiró la mano para pedir comida, los bebés podían ofrecerle galletas o brócoli. ¿Abandonarían su perspectiva y le darían brócoli, pese a que no les gustara a ellos?

Los bebés de catorce meses no lo hicieron así, pero los de dieciocho sí. Ochenta y siete por ciento de los bebés de catorce meses compartieron galletas en vez de brócoli, mientras que sólo treinta y uno por ciento de los de dieciocho cometieron ese error, ya que el sesenta y nueve por ciento restante había aprendido a compartir lo que le gustaba a la otra persona, aun si era diferente de lo que les gustaba a ellos. Esta aptitud para imaginar la perspectiva ajena antes que aferrarse a la propia es una habilidad característica de los generosos de éxito al trabajar en equipo.† Curiosamente, en sus ini-

---

* Claro que a nuestros amigos iban a gustarles los candeleros, observó mi esposa; sólo desconocían la existencia de un regalo tan exquisito. De haber sabido de él, lo habrían incluido en su mesa. Y tenía razón.

† Siendo el mayor de su familia, Meyer tuvo muchas oportunidades para practicar la adopción de la perspectiva ajena. Los estudios revelan que tener hermanos menores desarrolla la generosidad, pues ofrece experiencia de enseñanza, atención infantil, alimentación y aseo. Hace mucho que los expertos saben que como hermanos mayores, y en particular como primogénitos, se nos encarga cuidar de los menores, lo que requiere atención a sus peculiares necesidades y deseos, y a las diferencias de éstos con los nuestros. Pero Wright y Salk fueron primogénitos: el primero tuvo dos hermanas menores, y el segundo dos hermanos. Hay algo más en la familia de Meyer que quizá lo haya impulsado a la generosidad. En una serie de estudios efectuados por el psicólogo holandés Paul van Lange, los generosos resultaron tener más hermanos que los interesados y los equitativos, dos contra uno y medio en promedio. Más hermanos significaba mayor inclinación a compartir, así que tal vez no sea mera coincidencia que Meyer haya sido el mayor de ocho hermanos. Curiosamente, los datos de Van Lange mostraron un efecto hermana, no sólo hermano en gene-

cios como humorista, Meyer no se servía de su habilidad de adoptar la perspectiva ajena para ayudar a sus colegas, porque los concebía como rivales:

> *Al principio, ves a los demás como un obstáculo para tu éxito, pero esto querría decir que tu mundo estará lleno de obstáculos, lo cual no es bueno. En mis primeros años, me costaba trabajo aceptar que algunos colegas y amigos –aun amigos íntimos– tuvieran éxito. Sentía envidia, que su buena fortuna era un reproche en mi contra. Pero es lógico que al principio de tu carrera sólo te importe promoverte y progresar.*

Tras una estancia relativamente larga en la televisión, Meyer comenzó a topar una y otra vez con la misma gente; aquél era un mundo reducido, e interconectado. "Me di cuenta de que se trataba de un estanque muy pequeño. Los humoristas de la televisión no pasan de unos cientos", dice. "Así, es buena idea no enemistarse con ellos, porque, además, te ayudan a conseguir trabajo, corriendo la voz o recomendándote con otros. Es importante hacerse buena fama. Yo aprendí pronto a ver a mis colegas como aliados." Fue así como empezó a alentar el éxito de los demás. "Éste no es un juego de suma cero. Es bueno enterarse de que alguien logró que se eligiera su programa piloto o de que uno de sus programas fuera convertido en serie, porque esto beneficia a la comedia en general."

Frank Lloyd Wright no siguió este camino. Era un genio, sin duda, pero no un formador de genios. Su éxito no multiplicaba el de otros arquitectos, sino que ocurría a sus expensas. Como dijo John Wright, su hijo, "es bueno hacer edificios que respondan a tu ideal, pero también debes apoyar a quienes persiguen lo mismo que tú". Su padre "no respaldó nunca" a sus aprendices "ni les ayudó a sobresalir". Les prometió una sala de dibujo, pero no fue hasta siete años después de establecer la sociedad Taliesin que cumplió esa promesa. Un cliente admitió que prefería contratar a sus aprendices, porque eran igualmente aptos y más escrupulosos en el cumplimiento de fechas y presupuestos. Esto enojó a Wright, quien prohibió a sus arquitectos aceptar encargos propios y les exigió firmar siempre con su nombre. Varios de

---

ral. Los generosos no tenían más hermanos varones que los interesados y equitativos, pero sí cincuenta por ciento más probabilidades de tener hermanas. Cinco de los siete hermanos menores de Meyer son mujeres. Véase Beatrice Whiting y John Whiting, *Children of Six Cultures: A Psycho-Cultural Analysis*, Harvard University Press, Cambridge, 1975; David Winter, "The Power Motive in Women –and Men", en *Journal of Personality and Social Psychology*, núm. 54, 1988, pp. 510-519; Frank J. Sulloway, Born to Rebel: Birth Order, *Family Dynamics, and Creative Lives*, Vintage Books, Nueva York, 1997, y Paul A. M. Van Lange, Wilma Otten, Ellen M. N. De Bruin y Jeffrey A. Joireman, "Development of Prosocial, Individualistic, and Competitive Orientations: Theory and Preliminary Evidence", en *Journal of Personality and Social Psychology*, núm. 73, 1997, pp. 733-746.

sus aprendices más talentosos y experimentados lo abandonaron, en protesta por la explotación y falta de reconocimiento de que eran objeto. "Es increíble", observa De St. Aubin, "que sólo unos cuantos entre los cientos" de ellos "hayan hecho carrera notable como arquitectos".[35]

El éxito de Meyer tenía el efecto contrario en sus colaboradores: se ampliaba, caía en cascada y se extendía a todos aquellos a su alrededor. Sus colegas lo llaman genio, pero es obvio que también fue un formador de genios. Al ayudar a otros guionistas de *Los Simpson*, los volvía más eficaces en su trabajo, multiplicando la eficacia colectiva. "Él me hizo un mejor guionista, inspirándome a pensar más allá de los cánones establecidos", comenta Don Payne. La disposición de Meyer a ofrecerse a hacer tareas impopulares, ayudar a los demás a perfeccionar sus chistes y trabajar con esmero por alcanzar altos estándares colectivos contagiaba a sus colegas. "Él hacía que todos nos esforzáramos más", dijo Jon Vitti al reportero de *Harvard Crimson*, quien afirmó a su vez que "la presencia de Meyer incitaba a los demás guionistas a ser más ingeniosos", lo que pone de relieve su don para "inspirar grandeza en quienes lo rodean".

Meyer dejó *Los Simpson* en 2004 y hoy trabaja en su primera novela, tentativamente titulada *Kick Me 1,000,000 Times or I'll Die* (Patéame un millón de veces o moriré), pero su influencia en la sala de guionistas sigue viva en la actualidad. "La voz de George subsiste en el ADN del programa", dice Payne; "él me enseñó que no tienes que ser un idiota para progresar". Carolyn Omine agrega que "todos aprendimos mucho del humorismo de George. Aunque ya no está en *Los Simpson*, en ocasiones pensamos como él". Años después de su retiro, Meyer continúa trabajando en favor de sus colegas. Pese a haber ganado cinco Emmys, Tim Long no había alcanzado el sueño de su vida: publicar en *The New Yorker*. En 2010 envió un artículo a Meyer. Éste contestó pronto, con un comentario incisivo. "Revisó línea por línea y fue muy generoso. Sus notas me ayudaron a resolver cosas que muy en el fondo no me gustaban pero que no podía explicar." Meyer llevó su generosidad más lejos aún: buscó a un editor de *The New Yorker* para ayudar a Long a poner un pie en la puerta de esa revista. En 2011, Long había cumplido su sueño, en dos ocasiones.

Cuando Meyer publicó el segundo número de *Army Man*, tenía ya treinta colaboradores. Todos ellos escribían chistes gratis y su carrera prosperó junto con la de él. Al menos siete de esos colaboradores escribieron después para *Los Simpson*. Uno, Spike Feresten, fue autor de un episodio en 1995, tras de lo cual pasó a ser guionista y productor nominado al Emmy de *Seinfeld*, donde escribió el famoso episodio "Soup Nazi". Y los colaboradores de *Army Man* que no acabaron como autores de *Los Simpson* tuvieron éxito en otras partes. Por ejemplo, Bob Odenkirk es un conocido autor y actor, Roz Chast es caricaturista de planta de *The New Yorker* y Andy Borowitz se volvió el aclamado autor y creador de "The Borowitz Report", columna satírica y página de internet con millones de seguidores, habiendo coproducido antes la aclamada película *Pleasantville* (Amor en colores) y creado *The Fresh Prince of Bel-Air* (El príncipe del rap), programa que sirvió de plataforma a Will Smith. Al invitarlos a escribir para *Army Man*, Meyer ayudó a todos ellos a progresar. "Lo único que les pedía como colaboradores era que me hicieran reír", dijo a Mike Sacks. "No sabía que llegarían a ser famosos."

4

Hallar el diamante en bruto

Realidad y ficción de reconocer el potencial

> Cuando se trata al hombre como es, se le hace peor de lo que es;
> cuando se le trata como si ya fuera lo que puede llegar a ser,
> se hace de él lo que debería.
>
> **–ATRIBUIDO A JOHANN WOLFGANG VON GOETHE,**
> **ESCRITOR, FÍSICO, BIÓLOGO Y ARTISTA ALEMÁN**

Al llegar Barack Obama a la Casa Blanca, un reportero le preguntó si tenía una app favorita. Obama respondió de inmediato que sí: la iReggie, que "tiene mis libros, periódicos y música en un solo lugar". Pero la iReggie no era un programa de computación, sino un hombre llamado Reggie Love, de quien nadie habría supuesto nunca que iba a convertirse en un recurso indispensable para el presidente Obama.[1]

Love fue atleta estrella en Duke, donde alcanzó la extraña proeza de destacar tanto en el futbol americano como en el basquetbol. Pero habiéndose graduado, y tras dos años de intentos fallidos por ingresar a la National Football League (NFL), decidió cambiar de rumbo. Como en Duke había estudiado ciencia política y administración pública, buscó una beca en el Capitolio. Con su historial deportivo y escasa experiencia laboral, terminó en un puesto en la sala de correo de la oficina de Obama en el Senado. Sin embargo, menos de un año después, a sus escasos veintiséis años de edad, fue ascendido como asistente personal de Obama.

Love trabajaba dieciocho horas diarias, y viajó más de 1 415 000 kilómetros en avión con Obama. "Su aptitud para sortear tantas responsabilidades pese a dormir tan poco es una inspiración para mí", dijo Obama. "Es un maestro en lo que hace." Cuando Obama llegó a la primera magistratura, un asesor comentó que Love "es quien está a cargo del presidente". Love se tomaba la molestia de contestar todas las cartas que llegaban a su oficina. "Siempre me gustó dar las gracias a la gente y hacerle saber que su voz era escuchada", me dijo. De acuerdo con un reportero, Love era "famoso por su excepcional y universal amabilidad".

Décadas antes, en Carolina del Norte, el estado natal de Love, Beth Traynham decidió retomar sus estudios y cursar la carrera de contabilidad. Para entonces tenía ya más de treinta años, y los números nunca habían sido su fuerte. Había aprendido a decir la hora apenas en tercer grado y en la preparatoria se había apoyado en un amigo para aprobar sus cursos de matemáticas. Ya como adulta, seguía batallando con los porcentajes.

Llegado el momento en que tenía que presentar el examen que la calificaría como contadora pública titulada (CPT), Beth estaba segura de que iba a fracasar. Aparte de su dificultad para las matemáticas, tenía muchas restricciones de tiempo. Combinaba un empleo de tiempo completo con la atención de sus tres hijos en casa, dos de los cuales aún eran bebés y contrajeron varicela dos semanas antes del examen. Pero lo peor llegó cuando Beth pasó un fin de semana completo tratando de entender la contabilidad de pensiones, al cabo de lo cual creía entender menos que al principio. Una vez frente a la prueba, las preguntas de opción múltiple le infundieron pánico. "Habría preferido volver a pasar por un parto natural que tener que resolver ese examen", dijo. Se marchó totalmente abatida, cierta de que había reprobado.

Un lunes en la mañana, en agosto de 1992, el teléfono de Beth sonó. La voz al otro lado de la línea le dijo que había ganado la medalla de oro estatal en el examen de CPT. Creyendo que una amiga le había gastado una broma, llamó más tarde a la oficina estatal para confirmar la noticia. No era una broma: Beth había obtenido en el examen la calificación más alta en todo el estado. Luego se quedaría muda al recibir un premio más, éste nacional: el Elijah Watt Sells Award for Distinctive Performance, concedido a los diez estudiantes con mejores calificaciones en el examen de CPT en todo el país, ya que había superado a otros 136 525 candidatos. Hoy Beth es respetada socia del despacho de contadores Hughes, Pittman & Gupton, LLC, y ha sido designada líder financiera de Impact 25 y una de las veinticinco mujeres más importantes de los negocios por el Research Triangle.

Beth Traynham y Reggie Love han seguido trayectorias sumamente distintas, pero, aparte de su éxito profesional y sus raíces en Carolina del Norte, tienen también otra cosa en común: un sujeto llamado C. J. Skender, una leyenda viviente.[2]

Skender imparte clases de contabilidad, pero llamarlo "profesor de contabilidad" es quedarse corto. Se trata de un personaje excepcional, famoso por sus clásicas corbatas de moño y su habilidad para recitar todas las letras de canciones y parlamentos de películas que se le pidan. Probablemente sea, además, el único hombre de cincuenta y ocho años de edad, de piel blanca y cabello cano, en exhibir en su oficina un póster del rapero 50 Cent. Y aunque es también un verdadero mago de los números, su impacto en el aula resulta imposible de cuantificar. Skender es uno de los pocos profesores para quienes la Duke University y la University of North Carolina (UNC) han dejado atrás su antigua rivalidad; está tan demandado que se le permite enseñar en ambas escuelas. Ha obtenido más de dos docenas de premios docentes, catorce de ellos en la UNC, seis en Duke y cinco en North Carolina State. A lo largo de su carrera ha impartido cerca de seiscientos cursos y evaluado a más de treinta y cinco mil alumnos. Y gracias al tiempo que invierte en estos últimos, ha desarrollado la que es quizá su habilidad más impresionante: un notable ojo para el talento.

Reggie Love se inscribió en 2004 en el curso de contabilidad de Skender en Duke. Era un curso de verano que él debía tomar para graduarse y, a diferencia de lo que habrían hecho quizá muchos profesores, Skender no sólo no lo rechazó, sino que, además, reconoció su potencial extradeportivo. "Por alguna razón, en Duke nunca he tenido muchos futbolistas en mi clase", explica Skender, "pero desde el principio supe que Reggie tenía lo necesario para triunfar". Se tomó la molestia de involucrarlo en su clase, y su intuición de que esto rendiría fruto resultó correcta. "Yo no sabía nada de contabilidad antes de tomar ese curso", dice Love, "y lo que aprendí en él me ayudó a abrirme paso hasta la Casa Blanca". En la sala de correo de Obama, él usó lo que había aprendido sobre inventarios en la clase de Skender para desarrollar un proceso más eficiente que permitiera organizar y digitalizar la correspondencia, área que padecía un rezago crónico. "Eso fue lo primero que implementé", dice Love, impresionando de esta manera al jefe de asesores de Obama, lo que lo colocó en el radar. En 2011 dejó la Casa Blanca para estudiar en Wharton, motivo por el que envió una nota a Skender: "Voy camino a Philly a hacer mi maestría en administración, y uno de los primeros cursos es el de contabilidad financiera. Sólo quería darle las gracias por no haber dejado de creer en mí cuando estuve en su clase".

Una docena de años antes, Beth Traynham había buscado a Skender para advertirle de su decepcionante desempeño en el examen de CPT. Dijo estar segura de que reprobaría, pero él no le creyó. "Si no pasas", apostó, "yo pagaré tu hipoteca". Volvió a atinar, y no sólo respecto a Beth. Esa primavera, los medallistas de plata y bronce en el examen de CPT en Carolina del Norte también eran estudiantes suyos. Estudiantes de Skender obtuvieron las tres calificaciones más altas de entre 3 396 candidatos. Por primera vez en la historia de ese estado, una sola escuela barrió con todas las medallas, obtenidas, además, por mujeres, pese a que la contabilidad era entonces un campo dominado por hombres. En total, más de cuarenta alumnos de Skender han conquistado esa presea. Él ha demostrado poseer también un don para identificar a futuros maestros: más de tres docenas de alumnos suyos han seguido sus pasos como docentes universitarios. ¿Qué hace Skender para poder reconocer el talento cuando lo ve?

Podría parecer que todo se debe a su intuición, pero la habilidad de C. J. Skender para reconocer el potencial se basa en rigurosos procedimientos científicos. Detectar y cultivar el talento es una habilidad esencial en casi cualquier industria; resulta difícil exagerar el valor de vernos rodeados de estrellas. Como en el caso de la formación de redes y la colaboración, también en el descubrimiento de potencial en otros, los estilos de reciprocidad determinan nuestro enfoque y eficacia. En este capítulo deseo presentarte el éxito de las personas generosas para reconocer el potencial en otros. Además de rastrear las técnicas de Skender, veremos qué hacen los buscadores de talento para identificar a atletas de clase mundial, por qué la gente termina por invertir de más en candidatos con poco potencial y qué dicen los grandes músicos sobre sus primeros maestros. Sin embargo, el punto de partida ideal es el ejército, donde los psicólogos llevan ya tres décadas investigando qué se necesita para descubrir a los cadetes más talentosos.

Búsqueda de estrellas

A principios de la década de 1980, el psicólogo Dov Eden publicó el primero de una serie de resultados extraordinarios: él podía saber qué soldados de las Israel Defense Forces (Fuerzas de Defensa de Israel, IDF) alcanzarían un alto rendimiento antes siquiera de que ellos iniciaran su instrucción.[3]

Menudo pero vehemente, Eden creció y estudió en Estados Unidos, y al concluir su doctorado emigró a Israel, donde se puso a hacer investigaciones para las IDF. En uno de esos casos, examinó evaluaciones exhaustivas de cerca de un millar de soldados a punto de iniciar su instrucción. Eden contaba con resultados de pruebas de aptitud, evaluaciones de instrucción básica e informes de comandantes previos. Con sólo estos datos, reunidos antes de la puesta en marcha de la instrucción, fue capaz de identificar al grupo de reclutas de alto potencial que emergerían como estrellas.

En las once semanas siguientes, los reclutas presentaron exámenes para evaluar su experiencia en tácticas de combate, mapas y procedimientos estándar de operación. También mostraron su habilidad para operar armas, evaluada por expertos. Y, efectivamente, los candidatos identificados desde un principio por Eden como de alto potencial obtuvieron un desempeño muy superior al de sus compañeros en ese periodo: alcanzaron resultados nueve por ciento más altos en las pruebas de experiencia y diez por ciento más altos en la evaluación de operación de armas. ¿Qué información usó Eden para identificar a los reclutas de alto potencial? Si tú fueras líder de un pelotón de las IDF, ¿qué rasgos de tus soldados valorarías más?

Cabe señalar que Eden se inspiró en un estudio clásico del psicólogo de Harvard Robert Rosenthal, quien para llevarlo a cabo se asoció con Lenore Jacobson, directora de una escuela primaria en San Francisco. En dieciocho aulas, estudiantes de entre jardín de niños y quinto grado presentaron un examen de aptitud cognitiva de Harvard. Esta prueba estimaba objetivamente las habilidades verbales y racionales de los alumnos, decisivas, como se sabe, para el aprendizaje y la resolución de problemas. Rosenthal y Jacobson confiaron a los maestros los resultados: veinte por ciento de los alumnos habían mostrado potencial de desarrollo, o aceleración, intelectual. Aunque hoy podrían parecer muy semejantes a sus compañeros, los resultados sugerían que esos alumnos promisorios exhibirían "inusuales avances intelectuales" en el curso del año escolar.[4]

La prueba de Harvard fue premonitoria: cuando todos los estudiantes volvieron a presentarla un año después, los alumnos promisorios demostraron haber progresado más que sus compañeros. Su IQ aumentó doce puntos en promedio, contra sólo ocho de éstos. Los alumnos promisorios de primer grado superaron a sus iguales en quince puntos de IQ, y los de segundo grado en diez. Dos años más tarde, seguían rebasando a sus compañeros. La prueba de inteligencia había identificado a estudiantes de alto potencial: la capacidad intelectual de los alumnos promisorios aumentó más –y a un ritmo más rápido– que la de sus homólogos.

Estos resultados parecerían indicar que la inteligencia es fuerte candidata como factor diferenciador clave de los estudiantes de alto potencial. Pero no es así, no al principio, al menos. ¿Por qué?

Los alumnos considerados promisorios no obtuvieron en realidad mejores resultados en la prueba de inteligencia de Harvard. Rosenthal los eligió al azar.

Este estudio se ideó para ver qué sucedía con los alumnos cuando sus maestros los creían de alto potencial. Rosenthal seleccionó al azar a veinte por ciento de los estudiantes de cada salón para ser considerados como promisorios, mientras que el otro ochenta por ciento sirvió como grupo de control. Los alumnos promisorios no eran más listos que sus compañeros; la diferencia "sólo estaba en la mente de su profesor".

No obstante, estos alumnos sí se volvieron más listos que sus compañeros
en aptitud verbal y racional. La inteligencia de algunos de los alumnos aleatoriamente considerados promisorios aumentó más de cincuenta por ciento
en un año. La ventaja de los estudiantes promisorios se mantuvo en pruebas
de inteligencia presentadas al cabo de un año, aplicadas por examinadores
ajenos al experimento y a la identificación de ciertos alumnos como promisorios. Estos últimos, además, seguían exhibiendo grandes avances dos años
después, aun bajo la dirección de profesores que no sabían qué estudiantes
habían sido considerados promisorios. ¿Por qué?

La opinión de los maestros creó profecías que se cumplen solas. Convencidos de que ciertos alumnos suyos eran promisorios, forjaron para ellos
altas expectativas de éxito. Por tanto, eran muy comprensivos con ellos, lo
que hacía que tales alumnos se sintieran más seguros de sí mismos y favo-
recía su aprendizaje y desarrollo. Los maestros se comunicaban más cordial-
mente con ellos, les ponían ejercicios más difíciles, estaban más al tanto de
sus labores y les hacían más comentarios. Muchos experimentos han reproducido estos efectos, demostrando de este modo que las expectativas de los
profesores son muy importantes para mejorar las calificaciones y resultados
de pruebas de inteligencia de alumnos de bajo rendimiento y miembros de
grupos minoritarios estigmatizados. En un extenso repaso de las evidencias,
los psicólogos Lee Jussim y Kent Harber concluyeron: "En el salón de clases,
las profecías que se cumplen solas son reales".[5]

Sin embargo, todos sabemos que los niños son muy impresionables en
las primeras fases de su desarrollo intelectual. Cuando Dov Eden inició su
investigación en las IDF, se preguntó si esa clase de profecías se cumplirían
también en adultos, más plenamente desarrollados. Así pues, dijo a algunos líderes de pelotones que, tras revisar resultados de pruebas de aptitud,
evaluaciones de instrucción básica e informes de comandantes previos, "el
potencial promedio de mando de sus reclutas era apreciablemente superior
al normal. [...] En consecuencia, era de esperar que obtuvieran de ellos logros inusuales".

Pero, igual que en el estudio en la escuela primaria, Eden había seleccionado al azar a esos reclutas, para probar el efecto en los líderes de la creencia de que sus reclutas eran de alto potencial. Por increíble que parezca, los
soldados aleatoriamente considerados de alto potencial obtuvieron en las
pruebas de experiencia y evaluaciones de armas resultados mucho mejores
que los demás. Lo mismo que los maestros, creer en el potencial de sus reclutas indujo a los líderes de pelotones a actuar para que este potencial se
hiciera efectivo. Los líderes con altas expectativas en sus reclutas daban a éstos más ayuda y asesoría profesional, y les hacían más comentarios. Cuando

estos soldados cometían errores, los líderes los aprovechaban como oportunidades de enseñanza-aprendizaje, en vez de suponer que sus reclutas eran
ineptos. La actitud comprensiva de los jefes elevaba la seguridad y aptitud
de los reclutas, lo que les permitía mejorar su rendimiento.

Las evidencias indican que la opinión de los líderes puede catalizar profecías que se cumplen solas en muchos contextos aparte del militar. El investigador gerencial Brian McNatt hizo un exhaustivo análisis de diecisiete estudios sobre tres mil empleados de una amplia gama de organizaciones, de
la banca al comercio y la manufactura. En general, cuando se asignó aleatoriamente a los gerentes considerar promisorios a sus empleados, éstos florecieron. McNatt concluye que tales intervenciones "pueden tener un importante efecto en el desempeño", por lo que insta a los gerentes a "reconocer
el posible poder e influencia de a) creer e interesarse en el potencial de sus
empleados [...] y b) actuar en favor de los demás y de comunicar esa creencia, [...] para motivar el esfuerzo de sus empleados y ayudarles a alcanzar
su potencial".[6]

Algunos gerentes y maestros han interiorizado ya ese mensaje; ven una
promesa en todos sin necesidad de que se lo digan. Pero tal no suele ser el
caso de las personas interesadas, las que por lo general depositan poca confianza en quienes los rodean. Al suponer que casi todos son como ellas, tienen pocas expectativas del potencial de sus compañeros y subordinados. Las
investigaciones revelan que los interesados albergan dudas de las intenciones de otros, así que los monitorean en busca de información de que podrían perjudicarlos, y los tratan con desconfianza y recelo. Estas bajas expectativas desencadenan un círculo vicioso,[7] el cual restringe el desarrollo y
motivación de los demás. Y aun si la capacidad o motivación de alguien les
impresiona, los interesados tienden a verlo como amenaza, lo que significa
que se resistirán a apoyarlo y promover su desarrollo. Así, no suelen adoptar conductas comprensivas conducentes a la seguridad y desarrollo de sus
compañeros y subordinados.

Los equitativos están más dispuestos a inspirar profecías que se cumplen solas. Como valoran la reciprocidad, cuando un compañero o subordinado muestra un potencial alto, ellos reaccionan en su beneficio, haciendo
un esfuerzo por apoyarlo, alentarlo y promover su desarrollo. No obstante,
el error de los equitativos estriba en que esperan a que aparezcan señales de
alto potencial. Puesto que suelen jugar a la segura, esperan a brindar apoyo hasta contar con evidencias de promesa. Pierden así la oportunidad de
alentar el desarrollo de quienes no exhiben de antemano ninguna chispa
de talento o potencial alto.

Los generosos no esperan a que emerjan señales de potencial. Tienden a ser confiados y optimistas de las intenciones ajenas, así que, como líderes, gerentes y mentores, se inclinan a ver potencial en todos. Por sistema, consideran promisoria a toda la gente. Esto es justo lo que le ha permitido a C. J. Skender desarrollar a tantos estudiantes estrella. No es que él destaque en la identificación de personas talentosas; simplemente considera talentosas a todas, intentando sacar a relucir lo mejor de ellas. Desde su perspectiva, cada alumno que entra a su salón es un diamante en bruto, susceptible de ser extraído, cortado y pulido. Skender ve potencial donde otros no ven nada, lo cual ha puesto en movimiento una serie de profecías que se cumplen solas.

Pulir el diamante en bruto

En 1985, la alumna de Skender Marie Arcuri presentó el examen de CPT. Poco afortunada en exámenes estandarizados, no lo aprobó en ese primer intento. Días más tarde, recibió una carta de Skender; él les escribía a todos sus alumnos que presentaban ese examen, felicitando a los que lo aprobaban y animando a los que no. Marie ha guardado esa carta un cuarto de siglo:

> Tu esposo, familia y amigos te aman a causa de la bella persona que has hecho de ti, no de tu resultado en un examen. Nunca olvides esto. [...] Pon toda tu atención en noviembre. Concéntrate en practicar. [...] Quiero lo mejor para ti. APROBARÁS ese examen, Marie. En los de mis alumnos, yo escribo: "Al prepararte para este examen, has cumplido ya el propósito más importante". [...] La medida de una persona no es el éxito, sino el esfuerzo.

Los estudios indican que los contadores tienen más probabilidades de cumplir su potencial cuando reciben el tipo de aliento que Skender aporta. Hace unos años, setenta y dos auditores ingresaron a uno de los cuatro despachos contables más distinguidos de Estados Unidos.[8] A la mitad de esos sujetos se les dio aleatoriamente información de que tenían mucho potencial para triunfar. Este estudio fue dirigido por el investigador Brian McNatt, quien para entonces ya contaba con un doctorado, dos títulos de contabilidad, certificación de CPT y cinco años de experiencia como contador y auditor. McNatt leyó los currículums de los auditores a los que se asignó aleatoriamente creer en su potencial, tras de lo cual trabó conocimiento con cada uno de ellos y les hizo saber que habían sido contratados mediante un proceso de selección muy competido, que la dirección tenía muchas expectativas en su éxito y que poseían habilidades para vencer retos y triunfar. Tres semanas después, McNatt mandó una carta a esas mismas personas, en la que reforzaba dicho mensaje. Durante todo un mes, los auditores que recibieron esta carta obtuvieron evaluaciones de desempeño más altas que los auditores del grupo de control, quienes no conocían a McNatt ni habían recibido su carta. Esto fue así aun después de haber tomado en cuenta los resultados de pruebas de inteligencia y calificaciones universitarias de los auditores.

Ése fue también el efecto de la carta de Skender a Marie Arcuri. La animó a creer en su potencial, y a fijarse altas expectativas de triunfo. "Skender veía lo mejor en sus alumnos, y sigue haciéndolo", dice Marie. Tras volver a presentar el examen, ella aprobó dos secciones, dejando pendientes otras dos. Skender no cesó de alentarla en este periodo. "No iba a permitir que yo aflojara el paso. Me llamaba para verificar mis avances." Marie aprobó la sección final y consiguió su título como CPT en 1987, dos años después de que iniciara la presentación del examen. "La diferencia que Skender hizo en mi vida [residió en] confirmar que mis prioridades estuvieran en orden y que yo me mantuviera firme en mi propósito y no tirara la toalla", explica. "Yo sabía lo interesado que él estaba en mí y no lo iba a defraudar." Marie es dueña hoy de dos distribuidoras de automóviles Lexus. "Las bases contables y la habilidad para interpretar estados financieros que recibí en su curso me han sido muy valiosas. Pero más que brindarme herramientas de trabajo, Skender forjó mi carácter, pasión y determinación. Su compromiso con la aprobación de mi examen me llevó a darme cuenta de que lo que me define no es pasar o no un examen, sino la perseverancia."

El método de Skender contrasta con el modelo básico que la mayoría de las compañías siguen para desarrollar a sus líderes: identificar a personas de alto potencial y darles la orientación, apoyo y recursos necesarios para que crezcan y cumplan ese potencial. Para detectar a esos futuros líderes de alto potencial, las compañías gastan cada año miles de millones de dólares en la evaluación de talentos. Pese a la popularidad de este modelo, los generosos saben que resiente una deficiencia grave: identificar talentos puede ser el punto de partida equivocado.

Durante muchos años, los psicólogos creyeron que, en todas las áreas, el éxito dependía antes que nada del talento, y en segundo término de la motivación. Para formar atletas y músicos de clase mundial, los expertos buscaban a personas que tuvieran las aptitudes incipientes correctas, luego de lo cual intentaban motivarlas. Si quieres hallar a individuos capaces de encestar como Michael Jordan o de tocar el piano como Beethoven, es lógico que empieces por seleccionar a candidatos muy hábiles o con mucho oído para la música. Pero en años recientes, los psicólogos han acabado por convencerse de que este método ya resulta caduco.

En la década de 1960, el psicólogo pionero Raymond Cattell elaboró una teoría de inversión de la inteligencia.[9] Propuso que lo que mueve a la gente a invertir tiempo y energía en el desarrollo de habilidades y bases de conocimientos particulares es el interés. Hoy contamos ya con evidencias de que el interés precede al desarrollo del talento. La motivación es la causa de que la gente desarrolle sus aptitudes.

En los años ochenta, el psicólogo Benjamin Bloom dirigió un trascendental estudio sobre músicos, científicos y atletas de clase mundial.[10] Su equipo entrevistó a veintiún pianistas de concierto que habían sido finalistas en magnas competencias internacionales. Cuando los investigadores empezaron a escarbar en las primeras experiencias musicales de esos pianistas eminentes, se toparon con una imprevista ausencia de talento en ciernes. Este estudio reveló que, en un principio, casi todos esos pianistas estrella parecían "especiales sólo en comparación con sus hermanos o vecinos". No sobresalían en el nivel local, regional o nacional, ni habían ganado muchos concursos.

Cuando el equipo de Bloom entrevistó a los pianistas de clase mundial y sus padres, se llevó otra sorpresa. Los primeros maestros de los pianistas no habían sido músicos expertos. Por lo general, los niños tomaron sus primeras clases con maestros que vivían cerca. En *The Talent Code* (El código del talento), Daniel Coyle escribe que "desde una perspectiva científica, es como si esos investigadores hubieran remontado el linaje de los cisnes más bellos del mundo a una astrosa parvada de aves de corral".[11] Con el paso del tiempo, y aun sin haber dispuesto al principio de un maestro experto, los pianistas se las arreglaron para transformarse en los mejores músicos del mundo. Debían su ventaja al hecho de haber practicado mucho más que sus compañeros. Como expuso Malcolm Gladwell en *Outliers* (Fueras de serie), investigaciones del psicólogo Anders Ericsson revelan que, para obtener experiencia en cierta área, suele precisarse de diez mil horas de práctica deliberada.[12] Pero, ¿qué motiva a la gente a practicar tanto tiempo? Aquí es donde entran en juego los generosos.

Cuando los pianistas y sus padres hablaron de sus primeros maestros de piano, se centraron sistemáticamente en un tema: tales maestros habían sido atentos, amables y pacientes. Los pianistas esperaban con ansia sus lecciones porque sus profesores volvían la música divertida e interesante. "Los niños tuvieron experiencias muy positivas en sus lecciones iniciales. Se relacionaban con un adulto cálido, comprensivo y afectuoso ajeno a su hogar", explica el equipo de Bloom. Maestros generosos fueron quienes despertaron el interés de los pianistas de clase mundial. Estos maestros buscaban la manera de hacer más agradables las clases de piano, lo que fue un temprano catalizador para inducir la práctica intensiva que permite adquirir experiencia. "Explorar posibilidades y participar en una gran variedad de actividades musicales tuvo precedencia" sobre factores como "correcto o incorrecto, o bueno o malo".

Esos mismos patrones emergieron entre tenistas de clase mundial. Cuando el equipo de Bloom entrevistó a dieciocho tenistas estadunidenses que habían sido clasificados entre los diez mejores del mundo, descubrió que aunque sus primeros entrenadores "no habían sido excepcionales, tendían a ser muy bondadosos con los niños. [...] Ese primer entrenador motivó al chico a interesarse en el tenis y dedicar tiempo a practicar".

En roles de líderes y mentores, las personas generosas resisten la tentación de buscar primero el talento. Tras admitir que cualquiera puede ser promisorio, los generosos se fijan en la motivación. Los tenistas mejor clasificados habían tenido por lo común un primer entrenador que les cobró "especial interés", señala el equipo de Bloom, "usualmente porque los veía motivados y dispuestos a esmerarse, más que a causa de una aptitud física especial".

En el salón de contabilidad, buscar motivación y ética de trabajo, no sólo aptitud intelectual, es parte del éxito de C. J. Skender para reconocer el talento. Cuando apostó con Beth Traynham a que ella pasaría el examen de CPT, no lo hizo porque Beth estuviera excepcionalmente dotada para la contabilidad, sino porque vio "cuánto se había esmerado durante el semestre". Skender advirtió que Reggie Love prometía, aun si otros lo juzgaban un deportista más, porque "era diligente y siempre llegaba preparado a clase", dice. "Le importaba aprender y superarse." Skender alentó a Marie Arcuri porque ella era "la persona más entregada y comprometida que yo conocía. Su persistencia la hacía destacar".

La psicóloga Angela Duckworth llama a esto agallas: tener pasión y perseverancia para alcanzar metas de largo plazo.[13] Sus investigaciones demuestran que, por sobre las personas inteligentes y aptas, son aquellas con agallas —en virtud de su interés, concentración y motivación— las que alcanzan el desempeño más alto. "La persistencia es muy importante", dice el psicólogo Tom Kolditz, general brigadier que durante una docena de años dirigió el departamento de ciencias de la conducta y liderazgo en la Military Academy de Estados Unidos. El índice de selección estándar de oficiales del ejército para puestos de mando clave es de doce por ciento; los alumnos de Kolditz han sido seleccionados en índices de hasta setenta y cinco por ciento, gran parte de lo cual él atribuye a que selecciona a candidatos por su energía extrema. Como escribe George Anders en *The Rare Find* (El raro hallazgo), "la motivación nunca puede darse por sentada".[14]

Claro que el talento natural también importa; pero una vez en poder de una reserva de candidatos más allá del umbral de potencial necesario, las agallas son el factor más relevante para predecir qué tanto cumplirán esos individuos su potencial. Por eso los generosos se fijan en las personas enérgicas: ahí es donde obtienen más rendimiento de su inversión, el impacto más significativo y duradero. Y además de invertir su tiempo en motivar a esa clase de personas, generosos como Skender se empeñan asimismo en cultivar las agallas en primer término. "Fijar altas expectativas es esencial", dice Skender. "Debes impulsar a la gente, hacer que se esfuerce y logre más de lo que cree posible. Cuando pongo un examen a mis alumnos, quiero que piensen que fue el más difícil que hayan visto en su vida. Esto les permite aprender más." Para alentar el esfuerzo, Skender aplica media docena de exámenes anteriores, a fin de que sus alumnos practiquen. "Debo hacer una gran inversión si quiero que ofrezca rendimientos. Incitar a mis alumnos a trabajar más que nunca les beneficia a la larga."

Una de las claves para cultivar las agallas es volver más interesante y estimulante la tarea en cuestión. En el estudio de Bloom, la generalidad de los músicos y atletas talentosos tuvieron como primeros instructores a individuos generosos, maestros que

> gustaban de los niños y los recompensaban con elogios, muestras de aprobación o hasta dulces cuando hacían bien algo. Los alentaban mucho. Su campo les entusiasmaba tanto como lo que podían enseñarles. En muchos casos, [...] trataban al niño como podía hacerlo un amigo de la familia. Quizá la principal cualidad de estos maestros era que volvían agradable y satisfactorio el aprendizaje inicial.

Esta descripción se ajusta inmejorablemente a Skender. A primera vista, él parecería responder al estereotipo de mago de la contabilidad.* Pero en

---

* Skender hace listas de todo, desde sus canciones favoritas hasta los diez mejores días de su vida, y ordena los billetes de dólares en su cartera por número de serie. Tiene más de ochocientos pares de tirantes, a cada uno de los cuales les corresponde un nombre y un número. Dispone en orden alfabético sus calcetines y ropa interior y prepara su ropa con semanas de anticipación. Durante más de dos décadas, se ha puesto corbata de moño cada lunes, jueves y sábado, aun mientras poda el pasto. Asume religiosamente el deber de ser el primero en llegar a trabajar, por lo general antes de las cinco de la mañana, pero también es famoso por quedarse hasta después de medianoche, en sesiones de repaso para que sus alumnos se preparen para sus exámenes. Traduce así su consejo sobre la reciprocidad al lenguaje de su disciplina: "Es preferible tener muchas cuentas por cobrar que muchas por pagar". Para poner en perspectiva su carga docente, un profesor universitario promedio imparte entre tres y ocho cursos al año, lo que en una carrera equivale a entre cien y trescientos cursos. Skender ha impartido casi el doble, y hace poco informó a su universidad que piensa seguir dando clases treinta y cinco años más. Tan sólo en 2012, tuvo más de dos mil alumnos. Para satisfacer esa demanda, su curso fue trasladado una vez a un salón especial, lejos del campus. Pese a que enseña a temprana hora, su aula se llena, y muchos otros alumnos de-

diversas etapas de su vida, aspiró a ser disc jockey, músico, actor, animador de programas de entrevistas y comediante. Quien se asoma ahora a su salón, comprueba que él no ha renunciado del todo a esos sueños. Fiel a su naturaleza compulsiva y gusto ecléctico, salpica sus cursos con rutinas artísticas para mantener interesados a sus alumnos, tocando cuatro canciones al inicio de cada clase y arrojando barras de caramelo a los primeros en contestar correctamente preguntas de trivia musical. A esto se debe que el póster de un rapero haya ido a dar a su oficina. "Si quieres cautivar a tu público, si de veras quieres atrapar su atención, debes conocer su mundo, la música que oye, las películas que ve", explica. "Para la mayoría de estos chicos, la contabilidad es un dolor de muelas. Pero cuando me oyen citar a Usher o Cee Lo Green, se preguntan: '¿Este viejo gordo y canoso realmente acaba de decir lo que creo que dijo?'. Y entonces los atrapas."

Skender cree que cultivar interés en la contabilidad hace más probable que sus alumnos inviertan tiempo y energía en dominar esa disciplina. "Él es la personificación misma de la empatía", dice Reggie Love. "Sabe de música más que nadie, y siempre la entreteje en sus cursos, para que sus alumnos puedan entender la materia. Cuando piensas que debes tomar un curso difícil, que no suele ser muy interesante, tener que seguirle el paso es un reto. Skender volvía interesante eso, gracias a lo cual yo terminé empeñando un gran esfuerzo." Love sacó diez en el curso de Skender. David Moltz, también exalumno de éste y quien ahora trabaja en Google, explica que Skender "ayuda de todas las maneras posibles a cada estudiante (y persona) que se cruza en su camino. Sacrifica cientos de horas de su vida personal para dejar huella en la de sus alumnos, y enseña a tantos de ellos como le es posible. Se esfuerza en lograr que todos aquellos con quienes trata se sientan especiales".

Tirar buen dinero en mal talento

Como ven potencial en todos los que los rodean, los generosos acaban invirtiendo gran parte de su tiempo en alentar el desarrollo de la gente para que cumpla su potencial. Estas inversiones no siempre dan fruto; algunos candidatos carecen de talento en ciernes, y otros no prolongan su pasión ni mantienen el nivel de agallas requerido. Una vez, Skender escribió más de cien cartas de recomendación para una alumna deseosa de cursar un posgrado ajeno a la contabilidad. Rechazada en todos los casos el primer año,

---

searían poder inscribirse con él. En uno de sus cursos de las ocho de la mañana, tuvo una lista de espera de ciento noventa estudiantes.

ella decidió volver a presentar su solicitud, así que, diligente, Skender hizo otra serie de cartas. Un nuevo rechazo lo indujo a redactar más cartas por tercer año consecutivo. Por fin, luego de tres strikes, sugirió a su alumna seguir otro camino.

Si Skender fuera interesado o equitativo, ¿se habría dado por vencido más pronto, ahorrando así tiempo a sí mismo y su alumna? ¿Los generosos invierten de más en personas con mucha pasión pero poca aptitud? ¿Cómo manejan sus prioridades a fin de concentrarse en personas promisorias al tiempo que invierten menos en las que no lo son? Para contestar estas preguntas, nada mejor que recurrir al basquetbol profesional, esfera en la que el draft anual de la National Basketball Association (NBA) prueba a expertos en talento en un escenario internacional.

El ya desaparecido Stu Inman es recordado como el responsable de dos de los peores errores en drafts en la historia de la NBA.[15] En el de 1972, los Pioneros de Portland fueron los primeros en elegir. Inman era entonces director de la plantilla de jugadores, y escogió al centro LaRue Martin, quien resultaría un fiasco, promediando apenas poco más de cinco puntos y cuatro rebotes por partido en cuatro temporadas con ese equipo. Habiendo reclutado a Martin, Inman pasó por alto a dos de los jugadores más importantes en la historia de esta liga. Ese año, la segunda selección fue Bob McAdoo, quien hizo más puntos en su primera temporada que Martin en toda su carrera. McAdoo fue Novato del Año, y dos años después el jugador más valioso (JMV) de la NBA. En sus catorce años de carrera en esta liga, ganó dos veces el título de mejor anotador, jugó en dos equipos campeones y fue incluido en cinco equipos de estrellas. En aquel draft, Inman también descartó a Julius Erving −mejor conocido como Dr. J.−, la selección número doce, quien más adelante habría de conseguir para sus equipos tres campeonatos, ganaría cuatro veces el título de JMV, participaría en dieciséis equipos de estrellas y se convertiría en uno de los cinco anotadores más importantes en la historia profesional de este deporte. Tanto McAdoo como Erving llegaron al Salón de la Fama de su especialidad.

Una docena de años después, ya como gerente de los Pioneros, Inman tuvo la oportunidad de reparar ese error. En el draft de 1984, y siendo el segundo en elegir, optó por otro centro, Sam Bowie, de más de 2.10 metros de alto, aunque atlético y coordinado; Bowie sabía tirar, pasar y colarse, para no hablar de bloquear tiros y atrapar rebotes. Pero jamás cumplió su potencial. Cuando se retiró, ESPN lo calificó la peor selección en un draft en la historia del deporte profesional en América del Norte. En 2003, *Sports Illustrated*, en cuya portada Bowie había aparecido años antes, lo llamó el segundo mayor fracaso del draft en la historia de la NBA. ¿El mayor de todos? LaRue Martin.

Optar por Bowie como segunda opción supuso que Inman dejara de lado a un escolta de Carolina del Norte llamado Michael Jordan. Terceros en elegir, los Toros de Chicago tomaron a Jordan, y el resto es historia. Tras ser Novato del Año, Jordan acumuló seis campeonatos y diez títulos como mejor anotador y once como JMV, participando al mismo tiempo en catorce equipos de estrellas y promediando más puntos que ningún otro basquetbolista en la historia. ESPN lo reconocería más tarde como el principal atleta de América del Norte en el siglo XX.

Inman percibió el potencial de Jordan, pero los Pioneros ya tenían dos buenos defensas. Necesitaban un centro, así que él reclutó a Sam Bowie. Con esta decisión ignoró no sólo a Michael Jordan, sino también a futuros miembros del Salón de la Fama como Charles Barkley (quinta selección) y John Stockton (decimosexta). Pero pese a la desafortunada opción de Inman por Martin sobre McAdoo y Erving, y por Bowie sobre Jordan, Barkley y Stockton, la verdad es que, en el mejor de los casos, reclutar basquetbolistas profesionales es una ciencia imperfecta, y aun grandes directivos y entrenadores cometen errores.

Lo peor fue que los Pioneros mantuvieron a esos jugadores más de lo que debían. Conservaron a LaRue Martin cuatro temporadas, y cuando decidieron traspasarlo, ya no valía casi nada. Ni siquiera obtuvieron un jugador a cambio; lo cedieron, contra "consideraciones futuras", a los Supersónicos de Seattle, que se deshicieron de él antes de que comenzara la temporada. Éste fue el final de Martin en el baloncesto, y un resultado vergonzoso para Inman. "Fue un asunto delicado", dijo Jack Ramsay, entrenador de los Pioneros durante el último año de Martin y actual analista de ESPN. "LaRue no era buen jugador. Cuando yo llegué, hacía por que se le alineara, pero no había lugar para él. No tenía juego ofensivo, ni era bueno para el rebote y el bloqueo, pese a sus 2.10 metros de altura. Carecía de aptitudes." Este equipo siguió un camino similar con Sam Bowie. En 1989, luego de cinco deslucidas temporadas, finalmente lo traspasó a los Nets de New Jersey. ¿Por qué mantuvo tanto tiempo a Sam Bowie y LaRue Martin?

Inman tenía fama de generoso. Habiendo jugado basquetbol colegial y entrenado varios años a equipos de preparatoria, pasó a ser entrenador colegial, hasta convertirse en director técnico de su alma máter, San Jose State. En este puesto, parecía priorizar los intereses de los jugadores sobre su propio éxito. Uno de sus reclutas estrella fue Tommie Smith, deportista excepcional que llegó a San Jose State como atleta de pista, futbolista y basquetbolista por igual. Tras ser el principal anotador y rebotador en su primer año, al siguiente comenzó a entrenar con el equipo titular, bajo la conducción de Inman. Un día llegó a la oficina de éste y anunció que dejaría el basquetbol para dedicarse al atletismo. "Pensé que se enojaría", escribe Smith, "pero no fue así. Inman me dijo: 'Está bien, Tom, comprendo', me estrechó la mano y me pidió que no dejara de visitarlo de vez en cuando, añadiendo que sería bienvenido si cambiaba de opinión. Esto fue magnífico para mí".

Pero no para Inman. La rapidez de Smith habría sido muy útil para el equipo de San Jose State; años más tarde, en 1968, ganó la medalla de oro olímpica en la prueba de doscientos metros planos, imponiendo un récord mundial. Sin embargo, Inman había querido lo mejor para Smith. Además de dejar ir a grandes talentos, también daba cabida a jugadores con agallas aun si no tenían talento. Cuando el blanco y flaco Terry Murphy quiso ingresar al equipo titular, él lo aceptó, porque respetaba su ética de trabajo. Murphy recuerda haber sido uno de los peores jugadores de Inman: "Anoté cuatro puntos en todo el año".

Pese a tan opaco desempeño, Inman le dijo: "No te voy a sacar del equipo; eres entusiasta, juegas con ganas y eres un buen chico". Inman "no paraba de dar consejos a todo adicto al basquetbol que los buscara", escribe Wayne Thompson, periodista que cubrió a los Pioneros durante la época de Inman. No podía evitarlo: "Enseñar en cualquier nivel sobre cualquier tema es lo más satisfactorio que pueda hacerse", dijo él mismo a Thompson. "Me encanta ver la expresión en el rostro de un estudiante que logra hacer algo por primera vez. El solo hecho de ver florecer el proceso de aprendizaje es un gran aliento para mí."

Una vez que desarrollaba una impresión positiva de los jugadores, ¿se sentía demasiado comprometido a enseñarles y promover su desarrollo, al grado de invertir en jugadores motivados aun si carecían del talento requerido? En el aula, C. J. Skender puede permitirse dedicar tiempo a alumnos que muestran interés y motivación, ya que enseña y orienta a gran número de estudiantes por semestre. Pero en el basquetbol profesional, como en la mayoría de las organizaciones, se tienen más límites: apostar por el potencial de una persona significa pasar por encima de otras.

Inman se había comprometido a alentar el desarrollo de LaRue Martin y Sam Bowie. Si hubiera sido un interesado, ¿no parece obvio que habría prescindido más pronto de sus fracasos y pasado a otros jugadores? Al darse cuenta de que Martin y Bowie no contribuían al éxito del equipo, un interesado no se habría sentido responsable de ellos. Y si Inman hubiera sido equitativo, ¿no habría estado dispuesto a deshacerse de esos atletas? A un equitativo le habría frustrado ver que sus inversiones en Martin y Bowie no eran correspondidas ni recompensadas.

Parecería entonces que a los generosos se les dificulta desprenderse de otras personas, pero lo cierto es lo contrario. Ellos son los sujetos *menos* vulnerables al error de invertir de más en la gente, de manera que ser generoso fue lo que impidió que Stu Inman cometiera errores aun peores.

Frente al espejo: ¿verse bien o hacerlo bien?

Barry Staw, profesor mundialmente famoso de comportamiento organizacional en la University of California en Berkeley, ha dedicado su carrera a tratar de entender por qué la gente toma malas decisiones en las organizaciones. En un ingenioso estudio, él y Ha Hoang reunieron datos sobre los más de doscientos cuarenta basquetbolistas seleccionados en las dos primeras rondas del draft de la NBA entre 1980 y 1986, con intención de ver qué efecto tenía en la carrera de un jugador su posición previa en el draft. Estos investigadores evaluaron el desempeño de cada atleta con base en varias medidas: anotaciones (puntos por minuto, porcentaje de canastas y porcentaje de tiros libres), firmeza (rebotes y bloqueos por minuto) y rapidez (pases y coladas por minuto). Staw y Hoang tomaron en cuenta el desempeño de cada jugador en todas esas medidas, lo mismo que sus lesiones y enfermedades, así fuese defensa, delantero o centro, e igualmente la calidad de su equipo, a juzgar por su récord de victorias/derrotas. Luego examinaron cuánto tiempo pasaba en la cancha, y cuánto lo conservaba su equipo antes de traspasarlo, para ver si éste cometía el error de invertir de más en ciertos jugadores sólo por haberlos elegido en las primeras rondas del draft.

Los resultados apuntaron a una conclusión devastadora: los equipos eran incapaces de desprenderse de sus grandes apuestas.[16] Se aferraban a los jugadores que elegían pronto, otorgándoles más tiempo de juego y negándose a traspasarlos aun si no eran buenos. E incluso sacando el desempeño de la ecuación, los jugadores prontamente elegidos seguían pasando más minutos en la cancha, y teniendo menos probabilidades de ser traspasados. Por cada nivel más alto en el draft, obtenían un promedio de veintidós minutos más en su segunda temporada, y su equipo seguía invirtiendo más en ellos para la quinta, cuando cada nivel más alto en el draft representaba once minutos más en la cancha. Por cada nivel más alto en el draft, asimismo, tales jugadores tenían tres por ciento menos posibilidades de ser traspasados.

Este estudio es un caso clásico de lo que Staw llama *escalada del compromiso* con un curso de acción condenado al fracaso. En las cuatro últimas décadas, amplias investigaciones de Staw han demostrado que una vez que la gente hace una inversión inicial de tiempo, energía o recursos, corre el riesgo de incrementarla cuando las cosas no marchan bien. Los apostadores muy endeudados creen que les basta con jugar otra mano de póker para recuperarse, o incluso para ganar en grande. Los emprendedores empeñosos creen que, con un poco más de esfuerzo, harán despegar por fin sus nuevas empresas. Cuando una inversión no rinde fruto, la aumentamos, aun si el valor esperado es negativo.

Los economistas explican esta conducta usando el concepto de la "falacia del costo inicial": al estimar el valor de una inversión futura, se nos dificulta ignorar lo que ya invertimos en el pasado. Los costos iniciales son parte de la historia, pero nuevas investigaciones señalan que hay factores más importantes. Para saber por qué y cuándo sucede la escalada del compromiso, investigadores de la Michigan State University analizaron ciento sesenta y seis estudios.[17] Los costos iniciales ejercen cierto efecto –los decisores se inclinan según sus inversiones previas–, pero otros tres factores tienen más influencia. Uno de ellos es el lamento anticipado: "¿Me arrepentiré de no haber dado a esto otra oportunidad?". El segundo es la finalización del proyecto: "Si sigo invirtiendo, podré terminar el proyecto". Pero el factor más relevante es la *amenaza al ego*: "Si no sigo invirtiendo, pareceré un idiota". En respuesta a la amenaza al ego, la gente invierte más, confiando en hacer del proyecto un éxito a fin de demostrar a los demás –y a sí mismos– que desde el principio tuvieron razón.

En un estudio dirigido por Staw, cuando clientes de bancos de California dejaban de pagar préstamos, los gerentes que los habían aprobado se resistían a darlos por perdidos. "Los banqueros directamente relacionados con la aprobación de préstamos problema son los más reacios a reconocer sus riesgos subsecuentes y la probabilidad de incumplimiento", escriben Staw y colegas.[18] Este estudio reveló que cuando los gerentes que habían aprobado préstamos problema abandonaban el banco, sus reemplazos eran mucho más proclives a darlos por perdidos. Ellos no eran directamente responsables de tales préstamos, así que su ego no estaba bajo amenaza; no se sentían compelidos a justificar lo atinado de las decisiones originales.

Las investigaciones sugieren que, debido a su susceptibilidad a la amenaza al ego, los interesados son más vulnerables que los generosos a la escalada del compromiso. Imagina que diriges una compañía de aviones y que debes decidir si invertir o no un millón de dólares en un avión invisible para radares.[19] Descubres que el proyecto no marcha financieramente bien, y que un competidor ya ha terminado un modelo mejor. Pero tú ya hiciste grandes inversiones: el proyecto registra un avance de cincuenta por ciento, y ya consumiste en él cinco millones de dólares y dieciocho meses de trabajo. ¿Qué tan probable es que inviertas el millón de dólares extra?

En el estudio respectivo de Henry Moon, de la London Business School, antes de tomar decisiones de inversión, trescientas sesenta personas respondieron a un cuestionario que incluía enunciados propios de los generosos como "Cumplo mis promesas", y propios de los interesados como "Hago lo posible por que otros se hagan cargo de mis deberes". Estos últimos tuvieron más posibilidades de invertir el millón de dólares extra que aquéllos. Se sentían responsables de una inversión que marchaba mal, así que se comprometían en mayor medida a proteger su orgullo y guardar las apariencias. Como explican los profesores de administración de la University of South Carolina Bruce Meglino y Audrey Korsgaard, "aunque la organización podría beneficiarse del abandono de la decisión, esto obligaría al decisor a incurrir en grandes costos personales (como pérdida de movilidad profesional y de prestigio). Dado que aumentar su compromiso permite al decisor mantener oculta la perspectiva de fracaso, esta conducta es personalmente racional" desde el punto de vista de un interesado.[20]

Para los generosos, a su vez, lo más importante era proteger a los demás y a la organización, así que estuvieron más dispuestos a admitir sus errores iniciales y a reducir su compromiso. Otros estudios indican que la gente toma decisiones más acertadas y creativas cuando decide a nombre de otros, no de sí misma.[21] Cuando toma decisiones en estado de egocentrismo, tiende a sesgarlas a causa de la amenaza a su ego, y a menudo se angustia tratando de hallar una decisión ideal en todas las dimensiones posibles. Cuando, en cambio, se concentra en otras personas, como por naturaleza hacen los generosos, tiende a preocuparse menos por su ego y por detalles minúsculos; percibe el cuadro completo y prioriza lo que más importa a los demás.

Armados de esta comprensión, vale la pena que repasemos la historia de Stu Inman. En su calidad de generoso, y pese a que le preocupaban los jugadores que elegía en las primeras rondas del draft, tenía un fuerte sentido de responsabilidad para con el equipo. "Stu era un sujeto amable que consideraba los sentimientos de los demás", me dijo Wayne Thompson. "Pero no permitía que esto influyera en sus selecciones. Si un jugador no le parecía bueno, le pasaba el brazo por el cuello y le deseaba que le fuera bien." Inman no fue el único responsable de la permanencia de Sam Bowie en el equipo; él salió de los Pioneros en 1986, apenas dos años después de haber elegido a Bowie. Un interesado podría haber seguido defendiendo una mala decisión, pero Inman admitió que había sido un error elegir a Bowie sobre Jordan. "Todos nuestros buscadores de talentos creyeron que Bowie era la solución a nuestros problemas, y yo también", dijo, pero "nos equivocamos".*

---

* Dígase en justicia que la carrera de Bowie se vio obstaculizada por sus lesiones. En la universidad perdió dos temporadas enteras por lesiones en las espinillas. Antes del draft, Inman lo sometió a un examen físico de siete horas para confirmar que estuviese totalmente sano. Su primera temporada fue buena, pero después sus lesiones lo dejaron fuera de ochenta y un por ciento de

Inman no aumentó tampoco su compromiso con LaRue Martin. Aunque los Pioneros conservaron a éste cuatro temporadas, Inman y colegas actuaron pronto en respuesta a su bajo rendimiento. En su temporada como novato, cuando ya era obvio que Martin no cuajaba, un interesado podría haberle dado tiempo de juego extra para justificar que lo hubiera preferido a Bob McAdoo y Julius Erving. Pero no fue esto lo que sucedió. Los Pioneros colocaron en la posición de centro inicial al empeñoso Lloyd Neal, de sólo dos metros de alto, dejando a Martin como refuerzo. En su temporada de novato, Martin promedió menos de trece minutos en la cancha por partido, contra treinta y dos de McAdoo y cuarenta y dos de Erving. En su segunda temporada, persistió en su mal desempeño, pero en vez de incrementar su compromiso dándole más tiempo en la cancha, los Pioneros se lo redujeron, a menos de once minutos por partido, mientras que McAdoo jugó cuarenta y tres y Erving más de cuarenta. Inman y colegas lograron vencer la tentación de seguir apostando por él.

Una de las principales razones de que los generosos sean menos vulnerables a la escalada del compromiso que los interesados tiene que ver con su reacción a lo que se les dice, como quedó demostrado en la investigación de Audrey Korsgaard, Bruce Meglino y Scott Lester acerca de cómo reaccionan los generosos y los interesados a información sobre su desempeño. Los participantes en un estudio contestaron una encuesta que indicaba si eran generosos o interesados, y después tomaron diez decisiones para resolver problemas. Luego, todos recibieron una calificación de desempeño y la sugerencia de delegar más autoridad al tomar decisiones. Esa calificación fue aleatoriamente asignada, de tal manera que la mitad de los participantes supusiera que su desempeño estaba por encima del promedio y la otra mitad por debajo. A continuación, todos los participantes tomaron otras diez decisiones. ¿Siguieron la sugerencia de delegar más?

Cuando creyeron estar por encima del promedio, los interesados siguieron la sugerencia, delegando treinta por ciento más seguido. Pero cuando

los partidos de las cuatro temporadas subsecuentes, casi dos de ellas completas. Además, Inman y sus buscadores no fueron los únicos en apostar a Bowie sobre Jordan. En junio de 1984, después del draft, un encabezado del *Chicago Tribune* propalaba: "Se disculpan, pero los Toros se quedan con Jordan". El gerente del equipo, Rod Thorn, parecía defraudado. "Ojalá él tuviera 2.10 de alto, pero no es así", se lamentó. "No había otro centro disponible. ¿Qué podíamos hacer? Jordan no va a cambiar esta franquicia. [...] Es un buen jugador ofensivo, pero no un superdotado." Hasta el propio Jordan parecía respaldar la selección de Bowie: "Él encaja ahí mejor que yo", dijo en su año como novato, ya que Portland tenía "demasiados defensas corpulentos y delanteros de menor estatura". Quizá el mejor argumento a favor de la decisión de Inman fue el que ofreció Ray Patterson, director de los Rockets de Houston en 1984, quien en ese draft seleccionó a Hakeem Olajuwon por encima de Bowie y Jordan: "Quien diga que habría preferido a Jordan sobre Bowie, se engaña. Jordan no era una buena opción".

creyeron estar por debajo, delegaron sólo quince por ciento más seguido. Sintiéndose criticados, se resistieron a aceptar la recomendación de mejora. Protegieron su orgullo negándose a creer que tomaban malas decisiones, con lo que ignoraron comentarios negativos. Por su parte, los generosos aceptaron la crítica y siguieron la sugerencia. Pese a que recibieron comentarios negativos que indicaban que estaban por debajo del promedio, delegaron treinta por ciento más seguido.

En situaciones de escalamiento, los interesados suelen tener dificultades para enfrentar la realidad de que una decisión inicial fue mala. Tienden a "ignorar información social y comentarios de desempeño que no confirman su favorable visión de sí mismos", escriben Meglino y Korsgaard, mientras que los generosos "pueden ser más aptos para aceptar y poner en práctica información social sin evaluar detenidamente sus consecuencias personales". Se fijan más en las consecuencias interpersonales y organizacionales de sus decisiones, aceptando un golpe a corto plazo a su orgullo y prestigio con tal de poder tomar a la larga mejores decisiones.

Esta receptividad a comentarios negativos ayudó a Inman a reconocer sus malas inversiones. En toda la liga se admiraba su apertura a la crítica. Muchos entrenadores "discrepaban de mis críticas más incendiarias", escribe el reportero Steve Duin, pero éstas "nunca molestaron a Inman", quien era "paciente y generoso" y "uno de los hombres más gentiles jamás asociados con la NBA". Cuando LaRue Martin exhibió su bajo rendimiento, el entonces entrenador de los Pioneros, Jack McCloskey, comunicó sus preocupaciones a Inman. "Martin hacía un gran esfuerzo y era muy amable, pero no estaba calificado. Así de sencillo. Yo traté de desarrollar sus habilidades en torno a la canasta, pero no era un jugador periférico. No tenía aptitudes para ser la selección número uno." Un interesado podría haber rechazado ese comentario negativo, pero Inman lo escuchó.

Tras la segunda temporada de Martin, en 1974, los Pioneros fueron otra vez los primeros en elegir en el draft. Habiendo reducido su compromiso con Martin, necesitaban otro centro en su reemplazo, así que Inman eligió a uno, un joven de la UCLA llamado Bill Walton. En su temporada como novato, Walton fue el centro inicial, promediando treinta y tres minutos por partido, casi el doble que Martin en su posición de refuerzo. Este acomodo continuó un año más, después de lo cual Inman se deshizo de Martin.

En la temporada siguiente, la de 1976-1977, Walton ganó para los Pioneros el campeonato de la NBA, contra los 76s de Filadelfia, encabezados por Julius Erving. Walton fue el JMV de la final, y al año siguiente el de la liga. Al retirarse se le integró al Salón de la Fama y se le reconoció como uno de los cincuenta mejores jugadores en la historia de la NBA. Inman fue el arquitecto del equipo campeón de 1977, que había terminado en el último lugar de la división el año anterior y que sigue siendo el único en las cuatro décadas de historia de los Pioneros en haber ganado el título. Según Jack Ramsay, entrenador del equipo campeón, Inman "jamás estuvo bajo los reflectores ni se atribuyó mérito suficiente por el equipo que reunió".

Ver destellos en el carbón

En su calidad de generoso, Inman formó ese equipo campeón con un método que refleja el de C. J. Skender: ver potencial en jugadores en los que otros no ven nada. "Inman quería un expediente completo sobre todos aquellos que le interesaban", escribe Wayne Thompson. "Ésta fue sin duda la razón de su éxito al buscar diamantes en bruto." La mitad de los seis mejores anotadores del equipo campeón –y cinco de los nueve mejores– fueron elegidos por Inman en rondas tardías, la segunda o tercera. "Él estaba muy adelante en la curva de percepción del potencial", señaló Steve Duin. "En la subcultura de los gurús del baloncesto, Stu estaba casi en la cima. Se le consideraba un genio", dijo el presidente de los Mavericks, Norm Sonju. En una crónica del draft de 1984, Filip Bondy escribió que muchos veían a Inman como "el mejor jefe de plantilla de jugadores de la liga. Era tan bueno, tan respetado, que otros clubes seguían sus misiones de búsqueda y prestaban oído a rumores sobre los jugadores que podían interesarle".

En la década de 1970, la mayoría de los equipos se fijaban mucho en atributos físicos observables como velocidad, fuerza, coordinación, agilidad y salto. Inman creía importante prestar atención también a los atributos internos de los jugadores, así que decidió evaluar su carácter. Antes de un draft, además de revisar las estadísticas de un jugador y verlo en acción, quería comprenderlo como persona. Lo observaba durante el calentamiento previo, para ver cuánto esfuerzo hacía, y entrevistaba a sus entrenadores, familiares, amigos y maestros sobre temas de motivación, mentalidad e integridad. Según el *Oregonian*, "Inman forjó su fama buscando a jugadores subestimados. [...] Su ojo para el talento era tan agudo como su sensibilidad para la gente. Quería jugadores cuyo carácter e inteligencia fueran tan altos como sus brincos".

Inman se incorporó en 1970 a los Pioneros, entonces flamante equipo de la NBA, como buscador principal de talentos. Ese verano organizó un certamen abierto de prueba de habilidades para el basquetbol. Aunque esto fue en parte una maniobra de relaciones públicas para generar expectación local por ese deporte, también buscó jugadores ignorados por otros equipos.

Ninguno de los participantes en esta prueba se integró a los Pioneros, pero la atención de Inman por candidatos insólitos daría frutos años después. En 1975, en la vigesimoquinta selección en la segunda ronda del draft, seleccionó a un poco conocido delantero judío, Bob Gross.[22] Entrenadores y aficionados lo creyeron un error. Gross había practicado basquetbol colegial en Seattle, promediando diez puntos por partido, y después fue transferido a Long Beach State, donde promedió sólo seis y medio puntos en su primer año. "La historia colegial y profesional de Bob Gross en el basquetbol fue que nadie se fijó en él", escribió Frank Coffey en un libro sobre los Pioneros, "hasta prestar verdadera atención".

Inman presenció por casualidad un partido entre Long Beach y Michigan State, y el hecho de que Gross lograra bloquear un tiro en lo que debió ser un fácil gancho espartano en un contraataque rápido despertó su interés. Al fijarse mejor, halló más evidencias de la ética de trabajo de Gross: éste había más que duplicado su promedio de anotaciones entre su primero y último años, cuando consiguió más de dieciséis puntos por partido. Inman "descubrió una joya, un basquetbolista tesonero, trabajador y sumamente eficaz", escribió Coffey. Gross fue elogiado por uno de sus entrenadores colegiales por su "desinteresada dedicación al equipo". Cuando los Pioneros llegaron a la final en su tercera temporada en la NBA, Gross figuró en ella, logrando un promedio de diecisiete puntos por partido. En los decisivos partidos cinco y seis, marcó a Julius Erving, y dio la victoria a su equipo anotando veinticinco y veinticuatro puntos. Según Bill Walton, "Gross era el lubricante de esa escuadra. La hacía fluir. [...] Corría sin cesar, protegía y defendía. [...] Sin Bob, [...] Portland no habría podido ganar ese campeonato".

Inman captó que los generosos eran subestimados en muchos equipos, pues no acaparaban la atención ni hacían las jugadas más llamativas. Su filosofía era: "Lo importante no es lo que un jugador es, sino lo que puede llegar a ser... aquello que le permitirá crecer". Cuando veía a un chico entrenar con agallas y jugar generosamente, lo juzgaba un diamante en bruto. De hecho, existe una estrecha relación entre agallas y generosidad. Yo he hallado en mis investigaciones que, dada su dedicación a los demás, los generosos están dispuestos a trabajar más tiempo y con más ahínco que los interesados y equitativos.[23] Aun si la práctica deja de ser agradable, los generosos siguen esforzándose, gracias a la responsabilidad que sienten para con su equipo.

Este patrón puede verse también en muchos otros ámbitos. Piénsese en el caso de Russell Simmons, cofundador de la disquera de hip-hop Def Jam Records, que lanzó a LL Cool J y los Beastie Boys.[24] Considerado el padrino del hip-hop, Simmons ya regalaba música desde 1978, mucho antes de que otros empezaran a hacerlo. Cuando le pregunté acerca de su éxito, lo atribuyó a que buscaba y promovía a individuos generosos. "Los generosos logran muchas cosas; nos hacen mejores a todos", explica. Uno de sus generosos preferidos es Kevin Liles, quien comenzó trabajando gratis como becario hasta llegar a presidente de Def Jam. Como becario, Liles era el primero en llegar y el último en irse. Como director de promoción, estaba a cargo de una región, pero se tomaba la molestia de promover otras también. "Todos empezaron a verlo como líder, porque lo buscaban para que los orientara. Daba tanto que llegó un momento en que la gente ya no podía vivir sin él." En la selección y promoción de talento, escribe Simmons, "la cualidad más importante es el compromiso con la generosidad".

Inman sabía que los generosos con agallas están dispuestos a poner el bien del equipo antes que sus intereses personales, trabajando intensamente por cumplir su función. En el legendario draft de 1984, tras elegir a Sam Bowie, Inman tomó al delantero Jerome Kersey en la segunda ronda, la cuadragésimo sexta selección general. Kersey procedía de Longwood College, escuela poco conocida de la División II de Virginia, pese a lo cual se convirtió en un jugador excelente en la NBA. Un director deportivo de Longwood dijo que "tenía la mejor ética de trabajo de todos los que han pasado por aquí", justo la causa de que Inman viera promesa en él antes que nadie en la NBA. Al año siguiente, Inman encontró otra gema oculta en un defensa base con la vigesimocuarta opción en el draft: Terry Porter, generoso con agallas aclamado por su agilidad y desinteresada actitud. Con los Pioneros, Porter integró dos equipos de estrellas, y jugó en total diecisiete temporadas en la NBA, obteniendo en 1993 el J. Walter Kennedy Citizenship Award, premio que se otorga anualmente al jugador, entrenador o instructor que haya mostrado "servicio y dedicación sobresalientes a la comunidad". Además de regalar boletos para que niños desfavorecidos asistan a partidos y de promover fiestas de graduación sin drogas ni alcohol, Porter ha sido muy dadivoso con clubes de chicos y chicas, trabajando en sociedad con su excompañero de equipo Jerome Kersey.

Quizá la mejor inversión de Inman fue la que hizo en el draft de 1983, cuando los Pioneros tuvieron la decimocuarta opción. Seleccionó entonces al escolta Clyde Drexler, descartado por otros equipos porque no se le juzgaba un tirador fuerte.[25] Aunque fue el quinto escolta elegido, hoy se le considera la mayor ganga del draft de 1983. Drexler superó en anotaciones a todos los demás jugadores en ese draft, promediando más de veinte puntos por partido en toda su carrera, y fue el único de ese mismo draft en participar en el equipo de la NBA, al menos un partido de estrellas (estuvo en diez), las Olimpiadas y el Salón de la Fama de su especialidad. Al retirarse, se sumó a los legendarios Oscar Robertson y John Havlicek como los únicos atletas en la historia de la NBA en acumular más de veinte mil puntos, seis mil rebotes y tres mil pases. Al igual que Walton, se le designó como uno de los cincuenta mejores jugadores de todos los tiempos. ¿Cómo supo Inman que Drexler sería una estrella de esa magnitud cuando tantos otros equipos lo dejaron pasar sin inmutarse?

Generoso como era, Inman sabía oír consejos. En San Jose State conoció a Bruce Ogilvie, pionero de la psicología deportiva "llegado al deporte cuando a los psicólogos se les conocía como 'loqueros' y cuando un jugador que los visitara era considerado problema". La mayoría de los directivos y entrenadores evitaban a psicólogos como Ogilvie, dado el escepticismo con que veían esa supuesta ciencia. Algunos creían irrelevante la evaluación psicológica; a otros les preocupaba que amenazara su experiencia y prestigio.

Mientras que los interesados suelen obstinarse en ser los más listos del salón, los generosos son más sensibles a la experiencia de los demás, aun si esto pone en duda sus opiniones. Inman recibió a Ogilvie y sus métodos con los brazos abiertos, pidiendo a los jugadores someterse a varias horas de evaluación antes del draft. Trabajó con él evaluando el desinterés, ansia de triunfo, disposición a perseverar, receptividad al entrenamiento y dedicación al deporte de los jugadores. Gracias a estas evaluaciones, desarrolló una comprensión profunda de la inclinación de un jugador a la generosidad y la energía extrema. "También otros equipos de la NBA analizaban psicológicamente a jugadores seleccionables, pero ninguno tanto como nosotros", dijo. "Claro que, antes de examinarlo, un talento tenía que llamar tu atención, pero la evaluación te daba un termómetro preciso sobre si él cumpliría su potencial."

El perfil psicológico de Drexler por Ogilvie impresionó a Inman, quien al entrevistar a los entrenadores que lo habían visto jugar en Houston halló un tema recurrente: Drexler era generoso al jugar. "Clyde era el pegamento de ese equipo. Me sorprendió la casi unánime reacción de los entrenadores de esa liga", explicó Inman. "Dijeron que él hacía lo que se tenía que hacer para ganar un partido. Su ego no interfería nunca con su voluntad de triunfo." Según Bucky Buckwalter, buscador de talentos en ese entonces, "los equipos le tenían cierta reserva. [...] No era un gran tirador". Pese a ello, Inman y su equipo decidieron que podía "aprender a tirar desde el perímetro, o a compensar de otra manera con sus demás aptitudes". Inman acertó: Drexler "resultó ser un jugador más calificado [...] de lo que se esperaba", afirmó Buckwalter.

Aun las apuestas fallidas de Inman en la cancha han tenido éxito en otras partes; él reconocía a un generoso con tan sólo verlo. LaRue Martin lleva veinticinco años trabajando en UPS, en fecha reciente como director

de servicios a la comunidad en Illinois. En 2008 recibió una carta inesperada del exdueño de los Pioneros, Larry Weinberg: "Tu trabajo en UPS te ha
vuelto un modelo a seguir." Martin ha jugado basquetbol con el presidente
Obama, y en 2011 fue elegido miembro de la mesa directiva de la Retired
Players Association. "Me daría mucho gusto poder retribuir algo de lo que
se me dio", dijo.

¿Te acuerdas de Terry Murphy, el peor jugador de Inman en San Jose
State? Al no verle futuro en el baloncesto, Inman lo animó a dedicarse al
volibol. El entrenador había dado en el clavo acerca de su ética de trabajo; Murphy fue a dar al equipo estadunidense de volibol. Pero no se olvidó del básquet por completo: en 1986, con objeto de recaudar fondos para
las Olimpiadas Especiales, instituyó un torneo de basquetbol de tres contra
tres en las calles de Dallas. En 1992, Hoop It Up tenía ya más de ciento cincuenta mil jugadores y un millón de aficionados. Cinco años después, ce-
lebró trescientos dos eventos en veintisiete países, recaudando millones de
dólares para la beneficencia.

Tal vez el mejor testimonio del éxito de Inman es que, aunque lo pasó
por alto como jugador, superó a Michael Jordan como evaluador de talentos.[26] Como directivo del basquetbol, Jordan se ha hecho fama de interesado
antes que de generoso. Esto ya se dejaba ver en la cancha, donde Jordan pasaba por ensimismado y ególatra. Él mismo comentó una vez: "Para triunfar,
tienes que ser egoísta". Los entrenadores debían tratarlo con pinzas y hacerle
comentarios constructivos, mientras que su discurso de ingreso al Salón de
la Fama fue muy criticado, ya que dio las gracias a pocas personas y denos-
tó a quienes habían dudado de él. Como atleta insistía en que los jugadores
merecían una porción más grande de los ingresos de los equipos, en tanto
que ahora, como propietario, promovía más ingresos para los dueños, quizá para poder llenarse los bolsillos.*

---

* Curiosamente, el entrenador de Jordan en la University of North Carolina, el legendario Dean
Smith, era de estilo generoso. Contra sus intereses y la férrea resistencia de sus auxiliares, aconsejó a Jordan ingresar por adelantado en el draft de la NBA, antes de su último año en la universidad. Smith tenía una regla: "Fuera de temporada, lo mejor para el jugador; en temporada, lo mejor para el equipo". Al dispararse los sueldos de la NBA, Smith animó a todos sus jugadores en
posibilidad de ser elegidos entre los cinco o diez primeros a dejar anticipadamente la universidad
y asegurar su futuro económico, siempre y cuando prometieran terminar sus estudios más tarde.
En sus treinta y seis años como entrenador principal, envió anticipadamente al draft a nueve atletas, siete de los cuales cumplieron su promesa. Pero pese a alentar a sus mejores jugadores a dejar
el equipo, poner primero los intereses de sus atletas parece haberle ayudado a reclutar a mejores
talentos y a generar lealtad y confianza. Smith se retiró con 879 victorias, cifra entonces superior a la de cualquier otro entrenador en la historia de la National Collegiate Athletic Association
(NCAA); sus equipos llegaron once veces a cuartos de final y obtuvieron dos campeonatos nacionales. Como explica Chris Granger, vicepresidente ejecutivo de la NBA, "los sujetos talentosos se

En lo relativo a apostar de más por un talento, las decisiones de Jordan como directivo ofrecen un elocuente contraste con las de Inman. Al asumir la presidencia de operaciones de los Magos de Washington, Jordan usó la primera opción en el draft de 2001 para seleccionar al centro Kwame Brown. Recién salido de la preparatoria, Brown desbordaba talento, pero al parecer carecía de agallas y nunca estuvo cerca siquiera de cumplir su potencial. Más tarde se le consideraría el segundo mayor descalabro en los drafts de esa década, y una de las cien peores selecciones en la historia del basquetbol. Después de Brown, la segunda y tercera opciones en ese draft también recayeron en centros, a quienes les fue mucho mejor. La segunda fue Tyson Chandler, quien sería miembro del equipo olímpico estadunidense en 2012. La tercera fue Pau Gasol, otro centro joven, apenas año y medio mayor que Brown. Gasol fue Novato del Año y en la década siguiente participaría en cuatro equipos de estrellas, ganaría dos campeonatos de la NBA y obtendría el J. Walter Kennedy Citizenship Award. Tanto Gasol como Chandler rebasaron holgadamente a Brown en anotaciones, rebotes y bloqueo de tiros.

Todo indica que los decepcionantes resultados de Brown amenazaron el ego de Jordan. Cuando éste dejó su retiro para jugar con los Magos junto a Brown, solía reprenderlo y denigrarlo, pues su mal desempeño afectaba al equipo y ponía en ridículo a Jordan por haberlo seleccionado. En su primera temporada, Brown obtuvo resultados raquíticos, promediando menos de cinco puntos y cuatro rebotes por partido, pese a lo cual duplicó sus minutos en la cancha en la segunda.

Despedido de los Magos al fin de esa temporada, Jordan no estaba dispuesto a renunciar a Brown. Cerca de una década después, en 2010, éste firmó contrato con los Linces de Charlotte, equipo propiedad nada menos que de Michael Jordan. "Michael tuvo mucho que ver en esto", dijo el agente de Brown. "Quería ver que se hiciera realidad."

Brown había jugado para entonces diez temporadas en cuatro equipos, promediando menos de siete puntos y seis rebotes en más de quinientos encuentros. En su temporada anterior sólo había pasado trece minutos en la cancha. Su tiempo de juego se duplicó a veintiséis por partido con los Linces de Jordan, más de los que había jugado en las dos temporadas previas juntas, pero aun así promedió apenas menos de ocho puntos y siete rebotes. Jordan "quería darle otra oportunidad", dijo su agente. "Mucho se ha es-

sienten atraídos por quienes se interesan en ellos. Ayudar a alguien a superarse a costa incluso de que tenga que dejar el equipo representa una pérdida a corto plazo, pero a la larga es una ganancia. Permite atraer más fácilmente a nuevas personas, porque hace saber que tu filosofía es ayudar a la gente". Véase Filip Bondy, *Tip-off: How the 1984 NBA Draft Changed Basketball Forever*, Da Capo Press, Cambridge, 2007, p. 3, y entrevista personal con Chris Granger, 26 de junio de 2012.

crito sobre el hecho de que ésta fue la primera selección de Michael, y los dos fueron muy criticados por su mutuo fracaso." Un generoso admitiría su error y seguiría adelante, pero Jordan sigue tratando de recuperar su inversión. "Estimo a Michael, pero esta vez no ha hecho un buen trabajo", dice su amigo y excompañero de equipo olímpico Charles Barkley. "No creo que haya contratado a suficiente gente que discrepe de él." En 2012, bajo la dirección de Jordan, los Linces terminaron con el peor porcentaje de victorias en la historia de la NBA.

Los equipos de Inman alcanzaron, al contrario, increíbles niveles de éxito. Además de haber formado el equipo de 1977 que pasó del último lugar a conquistar el título en sólo un año, con muchos jugadores desconocidos, sus selecciones en los drafts hicieron de los Pioneros un equipo formidable en años posteriores. Una vez que Inman abandonó a los Pioneros, en 1986, el equipo floreció bajo el liderazgo de Drexler, Porter y Kersey. Estas tres gemas ocultas, descubiertas por él en tres años sucesivos, llevaron a los Pioneros a la final en dos ocasiones, en las que tampoco se reconoció mayormente a Inman. Para el aficionado casual, él puede haber sido un fracaso, pero los conocedores lo tienen como uno de los mejores evaluadores de talentos del baloncesto. Su experiencia y las evidencias de investigación revelan que los generosos destacan no sólo en el reconocimiento y desarrollo de talentos; también son muy buenos para seguir adelante cuando sus apuestas no dan resultado.

Stu Inman pasó los cuatro últimos años de su vida como entrenador auxiliar del equipo de básquet de la Lake Oswego High School de Oregon. "Entendía muy bien a los jugadores", dijo el entrenador principal. "No sólo como basquetbolistas, sino también su carácter. No prejuzgaba a la gente; la veía como realmente era". En Lake Oswego, Inman preparó al joven jugador Kevin Love, quien intenta lograr lo que Sam Bowie y LaRue Martin no alcanzaron nunca: desarrollarse como jugador corpulento y buen tirador. Como centro de 2.07 metros de alto, formó parte del equipo olímpico estadunidense y de dos equipos de estrellas durante sus cuatro primeras temporadas, siendo designado asimismo el mejor jugador de la NBA y obteniendo el título de mejor anotador de tiros de tres puntos.

"Si decides apoyar a un gran talento, escogerás una de las tareas más altruistas que pueda haber", escribe George Anders. "En un año dado, los operadores de rápido impacto pueden ganar más dinero y obtener más reconocimiento. Pero esta dinámica se invierte al paso del tiempo".[27]

5

El poder de la comunicación persuasiva

Cómo ser modesto e influir en los demás

Habla dulcemente, pero carga un palo.

—THEODORE ROOSEVELT,
EXPRESIDENTE DE ESTADOS UNIDOS[1]

Dave Walton respiró hondo.[2] Experto en derecho laboral con espe-
cialización en secretos comerciales y competencia por empleados, y
socio del despacho Cozen O'Connor, Dave era uno de los abogados
más jóvenes en ser elegido accionista de ese bufete, y durante varios años se
le había designado ya Superabogado-Estrella en Ascenso de Pennsylvania.
No obstante, ésta era la primera vez que pronunciaba una alocución final
ante un jurado.

Era 2008, y Dave representaba a la compañía matriz de Acme-Hardes-
ty, distribuidora de aceite de ricino con sede en Pennsylvania y clienta de
Jayant Oils and Derivatives, de Mumbai, India, que la abastecía de materia
prima. En diciembre de 2006, el director general de la compañía matriz fue
informado de que Jayant establecería una oficina de ventas en Estados Unidos y de que, por tanto, dejaría de suministrar aceite de ricino a Acme. Al
mes siguiente, ejecutivos de Acme se enteraron de que Jayant pensaba vender directamente en Estados Unidos productos derivados de aceite de ricino, compitiendo así frontalmente con ella.

En el verano de 2006, dos empleados de Acme habían abandonado esta
compañía en favor de Jayant para contribuir a la creación de la empresa
competidora. La compañía matriz demandó a Jayant y a esos dos empleados,
a los que acusó de robar secretos comerciales e información confidencial.

Dave se preparó con diligencia para el juicio, durante el cual habló con pasión. Presentó evidencias de que en marzo de 2006, cuando aún trabajaban en Acme, esos dos empleados habían aceptado arreglos financieros para ayudar a Jayant a montar la distribuidora rival. En junio, cada uno recibió de Jayant un pago inicial de cincuenta mil dólares por servicios de consultoría.

Tras presentar su renuncia, los empleados viajaron directamente a la India, sin informar a Acme de sus nuevos puestos. Dave alegó que en la India incorporaron al plan de negocios de Jayant conocimientos propiedad de Acme. Uno de ellos proporcionó a Jayant una lista de clientes estadunidenses en perspectiva que Acme le había pagado por desarrollar, aseguró Dave, en tanto que el presidente de Jayant admitió que ésta había usado documentos de Acme para generar proyecciones destinadas a inversionistas. Dave alegó asimismo que mientras elaboraban el plan de Jayant en la India, los dos exempleados de Acme utilizaron alias falsos de correo electrónico para seguir teniendo acceso a los pedidos de esta compañía.

Los acusados fueron representados por tres distinguidos bufetes jurídicos, y el adversario de Dave en el juicio hizo gala de facilidad de palabra. Poseía veinticinco años de experiencia, un posgrado en leyes de Columbia y una licenciatura en Cornell, y tenía numerosos premios en su haber, entre ellos un reconocimiento como uno de los cien mejores abogados de Pennsylvania, y otro más como el Litigante de la Semana a escala nacional. Una fuente lo describió como "jurista consumado, instruido y refinado de imponente presencia en los tribunales".

El abogado defensor se mostró elocuente y refinado, diciendo al jurado que Jayant había procedido en espíritu de legítima competencia, como tenía derecho a hacerlo. Acme había perdido algunos clientes, admitió, pero no porque sus dos exempleados hubieran hecho nada malo. Acme era un intermediario de productos derivados del aceite de ricino de Jayant. Su eliminación como intermediario permitía a ésta vender sus productos a menor precio, justo la razón de ser de la competencia. Los exempleados habían sido maltratados en Acme: uno de ellos, una mujer, describió a esta compañía como "un infierno", el peor trabajo que hubiera tenido en su vida. Luego de exponer sus argumentos clave, el abogado defensor cuestionó la credibilidad de los principales testigos de Dave. A éste le impresionó la habilidad del defensor. "Era muy bueno. Presentó mejores alegatos de lo que previmos."

Dave sabía que el juicio podía inclinarse a favor de cualquiera de las partes. Por un lado, él había descrito convincentemente la culpabilidad de Jayant y los dos exempleados. Por el otro, el caso era objeto de presiones intensas y de alto perfil. Ésta era además la primera vez en que Dave actuaba en un juicio con jurado; él era, con mucho, el abogado más joven ahí. En uno de sus interrogatorios, uno de sus viejos rivales irguió la cabeza, haciéndolo tartamudear. Esto ocurrió un par de veces más, lo que exhibió a Dave como falto de seguridad en sí mismo.

A Dave le preocupaba un miembro del jurado en particular. Durante el juicio, este sujeto había dejado ver claramente que estaba a favor de los acusados: no creía que Jayant y los exempleados de Acme hubieran hecho nada malo. Reaccionaba con entusiasmo a los lances del abogado defensor, asintiendo apreciativamente con la cabeza mientras éste exponía sus argumentos y celebrando ruidosamente sus chistes. En contraste, cada vez que Dave tomó la palabra, ese individuo había evitado todo contacto visual con él, sonreído con aire de suficiencia y hecho gestos displicentes. Durante todo el juicio, además, había aparecido en blue jeans en el tribunal, pero este último día llegó de traje y corbata. Cuando Dave lo vio entrar muy confiado, sintió que el alma se le iba a los pies. Aquel individuo quería ser presidente del jurado y era obvio que haría cuanto pudiese por poner a éste en su contra.

Una vez que Dave terminó su alocución, el jurado se retiró a deliberar. El sujeto hostil fue el primero en salir. Había sido elegido presidente y leyó el veredicto.

El jurado decidió a favor del cliente de Dave, por siete millones de dólares. Esta victoria impuso un récord como el veredicto de secretos comerciales más alto en Pennsylvania. Indudablemente, Dave había expuesto el caso con brillantez y hablado con convicción, como un auténtico experto en su campo. Pero otro factor le había otorgado una ligera ventaja.

Algo diferencia a Dave Walton de otros abogados distinguidos, algo que él comparte con el exdirector general de General Electric Jack Welch, el actual vicepresidente estadunidense Joe Biden, la cantante Carly Simon, el conductor de *20/20* John Stossel, el actor James Earl Jones y el jugador de los Pioneros de Portland y actual comentarista deportivo Bill Walton.

Es tartamudo.

La tartamudez es un trastorno del habla que afecta a uno por ciento de la población. De chico, Dave Walton sufrió humillaciones y ridiculizaciones por esta causa. Tras graduarse, pidió empleo en ventas, pero fue rechazado. "El entrevistador le dijo que nunca triunfaría en ese campo, a causa de su tartamudeo", dice Mary, su esposa. Cuando ingresó a la Facultad de Leyes, muchos de sus amigos y familiares alzaron las cejas, esperando que no tuviera que desenvolverse como orador. En la facultad, esos temores resultaron proféticos. Dave recuerda que, en su primera práctica judicial, la juez no pudo contener las lágrimas. "Sintió pena por mí."

La mayoría de la gente considera el tartamudeo una discapacidad y admira a personas como Jack Welch y James Earl Jones, cuyo aplomo oculta

casi por completo su dificultad para hablar. Pero la verdad es más compleja e interesante. Muchos tartamudos alcanzan el éxito, y no siempre porque
hayan vencido su condición. En el juicio por secretos comerciales, cada vez
que Dave tartamudeaba y se atoraba, ocurría algo insólito: el jurado lo miraba con *simpatía*.

Al terminar el juicio, varios miembros del jurado se acercaron a él. "Me
dijeron que mi tartamudez les inspiraba respeto", dice. "Subrayaron que, pese
a lo restringido de mi afección, la habían notado y hablado de ella. Me dijeron que admiraban mi valor de ejercer como litigante."

Dave no ganó el juicio a causa de su tartamudez, pero bien puede ser
que ésta le haya permitido entenderse mejor con el jurado, lo que contribuyó a inclinar la balanza en su favor. Los elogios de los jurados le hicieron
sentir "asombro y un poco de vergüenza... Lo primero que pensé fue: 'No
creo haber tartamudeado tanto'. Pero cuando se marcharon, me di cuenta
de que yo poseía algo genuino y natural. Fue una epifanía: mi tartamudez
podía ser una ventaja".

En este capítulo explicaré que la experiencia de Dave Walton revela señales contraintuitivas pero cruciales de cómo influir en los demás, y que él
es un ejemplo de lo que las personas generosas hacen cuando quieren ejercer influencia. En *To Sell Is Human* (Vender es humano), Daniel Pink aduce
que nuestro éxito depende en gran medida de nuestra habilidad para influir
en quienes nos rodean.[3] Para inducir a los demás a comprar nuestros productos, usar nuestros servicios, aceptar nuestras ideas e invertir en nosotros
debemos comunicarnos en forma motivadora y persuasiva. Sin embargo, el
mejor método para influir podría no ser el primero que nos viene a la mente.

Las investigaciones sugieren que se influye en los demás siguiendo uno
de dos grandes caminos: la dominación y el prestigio.[4] Cuando dominamos,
influimos porque los demás nos consideran fuertes, poderosos y dotados de
autoridad. Cuando tenemos prestigio, influimos porque nos respetan y ad-
miran.

Estos dos caminos a la influencia se relacionan estrechamente con nuestros estilos de reciprocidad. Las personas interesadas se sienten atraídas por
la dominación y sobresalen en ella. A fin de reclamar para sí el mayor valor
posible, se empeñan en mostrarse superiores. Para dominar, los interesados
se especializan en la *comunicación impositiva*; hablan enérgicamente, alzan
la voz para hacer valer su autoridad, expresan certidumbre a fin de proyectar confianza, promueven sus logros y persuaden con convicción y orgullo.
Exhiben su fuerza desplegando los brazos en pose de predominio, alzando
las cejas en señal de reto y abarcando el mayor espacio físico posible, así
como manifestando enojo y lanzando amenazas de ser necesario. En bus-

ca de influencia, fijan el tono y controlan la conversación emitiendo señales verbales y no verbales impositivas. Por consiguiente, tienden a ser mucho más eficaces que los generosos para ejercer predominio. Sin embargo, ¿éste es el camino más sustentable a la influencia?

Cuando el público es escéptico, cuanto más tratemos de dominarlo, más se resistirá. Pero aun con un público receptivo, la dominación es un juego de suma cero: mientras más poder y autoridad tengo, menos tienes tú. Cuando los interesados se topan con alguien más dominante que ellos, su influencia corre peligro. El prestigio, en cambio, no es de suma cero; no hay límite alguno a la cantidad de respeto y admiración por distribuir. Esto significa que el prestigio suele poseer un valor más duradero y que resulta útil examinar cómo se le obtiene.

Lo contrario del estilo de comunicación impositiva de los interesados se llama *comunicación persuasiva*. Los comunicadores persuasivos hablan con menos aplomo, expresan muchas dudas y confían en el consejo ajeno. Hablan en formas que indican vulnerabilidad, revelando sus debilidades y recurriendo a salvedades, matizaciones y titubeos. En las sociedades occidentales, escribe Susan Cain en *Quiet* (Silencio), la gente espera que nos comuniquemos de manera impositiva.[5] Se asegura que los grandes líderes se valen de un "lenguaje enérgico" y "palabras contundentes" para transmitir su mensaje. Así, usar la comunicación persuasiva nos pone en desventaja para influir en los demás, ¿no es cierto?

Yo opino que no.

Mi propósito en este capítulo es refutar los supuestos tradicionales sobre la importancia de la seguridad en uno mismo y de la proyección de ésta en los demás para ejercer influencia. Resulta que este estilo no siempre da resultado, y que los generosos adoptan por instinto un estilo de comunicación persuasiva muy eficaz para conceder prestigio. Detallaré qué hacen los generosos para desarrollar prestigio en cuatro áreas de influencia: presentar, vender, convencer y negociar. En señal de que valoran la perspectiva e intereses de los demás, hacen preguntas en vez de ofrecer respuestas, hablan con prudencia antes que con jactancia, admiten sus debilidades en lugar de exhibir sus fortalezas y buscan consejo en vez de imponer su opinión. ¿Estas formas de comunicación persuasiva pueden realmente ser eficaces?

Presentar: el valor de la vulnerabilidad

Cuando yo tenía veintiséis años, dos después de obtener mi doctorado en psicología organizacional, se me pidió enseñar a altos jefes militares a motivar a sus tropas. El ejército estadunidense intentaba transitar entonces de un modelo de mando y control a un enfoque más cooperativo, tema que, por casualidad, era objeto de mis investigaciones. Mi primera tarea fue impartir una clase de cuatro horas de duración a veintitrés coroneles de la Fuerza Aérea. Expilotos de bombarderos, estos coroneles habían acumulado en promedio más de tres mil quinientas horas de vuelo y trescientas de combate. Su avión preferido: el F-16, cargado de misiles y pertrechos de precisión guiada. Además, como yo había aprendido en *Top Gun* (Top Gun: Pasión y gloria), tenían sobrenombres temibles.

Ariete estaba a cargo de más de cincuenta y tres mil oficiales y trescientos millones de dólares de presupuesto operativo. Duna de Arena era un ingeniero aeroespacial que había participado en misiones de combate en las operaciones Tormenta del Desierto, Libertad Iraquí y Libertad Duradera. Trueno dirigía programas que costaban más de quince mil millones de dólares, como el de aviones no tripulados susceptibles de ser desplazados de Nuevo México a Afganistán por control remoto.

De entre cuarenta y sesenta años de edad, estos coroneles doblaban la mía. Habían pasado su carrera en una organización que premiaba la antigüedad, y yo no poseía ninguna. Aunque tenía conocimientos relevantes y un doctorado, no estaba en mi elemento, y se notaba. Al final de la jornada, ellos llenaron formatos de comentarios sobre la clase. Dos fueron especialmente reveladores:

- Sigilo: "Más información de calidad en la audiencia que en el podio".
- Artillero: "El instructor tiene mucha información, pero poca experiencia. [...] Estuvo a punto de perder de vista las necesidades del grupo. El material fue muy académico. [...] La sesión me aportó poco. Confío en que el instructor haya adquirido ideas útiles.

Otros fueron más benévolos, pero su mensaje resonó con igual fuerza. Bombardero dijo: "Cada año nos ponen profesores más jóvenes", y Pastinaca agregó: "Cuando mis maestros son menores que yo, comienzo a pensar que estoy cerca de la madurez, y todos sabemos que eso no es cierto, ¿verdad?".

Yo había emprendido mi presentación haciendo uso de la comunicación impositiva: refiriendo resueltamente mis acreditaciones. Éste no era por lo general mi estilo en el salón de clases. En mi papel como profesor, siempre he sentido mucha responsabilidad con mis alumnos, con quienes me interesa más entenderme que imponerme. Cuando imparto cursos de licenciatura, abro mi primera clase contando mis más grandes tropiezos. Pero en el caso de los coroneles de la Fuerza Aérea, me preocupaba mi credibilidad, y sólo disponía de cuatro horas –en vez de mis cuatro meses usuales– para establecerla. Dejando de lado mi vulnerabilidad habitual, adopté un tono dominante para describir mi currículum. Pero cuanto más intentaba dominar a mi audiencia, más se me resistía ella. No haberme ganado el respeto de los coroneles me hizo sentirme avergonzado y abatido.

Teniendo en puerta otra sesión con coroneles de la Fuerza Aérea, decidí probar una introducción distinta. En vez de exponer con determinación mis acreditaciones, inicié con un comentario de relativa autorreprobación:

–Sé lo que algunos de ustedes están pensando en este momento: "¿Qué diablos puedo aprender de un maestro de apenas doce años de edad?".

Contuve la respiración mientras en la sala se hacía un silencio incómodo. Y entonces el aula estalló en carcajadas.

Halcón soltó:

–¡No exageres! Seguro ya tienes trece…

Luego procedí a hacer una presentación casi idéntica a la de la clase anterior; después de todo, los datos que debía transmitir sobre la motivación no habían cambiado. Los que sí cambiaron, y mucho, fueron los comentarios de mis estudiantes:

- "El instructor sabe lo que dice. ¡Tiene la edad correcta! Mucha energía; obviamente es una persona exitosa."
- "Es evidente que Adam conoce el tema a la perfección, lo que se tradujo en pasión e interés. Esto le permitió ser eficaz. Una palabra: ¡EXCELENTE!"
- "Aunque aún inexperto, supo dotar de interés la teoría. Buen trabajo. Enérgico y dinámico."
- "¡No puedo creer que Adam tenga sólo doce años! Hizo un trabajo de primera."

La comunicación persuasiva había hecho toda la diferencia. En vez de empeñarme en dejar asentadas mis acreditaciones, me mostré vulnerable y pedí comprensión. Luego seguí el mismo enfoque que con los generales del ejército y altos oficiales de la Marina y esto me funcionó igual de bien. Empleé mi estilo natural de comunicación, lo que me ayudó a entenderme con un público escéptico.

A los interesados les preocupa que revelar sus debilidades comprometa su predominio y autoridad. Los generosos se sienten más a gusto expresando vulnerabilidad: les importa ayudar a los demás, no ejercer poder sobre ellos, así que no temen exhibir grietas en su armadura.[6] Mostrándose vulnerables, en realidad pueden generar prestigio.

Aunque con un distingo: expresar vulnerabilidad sólo surte efecto si el público recibe señales que confirman la competencia del orador. En un experimento clásico del psicólogo Elliot Aronson, un grupo de alumnos oyeron una de cuatro cintas de un aspirante a integrarse a un equipo del juego de preguntas y respuestas Quiz Bowl. En la mitad de los casos, el aspirante era un experto, y respondía correctamente noventa y dos por ciento de las preguntas. En la otra mitad, el aspirante era de conocimientos promedio, contestando correctamente sólo treinta por ciento de ellas.

Como era de esperar, el grupo favoreció al experto. Pero cuando los aspirantes exclamaban, en medio de un estrépito de platos: "¡Ay, ya manché mi traje nuevo!", algo interesante ocurría.

En el caso del aspirante promedio, tal torpeza le restaba aún más simpatías del público.

En el del experto, se las ganaba.

Los psicólogos llaman a esto *efecto revés*.[7] Tirar una taza de café perjudicó la imagen del aspirante promedio: era una razón más para que no le agradara al grupo. Pero ese mismo error ayudó al experto a parecer más humano y accesible, en vez de superior y distante.* Esto explica por qué el tartamudeo de Dave Walton impresionó positivamente al jurado. El hecho de que Dave estuviera dispuesto a mostrarse vulnerable, exhibiendo ante el mundo su tartamudez, le ganó respeto y admiración. Esto inspiró en el jurado confianza y simpatía, motivo por el cual escuchó a Dave con atención. Gracias a ello, éste pudo convencerlo con la sustancia de sus argumentos.

Dejar constancia de su vulnerabilidad es especialmente importante para un abogado como Dave Walton. Él tiende a ser generoso: pasa mucho tiempo orientando a colegas jóvenes, y es un apasionado de la justicia a favor de sus clientes. Pero ésos no son los primeros atributos suyos que el jurado percibe: su apariencia no irradia precisamente calidez. "Soy muy corpulento y de aspecto militar", explica,

> además de algo vehemente. Yo no diría que gané el juicio de secretos comerciales por mi tartamudez, pero es un hecho que ésta contribuyó a mi credibilidad: me hizo ver como una persona de carne y hueso. Exhibí un destello de mi carácter que a la gente le gustó. Esto me humanizó: 'He aquí una persona que merece nuestra aprobación'. Me hizo también

---

* Cabe hacer notar que el efecto revés depende de la autoestima del público. La comunicación persuasiva humaniza al comunicador, de manera que resulta más atractiva para un público que se concibe como humano, de autoestima promedio. Aronson y colegas descubrieron, en efecto, que cuando personas competentes cometen torpezas, un público de autoestima promedio reacciona más favorablemente que uno de alta o baja autoestima.

parecer menos aparatoso y más creíble como abogado. La gente tiende a creer que debes ser perfecto y exquisito, pero en realidad no le gustan los abogados relamidos. Los buenos litigantes buscan la manera de ser especialistas y personas normales al mismo tiempo.

Cuando, pese a su tartamudez, Walton hace frente a un jurado, éste ve que le interesan mucho sus clientes: cree tanto en ellos que está dispuesto a exponer su vulnerabilidad con tal de apoyarlos. El potente mensaje que esto transmite a su público le permite conquistarlo, aumentar su prestigio personal y moderar su aspecto dominante natural.

Vender: distinguir entre impostores y samaritanos

Expresar vulnerabilidad sin demérito de la aptitud puede conceder prestigio, pero es sólo el punto de partida para que los generosos influyan en los demás. Para influir eficazmente en otros, debemos convertir el respeto que nos hemos ganado en una razón para que nuestra audiencia cambie de conducta y actitud. Esto es muy claro en las ventas, donde todo depende de lograr que la gente compre, y que compre más. Solemos estereotipar a los vendedores como manipuladores y maquiavélicos, creyendo que los grandes vendedores son amedrentadores, prepotentes, interesados y hasta embusteros. Daniel Pink estableció que las primeras palabras que nos vienen a la mente al pensar en los vendedores son *agresividad*, ¡uf! y ¡ay! Los participantes en un estudio clasificaron las cuarenta y cuatro ocupaciones más comunes de los maestros en administración de empresas según su grado de responsabilidad social. Los vendedores ocuparon el lugar cuarenta y tres, apenas arriba de los corredores de bolsa.[8] Esto funda la expectativa de que los mejores vendedores son interesados, pero, como se recordará, en el primer capítulo de este libro consideramos evidencias preliminares de que muchos vendedores productivos son generosos. ¿A qué deben éstos su eficacia en las ventas?

Bill Grumbles es un ejecutivo de alto rango, aunque si lo trataras personalmente no te percatarías de ello.[9] Habla tan bajito que quizá tendrías que acercarte más para poder oírlo. Tras ascender empeñosamente hasta la vicepresidencia de HBO, Bill asumió la presidencia de distribución mundial de TBS. A lo largo de su carrera, se ha tomado la molestia de ayudar y orientar a otros. Hoy dedica su tiempo a dar asesoría profesional instruyendo a estudiantes de administración sobre liderazgo y servicio. La comunicación persuasiva le ayudó en un principio a encabezar las gráficas de ventas de HBO.

En 1977, HBO era una marca desconocida; la mayoría de los estadunidenses ni siquiera tenían cable. De poco menos de treinta años entonces,
Grumbles fue enviado a poner en marcha una oficina de ventas de HBO en
Kansas City. Sin experiencia en este ramo, él comenzó haciendo lo que mejor sabía hacer en su carácter de persona generosa: preguntas. Sus cuestiona-
mientos eran bienintencionados, y los clientes los respondían. "Cuando hacía
una visita de ventas, examinaba las paredes de la oficina y todos sus rinco-
nes, para conocer los intereses de los clientes. Les preguntaba por sus nie-
tos, o cuál era su equipo favorito. Me bastaba con hacer una pregunta para
que ellos hablaran veinte minutos." Los demás vendedores conseguían un
contrato al mes. Grumbles era cuatro veces más productivo: conseguía uno
a la semana.

Al hacer preguntas y oír respuestas, Grumbles hacía saber a sus clientes
que sus intereses le importaban. Esto le concedía prestigio: los clientes respetaban y admiraban tal preocupación. Luego de una de sus primeras visitas de ventas, el cliente lo llevó a un lado y le dijo que era un "gran conver-
sador". Grumbles ríe: "¡Apenas si abrí la boca!".

Hacerles preguntas permitía a los clientes experimentar lo que el psicólogo James Pennebaker llama el gusto de hablar.[10] Hace unos años, Pennebaker dividió en pequeños grupos a un conjunto de desconocidos. Imagina
que tú formas parte de uno de ellos y que tienes quince minutos para hablar de un tema de tu elección: tu ciudad natal, dónde hiciste tus estudios
universitarios, o tu carrera, por ejemplo.

Pasados los quince minutos, calificas cuánto te agradó el grupo. Resulta
que, cuanto más hayas hablado, más te agradará. Esto no es de sorprender,
ya que a la gente le encanta hablar de sí misma. Pero déjame hacerte otra
pregunta: ¿cuánto te enteraste del grupo?

Lógicamente, conocer a quienes te rodean depende de que los escuches.
Mientras menos hables, más descubrirás acerca del grupo. Pero Pennebaker
topó con lo contrario: cuanto *más* hablas, *más crees saber de él*. Hablando
como interesado y dominando la conversación, crees conocer a quienes te
rodean, pese a que no hayan dicho casi nada. En *Opening Up* (Apertura),
Pennebaker cavila: "La mayoría de nosotros creemos que comunicar lo que
pensamos es una experiencia de aprendizaje muy disfrutable".

En razón de que les importa conocernos, los generosos nos hacen preguntas que nos permiten experimentar el gusto de conocernos a nosotros mismos. Y al cedernos el uso de la palabra, en realidad aprenden sobre nosotros y
de nosotros, lo que les ayuda a saber cómo vendernos cosas que ya valoramos.

Para arrojar más luz sobre el éxito de los generosos en las ventas, acom-
páñame a Raleigh, Carolina del Norte, donde me haré pasar por un cliente.

En realidad estoy haciendo una investigación para la innovadora compañía óptica Eye Care Associates, y mi meta es descubrir qué distingue a sus vendedores estrella. Todos los empleados de esta compañía han respondido ya una encuesta sobre si son generosos, interesados o equitativos, y es momento de que yo los vea en acción.

Al entrar a una óptica, explico que deseo reemplazar los armazones rotos de unos lentes oscuros que compré en LensCrafters. Al acercarme al mostrador, me aborda el primer representante de ventas, quien me enseña unos lentes muy vistosos y procede a hacerme propuestas de ventas de comunicación impositiva: esos anteojos son ideales para manejar, el contorno del armazón acentúa la forma de mi cara, el color hace juego con el tono de mi piel... Aunque nunca he sido frívolo, coqueteo brevemente con la idea de que esos lentes oscuros me hagan parecerme a James Bond, o al menos a James Woods. Cuando muestro preocupación por el precio, el vendedor asegura confiado que estas gafas lo valen. Me quedan tan bien, dice, que seguro los diseñadores tuvieron en mente una cara tan encantadora como la mía cuando los idearon. Yo tengo la ligera sospecha de que este sujeto me está adulando para poder cerrar la venta. ¿Será acaso un *interesado*?

En otra óptica, el vendedor me ofrece cambiar gratis mis armazones si me hago ahí un examen de la vista. *Equitativo... y tengo los datos de la encuesta para confirmarlo.*

¿Cuál de estos dos vendedores tiene más éxito?

Ninguno. Ambos se ubican en el nivel promedio.

En una tercera óptica, en Knightdale, Carolina del Norte, me encuentro con Kildare Escoto. Kildare tiene un aspecto imponente, con cejas espesas y pequeña barba de chivo. Levantador de pesas, si se lo pidieras ahora él se tendería en el suelo a hacer cien lagartijas sin sudar una gota. Sus padres son de República Dominicana, y él creció en una Nueva York turbulenta. Ocupa el mismo cargo que los dos vendedores que conocí en otras ópticas, pero su estilo no podría ser más diferente.

Aunque somos de la misma edad, Kildare me llama "señor", y siento que lo dice con respeto. Habla sin estridencias y me hace preguntas básicas antes siquiera de sacar del mostrador un estuche de lentes oscuros. ¿Yo había estado aquí antes? ¿Deseo surtir una receta? ¿Cuál es mi estilo de vida? ¿Hago deporte? Escucha atentamente mis respuestas, dándome tiempo para pensar.

Aunque no padezco de la vista, Kildare es tan bueno en su oficio que de repente me dan ganas de comprar unos lentes oscuros. Entonces me delato; le revelo que estoy estudiando las técnicas de los vendedores más sobresalientes de su compañía; ¿estaría dispuesto a hablar de su método? Kildare objeta: "No veo esto como un puesto de ventas", explica. "Me considero oculista.

Mi campo es en primer término médico, comercial en segundo y quizá de ventas en tercero. Mi trabajo consiste en recibir al paciente, hacerle preguntas y ver qué necesita. No pienso en vender. Mi trabajo es ayudar. Mi principal propósito es instruir e informar a los pacientes sobre lo verdaderamente importante. Mi preocupación a largo plazo es que el paciente pueda ver."

Los datos revelan dos hechos notables sobre Kildare Escoto. Primero, que obtuvo en mi encuesta la puntuación de generosidad más alta de todos los empleados de la compañía. Segundo, que él fue también el oculista con más ventas, produciendo más del doble de los ingresos promedio por este concepto.[11]

Esto no es mera coincidencia. El segundo lugar en ventas correspondió a una mujer que, de igual forma, rebasaba el doble de ese promedio y era una persona generosa. Se llama Nancy Phelps, y tiene la misma filosofía que Kildare. "Me involucro con los pacientes, les pregunto dónde trabajan, cuáles son sus pasatiempos y qué les gusta hacer en vacaciones. Todo gira alrededor de ellos y sus necesidades." Es sintomático que los pacientes pregunten por ella tan pronto como llegan a la óptica. "Dándoles nuevos ojos, estoy segura de que verán mejor", dice.

Para saber si Kildare y Nancy son efectivamente la excepción de la regla, Dane Barnes y yo pedimos a cientos de oculistas de esa compañía contestar una encuesta para identificarlos como interesados, equitativos o generosos.[12] Les aplicamos asimismo una prueba de inteligencia, para evaluar su aptitud de resolución de problemas complejos y luego rastreamos sus ingresos de ventas en el curso de un año.

Aun tomando en cuenta el factor inteligencia, los generosos superaron en ventas a los equitativos e interesados. El generoso promedio producía ingresos anuales superiores a los de los equitativos en más de treinta por ciento, y en sesenta y ocho por ciento a los de los interesados. Aunque éstos y aquéllos constituían en conjunto más de setenta por ciento de la fuerza de ventas, la mitad de los mejores vendedores eran generosos. Si todos sus oculistas hubieran sido generosos, los ingresos promedio de la compañía habrían pasado de 11.5 a más de 15.1 millones de dólares al año. Los generosos son sus mejores vendedores y el motivo clave de ello es la comunicación persuasiva.

Hacer preguntas es una forma de comunicación persuasiva que los generosos adoptan de manera natural. Las preguntas son especialmente pertinentes cuando el público es escéptico de la influencia de los generosos, como cuando éstos carecen de credibilidad o categoría, o en situaciones de negociación competitiva. Neil Rackham pasó nueve años estudiando a negociadores expertos y promedio.[13] Identificó a los expertos como los muy eficaces para ambas partes y con un firme historial de éxitos, salpicado de muy pocos fracasos. Luego de grabar más de cien negociaciones, las examinó para detectar diferencias entre negociadores expertos y promedio. Los expertos dedicaban más tiempo a comprender la perspectiva de la otra parte: veintiún por ciento de sus comentarios eran preguntas, contra menos de diez por ciento de los negociadores promedio.

Si Kildare hubiera sido un interesado, habría preferido inducir con sus respuestas que hacer preguntas. Pero en vez de decirles a los pacientes qué necesitaban, les preguntaba qué querían. La señora Jones sale un día de su examen de la vista y Kildare la aborda para saber si desea adquirir unos lentes nuevos. Ella es miope de un ojo e hipermétrope del otro. Su médico le recetó lentes progresivos, pero ella no está tan segura. Ha venido a examinarse, y no tiene intención de hacer una compra costosa, así que dice a Kildare que no probará lentes.

En vez de formular una propuesta impositiva, Kildare le hace preguntas. "¿En qué trabaja?". Se entera así de que ella pasa parte del día frente a una computadora, y advierte que cuando ella quiere leer, vuelve la cabeza para privilegiar su ojo miope; para ver de lejos, como cuando maneja, la vuelve al otro lado, para usar su ojo hipermétrope. Kildare le pregunta por qué el doctor le recetó lentes nuevos, y ella explica que no ve bien de lejos, como tampoco al trabajar en la computadora y al leer. Percibiendo su exasperación, él la tranquiliza: "Si no cree necesitar lentes correctivos, no le haré perder más tiempo, señora. Pero déjeme hacerle una última pregunta: ¿a qué hora del día usaría los lentes?". Ella responde que sólo le serían útiles en el trabajo, y que le parecen demasiado caros si nada más podrá usarlos ese rato.

Esta respuesta hace ver a Kildare que su clienta está confundida sobre el uso de los lentes progresivos. Le explica que no sólo puede usarlos en el trabajo, sino también en el coche y la casa. Intrigada, la señora Jones se los prueba. Minutos después, opta porque se le calibren su primeros lentes progresivos, en los que gasta setecientos veinticinco dólares. Un interesado habría perdido esta venta. Haciendo preguntas, Kildare comprendió y resolvió las preocupaciones de la paciente.

Pero quizá estemos inclinando la balanza a favor de los generosos. Después de todo, los oculistas operan en el ramo de la atención a la salud, donde es fácil creer en el producto e interesarse en pacientes necesitados. ¿Los generosos pueden triunfar en puestos de ventas con clientes más escépticos, como en los seguros? Gerentes calificaron en un estudio la generosidad de más de mil vendedores de seguros.[14] Aun en esta industria, entre mayor es la puntuación de generosidad de un vendedor, mayores son también sus ingresos, pólizas vendidas, solicitudes, cuotas de ventas cumplidas y comisiones ganadas.

Haciendo preguntas y tratando de conocer mejor a sus clientes, los generosos engendran confianza y se enteran de las necesidades de aquéllos. Al paso del tiempo, esto los vuelve mejores vendedores. En un estudio, a vendedores de productos farmacéuticos se les asignó un nuevo producto sin base de clientes.[15] Aunque el pago era por comisiones, los generosos superaron a sus compañeros cada trimestre.* Además, la generosidad fue el único rasgo que permitió predecir el desempeño, más allá de que el vendedor fuera concienzudo o despreocupado, extrovertido o introvertido, emocionalmente estable o ansioso y de amplio criterio o tradicional. La cualidad definitiva de un buen vendedor farmacéutico era ser generoso. Y la comunicación persuasiva, que se caracteriza por hacer preguntas, es la cualidad decisiva del estilo de ventas de los generosos.

Por curiosidad, ¿piensas votar en la próxima elección presidencial?

Por el solo hecho de haberte planteado esta pregunta, he incrementado en cuarenta y uno por ciento la posibilidad de que votes.[16]

Éste es otro beneficio de la comunicación persuasiva. Muchos suponen que la clave para convencer es hablar con aplomo y confianza. Pero en la vida diaria somos bombardeados por anunciantes, representantes de telemercadeo, vendedores, recaudadores de fondos y políticos que intentan inducirnos a comprar sus productos, usar sus servicios y apoyar sus causas. Cuando oímos un mensaje impositivo, desconfiamos.[17] En algunos casos, nos preocupa que un interesado nos engañe, embauque o manipule. En otros, simplemente queremos decidir en libertad, sin el control de otros. Así, si yo te digo que tienes que ir a votar, podrías resistirte. Pero si te pregunto si piensas hacerlo, no sientes que quiera influir en ti. Es una pregunta inocente, y en vez de resistirte a mi influencia, pensarás: "Me importa ser un buen ciudadano, y quiero apoyar a mi candidato". No sientes que yo quiera convencerte, sino que, como explica Aronson, te dejas convencer por alguien que ya te agrada y en quien confías: tú mismo.

Dave Walton sabe por qué las preguntas son eficaces recursos de persuasión. Él imagina a los grandes abogados como vendedores, y es importante

---

* Este mismo patrón apareció en otro estudio, en el que más de seiscientos vendedores de productos para la mujer llenaron un cuestionario que revelaba si eran generosos o no: ¿se esmeraban en ofrecer el producto más indicado para las necesidades de sus clientas? Cuando los investigadores rastrearon los ingresos de ventas, los generosos no mostraron en principio ninguna ventaja, pese a lo cual superaban a los demás en conocimiento de sus clientas. El tercer y cuarto trimestres, ellos tuvieron ya ingresos significativamente mayores. Además, reunían más información sobre las necesidades de sus clientas y eran más flexibles en sus reacciones a ellas. Véase Fernando Jaramillo y Douglas B. Grisaffe, "Does Customer Orientation Impact Objective Sales Performance? Insights from a Longitudinal Model in Direct Selling", en *Journal of Personal Selling & Sales Management*, núm. XXIX, 2009, pp. 167-178.

que no vendan sus argumentos con demasiado aplomo, como los interesados. "El arte de la abogacía consiste en guiarte hasta mi conclusión en tus propios términos. Quiero que saques tus propias conclusiones; te aferrarás más a ellas. Yo intento llevar a los miembros del jurado hasta esa línea, dejarlos ahí y permitir que tomen decisiones por sí solos." Las preguntas meditadas allanan el camino para que ellos se convenzan por sí mismos. Según Aronson, "en la persuasión directa, el público nunca pierde de vista que ha sido convencido por otro. Cuando la autopersuasión ocurre, la gente se convence de que la motivación para cambiar le viene de adentro".[18]

Cuando a la gente se le pregunta por sus planes e intenciones, es más probable que los cumpla. Las investigaciones indican que si te pregunto si piensas comprar una computadora en los próximos seis meses, tendrás dieciocho por ciento más probabilidades de hacerlo. Pero esto sólo funciona si de antemano te inclinas a favor de la intención aludida en la pregunta. Los estudios demuestran que inquirirte sobre tus planes de usar hilo dental y evitar alimentos grasosos aumenta significativamente la posibilidad de que lo hagas. Éstas son acciones deseables, así que esas preguntas abren la puerta para que te convenzas de adoptarlas.* Pero si te pregunto si piensas hacer algo indeseable, la interrogante no surtirá efecto. Por ejemplo, ¿planeas comer este mes hormigas cubiertas de chocolate?

Después de pensarlo, quizá te inclines aún menos a hacerlo. En los ejemplos dados hasta este punto, los generosos vendían productos deseables a clientes favorablemente dispuestos. Cuando Bill Grumbles vendía HBO, sus clientes estaban abiertos a un mejor producto de televisión por cable. Kildare Escoto y Nancy Phelps vendían lentes a personas necesitadas de nuevos anteojos o armazones. ¿Qué hacen los generosos para alterar la opinión de una audiencia menos receptiva?

Convencer: la técnica de la conversación prudente

En 2004, el tema de ventas de Volkswagen fue "Manéjalo. Te va a gustar". Los consumidores entendieron el doble sentido de esta frase. Por una parte,

---

* Las preguntas sobre intenciones funcionan en parte porque incitan compromiso: una vez que la gente dice que sí, se siente obligada a cumplir. Pero, curiosamente, las investigaciones sugieren que tales preguntas pueden dar resultado aun si inicialmente la gente contesta que no. Esas preguntas hacen pensar, y si la conducta implicada es atractiva, algunos cambiarán de opinión y decidirán adoptarla. Véase Patti Williams, Gavan Fitzsimons y Lauren Block, "When Consumers Do Not Recognize 'Benign' Intention Questions and Persuasion Attempts", en *Journal of Consumer Research*, núm. 31, 2004, pp. 540-550.

indicaba que, para apreciar plenamente las características de desempeño de un vehículo de esa marca, tenías que sentarte al volante. Pero, por la otra, que si hacías una prueba de manejo, el coche iba a gustarte tanto que terminarías por comprarlo. Ésta fue sólo una de las varias campañas memorables de Arnold Worldwide, agencia publicitaria de Volkswagen. Sin embargo, Don Lane, el individuo que generó el ingenioso tema "Manéjalo. Te va a gustar", jamás apareció en los créditos.[19]

Lane era un ejecutivo de cuenta de alto rango, no un miembro del departamento creativo de la agencia. Su trabajo consistía en empacar y vender las ideas del equipo creativo de la compañía. Un día, mientras estaba en una sesión estratégica destinada a ese equipo, se le ocurrió una idea. Pero en vez de escribir la estrategia, redactó un texto de muestra que terminaba con la línea: "Manéjalo. Te va a gustar".

No era normal que un ejecutivo de cuenta se acercara al equipo creativo con una solución, no con un problema. De hecho, estaba prohibido que tales empleados intervinieran en el proceso creativo. Lane enfrentaba un dilema: ¿cómo hacerse oír por el equipo creativo? Si hubiera sido un interesado, habría irrumpido en la oficina del director creativo para proponer su eslogan, presionar en su favor y exigir todo el crédito. Si hubiera sido un equitativo, habría hecho un favor al equipo creativo y demandado reciprocidad, o cobrado un favor previo. Pero era generoso. El reconocimiento no le importaba; su único propósito era ayudar al equipo y ver implementado un buen eslogan. "En nuestro campo, las personas creativas son muy talentosas y merecen casi todo el crédito, si no es que todo. Algunos ejecutivos de cuenta resienten eso", dice Lane. "Yo sabía que mi trabajo era ayudar a los creativos y darles margen para inventar ideas. No me importaba que se supiera que la idea era mía. Su origen era lo de menos. Si funcionaba, todos compartiríamos el éxito."

Lane se presentó entonces en la oficina del director creativo. Pero en vez de recurrir a la comunicación impositiva –"Tengo un buen eslogan, deberías usarlo"–, adoptó un método más contenido. Ofreció un guión de muestra para la radio, y luego dijo al director: "Aunque sé que va contra las reglas, me gustaría darte una idea de lo que estoy proponiendo. ¿Qué te parece este eslogan? 'Manéjalo. Te va a gustar'".

El director captó el mensaje. Miró a Lane, esbozó una sonrisa y exclamó: "¡Ésa es nuestra campaña!". Este esfuerzo promocional rindió grandes ventas y ganó varios premios publicitarios.

Alison Fragale, profesora de la University of North Carolina, es experta en la comunicación persuasiva que Don Lane empleó en forma tan eficaz. Según ella, nuestra manera de hablar indica si somos generosos o interesados. Los interesados hablan de modo impositivo: son agresivos y directos. Los generosos hablan en forma persuasiva, utilizando reservas como éstas:

- Titubeos: "Bueno...", "Este...", "Ya sabes"
- Matizaciones: "Una especie de...", "Una suerte de...", "Quizá", "Probablemente", "Me da la impresión de que..."
- Salvedades: "Tal vez no sea una buena idea, pero..."
- Preguntas de remate: "Qué interesante, ¿no?", o "Es buena idea, ¿verdad?"
- Reforzadores: "Realmente", "muy", "mucho"

Estas reservas transmiten un claro mensaje a la audiencia: el orador carece de autoridad y seguridad en sí mismo. Y carecer de seguridad es malo, ¿cierto?

Si analizamos la manera en que Don Lane propuso su idea, encontraremos dos indicadores de habla persuasiva: una salvedad y una pregunta de remate. La salvedad fue: "Aunque sé que va contra las reglas...", y la pregunta de remate "¿Qué te parece?". Fragale demuestra que cuando las personas deben trabajar en estrecha colaboración entre sí, como en equipos y relaciones de servicio, el habla persuasiva es más influyente que la impositiva.

Para ilustrar uno de sus estudios, imagina que tu avión acaba de hacer un aterrizaje forzoso en el desierto, y que estás con un colega, Jamie. Ambos deben clasificar doce cosas, como lámpara de mano y mapa, en orden de importancia para su sobrevivencia. Cuando muestras tu lista a Jamie, él discrepa. No diste mucha importancia a la lámpara de mano, que él considera crucial, así que decide emitir un mensaje contundente:

> *La lámpara de mano merece un lugar más alto. Es el único utensilio que tenemos para transmitir señales de noche; además, el foco y la lente podrían servirnos para hacer una fogata, otro medio para pedir auxilio. Pongámosla más arriba.*

Jamie parece un interesado, y tal vez lo sea, porque los interesados tienden a dar órdenes así. ¿Lo escucharías?

Si eres como la mayoría de la gente, la respuesta es no. Se supone que ustedes deberían colaborar entre sí, y no te gusta que te digan lo que tienes que hacer, de modo que te resistes a la influencia de Jamie. Intentando establecer dominación, él ha perdido prestigio. Pero, ¿y si hiciera esa misma sugerencia hablando en forma más prudente, y añadiendo algunas preguntas y matizaciones?

¿No crees que deberíamos poner más alto la lámpara? Puede ser muy útil para transmitir señales en la noche. Además, el foco y la lente podrían servirnos para hacer una fogata, otro medio para pedir auxilio.

En el estudio de Fragale, la gente fue más sensible a esta última versión. El habla persuasiva indica que Jamie es generoso. Expresándose con prudencia, él muestra que está dispuesto a respetarte, o al menos a tomar en cuenta tu opinión.[20] Según Fragale, aun si Jamie emitiera ambas veces el mismo mensaje en el mismo tono, la adición de indicadores de habla prudente como matizaciones, preguntas de remate y reforzadores permite obtener más respeto e influencia. Por eso el director creativo del ejemplo de Volkswagen se mostró tan abierto a la idea de Don Lane: éste dejó ver que no pretendía amenazar su autoridad. El director comprendió claramente que Lane sólo quería compartir una buena idea, y él reconocía una buena idea con tan sólo verla.*

Con el tiempo, hablar con prudencia le fue muy útil a Lane: él daba ideas en forma amable, sin pedir crédito a cambio. "Los creativos respondían a este método, y a mí me daba credibilidad cuando tenía una idea creativa que valía la pena compartir", explica. Mientras muchos de sus compañeros tenían conflictos con los creativos, él se hizo fama de excepcional ejecutivo de cuenta con el que a éstos les gustaba trabajar. En vez de considerarlo entrometido, lo veían como un colaborador útil. Solían hacerle consultas sobre proyectos, diciéndose: "Don nos ayuda. No es el típico ejecutivo de cuenta. Mantengámoslo involucrado y démosle más oportunidades". Sabiendo que él era generoso y abierto, los equipos creativos estaban dispuestos a compartirle ideas y a recibir sus aportaciones, en vez de proteger rigurosamente su territorio.

La capacidad de Lane para ayudar a los equipos creativos llamó la atención de la alta dirección. En una etapa inusualmente temprana de su carrera, Lane fue invitado a desempeñar un papel clave en la mundialmente famosa campaña "Se buscan conductores" de Volkswagen. "Los generosos temen ser invisibles", dice. "Pero yo he visto prosperar a muchos de ellos, porque a la gente le gusta trabajar con personas generosas en las que pueda confiar. Darme cuenta de esto fue pronto un gran incentivo en mi carrera." Lane ascendió

---

* Ciertas salvedades son más riesgosas que otros modos de comunicación persuasiva. Por ejemplo, es común que la gente inicie una oración diciendo "No quiero parecer egoísta, pero...". Los psicólogos han establecido que este tipo de salvedad es contraproducente: acentúa la expectativa de que el hablante diga algo que podría juzgarse egoísta, lo que induce al oyente a buscar –y hallar– información que lo confirme. Véase Amani El-Alayli, Christoffer J. Myers, Tamara L. Petersen y Amy L. Lystad, "I Don't Mean to Sound Arrogant, But... The Effects of Using Disclaimers on Person Perception", en *Personality and Social Psychology Bulletin*, núm. 34, 2008, pp. 130-143.

más rápido que muchos de sus compañeros, y hoy es vicepresidente y director ejecutivo de Arnold. En palabras del vicepresidente creativo, "Don sabe operar en equipo... No dejo pasar una sola oportunidad de trabajar con él".

Un análisis del habla prudente apunta a otra razón de que la tartamudez de Dave Walton le haya ayudado a entenderse con el jurado en el juicio por secretos comerciales. Titubeos, matizaciones y reforzadores son rasgos propios del tartamudeo. Cuando los miembros del jurado oyen balbucear a Walton, éste deja de parecerles dominante o impositivo. No sienten que quiera convencerlos, así que bajan la guardia. Esto abre la posibilidad de que él los convenza.

Cuando los generosos se sirven del habla persuasiva, nos hacen ver que tienen en mente nuestro mejor interés. Sin embargo, hay un papel en el que la gente tiende a no hablar con reservas: el liderazgo. Hace poco, el agente de mercadotecnia Barton Hill descubrió por qué.[21] Jefe de una unidad de negocios en una sociedad de servicios financieros, Hill fue entrevistado con miras a un ascenso importante, para ocupar un puesto en el que dirigiría varias unidades. El entrevistador comenzó con una pregunta de softbol: "Háblanos de tus éxitos". Hill refirió entonces los logros de su equipo, los cuales eran muy impresionantes.

Pese a que Hill era el favorito a ese puesto, no se le concedió. El entrevistador le dijo que no hablaba como líder. "Usé una y otra vez palabras como nosotros", dice Hill. "No empleé suficientes pronombres de la primera persona del singular, como yo. Luego me di cuenta de que esto no me hacía parecer líder. El entrevistador pensó que yo no conducía el éxito de mi equipo, y quería alguien que pudiera hacerlo." El entrevistador hubiera esperado que Hill hablara con más seguridad, y la comunicación persuasiva le costó el puesto.

Hablando con más velocidad, volumen, seguridad y certidumbre, los interesados nos convencen de que saben lo que dicen. En un estudio efectuado por psicólogos en California, los participantes juzgaron competentes a los interesados entre ellos, quienes en realidad no lo eran. Los interesados, reportaron los autores del estudio, "adquieren influencia por comportarse en formas que los hacen parecer competentes, aun cuando en realidad no tengan niguna aptitud".[22]

Al no usar el habla impositiva en su entrevista, Barton Hill no dio la impresión de dominar. Pero la misma comunicación persuasiva que le costó el ascenso terminó otorgándole prestigio, porque garantizó el éxito de su equipo. Aunque la comunicación impositiva podría haber sido eficaz en una entrevista única de trabajo, en un equipo o relación de servicio provoca la pérdida del respeto y la admiración de los demás. Psicólogos en Amsterdam demostraron que pese a que los miembros de grupos perciban a los interesados como líderes eficaces, éstos socavan el desempeño grupal.[23] Hablar de manera dominante convence a los miembros de grupos de que los interesados son poderosos, pero dificulta compartir información, lo que impide comunicar nuevas ideas. "A los equipos les agrada que su líder presente un producto como un esfuerzo colectivo. Esto los inspira a contribuir", reflexiona Hill. "Lo paradójico es que aún haya quien crea que un líder incluyente no es tan enérgico para digirir un equipo, cuando lo cierto es lo contrario, porque un líder así engendra apoyo en el equipo. La gente se adhiere a los generosos como a un imán." Hill marchó más tarde a otra compañía, y tres de sus exempleados lo siguieron. Esta lealtad ha rendido a largo plazo: los equipos de Hill son muy exitosos. Él es ahora director ejecutivo y coordinador global de mercadotecnia de Citi Transaction Services, división con más de veinte mil empleados.

Claro que existe un momento y lugar para que los líderes hagan uso del habla impositiva. En un estudio sobre franquicias de pizzas, descubrí con mis colegas Francesca Gino y Dave Hofmann que cuando la mayoría de los empleados de un establecimiento se limitan a cumplir con su deber, conviene que los gerentes hablen de modo impositivo. Pero cuando la mayoría es proactiva, generando nuevas ideas para cocinar y entregar pizzas con más eficiencia, esa forma de hablar resulta contraproducente.[24] Los jefes enérgicos de empleados proactivos generaban catorce por ciento menos ganancias que jefes menos impositivos y más prudentes. Al transmitir dominación, los hablantes impositivos desalentaban a sus empleados proactivos a contribuir. Cuando la gente se sirve de la comunicación impositiva, hace creer que "prefiere y persigue logros individuales", escribe Fragale, "a expensas de los grupales". Gracias al habla persuasiva, los gerentes adquirían prestigio: se mostraban abiertos a ideas proactivas en beneficio del grupo.

Para ver si este efecto se aplicaba asimismo a un ámbito más controlado, mis colegas y yo formamos grupos para doblar camisetas. A la mitad de los líderes de estos grupos le pedimos hablar enérgicamente y a la otra mitad que lo hiciera con prudencia. También en este caso, cuando los miembros de los equipos eran pasivos, los hablantes impositivos resultaban los más indicados. Pero cuando eran proactivos, tomando la iniciativa de idear una forma más rápida de doblar camisetas, los hablantes persuasivos eran más eficaces. Los equipos proactivos obtuvieron una producción promedio veintidós por ciento más alta con líderes persuasivos. Los miembros de estos equipos percibían que los hablantes impositivos se sentían amenazados por sus ideas y que los persuasivos estaban abiertos a sugerencias. Hablar con prudencia no imponía dominación pero concedía prestigio. Los miembros de los equipos eran más productivos con hablantes prudentes, dispuestos a recibir consejos.

A un interesado, estar abierto a consejos puede parecerle una debilidad. Escuchar sugerencias exponía a los generosos a ser demasiado influidos por sus colegas. Pero, ¿y si buscar consejo fuera en realidad una estrategia para influir en los demás? Cuando los generosos se sientan a la mesa de negociaciones, se benefician del consejo de modo inesperado.

Negociar: buscar consejo en caso de duda

En 2007, una compañía de *Fortune* 500 cerró una planta en el Medio Oeste estadunidense. Entre quienes se quedaron sin empleo estaba una efervescente investigadora llamada Annie.[25] La compañía ofreció a Annie transferirla a la costa este, lo que, sin embargo, la obligaría a dejar sus estudios. Mientras ocupaba un puesto de tiempo completo, Annie había sido inscrita en un programa nocturno de maestría en administración. No podía permitirse el desempleo, pero conservar su trabajo la forzaría a dejar de estudiar, justo ahora que la compañía pagaba sus colegiaturas. Estaba en un aprieto, con poco tiempo y escasas opciones.

Dos semanas después, sucedió algo imprevisto: se ofreció a Annie un asiento en el jet privado de la compañía –por lo general sólo disponible para los altos ejecutivos–, con acceso ilimitado hasta que terminara su maestría. Ella aceptó la transferencia y pasó los nueve meses siguientes yendo y viniendo en el jet corporativo dos veces por semana, hasta concluir su posgrado. La compañía también pagó la renta semanal de automóvil y los boletos de vuelos comerciales en sustitución del jet corporativo cuando estaba fuera de servicio. ¿Cómo logró Annie que la empresa invirtiera tanto en ella?

Ella obtuvo todas esas ventajas sin negociar siquiera, usando una forma de comunicación persuasiva muy conocida por los generosos.

Al negociar, los interesados suelen empeñarse en fijar una posición dominante. Si Annie hubiera sido interesada, podría haber reunido una lista de sus méritos y atraído contraofertas de empresas rivales, para consolidar su posición. Los equitativos tienden a ver la negociación como una oportunidad de retribución. Si Annie hubiera sido equitativa, habría acudido a un jefe que le debiera un favor y demandado reciprocidad. Pero era una persona generosa, que orientaba a docenas de colegas, participaba como voluntaria en la red nacional de bienestar United Way y visitaba escuelas primarias para interesar a los alumnos en la ciencia. Cuando sus colegas cometían un error, ella acostumbraba asumir la responsabilidad, protegiéndolos a expensas de su propio desempeño. Una vez retiró una solicitud de empleo cuando se enteró de que también una amiga aspiraba a él.

Siendo generosa, a Annie no le agradaba negociar como interesada ni equitativa, de modo que optó por otra estrategia: acudió a una gerente de recursos humanos para pedirle consejo: "Si tú estuvieras en mis zapatos, ¿qué harías?".

Esta gerente abogó por ella. Se remitió a los jefes del departamento y de la unidad de Annie y presionó en su favor. El jefe del departamento llamó entonces a Annie para preguntarle qué podía hacer por ella. Annie le dijo que quería terminar su maestría, pero que no podía darse el lujo de ir y venir en avión de la universidad. En respuesta, el jefe le ofreció un asiento en el jet.

Nuevas investigaciones demuestran que buscar consejo es una estrategia muy eficaz para ejercer influencia cuando se carece de autoridad. En un experimento, la investigadora Katie Liljenquist puso a varias personas a negociar la venta de lotes comerciales.[26] Cuando estos vendedores privilegiaron la meta de obtener el precio más alto posible, sólo ocho por ciento logró un arreglo satisfactorio. Cuando pidieron consejo a los compradores acerca de qué podían hacer para cumplir sus metas, cuarenta y dos por ciento alcanzó un acuerdo satisfactorio. Pedir consejo alentaba la cooperación y la compartición de información, convirtiendo una negociación potencialmente conflictiva en un arreglo de beneficio mutuo. Los estudios revelan que en la manufactura, los servicios financieros, los seguros y la industria farmacéutica, buscar consejo se cuenta entre los medios más eficaces de influir en compañeros, superiores y subordinados.[27] Esta táctica tiende a ser mucho más persuasiva que la preferida de los interesados, de presionar a los subalternos y halagar a los superiores. Buscar consejo es también un método notablemente más influyente que el de intercambiar favores de los equitativos.

Esto es así aun en las altas esferas de las grandes corporaciones. En fecha reciente, los profesores de estrategia Ithai Stern y James Westphal estudiaron a ejecutivos de trescientos cincuenta grandes empresas industriales y de servicios estadunidenses, para saber cómo consiguen asientos en juntas directivas de otras compañías.[28] Estos asientos son muy codiciados por los ejecutivos, dado que suelen representar ingresos de seis cifras, emitir señales claras de categoría y enriquecer redes, gracias a que abren la puerta hacia la elite corporativa.

Los interesados suponen que la mejor vía a un asiento en una junta directiva es halagar. Halagan a un director con cumplidos, o ubican a los amigos de éste para elogiarlo de modo indirecto. Pero Stern y Westphal descubrieron que la adulación sólo funciona cuando se asocia con buscar consejo. En vez de limitarse a elogiar a un director, los ejecutivos que conseguían asiento en una junta directiva también solían buscar consejo. Al elogiar la habilidad de un director, los ejecutivos en pos de consejos le preguntaban cómo la había adquirido. Al ensalzar el éxito de un director en una tarea, pedían recomendaciones para reproducirlo. Pidiendo consejo de esta manera, era más probable que el director en cuestión los recomendara a la junta, y conseguían más asientos en consecuencia.

Buscar consejo es una forma de comunicación persuasiva que combina la expresión de vulnerabilidad, la formulación de preguntas y el habla prudente. Al pedir consejo a otros, formulamos una pregunta que transmite incertidumbre y nos vuelve vulnerables. En vez de proyectar confiadamente que tenemos todas las respuestas, admitimos que otros podrían saber más que nosotros. Así, interesados y equitativos evitan pedir consejos. En opinión de los primeros, hacerlo significa reconocer que no se tienen todas las respuestas. Temen que buscar consejo los haga parecer débiles, dependientes o incompetentes. Pero se equivocan; las investigaciones señalan que quienes buscan consejo y ayuda en colegas bien informados son evaluados más favorablemente por sus supervisores que quienes no lo hacen.[29]

Parecer vulnerables no molesta a los generosos, a quienes no les preocupa proteger su ego ni proyectar certidumbre. Cuando piden consejo es porque están genuinamente interesados en aprender de otros. Los equitativos evitan buscar consejo por otra razón: la de quedar a deber un favor.

De acuerdo con Liljenquist, buscar consejo tiene cuatro beneficios: obtención de información, adquisición de perspectiva, compromiso y halago. Cuando Annie pidió consejo, descubrió algo que ignoraba: que había asientos disponibles en el jet de la empresa, el cual iba y venía entre las dos plazas clave para ella. Si hubiera presionado más agresivamente en vez de buscar consejo, quizá jamás habría obtenido esa información. De hecho, sostuvo varias conversaciones previas en las que nadie mencionó el jet.

Esto nos conduce al segundo beneficio: alentar a otros a adoptar nuestra perspectiva. En conversaciones previas en las que Annie no pidió consejo, el jefe de departamento sólo aludió al interés de la compañía de transferirla al menor costo posible. Pedir consejo cambió la conversación. Cuando pedimos consejo, el otro tiene que examinar el problema o dilema desde nuestro punto de vista. Sólo cuando Annie buscó orientación, el jefe de departamento consideró el problema desde su perspectiva, momento en el cual el jet corporativo se le ocurrió como solución.

Una vez que el jefe propuso esta solución, emergió el tercer beneficio de buscar consejo: el compromiso. El jefe desempeñó un papel clave en la generación de la solución del jet. Como fue idea suya y para entonces ya había invertido tiempo y energía ayudando a Annie, se sintió motivado a seguirlo haciendo. Fue así como terminó pagando el auto en renta que ella usaba en el Medio Oeste y aceptando financiar vuelos comerciales si el jet corporativo estaba fuera de servicio.

No cabe duda de que Annie obtuvo todas estas ventajas gracias a una combinación de trabajo arduo, talento y generosidad. Pero un ingenioso estudio arroja más luz sobre lo que motivó al jefe de departamento a ofrecerle algo más que el jet corporativo. Hace medio siglo, los psicólogos Jon Jecker y David Landy pagaron a la gente que hacía bien una tarea de geometría. En el grupo de control, los participantes recibieron el dinero y llenaron un cuestionario final con la secretaria del departamento. Pero cuando el otro grupo se disponía a marcharse, uno de los investigadores pidió ayuda. "¿Podrían hacerme un favor? Los fondos para este experimento se agotaron, y yo usé recursos propios para terminarlo. Como un favor personal, ¿les importaría devolverme el dinero que recibieron?"[30]

Casi todos estos participantes lo devolvieron. Al preguntarles acerca de qué tanto les había simpatizado el investigador, a los que hicieron el favor resultó agradarles mucho más que a los que no lo hicieron. ¿Por qué?

Cuando cedemos tiempo, energía, conocimientos o recursos para ayudar a los demás, nos empeñamos en creer que son valiosos y merecen nuestra ayuda. Buscar consejo es una manera sutil de invitar a alguien a comprometerse con nosotros. Una vez que el jefe de departamento se tomó tiempo para aconsejar a Annie, invirtió más en ella. Ayudarla a generar una solución reforzó su compromiso con ella: Annie debía valer su tiempo. Si ella no hubiera sido importante para él, ¿por qué se habría molestado en ayudarla? Como escribió Benjamin Franklin en su autobiografía: "Quien te hizo un favor una vez, te hará otro con mayor facilidad que alguien a quien obligues a hacerlo".[31]

Cuando pedimos consejo, otorgamos prestigio, mostrando que respetamos y admiramos las ideas y experiencia de la otra persona. Como la mayoría de la gente es equitativa, tiende a reaccionar favorablemente a esto y a sentirse motivada a apoyarnos. Cuando Annie pidió consejo a la gerente de recursos humanos, ésta le tendió la mano. Según el biógrafo Walter Isaacson, Franklin pensaba que buscar consejo era un halago. "Él tenía una regla fundamental para hacer amigos", escribe Isaacson: si apelas a "su orgullo y vanidad, buscando constantemente su opinión y consejo, ellos te admirarán por tu sensatez y buen juicio".[32]

Sea cual fuere su estilo de reciprocidad, a la gente le encanta que le pidan consejo. Aconsejar hace sentir importantes a los interesados y útiles a los generosos. A los equitativos les gusta hacerlo por otro motivo: porque es una forma económica de acumular créditos que más tarde podrían rendir fruto. Por eso la gente suele reaccionar en forma positiva cuando le pedimos consejo.

Pero he aquí la clave: buscar consejo sólo da resultado si se hace con sinceridad. En su investigación sobre este tema, Liljenquist determinó que el éxito de pedir consejo "depende de que el otro lo perciba como un gesto franco y auténtico". Buscar consejo como estrategia para influir no está bien visto. La contraparte percibirá falsedad; notará que quien pide consejo la halaga porque en realidad tiene otras intenciones. "La gente sospechosa de administrar estratégicamente la impresión que causa, suele ser vista como egoísta, fría, manipuladora e indigna de confianza", escribe Liljenquist. Buscar consejo sólo es eficaz cuando la gente lo hace de manera espontánea. Como los generosos buscan consejo en mayor medida que los interesados y los equitativos, es probable que, en los estudios de esa investigadora, muchos de los que buscaron consejo en forma espontánea hayan sido generosos. Les interesaba de veras la perspectiva y recomendaciones de otros, y se les evaluó como mejores escuchas.

Creo que tal cosa se aplica en general a la comunicación persuasiva: ésta da resultado a los generosos gracias a su sincera intención de actuar en beneficio de los demás. Cuando hacen presentaciones, expresan vulnerabilidad no sólo para obtener prestigio, sino también para entenderse mejor con el público. Cuando venden, formulan preguntas para transmitir su deseo de ayudar a sus clientes, no de aprovecharse de ellos. Cuando convencen y negocian, hablan con prudencia y piden consejo porque realmente valoran las ideas y puntos de vista ajenos.

La comunicación persuasiva es el lenguaje natural de muchas personas generosas y uno de los motores de su éxito. Expresar vulnerabilidad, hacer preguntas, hablar con prudencia y buscar consejo son actos que pueden abrir puertas para ejercer influencia, pero la forma en que ejerzamos esa influencia repercutirá en nuestra vida laboral, y por tanto en asuntos a los que ya nos hemos referido, como formar redes y colaborar con colegas. Como veremos más adelante, no todos los generosos se sirven de la comunicación persuasiva, pero quienes lo hacen suelen hallarla útil en situaciones en que es preciso generar entendimiento y confianza. Esto es difícil de fingir; pero si lo finges mucho tiempo, es posible que se te vuelva más real de lo que esperabas. Y como descubrió Dave Walton, la comunicación persuasiva puede ser mucho más eficaz de lo que parece.

6

El arte de seguir motivado

Por qué algunas personas generosas se agotan mientras que otras persisten

---

Los altruistas inteligentes, aunque menos altruistas que los no inteligentes, son preferibles a éstos y a los egoístas.

**–HERBERT SIMON,
GANADOR DEL PREMIO NOBEL DE ECONOMÍA[1]**

Hasta aquí nos hemos ocupado de cómo llegan los generosos a la cima del éxito mediante las singulares maneras en que forman redes, colaboran, se comunican, influyen y ayudan a los demás a cumplir su potencial. Pero como vimos en el capítulo 1, los generosos también pueden terminar en lo más bajo de la escala del éxito. Éste implica algo más que capitalizar las fortalezas de la generosidad; supone también evitar sus escollos. Si la gente cede demasiado tiempo, acabará sacrificándose por sus colaboradores y los miembros de su red a expensas de su propia energía. Si otorga demasiado reconocimiento y abusa de la comunicación persuasiva, se volverá "dejada" y "tapete" y cesará de promover sus propios intereses. La consecuencia: los generosos pueden terminar sintiéndose exhaustos e improductivos.

Dado que las estrategias que los catapultan a la cumbre son distintas a las que los sumen en el abismo, es crucial entender qué diferencia a los generosos de éxito de los fallidos. En los tres capítulos que siguen se examinará por qué algunas personas generosas se agotan mientras otras persisten; qué hacen para que los interesados no los exploten, y qué pueden hacer individuos, grupos y organizaciones para proteger a los generosos y propagar su éxito.

En fecha reciente, los psicólogos canadienses Jeremy Frimer y Larry Walker dirigieron un ambicioso proyecto para entender qué motiva a los generosos de éxito.[2] Los participantes eran ganadores del Caring Canadian Award, principal reconocimiento de ese país a las personas generosas que han dedicado muchos años a ayudar a sus comunidades o a promover una causa humanitaria. Gran número de ellas han sostenido durante décadas extraordinarios esfuerzos de generosidad, con objeto de hacer una diferencia.

Para saber qué los impulsa, todos los participantes llenaron un formato en el que se les pidió enlistar diez metas en respuesta a la frase "Habitualmente intento...". Luego, Walker entrevistó a fondo a veinticinco ganadores del Caring Canadian Award y a otras veinticinco personas del grupo de comparación que coincidían con aquéllas en género, edad, origen étnico y nivel de estudios pero cuya generosidad no había sido tan duradera. Walker dedicó cien horas a entrevistar sobre su vida a esas cincuenta personas, cubriendo periodos clave y sucesos decisivos de su infancia, adolescencia y edad adulta. Después, evaluadores independientes leyeron las listas de metas, oyeron las cintas de las entrevistas y calificaron el grado en que los participantes expresaban dos motivaciones clave: interés propio y en los demás. El interés propio implicaba buscar poder y realización, mientras que el interés en los demás consistía en ser útil y generoso. ¿En qué serie de motivaciones los ganadores del premio obtuvieron un puntaje más alto que el grupo de comparación?

La respuesta intuitiva apunta al interés en los demás, y es correcto. En sus historias de vida, los Caring Canadians se refirieron a dar y ayudar más de tres veces más seguido que el grupo de comparación. En cuanto a sus objetivos, enlistaron cerca de dos veces más metas relacionadas con el interés por los demás. Privilegiaron metas como "Ser un modelo positivo para los jóvenes" y "Abogar por mujeres de bajos ingresos". Los miembros del grupo de comparación mencionaron a su vez metas como "Reducir a un solo dígito mi hándicap de golf", "Ser atractivo para los demás" o "Cazar el venado más grande y atrapar peces enormes".

Pero he aquí lo más sorprendente: los Caring Canadians también obtuvieron un alto puntaje en interés propio. En sus historias de vida, estos generosos de éxito mencionaron la búsqueda de poder y realización casi dos veces más seguido que el grupo de comparación y, además, veinte por ciento más de sus metas se relacionaban con la obtención de influencia y reconocimiento y la consecución de excelencia individual. Los generosos de éxito no sólo estaban más orientados que sus compañeros a los demás; también estaban más interesados en ellos mismos. Así pues, estos generosos son tan ambiciosos como las personas interesadas y las equitativas.

Tales resultados tienen importantes implicaciones para nuestra comprensión de por qué algunos generosos triunfan y otros fracasan. Hasta aquí hemos examinado los estilos de reciprocidad en un *continuum* de dar a tomar: ¿tu mayor preocupación son tus intereses o los ajenos? Ahora haremos más compleja esta comprensión, examinando la interacción del interés propio y el interés en los demás. Los interesados obtienen altas calificaciones en interés propio y bajas en interés en los demás; su propósito es maximizar su éxito sin consideración de otros. En contraste, los generosos siempre obtienen altas calificaciones en interés en los demás, pero varían en lo relativo al propio. En consecuencia, existen dos tipos de generosos, con índices de éxito radicalmente distintos.

Los generosos *desinteresados* son los individuos con mucho interés en los demás y poco en sí mismos. Ceden tiempo y energía sin considerar sus necesidades, y pagan un precio por ello. La generosidad desinteresada es una forma de altruismo patológico, definido por la investigadora Barbara Oakley como "atención enfermiza a los demás en detrimento de las necesidades propias",[3] como cuando uno se daña a sí mismo por tratar de ayudar a otro. En una investigación, estudiantes universitarios con alto puntaje en generosidad desinteresada vieron desmerecer sus calificaciones en el curso de un semestre. Estos generosos desinteresados admitieron que "faltaban a clases y dejaban de estudiar por ocuparse de los problemas de sus amigos".[4]

La mayoría de la gente supone que el interés propio y en los demás son los extremos opuestos de un *continuum*. Pero en mis estudios sobre qué mueve a la gente en el trabajo sistemáticamente he descubierto que el interés propio y en los demás son motivaciones totalmente independientes entre sí: puedes tenerlas al mismo tiempo.[5] Como planteó Bill Gates en el Foro Económico Mundial, "existen dos grandes fuerzas en la naturaleza humana: el interés propio y el interés en los demás", y el éxito es producto de un "motor híbrido" entre ambos.[6] Si los interesados son egoístas y los generosos fallidos son desinteresados, los generosos de éxito son *alteristas*: les importa beneficiar a otros, pero también tienen metas para promover sus intereses.

		Atención a los intereses de los demás	
		BAJA	ALTA
Atención al interés propio	BAJA	*Apáticos*	*Desinteresados*: Generosos abnegados
	ALTA	*Egoístas*: Interesados	*Alteristas*: Generosos de éxito

En ausencia de instintos de autopreservación, es fácil que la generosidad desinteresada se vuelva apabullante. Ser alterista significa estar dispuesto a dar más de lo que se recibe, pero sin perder de vista los intereses propios, usándolos como guía para decidir cuándo, dónde, cómo y a quién dar. En vez de ver el interés propio y en los demás como rivales, los Caring Cana-

dians encontraron la manera de combinarlos para poder hacer bien haciendo el bien. Como veremos más adelante, cuando la atención a los demás se
asocia con una sana dosis de atención a uno mismo, los generosos tienden
a fatigarse menos y a estar en mejores condiciones para florecer.

* * *

*"Nacido y crecido en West Philadelphia, pasaba casi todo el tiempo en el
parque. [...] Me metí en una pelea ridícula y mamá se asustó [...]"*

Cuando Will Smith escribió la famosa letra del tema musical de *The Fresh
Prince of Bel-Air* (El príncipe del rap), el aclamado programa que disparó su
carrera, acababa de salir de la Overbrook High School de Filadelfia. Overbrook posee una fachada majestuosa, y su edificio de cinco pisos parece un
castillo en lo alto de una colina.[7] En su paso por ese castillo, Smith fue tratado a cuerpo de rey y apodado "Prince" por sus profesores, por su habilidad para evitar problemas con su gracia. Años después bautizaría Overbrook
Entertainment a su compañía productora. Smith no es el único chico de talento que ha asistido a Overbrook, que también cuenta entre sus exalumnos al astronauta Guion Bluford Jr., el primer afroamericano en el espacio,
y a Jon Drummond, medallista olímpico en pruebas de pista. Es, además,
una de las sólo seis preparatorias estadunidenses con más de diez estudiantes en la National Basketball Association (NBA), uno de los cuales fue el legendario Wilt Chamberlain.

Pero para la mayoría de sus alumnos, Overbrook no es ningún cuento de hadas.

Situada en la esquina de la Cincuenta y Nueve y Lancaster, en el corazón
de West Philadelphia, Overbrook se encuentra a apenas unas cuadras de una
de las esquinas de narcomenudeo más activas del país. Cuando se recorren
sus alrededores, no es raro ver que, al pasar por ahí, los automovilistas su-
ben las ventanas y aseguran las puertas de sus coches. En 2006, Overbrook
fue una de las veintiocho escuelas estadunidenses identificadas como "de
persistente peligrosidad" con base en estadísticas criminales. En 2011 tenía
mil doscientos alumnos, cerca de quinientos de los cuales fueron suspendi-
dos en algún momento de ese año escolar, acumulando casi cincuenta acusaciones de asalto y veinte por armas o drogas. Las perspectivas educativas
de sus estudiantes son igualmente sombrías. En la prueba de aptitud escolar (Scholastic Aptitude Test, SAT), el promedio de Overbrook es inferior
en más de trescientos puntos al nacional, y más de tres cuartas partes de sus
alumnos se ubican en la cuarta parte más baja del aprovechamiento escolar
nacional. Casi la mitad de sus estudiantes de nuevo ingreso desertan: el índice de graduados es de apenas cincuenta y cuatro por ciento.

Con la esperanza de cambiar esta trágica situación, hace tiempo llegó a Overbrook un grupo de apasionados y talentosos jóvenes educadores de Teach For America (TFA), renombrada organización no lucrativa que manda a graduados universitarios a combatir durante dos años la desigualdad educativa como maestros de algunas de las escuelas menos favorecidas del país. TFA está llena de personas generosas; las investigaciones indican que la gran mayoría de sus miembros buscan hacer una diferencia en la vida de sus alumnos. Muchos de ellos proceden de medios privilegiados, y están resueltos a ayudar a estudiantes menos afortunados. Como dijo un maestro anónimo de esta organización:

> *Siempre supe que quería ayudar. [...] Los problemas de justicia social me consumen por dentro, y el hecho de que tantos alumnos hayan sido tan displicentemente reprobados por el sistema escolar de este país resulta irritante y estimulante al mismo tiempo. Quiero que todos los jóvenes estén en posibilidad de tomar decisiones. [...] La educación puede igualar. [...] Éste es un problema de justicia, y yo entré a TFA para hacer de él también mi problema.*

En los últimos veinte años han trabajado en TFA más de veinte mil maestros, quienes han conseguido grandes progresos en la promoción de la igualdad educativa. Pero una vida protegida en suburbios y fraternidades no prepara en absoluto a muchos de ellos para las pruebas y tribulaciones de escuelas en zonas deprimidas.

En los corredores de Overbrook, grandes dificultades escolares se abatieron sobre la neófita de TFA Conrey Callahan, de veinticuatro años de edad.[8] De piel blanca y cabello rubio, Conrey desentonaba terriblemente en los pasillos; noventa y siete por ciento de los alumnos de esta escuela son afroamericanos. Amante de los perros y actual dueña de Louie, perrito al que rescató, Conrey creció en un grato suburbio de Maryland, donde acudió a un instituto considerado entre los mejores del país. Llamarla una bomba de energía es quedarse corto: corre medios maratones, fue capitana de los equipos de futbol y lacrosse de su preparatoria y durante seis años participó en competencias de salto de cuerda, llegando incluso a las Olimpiadas Júnior. Aunque su aptitud intelectual movió a sus profesores en Vanderbilt a alentarla a seguir la carrera de historia, ella tenía puesta la mira en cuestiones más prácticas: "Quiero hacer una diferencia mejorando la educación y oportunidades de chicos de comunidades de bajos ingresos".

Sin embargo, sus sueños idealistas de inspirar a la nueva generación estudiantil pronto se vieron ahogados por la dura realidad de tener que lle-

gar a la escuela a las 6:45 de la mañana, desvelarse hasta la una de la mañana del día siguiente calificando tareas y preparando clases de español y vivir
días caracterizados por interrumpir peleas, combatir la delincuencia y tratar de localizar a los alumnos faltistas que aparecen apenas dos días al año.
Una de las alumnas más promisorias de Conrey vivía en una casa de adopción, y tuvo que dejar sus estudios por haber dado a luz a un bebé con problemas de desarrollo.

Conrey se quejaba todo el tiempo con una de sus mejores amigas, una
banquera de inversión que trabajaba cien horas a la semana y no entendía
por qué era tan estresante dar clases en Overbrook. Desesperada, Conrey
la invitó a una excursión escolar. Su amiga terminó por entender: "No podía creer lo cansada que se sentía al acabar el día", recuerda Conrey, quien,
a su vez, tocó fondo por fin. "Fue horrible. Me sentía exhausta y abrumada,
y dispuesta a renunciar. No quería volver a poner un pie en la escuela. Estaba harta del plantel, de los alumnos y de mí misma."

Exhibía los síntomas clásicos de la fatiga extrema, y no era la única. La
psicóloga de Berkeley Christina Maslach, pionera de la investigación sobre
fatiga laboral, reporta que, de todos los sectores ocupacionales, la docencia
es la que registra los mayores índices de agotamiento emocional.[9] Un maestro de TFA que admira a esta organización dice, sin embargo, que "se cen-
tra casi en extremo en el trabajo intenso y la dedicación. [...] Sales de la capacitación con la mentalidad de que si no consagras tu vida al trabajo, harás
un flaco favor a los niños". Más de la mitad de los maestros de TFA se marchan al terminar su contrato de dos años, y más de ochenta por ciento lo
hacen a los tres años. La tercera parte de los exmiembros de TFA dejan por
completo la educación.

Puesto que los generosos tienden a poner los intereses de los demás antes que los suyos, con frecuencia ayudan a otros a costa de su bienestar, exponiéndose a la fatiga extrema. Cuatro décadas de amplias investigaciones
demuestran que, cuando la gente se cansa, su desempeño laboral paga las
consecuencias. Empleados exhaustos no pueden concentrarse y carecen de
energía para rendir idealmente en el trabajo, cuya calidad y cantidad desme-
rece. Padecen asimismo de mala salud física y emocional. Firmes evidencias
revelan que los empleados exhaustos corren más riesgo de depresión, fatiga,
trastornos del sueño, problemas del sistema inmunitario, abuso de alcohol y
hasta afecciones cardiovasculares.

Cuando Conrey tocó fondo en la Overbrook High School, sintió que
daba demasiado. Llegaba muy temprano a trabajar, se quedaba hasta tarde
y le dedicaba incluso los fines de semana, así que apenas si podía mantener-
se en pie. En estas condiciones, todo indicaría que la forma natural de recu-

perarse y recargar la pila habría sido reducir el esfuerzo. Pero no fue eso lo que Conrey hizo. Por el contrario, dio *más*.

Mientras mantenía su arrolladora carga de trabajo docente, Conrey se ofreció a orientar a exmiembros de TFA. Como especialista en reforzamiento de contenido, cada dos semanas ayudaba a diez maestros a elaborar pruebas e idear nuevos planes de estudio. En su limitado tiempo libre, fundó además un programa de mentoría. Con dos amigas, estableció la sección en Filadelfia de Minds Matter, organización no lucrativa nacional que ayuda a estudiantes de alto rendimiento y bajos ingresos a prepararse para la universidad. Conrey pasó noches y fines de semana solicitando el reconocimiento de la condición no lucrativa, buscando un despacho de abogados y un contador voluntarios y solicitando la aprobación nacional de esa sección. Por fin, un año después estaba lista para reclutar alumnos y mentores, y elaboró los planes de las sesiones semanales. A partir de entonces, añadió cinco horas semanales a orientar a estudiantes de preparatoria.

Dicho esto, Conrey dedicaba a dar más de diez horas extra a la semana. Esto significaba menos margen aún en su horario para relajarse o recuperarse y más responsabilidad para con los demás. Pero cuando empezó a dar más, su fatiga desapareció, y ella recuperó su energía. De hecho, pareció volver a ser una bomba de energía en Overbrook, hallando más fuerza aún para fungir como coordinadora de estudiantes talentosos y crear desde cero el curso de Español 3. A diferencia de muchos de sus compañeros, no se marchó. Habiendo comenzado en Overbrook con cinco compañeros de TFA, era la única que seguía dando clases ahí cuatro años después. Y de la docena de compañeros que había tenido en ese periodo de tres años, sólo le quedaba uno. Se convirtió así en una de las raras maestras de TFA en haber dado clases al menos cuatro años y fue postulada a un premio docente nacional. ¿Qué hizo posible que dar más revitalizara a Conrey en vez de dejarla sin fuerzas?

El vacío de impacto: generosos sin causa

Hace una década, Howard Heevner, dinámico director de un centro universitario de atención telefónica, me pidió ayudarle a entender cómo mantener motivados a sus telefonistas.[10] La función de éstos era llamar a exalumnos de la universidad para pedirles donativos. Debían hacer esta petición tres veces antes de colgar y aun así enfrentaban una tasa de rechazo de más de noventa por ciento. Hasta los telefonistas más experimentados y exitosos estaban exhaustos. Como dijo uno de ellos: "Terminé descubriendo que esas llamadas eran muy difíciles. Muchos prospectos me interrumpían desde mis primeras frases para decirme que no les interesaba donar".

Yo supuse que los interesados estaban cayendo como moscas, menos comprometidos que los generosos. Así, durante la capacitación evalué si cada telefonista era generoso, equitativo o interesado. En su primer mes en el puesto, los interesados conseguían en promedio más de treinta donativos a la semana. Contra todas mis expectativas, los generosos eran mucho menos productivos: con dificultades para mantener su motivación, hacían menos llamadas y producían menos de diez donativos a la semana. Me quedé perplejo: ¿por qué los telefonistas que querían marcar una diferencia no hacían ninguna?

Supe la respuesta un día en que, al visitar el centro de atención telefónica, vi un letrero que un empleado había puesto sobre su escritorio:

> **TRABAJAR BIEN AQUÍ**
> *es como mojarte los pantalones*
> *con traje oscuro*
> **SIENTES RICO**
> **PERO NADIE LO NOTA**

Según mis datos, el telefonista que exhibía orgullosamente ese letrero era un generoso intenso. ¿Por qué una persona generosa no se sentiría apreciada? Al reflexionar en ese rótulo, pensé que, después de todo, mi supuesto inicial era cierto: que, con base en la estructura motivacional del trabajo, los generosos tendrían que estar dejando atrás a los interesados. El problema era que se les privaba de las recompensas más estimulantes para ellos.

A los interesados los motivaba tener el empleo mejor pagado del campus, pero los generosos carecían de las recompensas que más les importaban. Mientras que a los primeros les importa beneficiarse personalmente de su trabajo, a los segundos les preocupa hacer un trabajo que beneficie a otros. La mayoría de los donativos obtenidos por los telefonistas iban a dar directamente a becas, pero éstos eran dejados completamente a oscuras: ignoraban quién recibía el dinero y cómo afectaba eso su vida.

En la sesión de capacitación siguiente, invité a nuevos telefonistas a leer cartas de alumnos cuyas becas habían sido financiadas por el trabajo de recaudación de donativos. Un estudiante becado que respondía al nombre de Will escribió:

Llegado el momento de tomar la decisión, descubrí que las colegiaturas fuera del estado eran muy caras. Pero llevo esta universidad en la sangre. Aquí se conocieron mis abuelos. Mi papá y sus cuatro hermanos estudiaron aquí. Incluso, debo a esta escuela la existencia de mi hermano menor: él fue concebido la noche en que ganamos el torneo de basquetbol de la National Collegiate Athletic Association (NCAA). Toda mi vida soñé con venir aquí. Recibir la beca fue muy emocionante, y llegué a esta escuela dispuesto a aprovechar al máximo las oportunidades que me ofrecía. Esta beca ha mejorado mi vida de muchas maneras...

Tras leer las cartas, los generosos tardaron sólo una semana en alcanzar a los interesados. También estos últimos mostraron mejoras, pero aquéllos reaccionaron más visiblemente, triplicando casi las llamadas y donativos semanales. Disponían ya de una intensa prueba emocional de su impacto: si producían más dinero, ayudarían a más estudiantes becados como Will. Bastaron cinco minutos de lectura sobre el modo en que su trabajo ayudaba a otros para que los generosos se sintieran motivados a alcanzar el nivel de productividad de los interesados.

No obstante, seguían sin advertir el pleno impacto de su trabajo. ¿Qué pasaría si, en vez de sólo leer cartas, conocían en persona al receptor de una beca? Cuando interactuaron con él, se sintieron más estimulados todavía. El telefonista promedio duplicó sus llamadas por hora y sus minutos al teléfono por semana. Y trabajando con mayor esmero, hacía contacto con más exalumnos, lo que resultó en un aumento de ciento cuarenta y cuatro por ciento en el número de exalumnos que donaban cada semana. Más aún, los ingresos se quintuplicaron: antes de conocer al receptor de la beca, los telefonistas promediaban cuatrocientos doce dólares, contra dos mil después. Uno de ellos pasó de un promedio de cinco llamadas y cien dólares por turno a diecinueve llamadas y 2 615 dólares. Varios grupos de telefonistas de control, que no conocían a ningún receptor de becas, no mostraron cambio alguno en llamadas, tiempo en el teléfono, donativos ni ingresos. En general, cinco minutos de interacción con un alumno becado motivaron a veintitrés telefonistas a recaudar 38 451 dólares extra en una semana.* Aunque gene-

* Curiosamente, la transmisión del mismo mensaje por líderes y gerentes no surtió efecto. Los estudiantes becados hablaban de primera mano de la importancia del trabajo de los telefonistas, lo que éste significaba personalmente para ellos. Aunque a menudo se recurre a líderes y gerentes para que inspiren a los empleados, cuando se trata de combatir la fatiga de los generosos quizá sea conveniente delegar la inspiración a proveedores, clientes, estudiantes y otros usuarios finales capaces de testimoniar el impacto de los productos y servicios de los generosos. Véase Adam M. Grant y David A. Hofmann, "Outsourcing Inspiration: The Performance Effects of Ideological

rosos, interesados y equitativos se sintieron motivados por igual por conocer a un alumno becado, los incrementos de esfuerzo e ingresos fueron especialmente pronunciados entre los primeros.

Este cambio pone de relieve un principio notable de la fatiga de los generosos: que ésta tiene menos que ver con su grado de generosidad que con
el monto de los comentarios que reciben sobre su impacto. Los investigadores han llegado a la misma conclusión en el ramo de la atención a la salud,
donde el cansancio suele describirse como fatiga de compasión, "el estrés,
tensión y hastío de cuidar a otros". Originalmente, los expertos pensaron que
la fatiga de compasión se debía a expresar en demasía ese sentimiento. Pero
nuevas investigaciones han refutado esta hipótesis. Como resumen las investigadoras Olga Klimecki y Tania Singer: "Antes que todos los demás factores,
como [...] tiempo dedicado a cuidar, el sufrimiento percibido es lo que provoca síntomas depresivos en el cuidador".[11] Los generosos no se fatigan porque dediquen demasiado tiempo y energía a dar, sino por trabajar con personas que necesitan su ayuda pero a las que no pueden auxiliar con eficacia.

Los maestros son vulnerables a la fatiga de los generosos en virtud de
la singular experiencia temporal que define a la educación. Aunque interactúan a diario con sus alumnos, pueden pasar muchos años antes de que
su impacto sea visible. Para entonces, los alumnos ya se fueron, lo que deja
a los maestros preguntándose: "¿Realmente importó mi trabajo?". Sin una
confirmación clara de los beneficios de su generosidad, su esfuerzo resulta
más agotador y más difícil de sostener. Estos retos son enormes en lugares
como Overbrook, donde los maestros deben combatir abundantes distrac-
ciones y desventajas para poder estimular la atención –y más aún la asistencia– de los estudiantes. Conrey Callahan no se agotaba emocionalmente
porque diera demasiado, sino porque no sentía que su generosidad hiciera
una diferencia. "¿Ejerzo impacto al enseñar? No lo sé", me dijo. "Con frecuencia siento que no hago nada efectivo, que estoy perdiendo el tiempo y
no marco una diferencia."

Cuando ella lanzó Minds Matter Philadelphia, quizá apretó aún más su
agenda, pero el efecto neto fue llenar el vacío de impacto que experimentaba
en su labor docente en Overbrook. "En mi programa de mentoría no hay la
menor duda; sé que tengo un impacto más directo", dice. Orientando a estudiantes de bajos ingresos y alto rendimiento, se sentía más capaz de marcar
una diferencia que en el salón en Overbrook, donde cada alumno planteaba
retos específicos. En la orientación de estudiantes de alto rendimiento, los

Messages from Leaders and Beneficiaries", en *Organizational Behavior and Human Decision Processes*, núm. 116, 2011, pp. 173-187.

comentarios positivos llegaban más rápido y validaban su esfuerzo. Conrey vio transformarse a David, uno de sus discípulos, en un joven franco con un grupo de buenos amigos, cuando antes había sido tímido, solitario y reservado. Como a los telefonistas cuando conocieron a un beneficiario de su trabajo, ver el impacto de su programa tuvo en Conrey un efecto tonificante.

Pero ese efecto no se limitó al programa de mentoría. Gracias a su energía renovada, ella vio renacer la esperanza de que podía tener un impacto en Overbrook. Ver progresar a sus discípulos de alto rendimiento le infundió la seguridad de que podía ayudar a sus alumnos en el aula. "Sé que lo que he puesto en marcha realmente marca una diferencia para estos chicos. En tres meses he visto grandes cambios en ellos, lo que me hace descubrir qué pueden llegar a ser." Cuanto más tiempo transcurría en Minds Matter, más entusiasmada llegaba ella a Overbrook, movida por un propósito renovado.

En una investigación con dos colegas, hallé que la percepción del impacto amortigua el estrés, lo que evita que los empleados se agoten y mantiene su motivación y desempeño. Una alumna y yo descubrimos en un estudio que maestros de preparatoria que percibían sus labores como estresantes y demandantes reportaban más fatiga. Pero un análisis más atento reveló que el estrés laboral sólo se vinculaba con mayor fatiga en los maestros que no creían marcar una diferencia. Una sensación de impacto duradero protegía contra el estrés e impedía el agotamiento.[12]

A veces pasan años antes de que los alumnos comprendan las lecciones de sus maestros. Para entonces, muchos de éstos han perdido contacto con sus estudiantes. Pero, al menos por un tiempo, tienen la oportunidad de ver su impacto a corto plazo al interactuar con ellos. Muchos puestos no ofrecen contacto alguno con los beneficiarios de nuestro trabajo. En el caso de la atención a la salud, por ejemplo, muchos profesionales hacen diagnósticos cruciales sin conocer siquiera a los pacientes implicados. En Israel, un grupo de radiólogos evaluó cerca de cien tomografías computarizadas (TC).[13] Tres meses después las habían olvidado y volvieron a evaluarlas. Algunos mejoraron, registrando un avance de cincuenta y tres por ciento en detección de anormalidades no relacionadas con la razón primaria de las TC. Pero otros empeoraron: su tino bajó veintiocho por ciento en justo las mismas TC en sólo tres meses. ¿Por qué algunos mejoraron y otros empeoraron?

Los pacientes habían sido fotografiados antes de la TC. La mitad de los radiólogos hicieron su primera evaluación sin ver esas fotos, y la segunda, tres meses después, viéndolas. Éstos fueron los radiólogos que mejoraron cincuenta y tres por ciento. La otra mitad vio las fotos en su primera evaluación y no en la segunda. Éstos fueron los que empeoraron veintiocho por ciento.

La simple adición a la TC de la foto del paciente incrementó la precisión del diagnóstico en cuarenta y seis por ciento. Y aproximadamente ochenta por ciento de los hallazgos clave del diagnóstico ocurrieron *únicamente cuando los radiólogos vieron las fotos*. Omitieron esos importantes hallazgos en ausencia de fotos, aun si los habían detectado tres meses antes. Al ver las fotografías de los pacientes sintieron más empatía. Alentando la empatía, las fotos motivaron a los radiólogos a hacer diagnósticos más cuidadosos. Sus reportes fueron veintinueve por ciento más largos cuando las TC incluyeron fotos. Al verlas, los radiólogos entendieron mejor el impacto humano de su trabajo. Una foto "vuelve única cada TC", dijo uno de ellos.

El investigador Nicola Bellé encontró patrones similares en un estudio reciente sobre noventa enfermeras italianas invitadas a formar juegos de instrumental quirúrgico.[14] Una vez que se les asignó aleatoriamente el contacto con los profesionales de la salud que usarían esos juegos, fueron mucho más productivas y certeras. Este efecto fue particularmente pronunciado entre aquellas que en una encuesta habían reportado marcadas tendencias generosas. Curiosamente, una semana después de conocer a los profesionales que se beneficiaron de sus juegos, todas las enfermeras se sintieron más inclinadas a dar. Junto con menor agotamiento entre generosos, una relación de primera mano con el impacto puede inclinar a la generosidad a personas de todos los estilos de reciprocidad. Cuando la gente sabe que su trabajo marca una diferencia se siente impulsada a contribuir más.

Con base en la idea de que ver el impacto puede reducir la fatiga de los generosos y motivar a otros a dar, algunas organizaciones han concebido iniciativas para vincular a los empleados con el impacto de sus productos y servicios. En Wells Fargo, el vicepresidente Ben Soccorsy produjo videos en los que clientes hablaban del modo en que los préstamos de intereses bajos de esa compañía les ayudaban a reducir y eliminar su deuda indeseada. "Muchos de ellos sentían que se les quitaba un gran peso de encima; ahora tenían un plan para pagar su deuda", dice Soccorsy. Cuando los empleados veían esos videos, "era como si la luz se hiciera en ellos. Percibían el impacto de su trabajo, que un préstamo podía marcar de verdad una diferencia en la vida de los clientes. Era una motivación contundente". Por su parte, empleados de todas las áreas de Medtronic –de ingenieros a vendedores– visitan hospitales para ver cómo sus tecnologías médicas benefician a pacientes. "Cuando están exhaustos", me dijo el exdirector general de esa compañía, Bill George, "es muy importante que vayan a ver operaciones. Comprueban así su impacto en los pacientes, lo que les recuerda que están aquí para ayudar a la gente a recuperar por completo su vida y salud". Medtronic celebra igualmente una fiesta anual para todos sus empleados, más de treinta mil, en la que se invita a seis pacientes a contar su historia de cómo los productos de esa compañía cambiaron su vida. Cuando ven por vez primera cuánto puede importar su trabajo, muchos empleados rompen a llorar.[15]

Tener gran impacto es una de las razones de que, por contraintuitivo que parezca, dar más pueda ayudar a los generosos a no fatigarse. Pero ésta no es toda la historia. Hay una segunda razón de que la generosidad extra de Conrey haya sido vivificante, y tiene que ver con dónde y a quién daba. Hace casi un siglo, la psicóloga Anitra Karsten invitó a un grupo de personas a realizar tareas repetitivas mientras las disfrutaran, y a detenerse cuando se cansaran. Los participantes se afanaban largamente en tareas como dibujar y leer poemas en voz alta, hasta no poder más. La tarea de un sujeto fue escribir *ababab* una y otra vez. Tal como ahora lo explica la psicóloga de Harvard Ellen Langer, "él prosiguió hasta quedar mental y físicamente exhausto. La mano se le adormeció, y no podía moverla para hacer un signo más. Pero, en ese momento, la investigadora le pidió anotar su nombre y dirección con otro propósito, y lo hizo con toda facilidad".[16]

La misma extraña situación sucedió con otros participantes. Una mujer dijo sentirse tan aniquilada que no podía levantar el brazo para trazar una letra más. Pero entonces lo alzó para acomodarse el cabello, al parecer sin la menor dificultad ni incomodidad. Y cuando los participantes leían poemas en voz alta hasta enronquecer, no tenían empacho en quejarse de la tarea con su voz normal. Según Langer, no fingían. Más bien, "el cambio de contexto renovaba su energía".

Ofrecerse a orientar a maestros de TFA creó para Conrey un cambio de contexto que dio frescura a su generosidad. "Me alienta trabajar con adultos, hacer algo parecido a dar clases pero que no me cansa", dice. Dar más puede ser agotador si ocurre en la misma área. En vez de dar más de la misma manera, una y otra vez, ella extendió sus contribuciones a otro grupo. Lo mismo ocurrió cuando se puso a orientar a estudiantes de preparatoria en Minds Matter: contaba con un nuevo grupo al cual ayudar, en una nueva sede. No enseñaba español; preparaba para ingresar a la universidad. Trasladar su generosidad a un dominio diferente le permitió recuperar su energía.

Decisiones alteristas: concentrar, dispersar y la regla de cien horas del trabajo voluntario

Al principio de este capítulo nos referimos a la conducta alterista, y tanto en el ejemplo de Conrey como en el de los telefonistas ya empezó a entrar en juego la distinción entre los generosos desinteresados y los alteristas. En estos

contextos, las decisiones sobre cómo, dónde y cuánto dar hacen evidentemente una diferencia en la fatiga o la extenuación. Podría parecer que, por
dar más, Conrey era una generosa desinteresada. Pero lo que realmente hizo
fue producir una oportunidad de dar que fuera personalmente satisfactoria,
extrayendo energía del visible impacto de sus aportaciones. En este caso,
ser desinteresada habría significado dar más todavía en la escuela, donde se
precisaba de mucha ayuda, pero donde ella se sentía coartada en su capacidad para hacer una diferencia. Pensando en cambio en su bienestar, Conrey
descubrió una manera de favorecerlo dando de una manera nueva.

Esta decisión tiene consecuencias reales para los generosos. En varios
estudios, la psicóloga de Carnegie Mellon Vicki Helgeson ha descubierto
que cuando la gente da incesantemente y sin preocuparse por su bienestar,
se expone a mala salud física y mental.* Pero cuando da en forma alterista,
mostrando una preocupación sustancial tanto por sí misma como por los
demás, no experimenta costos de salud.[17] En un estudio, las personas que
mantenían un equilibrio entre beneficiarse y beneficiar a otros alcanzaban
incluso incrementos significativos de felicidad y satisfacción en un periodo
de seis meses.†

Para entender mejor a los generosos alteristas y a los desinteresados, exa-
minemos más detenidamente las decisiones que unos y otros toman acerca de cuándo y cuánto dar. Resulta que la generosidad de Conrey le ayudó
a evitar la fatiga no sólo gracias a la variedad, sino también a la forma en
que la planeó.

---

* Las investigaciones indican que quienes en el trabajo incurren en la generosidad desinteresada
terminan sintiéndose sobrecargados y estresados, y experimentando conflicto entre el trabajo y su
familia. Esto se aplica por igual al matrimonio: en un estudio de parejas casadas, quienes no mantenían un equilibrio entre sus necesidades y las de su pareja se deprimieron más en los seis meses siguientes. Al priorizar los intereses ajenos e ignorar los propios, los generosos desinteresados
se agotan. Véase Marck C. Bolino y William H. Turnley, "The Personal Costs of Citizenship Behavior: The Relationship between Individual Initiative and Role Overload, Job Stress, and Work-Fa-
mily Conflict", en *Journal of Applied Psychology*, núm. 90, 2005, pp. 740-748, y Madoka Kumashiro,
Caryl E. Rusbult y Eli J. Finkel, "Navigating Personal and Relational Concerns: The Quest for Equi-
librium", en *Journal of Personality and Social Psychology*, núm. 95, 2008, pp. 94-110.

† Los saludables efectos del alterismo pueden evidenciarse incluso en nuestro estilo al escribir. El
psicólogo James Pennebaker atribuyó mejoras de salud a las palabras usadas en un diario. "El estilo de aquellos cuya salud mejoró mostró un alto índice de palabras con 'yo' en cierta ocasión y
altas tasas de otros pronombres en la siguiente, así como un vaivén entre ambos usos en entradas
subsecuentes", explica Pennebaker en *The Secret Life of Pronouns* (La vida secreta de los pronombres), de modo que "las personas sanas dicen algo sobre sus pensamientos y sentimientos en un
caso, y luego exploran lo que ocurre con los demás antes de volver a escribir sobre sí mismas". Las
personas con entradas de diario puramente egoístas o desinteresadas tienden a exhibir menos mejoras de salud. Véase James Pennebaker, *The Secret Life of Pronouns: What Our Words Say About
Us*, Bloomsbury Press, Nueva York, 2011, p. 13.

Imagina que esta semana harás cinco favores al azar.[18] Harás cosas como ayudar a un amigo en un proyecto, escribir una nota de agradecimiento a un exprofesor, donar sangre o visitar a un pariente anciano. Puedes elegir una de dos maneras de organizar tu generosidad: concentrarla o dispersarla. Si optas por concentrarla, juntarás esos cinco favores en un solo día. Si optas por dispersarla, la distribuirás en partes iguales en cinco días, para dar un poco cada día. ¿Qué piensas que te haría más feliz: concentrar o dispersar?

En el estudio correspondiente, efectuado por la psicóloga Sonja Lyubomirsky, los participantes hicieron cinco favores al azar cada semana durante mes y medio. Fueron aleatoriamente divididos en dos grupos: la mitad acumuló su generosidad en un solo día cada semana, y la otra la dispersó cinco días a la semana. Al cabo de las seis semanas, pese a haber realizado el mismo número de favores, sólo uno de estos grupos se sintió más feliz.

Quienes concentraron sus favores obtuvieron aumentos de felicidad; quienes los dispersaron no. La felicidad creció cuando los cinco favores se hicieron en un solo día, no cuando se les hizo uno al día. Lyubomirsky y colegas especulan que "quizá dispersarlos en el curso de una semana les quitó prominencia y poder, o los volvió menos distinguibles de la amabilidad habitual de los participantes".

Igual que los participantes más felices, también Conrey prefirió concentrar. En Minds Matter condensó su trabajo voluntario un día a la semana, ofreciendo los sábados sus cinco horas semanales de mentoría a estudiantes de preparatoria. Al reunir su generosidad en un solo bloque semanal, experimentó más vívidamente su impacto, lo que le hizo sentir que sus esfuerzos eran "más que un grano de arena".

Concentrar la generosidad es una estrategia alterista. En vez de orientar a estudiantes después de clases, cuando ya estaba cansada, Conrey reservaba para ello el fin de semana, cuando ya se había recuperado y disponía de tiempo en su agenda. En contraste, los generosos desinteresados tienden a dispersar su generosidad en varios días, ayudando cada vez que la gente los necesita. Esto puede distraer y fatigar en exceso, privando a los generosos desinteresados de la atención y energía que necesitan para realizar su trabajo.

Un mes de septiembre, diecisiete ingenieros de software de una compañía de *Fortune* 500 recibieron el encargo de desarrollar código para un nuevo e importante producto.[19] Se trataba de una impresora láser a color, que costaría al usuario diez por ciento más que otros productos en el mercado. De tener éxito, la compañía sería un actor dominante en el mercado, y podría lanzar toda una familia de productos luego de la impresora. La división perdía dinero rápidamente; si la impresora no estaba lista a tiempo, aquélla desaparecería. Los ingenieros trabajaban de noche y los fines de semana para poder terminar el proyecto, pero aún estaban atrasados. Tenían todo en contra: sólo una vez en la historia de la división un producto había sido lanzado a tiempo. Estaban "estresados" y "exhaustos", escribe la profesora de Harvard Leslie Perlow, sin "tiempo suficiente para satisfacer todas las demandas que pesaban sobre sus hombros".

Habían caído en un patrón de generosidad desinteresada: se la pasaban ayudando a sus colegas a resolver problemas. Uno de ellos reportó que "lo que más me frustra de mi trabajo es no poder hacer el mío por tener que ayudar siempre a los demás"; otro se lamentó de que "el problema de mi estilo de trabajo es que la receptividad genera más necesidad de ella, así que estoy tan ocupado respondiendo a preguntas que no puedo avanzar". Para Andy, un día de trabajo normal iba de las ocho de la mañana a las ocho y cuarto de la noche; no era hasta después de las cinco que disponía de un bloque de tiempo de más de veinte minutos para poder hacer sus tareas básicas. Con objeto de buscar tiempo para trabajar, ingenieros como él empezaron a llegar muy temprano a la oficina y a quedarse hasta tarde. Esta solución fue efímera: cuanto más se quemaban las pestañas, más impredecibles eran las interrupciones. Los ingenieros daban más tiempo sin obtener más progresos, lo cual resultaba agotador.

A Perlow se le ocurrió entonces convertir a estos generosos desinteresados en alteristas, proponiéndoles concentrar su generosidad en lugar de dispersarla. Trabajó con los ingenieros para establecer periodos tranquilos y de interacción. Tras experimentar con varios horarios, optó por periodos tranquilos tres días a la semana, hasta mediodía, durante los cuales los ingenieros trabajarían solos y sus colegas sabrían que no debían interrumpirlos. El resto del tiempo, éstos estarían en libertad de buscar consejo y ayuda.

Cuando Perlow encuestó a los ingenieros acerca del periodo tranquilo, dos tercios de ellos reportaron una productividad superior al promedio. Cuando ella tomó distancia y dejó que los ingenieros administraran solos su periodo tranquilo durante un mes, cuarenta y siete por ciento de ellos mantuvieron una productividad superior al promedio. Concentrando su tiempo para ayudar, los ingenieros pudieron preservar tiempo y energía para hacer su trabajo, transitando así de la generosidad desinteresada a la alterista. En palabras de uno de ellos, el periodo tranquilo "me permitía hacer durante el día parte de las actividades que normalmente habría desplazado a la noche". Tres meses más tarde, los ingenieros lanzaron a tiempo la impresora láser, por segunda vez en la historia de la división. El vicepresidente de ésta atribuyó el éxito a los límites a la generosidad fijados por el periodo tranquilo: "No creo que sin este proyecto hubiéramos podido cumplir la fecha límite".

Como los ingenieros tenían urgencia de terminar a tiempo su producto, dispusieron de una justificación sólida para volver más alterista su generosidad. Pero en muchas otras situaciones, las fronteras apropiadas para dar tiempo son más vagas. Sean Hagerty es director de administración de inversiones en Vanguard, compañía de servicios financieros especializada en fondos de inversión mobiliaria.[20] Es al mismo tiempo un mentor entregado, con una añeja pasión por la educación, de manera que ha vuelto costumbre ofrecer al menos una semana al año para dar clases a los empleados de la universidad corporativa de Vanguard. Cuando la directora docente contó las horas de Sean, notó que pasaba mucho tiempo en el aula. Preocupada de que esto pudiera agotarlo, Sean reconoció que existía ese riesgo: "Mi compromiso es muy significativo, dado que tengo aparte un trabajo formal". Pero en vez de reducir sus horas de clase, pidió más: "Ésta es una de las cosas más valiosas que hago". Cuantas más horas de enseñanza daba, más estimulado se sentía a seguir enseñando, hasta acercarse a las dos semanas y destinar cien horas de trabajo voluntario anual a iniciativas educativas.

Cien parece ser un número mágico para la generosidad. En un estudio sobre más de doscientos australianos a la mitad de su sesentena, quienes cedían voluntariamente de cien a ochocientas horas anuales eran más felices y estaban más satisfechos que quienes daban menos de cien o más de ochocientas.[21] En otro estudio, los adultos estadunidenses que cedieron al menos cien horas en 1998 tenían más probabilidades de estar vivos en 2000. Ceder más de cien horas no les reportó beneficio alguno.[22] Ésta es la *regla de cien horas* del trabajo voluntario. Tal cantidad parece ser la medida en que la generosidad resulta más tonificante y menos agotadora.

Cien horas al año equivale a sólo dos a la semana. Las investigaciones indican que si la gente cede voluntariamente dos horas a la semana, su felicidad, satisfacción y autoestima aumentarán un año después. Dos horas a la semana en una actividad nueva parece ser el punto adecuado para marcar una diferencia significativa sin fatiga y sin sacrificar otras prioridades. Es también la medida en que el trabajo voluntario tiene más probabilidades de alcanzar un equilibrio sano, ya que brinda beneficios al voluntario tanto como a los receptores de su ayuda.* En un estudio nacional, miles de canadienses reportaron el número de horas que cedían voluntariamente al año, y si adquirían de eso nuevos conocimientos y habilidades técnicos, so-

---

* El número óptimo de horas al año puede ser inferior a cien conforme se envejece. En un estudio sobre estadunidenses de más de sesenta y cinco años, los que cedieron voluntariamente de una a cuarenta horas en 1986 tenían más probabilidades de estar vivos en 1994 que quienes cedieron cero o más de cuarenta. Este resultado se sostuvo aun después de tomar en cuenta condiciones de salud, actividad física, religión, ingresos y muchos otros factores que pueden influir en la sobrevivencia.

ciales u organizacionales. Con un par de horas a la semana, los voluntarios adquirían conocimientos y habilidades en forma sistemática. Con cinco, el trabajo voluntario tenía rendimientos decrecientes: la gente aprendía cada vez menos con cada hora adicional.[23] Más allá de once horas a la semana, el tiempo voluntario adicional no añadía ninguna habilidad ni conocimiento.

Cuando Conrey empezó a orientar a exmiembros de TFA, cedía setenta y cinco horas al año. Cuando lanzó Minds Matter, rebasó la marca de las cien. Quizá no sea casualidad que haya recuperado su energía justo entonces. Pero la cantidad de tiempo no fue lo único importante; en la generosidad de Conrey hay una forma de concentrar que también salta a la vista en la de Sean Hagerty, y que revela un contraste clave entre la generosidad desinteresada y la alterista.

Entre más tiempo dedicaba Hagerty a enseñar en Vanguard, más oportunidades de dar ansiaba. "Quiero aportar mi granito de arena y dejar este lugar mejor que cuando llegué", dice, así que dio en preguntarse cómo podía tener un impacto en el mundo. Mientras reflexionaba en diversas maneras de dar, advirtió un patrón en su tiempo libre: "Cada vez leía más sobre educación, tenía una pasión natural por ese tema". Decidió entonces dirigir y lanzar dos nuevos programas educativos. Uno de ellos se llama The Classroom Economy, y es de escala nacional; Sean y colegas enseñan administración básica a infantes de jardín de niños de todo el país. El otro, Team Vanguard, es local; Sean se asoció con una escuela pública de Filadelfia para administrar un programa de mentoría de cuatro años, en el que empleados de la compañía ceden sus noches, fines de semana y horas de comida. Pese a que implican un compromiso de tiempo sustancial, Sean descubrió que ambos programas "tienen un impacto muy positivo en mi energía. A la dirección le preocupan las horas de trabajo voluntario, por el tiempo que quita. Esto es cierto a veces, pero, en mi opinión, produce empleados más comprometidos, yo incluido. Me encanta este trabajo, porque da salida a mis intereses filantrópicos".

Si Sean fuera un generoso desinteresado, podría dispersar su energía en muchas causas por mero sentido del deber, independientemente de su interés y entusiasmo en ellas. En cambio, asume un enfoque alterista, optando por concentrar su generosidad en la educación, una causa que le apasiona. "Retribuir de esta manera a la comunidad me procura una satisfacción personal increíble", dice.

Los psicólogos Netta Weinstein y Richard Ryan han demostrado que dar tiene un efecto tonificante sólo si se trata de una decisión agradable y significativa, no tomada por obligación.[24] En un estudio, la gente reportó su generosidad durante dos semanas, indicando si había ayudado a alguien o hecho algo por una buena causa. En los días en que daba, evaluaba por qué lo hacía. A veces daba por gusto y búsqueda de significado: lo creía importante, el otro le interesaba y ella sentía que podía disfrutarlo. Otras, daba por obligación; creía que debía hacerlo y se sentía mal si no lo hacía. Cada día reportaba qué tan vigorizada se sentía.

Weinstein y Ryan midieron los cambios de energía día tras día. Por sí misma, la generosidad no afectaba la energía: la gente no era sustancialmente más feliz los días en que ayudaba a otros que cuando no lo hacía. Pero la razón de dar era muy importante: cuando ayudaba por gusto y sensación de propósito, experimentaba un gran aumento de energía.* Dar por esta razón confería más autonomía, fluidez y conexión con los demás, e incrementaba la energía. Cuando estudié a bomberos y telefonistas recaudadores de fondos, hallé el mismo patrón: podían trabajar más larga e intensamente cuando cedían tiempo y energía por gusto y sensación de propósito, no por obligación.[25]

Para Conrey, ésta es una de las principales diferencias entre dar clases en Overbrook y hacer trabajo voluntario en Mind Matter y TFA. En Overbrook, dar es una obligación. Su trabajo implica interrumpir peleas y mantener el orden, deberes que –aunque importantes– no tienen nada que ver con la pasión que la atrajo a la docencia. En su trabajo voluntario, dar es una opción agradable: a ella le encanta ayudar a estudiantes de alto rendimiento pero desfavorecidos y orientar a profesores de TFA poco experimentados. Ésta es otra forma en que la generosidad puede ser alterista: Conrey dirigía su atención a beneficiar a estudiantes y maestros, pero lo hacía de un modo asociado con sus valores básicos y que avivaba su entusiasmo. La energía se transmitía al aula, lo que contribuía a que ella siguiera motivada.

Pero en Overbrook no podía evitar la obligación de dar a sus alumnos en formas que no le parecían naturalmente emocionantes y estimulantes. ¿Qué hacía para mantener su entusiasmo pese a sentirse obligada?

Durante una semana particularmente estresante, no podía hacerse entender por sus alumnos: "Me sentía fatal y los chicos estaban terribles". Buscó ayuda entonces en una colega, Sarah, quien le recomendó una actividad que era un éxito en su salón: dibujar los monstruos sueltos en Filadelfia.

---

* Curiosamente, el impulso emocional de la generosidad no siempre ocurre de manera correcta. Cuando la psicóloga Sabine Sonnentag y yo encuestamos a bomberos y rescatistas europeos, descubrimos que cuando tenían un impacto muy positivo en otros, se sentían vigorizados en casa después del trabajo, pero no durante éste. Ver su impacto les permitía experimentar más significado y fluidez, pero sólo después de reflexionar en el impacto de sus acciones. Véase Sabine Sonnentag y Adam M. Grant, "Doing Good at Work Feels Good at Home, But Not Right Away: When and Why Perceived Prosocial Impact Predicts Positive Affect", en *Personnel Psychology*, núm. 65, 2012, pp. 495-530.

Los alumnos dibujaban un monstruo, escribían una historia sobre él y elaboraban un anuncio de "Se busca" para alertar a la gente. Esto era justo lo que ella necesitaba. "Diez minutos de conversación me emocionaron acerca de esta práctica. Me divertí con los chicos, lo que me ayudó a interesarme más en el curso."

Aunque la decisión de Conrey de pedir ayuda a otra maestra podría no parecer inusual, las investigaciones indican que se trata de un acto muy raro entre generosos desinteresados. A éstos "no les gusta recibir apoyo", escriben Helgeson y su colega Heidi Fritz. Decididos a asumir el papel de benefactores, se resisten a agobiar o incomodar a otros. Helgeson y Fritz determinaron que los generosos desinteresados reciben menos apoyo que los alteristas, lo que tiene costos psicológicos y físicos. Como concluyen la experta en fatiga Christina Maslach y colegas, "ya se dispone de un conjunto de pruebas sólido y sistemático de que la falta de apoyo social se vincula con el agotamiento".

En contraste, los generosos alteristas saben que es importante proteger su bienestar. Cuando están muy cansados, buscan ayuda, lo que les permite reunir los consejos, asistencia y recursos necesarios para mantener su motivación y energía. Tres décadas de investigaciones demuestran que recibir apoyo de colegas es un antídoto muy eficaz contra la fatiga.[26] "Es magnífico contar con una red de apoyo de maestros", afirma Conrey.

Pero Overbrook no tenía una red formal de apoyo a maestros, así que ¿dónde consiguió Conrey la suya? Formó una en Overbrook, mediante el acto de prestar ayuda.

Los expertos creyeron durante mucho tiempo que la respuesta al estrés implicaba una decisión: *pelear o huir*. Como la fatiga significa no tener energía para pelear, es lógico que optemos por huir, para evitar la fuente del estrés. Los expertos en fatiga Jonathon Halbesleben y Matthew Bowler estudiaron durante dos años a bomberos profesionales. En efecto, cuando éstos se agotaban, sus evaluaciones de desempeño descendían. La fatiga los volvía indiferentes al rendimiento y el prestigio. Así, invertían menos esfuerzo en su trabajo y su eficacia pagaba las consecuencias.[27]

Sorpresivamente, la fatiga no reducía en general el esfuerzo entre los miembros del equipo. Había un aspecto en el que los bomberos se esforzaban *más* cuando estaban exhaustos: ayudarse unos a otros. Frente a síntomas de fatiga, solían tomarse la molestia de ayudar a colegas con una enorme carga de trabajo, compartir nuevos conocimientos con supervisores, aconsejar a nuevos colegas e incluso escuchar los problemas de otros. ¿A qué se debe que la fatiga los volviera más generosos?

La psicóloga de la University of California-Los Angeles (UCLA) Shelley Taylor descubrió una respuesta al estrés distinta a la de pelear o huir, que llamó cuidar y amistar. "Uno de los aspectos más notables de la respuesta humana al estrés es la tendencia a la asociación, es decir, a la formación de grupos para ofrecer y recibir protección en momenos de amenaza". Las investigaciones neurocientíficas de Taylor revelan que cuando nos sentimos estresados, la reacción natural del cerebro es liberar sustancias químicas que nos empujan a establecer vínculos con los demás.[28] Eso era lo que los bomberos hacían: cuando se cansaban, invertían su limitada energía en ayudar a sus colegas. Intuitivamente, advertían que dar reforzaba sus relaciones y generaba apoyo (al menos de equitativos y generosos). Aunque la mayoría de los generosos están al tanto de esta oportunidad, al parecer sólo los alteristas la aprovechan.

Conrey Callahan formó su red de apoyo cuidando y amistando bajo estrés. Cuando estuvo a punto de caer rendida, comenzó a orientar a maestros de TFA y otros jóvenes maestros de su escuela. Uno de ellos fue Sarah, a quien le enseñó el ejercicio de los monstruos. Ella lo había olvidado, y cuando buscó ayuda, Sarah se lo recordó. Además de resultar útil, el consejo reforzó la sensación de impacto de Conrey: ella había dado a Sarah una actividad que también fue un éxito entre sus alumnos.

Los generosos alteristas forman redes de apoyo en las que pueden buscar ayuda cuando la necesitan. Esto, junto con concentrar la ayuda para que sea estimulante, es lo que vuelve a este tipo de generosos menos vulnerables a la fatiga que a los desinteresados. Pero, ¿cómo se apertrechan los generosos alteristas contra interesados y equitativos?

El mito de la fatiga de los generosos

Hace años, psicólogos holandeses estudiaron a cientos de profesionales de la salud.[29] Rastrearon el monto de tiempo y energía que concedían a sus pacientes y les pidieron reportar qué tan cansados se sentían. Un año más tarde, evaluaron de nuevo su generosidad y fatiga. En efecto, cuanto más daban, más agotados se sentían. Los que daban en forma desinteresada tuvieron el mayor índice de fatiga: daban más de lo que recibían y esto los agotaba. Los que actuaban como equitativos e interesados estaban mucho menos exhaustos.

Curiosamente, en otro estudio los psicólogos holandeses hallaron evidencias de que algunos profesionales de la salud parecían inmunes a la fatiga. Aun cuando cedían gran cantidad de tiempo y energía, no se cansaban. Estos profesionales resistentes eran generosos alteristas: dijeron que les

gustaba dar y que solían hacer el esfuerzo de hacerlo, pero no temían buscar ayuda cuando la necesitaban. Los generosos alteristas tenían índices de
agotamiento muy inferiores a los de equitativos e interesados, quienes carecían de aguante para seguir dando. Este estudio apuntó a una posibilidad
inesperada: que aunque equitativos e interesados parecen ser menos vulnerables a la fatiga que los generosos desinteresados, quizá la resistencia mayor corresponda a los generosos alteristas.

La razón de esto fue iluminada en parte por un interesante trabajo de las
psicólogas de la Northwestern University Elizabeth Seeley y Wendi Gardner,
quienes pidieron a un grupo de personas realizar una tarea difícil que minara
su fuerza de voluntad. Por ejemplo, imagina que tienes mucha hambre y ves
un plato de deliciosas galletas con chocochips, pero que debes vencer la tentación de comerlas. Tras consumir su fuerza de voluntad en una tarea como
ésta, los participantes apretaban una agarradera tanto como podían. El participante promedio aguantaba veinticinco segundos. Pero un pequeño grupo
aguantó cuarenta por ciento más, hasta llegar a treinta y cinco segundos.[30]

Los participantes con gran resistencia obtuvieron las calificaciones más
altas en un cuestionario que evaluó la "orientación a los demás". Estas personas orientadas a los demás operaban como generosas. Superando sistemáticamente sus impulsos egoístas con objeto de ayudar a otros, habían
desarrollado su fuerza psicológica, al punto de que ya no les cansaba usar
su voluntad en tareas penosas. En apoyo a esta idea, otros estudios han demostrado que los generosos acumulan ventajas al controlar sus pensamientos, emociones y conductas. Con el tiempo, la larqueza puede aumentar la
fuerza de voluntad de la misma manera en que levantar pesas desarrolla
los músculos. Claro que todos sabemos que, si se abusa de ellos, los músculos se cansan, y hasta se desgarran; esto es lo que sucede con los generosos desinteresados.

En Utah, un hombre de setenta y cinco años de edad comprende el aguante de los generosos alteristas. Se llama Jon Huntsman Sr., y su pequeña foto,
del informe anual de su compañía, apareció en el capítulo 2, junto con la
enorme de Kenneth Lay (Huntsman es padre asimismo del exgobernador de
Utah y candidato presidencial republicano en 2012, Jon Huntsman Jr.).[31] En
1990, Huntsman negociaba una adquisición con Charles Miller Smith, presidente y director general de una compañía de productos químicos. La esposa
de Smith murió durante las negociaciones, y como Huntsman había empa-
tizado con él, optó por no seguir presionando: "Decidí que los detalles del
último veinte por ciento del arreglo se quedaran como estaban. Quizá pude
haber obtenido doscientos millones más, pero a expensas del estado emocional de Smith. Tal como estaba, el acuerdo era bastante bueno".

¿El estado emocional de un director valía de veras doscientos millones de dólares para Huntsman? Lo creas o no, ésa no fue la primera vez en que él renunció a una fortuna en una negociación. Cuatro años antes había llegado a un acuerdo verbal con otro director general, Emerson Kampen: Huntsman le vendería cuarenta por ciento de una división de su compañía por cincuenta y cuatro millones de dólares. Por demoras legales, el contrato no estuvo listo hasta seis meses después, momento para el cual las ganancias de Huntsman se habían disparado: ese cuarenta por ciento de la división ya valía doscientos cincuenta millones. Kampen llamó con la oferta equitativa de dividir la diferencia, proponiendo pagar ciento cincuenta y dos millones en vez de los cincuenta y cuatro originales, con lo que Huntsman recibiría cerca del triple del acuerdo original. Pero Huntsman se negó; era suficiente con la suma inicial. Kamen no lo podía creer: "Es injusto para ti".

Hunstman creía en honrar su compromiso con Kampen. Aunque para ese momento los abogados no habían preparado el contrato de compra, él había estrechado una mano seis meses antes en un acuerdo verbal. Firmó por los cincuenta y cuatro millones, renunciando a un extra de noventa y ocho. ¿Qué hombre de negocios tomaría decisiones tan irracionales?

En 1970, Huntsman creó una compañía de productos químicos que es hoy la más grande del mundo. Se le ha designado Empresario del Año y conferido más de una docena de doctorados *honoris causa* de universidades del mundo entero. Es multimillonario, una de las mil personas más ricas del mundo, según *Forbes*.

Pero como lo muestran sus decisiones al llegar a acuerdos, también es una persona generosa, y no sólo en los negocios. Se involucró en la filantropía desde 1985. Es una de las diecinueve personas en todo el mundo que han donado al menos un millón de dólares. Ha obtenido importantes premios humanitarios por donar más de trescientos cincuenta millones de dólares para la fundación del ilustre Huntsman Cancer Center, y ha hecho grandes donativos para ayudar a víctimas de sismos en Armenia, apoyar la educación y combatir la violencia doméstica y el desamparo. Claro que muchos otros ricos donan mucho dinero, pero a Huntsman lo distingue una pasión infrecuente. En 2001, la industria química se vino abajo, y él perdió una porción considerable de su fortuna. Cualquiera en su lugar habría dejado de donar hasta recuperarse, pero él tomó una decisión inusitada: obtener un préstamo personal de varios millones de dólares para poder cumplir sus compromisos filantrópicos de los tres años siguientes.

Huntsman parece un ejemplo clásico de alguien que se hace rico y después decide retribuir. Pero hay otra manera de ver su éxito, quizá imposible de creer si no estuviera avalada tanto por su experiencia como por la ciencia. Tal vez no se volvió generoso por haberse hecho rico. ¿Y si estamos confundiendo la causa con el efecto?

Huntsman cree que *lo que lo hizo rico* fue ser generoso. En su compromiso con la generosidad escribe: "Desde mi más tierna infancia, supe que mi razón de ser era ayudar a los demás. El deseo de retribuir fue lo que me empujó a seguir la carrera de administración, para poder aplicarla a fundar la que habría de convertirse en una exitosa compañía de contenedores, así como para usar esta experiencia en hacer crecer nuestra diversificada corporación de productos químicos". Desde 1962 dijo a su esposa que "quería tener su propia empresa para poder marcar una diferencia" en favor de la gente con cáncer. Había perdido a sus padres a causa de esta enfermedad, a la que él mismo ha sobrevivido en tres ocasiones. La cura del cáncer es tan importante para él que la ha priorizado incluso sobre su ideología política. Aunque trabajó en la Casa Blanca de Nixon y simpatiza desde hace mucho con el Partido Republicano, se sabe que favorece a candidatos demócratas si éstos muestran mayor compromiso con la cura de dicha enfermedad.

Huntsman es sin duda un empresario hábil. Pero el acto mismo de *donar* podría haber contribuido a su fortuna. En *Winners Never Cheat* (Los triunfadores nunca engañan), escribe: "En términos económicos, los momentos más satisfactorios de mi vida no han sido aquellos en los que he cerrado un gran trato, o cosechado sus ganancias. Han sido aquellos en los que he podido ayudar a personas necesitadas. [...] No niego que soy adicto a los negocios, pero también lo soy a la generosidad. Cuanto más da uno, mejor se siente; y cuanto mejor se siente, más fácil se vuelve dar".

Ésta es una prolongación de la idea de que los generosos alteristas desarrollan su fuerza de voluntad, lo que les facilita dar más, pero ¿de veras es posible que Huntsman haya hecho dinero dando? Por increíble que parezca, hay evidencias que lo confirman. El economista Arthur Brooks puso a prueba la relación entre ingresos y donativos de beneficencia.[32] Usando datos de casi treinta mil estadunidenses en el año 2000, tomó en cuenta todos los factores imaginables que afectan los ingresos y la generosidad. Consideró educación, edad, raza, práctica religiosa, opiniones políticas y estado civil. También tomó en consideración el número de veces en que la gente donaba en forma voluntaria. Como era de esperar, mayores ingresos se tradujeron en más generosidad. Por cada dólar de ingresos extra, los donativos de beneficencia aumentaban catorce centavos de dólar.*

* Hay una trampa en esto: cuando la gente se enriquece, dona más, pero una proporción menor de sus ingresos anuales. En un estudio, psicólogos demostraron que la sola consideración del nivel socioeconómico basta para alterar el monto de donativos de beneficencia que se juzga apropiado. Cuando la gente se ubicaba a sí misma en la mitad de la escala de la riqueza, se sentía obli-

Sin embargo, había algo aún más interesante. Por cada dólar extra de donativos de beneficencia, los ingresos aumentaban 3.75 dólares. Dar parecía hacer más rica a la gente. Por ejemplo, imagina que tú y yo ganamos sesenta mil dólares al año, y que yo dono mil seiscientos y tú dos mil quinientos. Aunque donas novecientos dólares más que yo, según las evidencias el próximo año ganarás 3 375 dólares más que yo. Por asombroso que parezca, quien da más, gana más.

Tal vez Jon Hunstman Sr. lo sabía. Las investigaciones indican que dar puede aumentar la felicidad y el significado en la vida, motivando a la gente a trabajar más y ganar más, aun si sus donativos no alcanzan la colosal escala de los de Huntsman. En un estudio de los psicólogos Elizabeth Dunn, Lara Aknin y Michael Norton, la gente evaluaba su felicidad en la mañana, tras de lo cual recibía algo imprevisto: un sobre con veinte dólares. A las cinco de la tarde ya debía haberlos gastado, para evaluar nuevamente su felicidad. ¿Sería más feliz gastando el dinero en ella misma o en otros?

La mayoría cree ser más feliz gastando el dinero en ella misma, pero lo cierto es lo contrario. Si gastas el dinero en ti, tu felicidad no cambia. Pero si lo gastas en otros, reportarás ser mucho más feliz.[33] Ésta es la generosidad alterista: tú decides a quién ayudas, y esto te beneficia levantándote el ánimo. Los economistas llaman a esto "la agradable sensación de dar",[34] y los psicólogos "el arrebato del benefactor". Evidencias neurocientíficas recientes indican que la generosidad activa los centros de recompensa y significado del cerebro, el cual emite señales de placer y propósito cuando actuamos en bien de los demás.[35]

Estos beneficios no se limitan al acto de dar dinero; también aparecen cuando se da tiempo. Un estudio sobre más de dos mil ochocientos estadunidenses de más de veinticuatro años reveló que el trabajo voluntario predecía incrementos de felicidad, satisfacción y autoestima —así como decrementos de depresión— un año después.[36] Y entre los adultos de más de sesenta y cinco, los que daban de manera voluntaria registraron menor depresión en un periodo de ocho años.[37] Otros estudios demuestran que los adultos mayores que hacen trabajo voluntario o apoyan a otros viven más.[38] Esto es cierto aun después de tomar en cuenta su salud y el monto de apoyo que

gada a donar 4.65% de su ingreso anual. Pero cuando se imaginaba en lo alto de esa escala, sólo reportaba la obligación de donar 2.9%. Tendencias similares pueden hallarse en la realidad: en Estados Unidos, los hogares que ganan más de veinticinco mil dólares al año donan 4.2% de sus ingresos, mientras que los que ganan más de cien mil sólo donan 2.7%. Véase Paul K. Piff, Michael W. Kraus, Stéphane Côté, Bonnie Hayden Cheng y Dacher Keltner, "Having Less, Giving More: The Influence of Social Class on Prosocial Behavior", en *Journal of Personality and Social Psychology*, núm. 99, 2010, pp. 771-784.

reciben de otros. En un experimento, un grupo de adultos daba masajes a bebés o recibía masajes. Después, quienes los habían dado tenían menos niveles de hormonas del estrés –como cortisol y epinefrina– que quienes los recibieron.[39] Al parecer, dar añade significado a nuestra vida, nos distrae de nuestros problemas y nos ayuda a sentirnos valorados por los demás. Como concluyeron en una encuesta estadunidense los investigadores Roy Baumeister, Kathleen Vohs, Jennifer Aaker y Emily Garbinsky, "el significado se asoció con ser generoso más que con ser interesado".[40]

Abundan las evidencias de que la felicidad consecuente puede motivar a las personas a trabajar más intensa, larga, hábil y eficazmente.[41] La felicidad hace que la gente experimente largas horas de esfuerzo intenso en forma menos desagradable y más grata, se fije metas más difíciles y piense más rápida, flexible y ampliamente en sus problemas. Un estudio mostró incluso que cuando los médicos estaban de buen humor, hacían diagnósticos mejores y más rápidos.[42] En general, las personas más felices ganan en promedio más dinero, obtienen más altas evaluaciones de desempeño, toman mejores decisiones, negocian acuerdos más flexibles y hacen más aportaciones a sus organizaciones. La felicidad explica por sí sola diez por ciento de la variación en rendimiento laboral de los empleados. Dado que aumenta la felicidad, dar quizá haya motivado a Jon Huntsman Sr. a trabajar más y mejor, lo que le permitió amasar una fortuna.

Huntsman no es el único empresario influyente que ve la generosidad como fuente de energía. En 2003, el magnate de Virgin, Richard Branson, estableció el consejo The Elders para combatir los conflictos y promover la paz, en el que congregó a Nelson Mandela, Jimmy Carter, Kofi Annan, Desmond Tutu y otros líderes para aliviar el sufrimiento en Sudán, Chipre y Kenia.[43] En 2004 lanzó Virgin Unite, fundación no lucrativa que moviliza a personas y recursos para atacar enfermedades mortales como el sida y el paludismo, promover la paz y la justicia, prevenir el cambio climático y apoyar a emprendedores con micropréstamos y nuevos empleos en el mundo en desarrollo. En 2006 se comprometió a donar los tres mil millones de dólares íntegros de las ganancias de la aerolínea Virgin y a capacitar a empresas en la década siguiente para combatir el calentamiento global. En 2007 ofreció un premio de veinticinco millones de dólares a innovaciones para contrarrestar el calentamiento global. ¿Esta serie de acontecimientos fue producto acaso de una crisis de los cuarenta?

En realidad, Branson ya era generoso mucho antes de que se volviera rico y famoso. Cuando tenía diecisiete años, uno después de fundar la revista *Student* y cinco antes de lanzar Virgin Records, inició su primera obra de beneficencia. Se trataba del Student Advisory Centre, organización no lucrativa que ofrecía varios servicios a jóvenes en riesgo. Hizo una lista de los problemas que los jóvenes enfrentaban, de embarazos no deseados a enfermedades venéreas, y convenció a médicos de que prestaran servicios gratuitos o con descuento. Pasó muchas noches a las tres de la mañana en el teléfono consolando a personas que pensaban suicidarse. Mirándolo ahora, advierte que desde el principio de su carrera "se interesó en ganar dinero sólo para asegurar el éxito de *Student* y fundar el Student Advisory Centre". Hoy, la generosidad le sigue dando energía. "Lo que me hace levantarme cada mañana es la idea de marcar una diferencia", escribe Branson, "en la protección de nuestro futuro en este planeta. ¿Esto me vuelve exitoso? Ciertamente me hace más feliz".

Estos efectos estimulantes contribuyen a explicar por qué los generosos alteristas están reforzados contra la fatiga: dar les permite acumular reservas de felicidad y significado poco disponibles para los interesados y equitativos. Los generosos desinteresados consumen estas reservas, fatigándose y descendiendo a menudo hasta la base de la escala del éxito. Dando en formas que revitalizan en vez de agotar, los generosos alteristas tienen más probabilidades de llegar a la cima. En dos estudios sobre empleados en una amplia variedad de puestos y organizaciones, el psicólogo David Mayer y yo descubrimos que los empleados alteristas hacían aportaciones más sustentables que los desinteresados, los interesados o los equitativos. Los que reportaron gran interés en beneficiar a los demás y crearse una imagen positiva fueron calificados por sus supervisores como más útiles y capaces de tomar la iniciativa.[44]

Irónicamente, dado que la atención a sus intereses mantiene viva su energía, los generosos alteristas dan más que los desinteresados. Esto es lo que observó el ya desaparecido Herbert Simon, ganador del Premio Nobel de economía, en el epígrafe de este capítulo. Los generosos alteristas pueden parecer menos altruistas que los desinteresados, pero su resistencia al agotamiento les permite aportar más.

7

Dejar de ser bobo

Cómo vencer el efecto tapete

Ninguna buena obra queda impune.

–ATRIBUIDO A CLARE BOOTHE LUCE, EDITORA,
DRAMATURGA Y CONGRESISTA ESTADUNIDENSE

Lillian Bauer era una gerente brillante y trabajadora en un despacho de consultores de elite.[1] Reclutada en Harvard, abandonó la empresa para terminar su maestría en administración, tras de lo cual fue requerida de nuevo por el despacho. Considerada una estrella en ascenso, iba en camino de convertirse en socia antes de tiempo hasta que corrió la voz de que era demasiado generosa. Su ascenso a socia se pospuso seis meses, y entre tanto se le hizo saber claramente que debía decir "no" más seguido a sus clientes y colegas. Un año después, no lo lograba todavía.

A Bauer le apasionaba marcar la diferencia. Había dedicado varios años a una organización no lucrativa que ayudaba a mujeres a iniciar y desarrollar empresas. Ahí introdujo un programa de microcrédito que permitía a mujeres de bajos ingresos poner negocios propios. En un caso, una señora necesitaba un crédito para abrir un salón de belleza, pero fue rechazada por dos bancos. Bauer le ayudó a mejorar su plan de negocios y estados financieros, y ambos bancos acabaron ofreciéndole créditos a tasas muy competitivas. Como consultora, Bauer dedicaba incontables horas a orientar a nuevos empleados, dar asesoría profesional a colegas y ayudar incluso a compañeros de bajo rango a pulir sus solicitudes de ingreso a escuelas de administración. "Me gusta mucho ayudar. Si una hora de mi tiempo le ahorrará diez horas a alguien o le dará una oportunidad que no tendría de otra manera, me resulta fácil hacer un sacrificio y dar una hora más de mi tiempo."

Muy talentosa y emprendedora, Bauer, sin embargo, llevaba tan lejos su largueza que comprometía su productividad y prestigio. "Nunca decía no a nada", explicó un colega. "Era tan generosa con su tiempo que cayó en la trampa de ser una dejada. Esto retardó su ascenso a socia." En una evaluación de desempeño se le dijo que debía ser más egoísta: carecía de la seguridad que es de esperar en un socio consultor. Pasaba demasiado tiempo alentando el desarrollo de quienes la rodeaban y se empeñaba tanto en ayudar a sus clientes que hacía hasta lo imposible por satisfacer sus demandas. Así, era público y notorio que "no era tan enérgica como debía al apremiar a los clientes (y vencer el obstáculo que le impedía ser socia) en momentos clave en los que aquéllos debían oír un mensaje rotundo o en los que promovían una agenda en la dirección incorrecta". Ser generosa se convirtió para Bauer en una limitante de su carrera.

En un estudio que refleja la experiencia de Lillian, los profesores de administración Diane Bergeron, Abbie Shipp, Ben Rosen y Stacie Furst examinaron a más de tres mil seiscientos consultores de una importante empresa de servicios profesionales.[2] Codificaron la conducta generosa a partir de documentos de la compañía que referían el tiempo por semana que cada consultor dedicaba a ayudar a nuevos empleados, orientar a consultores de bajo rango y compartir conocimientos o experiencia con sus compañeros. Luego de un año de rastrear cada semana esas conductas, los investigadores obtuvieron datos sobre sueldo, celeridad de avance y ascensos de cada consultor.

Los generosos fueron los peores en esos tres parámetros. Presentaban incrementos salariales significativamente menores, avances más lentos e índices de ascenso más bajos. Promediaron nueve por ciento de incremento salarial, contra 10.5 y 11.5 de interesados y equitativos, respectivamente. Menos de sesenta y cinco por ciento de ellos habían sido ascendidos a gerentes, contra ochenta y tres y ochenta y dos por ciento de interesados y equitativos. Y los que ascendieron habían tenido que esperar más tiempo, veintiséis meses en promedio, contra menos de veinticuatro para interesados y equitativos. Éste era un patrón familiar para Bauer: "Si de algo, peco de generosa, poniendo siempre a los demás por encima de mí".

A cientos de kilómetros al este, en Deloitte Consulting, en Nueva York, Jason Geller seguía asimismo la vía rápida a su ascenso a socio. Cuando entró al despacho, éste transitaba apenas al correo electrónico, así que carecía de un proceso formal de gestión de conocimientos; no había ningún sistema para almacenar y recuperar la información que los consultores reunían sobre industrias y clientes específicos. Geller tomó la iniciativa de recolectar y compartir esa información. Cuando se enteraba de un proyecto, inquiría al equipo sobre el resultado. Tenía en su buró una pila de artículos que leía en la cama, y cuando encontraba uno interesante, lo archivaba. También investigaba qué hacían los competidores de Deloitte. "Prácticamente me obsesioné."

El sistema de gestión de conocimientos de Deloitte se convirtió en el cerebro de Jason Geller, y en su disco duro. Sus colegas lo bautizaron J-Net, la red Jason. Cuando tenían preguntas o necesitaban información, él era a quien recurrían. Era más fácil preguntarle a él que buscar por sí mismos, y Jason siempre estaba dispuesto a compartir los conocimientos de su cerebro o de su creciente base de datos. Nadie le había pedido crear la J-Net; lo hizo porque le pareció lo correcto.

Tras graduarse en Cornell, Geller había hecho toda su carrera en Deloitte, cursando entre tanto una maestría en administración en Columbia. Agradecía el apoyo de sus mentores. Un equitativo les habría retribuido, buscando la manera de pagarles el favor. Pero como él era generoso, igual que Lillian Bauer, prefería beneficiar a otros. "Ésta se vuelve la manera natural de hacer las cosas. Te das cuenta de que los exitosos son los que ayudan a los demás. Yo adopté naturalmente la práctica de ayudar. Vi que otros me brindaban oportunidades y ahora me esfuerzo en brindárselas a otros más." Así, hacía una propuesta a cada nuevo empleado: ayudarlo y orientarlo en todas las formas posibles.

El camino habitual para ser socio en Deloitte tarda de doce a quince años. Geller lo recorrió más rápido, en sólo nueve. A los treinta años de edad se convirtió en uno de los socios más jóvenes en la historia de Deloitte. Hoy es socio del área de consultoría en capital humano y los servicios que dirige globalmente y en Estados Unidos ocupan el primer lugar en el mercado. No obstante, un compañero lo describe como alguien "que suele evitar los reflectores, en favor de sus colegas". Como líder global y estadunidense del área de transformación de recursos humanos (RH) de Deloitte, Geller ha llevado la J-Net a un nuevo nivel y es un firme promotor de los procesos y tecnologías formales de gestión global de conocimientos de Deloitte. Con una mezcla de admiración e incredulidad, un analista señala que, "aunque está muy ocupado, sostiene reuniones regulares con analistas para ayudarlos a resolver los problemas del momento". Geller se niega a atribuirse el mérito de sus logros, pero luego de cierta insistencia reconoce: "Ser generoso es lo que me ha dado éxito aquí".

Pese a que ambos son generosos, Lillian Bauer y Jason Geller han seguido trayectorias muy distintas. ¿Por qué la generosidad estancó la carrera de ella mientras que aceleró la de él?

La respuesta intuitiva tiene que ver con el género, pero ésta no es la diferencia clave, al menos no en el sentido convencional. Lillian Bauer cayó en tres grandes trampas que aquejan a muchos generosos, hombres y mujeres por igual, en su trato con quienes los rodean: ser demasiado confiada, empática y tímida. En este capítulo, mi meta es enseñarte cómo generosos de éxito como Jason Geller evitan esos riesgos, y la manera en que generosos como Lillian aprenden a sortearlos actuando en forma menos desinteresada y más alterista. Convertirse en tapete es la peor pesadilla de una persona generosa, y yo argumentaré que un enfoque alterista permite a los generosos escapar de la trampa de ser demasiado confiados volviéndose flexibles y adaptables en su estilo de reciprocidad. Aduciré asimismo que el estilo alterista los ayuda a esquivar el terreno minado del exceso de empatía y timidez a través del replanteamiento de algunas de sus habilidades naturales.

Comprobación de sinceridad: confiar en casi todos casi todo el tiempo

En el capítulo 1 conocimos al asesor financiero australiano Peter Audet, cuyo estilo generoso rindió fruto cuando visitó a un cliente hojalatero. Mucho antes de eso, sin embargo, antes de que aprendiera a ser más alterista que desinteresado, Peter fue exprimido por varios interesados. Inició su carrera como asesor financiero a los veintidós años de edad, en una compañía de feroz competencia. Responsable de montar a toda prisa una división de seguros en una empresa que atendía principalmente a clientes retirados, trabajaba los fines de semana para generar ingresos anuales de seis cifras, de los que sin embargo recibía una fracción mínima, llevando a casa un salario de cuatrocientos dólares a la semana. Duró ahí cerca de tres años, y fue el peor periodo de su vida. "Mi jefe era codicioso. Nunca reconocía lo que hacías, sólo lo que podía obtener de ti." En agradecimiento por sus servicios, uno de sus clientes le envió un hermoso arcón navideño. Su jefe, un hombre rico que llegaba al trabajo en un Mercedes-Benz, lo vio y se lo llevó a casa: "Soy el jefe, y esto es mío".

Sintiendo que se ahogaba, Peter decidió lanzarse por su cuenta como asesor financiero. Tan sólo en su primer año cuadruplicó su sueldo, pero cinco años más tarde cayó en poder de otro interesado. A un buen amigo, Brad, no le estaba yendo bien en su trabajo. Habiendo conseguido un nuevo puesto que ocuparía a partir de la semana siguiente, pidió un favor a Peter: que se quedara con sus clientes, avisados de esto con sólo dos días de anticipación, para que él pudiera dejar su puesto sin problemas. Generoso como es, Peter confió en Brad y aceptó en el acto. Tomó sus clientes, por los que le pagó una suma, y empezó a forjar relaciones con ellos, ayudándolos a resolver sus problemas financieros.

Meses después, Peter comenzó a perder clientes. Curiosamente, todos ellos eran antiguos clientes de Brad. Resultó que éste había resurgido como asesor financiero y llamado a cada uno de los clientes que había transferido a Peter para hacérselo saber y decirles que serían bienvenidos si decidían trabajar con él de nueva cuenta. Brad recuperó muchos de sus clientes sin pagar nada a Peter, quien perdió por esta causa unos diez mil dólares.

Si Peter hubiera identificado en un principio a Brad como interesado, quizá no habría seguido nunca ese camino. La confianza es una de las razones de que los generosos sean tan susceptibles al efecto tapete: tienden a ver lo mejor en todos, así que operan sobre el supuesto erróneo de que todos son dignos de confianza. Investigadores rastrearon en un estudio si estadunidenses habían sido víctimas de delitos como fraude, estafa y usurpación de identidad.[3] Los generosos tenían el doble de probabilidades que los interesados de haber sido víctimas, como resultado directo, a menudo, de confiar en interesados. Un generoso llegó incluso a firmar como socio en un préstamo automotriz de un amigo y en un periodo de cinco años éste obtuvo tres tarjetas de crédito con la identidad de aquél, a quien robó más de dos mil dólares.

Para no ser timados ni explotados, es crucial distinguir a los verdaderos generosos de los interesados e impostores. Los generosos de éxito deben saber quién podría manipularlos, para protegerse. ¿De veras reconocemos a un interesado con tan sólo verlo? Muchos creen poder juzgar quiénes son generosos y quiénes interesados en un abrir y cerrar de ojos, cuando en realidad se equivocan en exceso. Parpadea otra vez.

No pretendo insinuar que tendemos a ser incapaces de hilar fino. Como reveló Malcolm Gladwell en *Blink* (Parpadea), muchos de nuestros juicios inmediatos sobre la gente son increíblemente atinados.[4] Con frecuencia podemos reconocer de un vistazo a un maestro apasionado, un vendedor extrovertido o una pareja enojada, pero nos cuesta trabajo saber quién es generoso de verdad.

En un estudio, economistas pidieron a un grupo de estudiantes de Harvard predecir las conductas generosas e interesadas de sus mejores amigos y completos desconocidos.[5] Amigos y desconocidos recibieron cincuenta fichas con valor de entre diez y treinta centavos cada una, que se les pidió dividir entre ellos y los estudiantes. Éstos fueron menos certeros en sus predicciones de cuánto les darían sus amigos que en las relativas a los desconocidos. "Supusieron correctamente que sus amigos les darían más fichas que los desconocidos", escriben los investigadores, "pero no esperaban más fichas de sus amigos generosos que de los egoístas". Éste fue un error crucial, ya que los amigos generosos terminaron aportándoles mucho más que los interesados.

Cuando tratamos de captar las señales de reciprocidad de una persona, es fácil que el exceso de ruido nos confunda. Para juzgar a los generosos, solemos depender de indicios de personalidad, los que, sin embargo, pueden ser engañosos. En medio siglo de investigaciones, los psicólogos han descubierto un rasgo de personalidad fundamental relativo a cómo tiende a parecer la gente en sus interacciones sociales. Se llama afabilidad,[6] el motivo de que Peter Audet haya sido engañado por Brad. Al igual que éste, las personas afables tienden a parecer corteses y cooperativas: buscan armonizar con los demás, dando la impresión de que son cordiales, atentas y afectuosas. Las personas desagradables tienden a ser competitivas, críticas y severas; les gusta el conflicto, así que parecen escépticas y desafiantes.*

Tendemos a estereotipar como generosa a la gente afable, y como interesada a la desagradable. Cuando una persona que acabamos de conocer parece afable, es natural que concluyamos que tiene buenas intenciones. Si nos da la impresión de que es fría o peleonera, esto podría ser una señal de que nuestro beneficio le tiene sin cuidado.† Pero al hacer estos juicios prestamos demasiada atención a la concha del comportamiento de un individuo, pasando por alto la perla –o almeja– de adentro. Dar y tomar son actos basados en nuestros motivos y valores, y en decisiones que tomamos más allá de que nuestra personalidad sea afable o desagradable.[7] Como explica Danny Shader, el emprendedor serial del capítulo 1 que rechazó en un principio la carta de intención de David Hornik: "Que seas o no amable no tiene nada que ver con que te fijes primordialmente en ti mismo o en los demás. Son factores independientes, no opuestos". Al mezclar la aparien-

---

* Nuevas investigaciones indican que esas tendencias están muy influidas por fuerzas biológicas. En un estudio, psicólogos examinaron con resonancia magnética el cerebro de personas que en una encuesta habían reportado ser afables *versus* desagradables. Las personas afables presentaron más volumen en las regiones del cerebro que procesan los pensamientos, sentimientos y motivaciones de otros, como la corteza cingulada posterior. Según genetistas de la conducta, al menos un tercio de la afabilidad, aunque quizá más de la mitad de ella, es heredada, es decir, atribuible a los genes. Así, tener una personalidad afable o desagradable parece estar predeterminado, al menos parcialmente. Véase Colin G. DeYoung, Jacob B. Hirsh, Matthew S. Shane, Xenophon Papademetris, Nallakkandi Rajeevan y Jeremy R. Gray, "Testing Predictions from Personality Neuroscience: Brain Structure and the Big Five", en *Psychological Science*, núm. 21, 2010, pp. 820-828.

† Los psicólogos cometieron originalmente el mismo error, al incluir características como el altruismo en el rasgo general de la afabilidad. Investigaciones más recientes han mostrado que a) compasión y cortesía son aspectos distintos de la afabilidad, b) la dimensión de la compasión tiene más que ver con la honestidad y la humildad que con la afabilidad y c) es posible distinguir la afabilidad de los valores de los generosos. A lo largo de este libro he tenido el cuidado de basarme sobre todo en estudios expresamente concebidos para investigar la generosidad, el interés propio o la equidad. En ciertas partes, sin embargo, he usado estudios sobre la afabilidad para ubicar a los generosos en situaciones en que elementos de encuestas remiten directamente a la generosidad, como "Me gusta ayudar a los demás".

cia exterior con la intención interior, los generosos afables y los interesados desagradables son sólo dos de las cuatro combinaciones que existen en el mundo.

A menudo pasamos por alto que también hay generosos desagradables: personas de conducta tosca y ruda pero en esencia generosas con su tiempo, experiencia y contactos. Shader menciona como ejemplo de esto al ya desaparecido Mike Homer, quien dirigía la mercadotecnia de Netscape.[8] "Mike podía estar de pésimo humor, pero por dentro era oro puro. A la hora de la verdad, siempre hacía lo correcto y era increíblemente leal." Con él coincide Greg Sands, discípulo de Homer y director ejecutivo de una sociedad bursátil privada. "Tu preocupación fundamental es si la gente es generosa o interesada, pero tienes este otro eje: ¿es amable? ¿Su conducta básica es cordial? Homer tenía un lado duro. Cuando se aferraba a algo, barría con lo que se interpusiera en su camino. Pero tenía un gran corazón y le gustaba ser útil. Era alguien fuera de lo común en ambas cosas", tanto generosidad como rudeza. Otro exempleado suyo dijo que Homer "parecía un interesado, porque tenía expectativas y exigencias muy altas. Pero al final de cuentas, realmente le importaba la gente. Un día la tomaba contra mí por no cumplir sus expectativas y al siguiente me ayudaba a deducir qué tenía que hacer en mi carrera, cuál debía ser mi siguiente empleo".

La otra combinación contraintuitiva de apariencias y motivos es el interesado agradable, también conocido como impostor. Como Ken Lay en Enron, estas personas dan la impresión de ser simpáticas y encantadoras, pero con frecuencia pretenden obtener más de lo que dan. La capacidad de reconocer como impostores a los interesados agradables es lo que impide a los generosos ser explotados.

Aunque no siempre hacen buen uso de sus habilidades, los generosos tienen una ventaja instintiva en la comprobación de sinceridad. Las investigaciones sugieren que suelen ser más certeros en sus juicios sobre los demás que los equitativos e interesados.[9] Prestan más atención en la conducta de los demás y entienden mejor sus pensamientos y sentimientos, lo que les permite captar más señales, como la de describir éxitos con pronombres en primera persona del singular, como yo, no con nosotros. Los generosos obtienen asimismo una ventaja de comprobación de sinceridad por confiar habitualmente en otros, lo que les ofrece oportunidades de ver la amplia gama de conductas de que aquéllos son capaces. A veces los interesados los timan. Otras, descubren que su generosidad es correspondida, o incluso excedida. Con el tiempo, los generosos se vuelven sensibles a diferencias individuales y tonos de gris entre las casillas en blanco y negro de "afable" y "desagradable".[10]

Sin embargo, los generosos se vuelven tapetes cuando no emplean este fino conocimiento de las discrepancias entre apariencias y motivos. La inclinación a dar primero y preguntar después suele ocurrir a expensas de la comprobación de sinceridad. En la consultoría, Lillian Bauer adoptó la costumbre de despejar su agenda para prácticamente todo aquel que se lo pidiera, fuera quien fuese. Cuando un cliente solicitaba un análisis complementario, aun si técnicamente no formaba parte del proyecto, ella lo hacía, para complacerlo. Cuando un analista de bajo rango necesitaba consejo, ella hacía de inmediato espacio en su agenda, sacrificando su tiempo personal.

En Deloitte, Jason Geller adoptó intuitivamente un enfoque muy parecido a la comprobación de sinceridad. Aunque comienza ofreciendo ayuda a cada nuevo empleado, en sus conversaciones iniciales con ellos presta atención a quién parece ser generoso en lugar de interesado. "No puedo pasar tiempo con cada persona de mi área en el mundo, así que intento percibir quién es auténtico y quién no. Algunos abordan la conversación en términos de aprendizaje. Otros llegan y dicen: 'Quiero ascender a consultor de alto rango. ¿Qué debo hacer?'". Geller da por supuesto que estos consultores son interesados. "Se limitan a decirme qué hacen, quieren ponerme al día en treinta minutos, porque desean que yo esté al tanto. Pero no hacen preguntas perspicaces, todo es superficial. No llegamos lo bastante hondo para que esto realmente les sirva".

Al paso del tiempo, mientras sacrificaba sus intereses, Lillian Bauer se dio cuenta de que algunas personas operaban como interesadas: "Son tan egocéntricas que tomarán lo que puedan y se irán, así que me propuse ser más sistemática en mi manera de ayudar a la gente". Comenzó a prestar más atención en quién pedía y cómo la trataban, e hizo una lista de razones para decir no. A fin de seguir dando, aunque de manera más eficaz, escribió pautas para su trato con gerentes y socios, vertiendo en ello muchos de sus conocimientos, para no tener que repetirlos a los interesados. "Descubrí que ésta era una forma más estratégica de ser generosa", dice.*

Una vez que los generosos emplean sus habilidades de comprobación de sinceridad para identificar a posibles interesados, saben cuándo subir la guardia. Pero a veces este conocimiento llega demasiado tarde: ya son leales a un interesado. Si ya están atrapados en intercambios en los que consideran los beneficios de un interesado, ¿cómo pueden protegerse del efecto tapete?

---

* A petición de los entrevistados, en este capítulo oculté la identidad de varios personajes clave. Lillian Bauer es seudónimo, como también Brad y Rich en la historia de Peter Audet y Sameer Jain, de quien se hablará más adelante.

Retribución generosa: El generoso adaptable

Años después de que Brad le robara clientes y dinero, Peter Audet tenía un nuevo socio, Rich. Cuando se aliaron, Rich parecía muy agradable; era simpático y entusiasta. Pero un colega reflexiona que "aunque parecía generoso, por ser comprensivo, en realidad era interesado. Peter sí era generoso, y Rich le sorbía todo". Éste cobraba un sueldo muy alto, más de trescientos mil dólares al año, sin aportar casi nada al éxito financiero de la empresa. Vivía en la Costa de Oro australiana, pasaba las mañanas en la playa, llegaba a la oficina a las diez y se iba al bar a mediodía. "Brad me había enseñado mucho sobre los interesados, así que me di cuenta de que Rich era uno de ellos, y de los grandes", lamenta Peter. "Yo hacía siempre el trabajo extra, mientras él desvalijaba la empresa. No le importaba el personal ni el servicio a los clientes; empezaba a contaminar nuestra cultura. Se aprovechaba de mí sin tomar en cuenta mi lealtad, porque habíamos formado la empresa desde la nada."

Peter mantuvo su reserva hasta un lunes en que Rich anunció que había comprado una casa en la Costa de Oro que le había costado varios millones. Necesitaba cien mil dólares y los tomó de la cuenta de la compañía. Más tarde abandonó la reunión de consejo antes de que terminara, para reunirse con sus amigos en el bar. Ésta fue para Peter la gota que derramó el vaso; sabía que Rich ya no era de confiar, así que prometió al consejo leerle la cartilla. Pero tenía que formular un plan, y se sintió culpable e incómodo: "Rich era como mi hermano mayor". Un colega dijo: "Habría sido difícil para cualquiera, pero creo que lo fue más para Peter por ser generoso. Sabía qué le esperaba a Rich y quería salvarlo".

Peter era víctima de la empatía, la intensa emoción que exprimentamos al imaginar la aflicción de otra persona. La empatía es una fuerza muy extendida detrás de las conductas generosas, pero también fuente importante de vulnerabilidad. Cuando a Brad no le estaba yendo bien y aceptó un nuevo puesto, Peter sintió su apuro y le pagó por sus clientes sin vacilar. Cuando consideró cómo se sentiría Rich al ser destituido, sintió tristeza por él y se resistía a echarlo.

Peter había caído en una trampa de la empatía visible en un estudio clásico sobre la negociación. Los investigadores formaron parejas que negociaran la compra de productos electrónicos como televisores. La mitad de las parejas negociadoras constaban de personas desconocidas entre sí; la otra mitad era de parejas de novios.[11] En cada pareja, uno de los negociadores era el vendedor y el otro el comprador. En promedio, ¿quiénes crees que obtuvieron más ganancias conjuntas: los desconocidos o las parejas de novios?

Yo supuse que les iría mejor a estas últimas, porque confiarían más uno en otro, compartirían más información y descubrirían oportunidades de ganancias mutuas.

Pero les fue mucho peor que a los desconocidos, obteniendo menos ganancias conjuntas.

Antes de la negociación, los investigadores preguntaron a las parejas de novios cuánto se querían. Entre más se querían, peor les fue.

Las parejas de novios –en especial las muy enamoradas– operaron como generosos desinteresados. Su enfoque predeterminado era empatizar con las necesidades del otro y ceder de inmediato, más allá de sus propios intereses. La preocupación por el otro tuvo el efecto de "frustrar los esfuerzos por descubrir soluciones integradas en favor de resultados más accesibles pero menos mutuamente satisfactorios", escriben los investigadores, lo que llevó a un "enfoque de 'guantes finos' de resolución de problemas". Cuando los investigadores estudiaron a generosos desinteresados en la mesa de negociaciones, surgió el mismo patrón. A las personas que aprobaban enunciados como "Siempre pongo las necesidades de los demás antes que las mías" les angustiaba tensar la relación, así que complacían a la otra parte cediendo valor.

Lo mismo que a las parejas enamoradas, la empatía había convertido a Peter en un tapete, hasta que descubrió una alternativa a la empatía igualmente acorde con sus fortalezas naturales como generoso. En vez de apreciar los sentimientos de Rich, consideró lo que pensaba. Esto lo condujo a un valioso discernimiento: Rich parecía inclinado a trabajar en un nuevo reto, así que Peter podía apelar a su interés propio.[12] "Es obvio que no te gusta ocuparte de las actividades diarias de la empresa", le dijo, "¿así que por qué no me dejas manejarla a mí? Creo ya estar suficientemente maduro, con tantas arrugas que tengo". Rich aceptó, diciéndose deseoso de trabajar en proyectos especiales en el ámbito de los emprendedores, a fin de generar nuevos ingresos para la empresa. Peter apoyó esa decisión y se hizo cargo de las reuniones del consejo.

Consumó esta maniobra entrando en la cabeza de Rich, no en su corazón. Estudios del psicólogo de Columbia Adam Galinsky demuestran que cuando empatizamos en la mesa de negociaciones, fijarnos en las emociones y sentimientos de la otra parte nos expone a ceder demasiado.[13] Pero cuando asumimos la adopción de perspectiva, considerando los pensamientos e intereses de la otra parte, tendemos a hallar la manera de llegar a acuerdos que la satisfagan sin sacrificar nuestros intereses propios. Peter nunca habría descubierto esta solución si hubiera seguido empatizando con Rich. Al desplazar su atención de los sentimientos a los pensamientos de su socio, pudo ver el mundo a través de los ojos de un interesado y ajustar su estrategia en consecuencia.

Pese a su éxito para inducir a Rich a ejercer un papel en el que hiciera menos daño, Peter no podía deshacerse del deseo de apoyarlo y ayudarlo a triunfar. Al mismo tiempo, sabía que él seguía disponiendo de margen para abusar, así que decidió confiar pero verificar: concedió autonomía a Rich para trabajar en proyectos especiales, siempre y cuando asumiera la responsabilidad de sus resultados, pidiéndole informar de sus progresos cada noventa días. "Le di la oportunidad de medir sus contribuciones, igual que nosotros." Seis meses después, Rich había hecho muy poco. Tras un análisis formal, Peter dirigió un informe al consejo. "Cuando la contribución de Rich llegó a cero, no quedó sino atribuírselo por completo a él. Enfrentó claras evidencias de sus abusos y falta de generosidad. La verdad lo obligó a irse y me libró de él." Rich decidió marcharse, y sacar de la empresa su parte de capital.

Peter no era más un tapete; se había deshecho de un interesado. Después supo que Rich había sido más abusivo de lo que se creía: había abierto una cuantiosa línea de crédito en la empresa y debía dinero al banco. Peter tuvo que pagar, porque Rich estaba corto de fondos. Un año después de que Peter asumió la dirección ejecutiva, Rich dejó la compañía. Quince meses después de esta salida, la compañía de Peter ya obtenía ganancias de siete cifras, la moral de los empleados había subido enormemente, la rotación se había desplomado y el despacho competía en su sector por el título de empresa del año.

Una vez que los generosos de éxito ven el valor de la comprobación de sinceridad y comienzan a reconocer como posibles farsantes a los interesados agradables, se protegen ajustando en consecuencia su conducta. La experiencia de Peter da indicios de cómo evitan los generosos que se les engañe: volviéndose equitativos en sus intercambios con los interesados. Es correcto que empiecen como generosos, ya que las investigaciones confirman que la confianza es difícil de edificar y fácil de destruir. Pero una vez que es evidente que la otra parte actúa como interesada, resulta lógico que los generosos flexibilicen su estilo de reciprocidad y opten por una estrategia equitativa, como hizo Peter al pedir a Rich que correspondiera agregando valor a la empresa. "Ahora forma parte de mi naturaleza no conceder mucho tiempo a los interesados, y ciertamente no perder tiempo con ellos", dice Peter.

En un experimento, psicólogos dieron a la gente la oportunidad de trabajar con socios competitivos o cooperativos. Los interesados actuaron de modo competitivo fueran cuales fueren sus socios. El resto se adaptó a los suyos: fueron cooperativos con socios cooperativos; pero en cuanto un socio se volvía competitivo, ajustaban su conducta, respondiendo de igual manera.[14] Los teóricos de los juegos llaman a esto retribución,[15] una estrategia equitativa pura: coopera al principio, y continúa haciéndolo a menos que la otra parte compita. Cuando lo haga, iguala su conducta compitiendo tú también. Ésta es una forma de equidad muy eficaz, que ha ganado muchos torneos de la teoría de los juegos. Pero adolece de "un defecto fatal", escribe el biólogo matemático de Harvard Martin Nowak: "No ser lo bastante indulgente para soportar un contratiempo ocasional".

Nowak descubrió que puede ser más ventajoso alternar entre dar e igualar. En la retribución generosa, la regla es "no olvidar nunca un buen turno, pero perdonar ocasionalmente uno malo". Coopera al principio y continúa haciéndolo hasta que la otra parte compita. Cuando lo haga, en vez de reaccionar siempre competitivamente, la retribución generosa suele significar competir en las dos terceras partes de los casos, actuando cooperativamente en respuesta a una de cada tres deserciones. "La retribución generosa puede eliminar fácilmente la mera retribución y evitar la explotación por desertores", escribe Nowak. La retribución generosa logra un equilibrio eficaz entre generosidad gratificante y abuso desalentador, sin ser demasiado punitiva. Eso implica un riesgo: este tipo de retribución alienta a la mayoría a actuar con generosidad, lo que permite que los interesados "reaparezcan", compitiendo cuando todos cooperan. Pero en un mundo en el que las relaciones y la fama son visibles, cada vez es más difícil que los interesados se aprovechen de los generosos. Según Nowak, "la estrategia generosa domina por mucho tiempo".

La retribución generosa es una estrategia alterista. Mientras que los generosos desinteresados cometen el error de confiar en los demás todo el tiempo, los alteristas parten por sistema de la confianza, aunque están dispuestos a ajustar su estilo de reciprocidad en intercambios con alguien que parezca interesado por acción o reputación. Ser alteristas significa que los generosos mantienen sus intereses en el espejo retrovisor, confiando pero confirmando. Al tratar con interesados, optar por el modo equitativo es una estrategia de autoprotección. Pero una de cada tres veces puede ser conveniente volver al modo generoso, para conceder a los presuntos interesados la oportunidad de redimirse. Esto fue lo que hizo Peter Audet con Rich cuando le dio la oportunidad de ganarse su permanencia. Los generosos alteristas comparten la optimista opinión que Randy Pausch expresó en *The Last Lecture* (La última charla): "Espera lo suficiente y la gente te sorprenderá e impresionará".[16]

El valor de la retribución generosa como método alterista fue puesto de manifiesto por Abraham Lincoln en el caso Sampson expuesto en el primer capítulo de este libro.[17] Una vez que Lincoln se sacrificó para que Lyman

Trumbull pudiera derrotar a James Shields en la contienda por el Senado de Illinois, Trumbull fue criticado por intentar sabotear la carrera de Lincoln. La esposa de éste, Mary Todd, dijo que aquél había cometido "traición egoísta", y cortó lazos con su esposa, una de sus mejores amigas, en cuya boda ella había sido dama de honor. Pero Lincoln era más dado a perdonar. Expresó su fe en Trumbull: "Todo intento de enemistarnos será ocioso". Al mismo tiempo, para protegerse de una deserción, previno a Trumbull de contrariarlo: "Mientras yo no sospeche de usted más que de mi mejor amigo, me opondré de plano a insinuaciones de este tenor". Trumbull correspondió ayudando a Lincoln en su siguiente tentativa por llegar al Senado.

En 1859, el alcalde de Chicago, John Wentworth, acusó a Norman Judd de conspirar contra Lincoln en apoyo a Trumbull para promover su propia carrera política. Aunque su esposa nunca perdonó a Judd, Lincoln recordó a este último que "votó por Trumbull contra mí", pero interpretó generosamente su decisión: "Creo, y lo he dicho un millar de veces, que eso no fue injusto para mí". Lincoln lo ayudó a mediar el conflicto con Wentworth, pero después pidió reciprocidad: "Lastimaría a algunos que yo no obtuviera la delegación de Illinois", escribió. "¿Usted no podría ayudarme un poco en este asunto, en la parte que buenamente le toca?" Judd correspondió: la semana siguiente consiguió un editorial importante en el *Chicago Tribune* en apoyo a Lincoln, aseguró la convención republicana en Chicago donde Lincoln tenía seguidores y se cercioró de que los detractores de éste fueran sentados al fondo, para limitar su influencia. Aunque Lincoln adoptaba por sistema un estilo generoso, reconocía el valor de la equidad ocasional y se benefició de la retribución generosa. Su aguda atención a las perspectivas ajenas le otorgó "la capacidad de pronosticar con asombrosa exactitud qué harían sus adversarios", explicó la hija de su secretario, y usar ese pronóstico para "darles jaque mate".

Desde que Jason Geller procedió a orientar a nuevos empleados de Deloitte, adoptó una versión de la retribución generosa. Al final de su primer encuentro con un nuevo empleado, hace una propuesta: "Si esta conversación fue útil, estoy dispuesto a celebrarla cada mes". Si el otro acepta, Geller agenda una reunión mensual recurrente, sin fecha fija. Además de concederle la oportunidad de dar, estas reuniones mensuales le ofrecen el beneficio de saber quién podría ser un interesado. "Parte del valor del diálogo permanente es que muy pronto se nota quién lo falsea, porque quienes entablan buenas conversaciones y relaciones confían entre sí", explica Geller. "Es fácil fingir cada seis meses, pero no con mayor regularidad. A esto se debe en parte que yo inste a la gente a programar esta cita. Tiene que ver con la forma en que distingues quién es auténtico al tiempo que ejerces el mayor impacto". Una vez que Geller identifica a un colega como interesado, sigue siendo generoso con él, pero lo aborda con más cautela. "No lo ayudo menos, pero la ayuda cambia. Escucho y me involucro, pero no tendremos un diálogo; no hay mucha mentoría ni asesoría. No es que conscientemente yo me preste menos a apoyarlo, pero la naturaleza humana te hace invertir tu tiempo donde rendirá más, para ambas partes."

Al principio, Lillian Bauer no variaba su inversión de acuerdo con estilo de reciprocidad del peticionario. Antes de que adoptara la comprobación de sinceridad, era generosa con todos. Esto cambió luego de tenderle la mano a una amiga de su familia que había buscado su consejo para obtener un puesto en un despacho de consultores de alto nivel. Bauer reaccionó con su generosidad habitual: dedicó más de cincuenta horas a preparar a la candidata noches y fines de semana, e hizo contactos para ella en su propio despacho y otros de la competencia. La candidata terminó recibiendo ofertas de la empresa de Bauer y de un competidor, e ingresó a la de Bauer. Pero después, pese a que ésta y sus colegas habían consumido mucho tiempo y energía reclutándola, pidió ser transferida a una oficina en otro país, infringiendo expresamente las pautas de reclutamiento del despacho. Bauer había sido engañada por una interesada afable: "Nuestras conversaciones trataban ya de lo mejor para ella, y sólo para ella. La forma en que hablaba de la decisión dejó ver claramente que todo se reducía a ella misma; era obvio que actuaría en consecuencia". Habiendo sido objeto de abuso, Bauer aprendió a ser más cautelosa al tratar con interesados. "Desde entonces, cambió por entero lo que yo sentía por ella, y dejé de ser tan generosa."

Combinando la comprobación de sinceridad con la retribución generosa, Bauer evitó ser un tapete cuando asesoraba y orientaba a interesados. Pero aún no superaba el obstáculo de aprender a objetar a los clientes y decir no a algunas de sus peticiones, en vez de ser una dejada. "Les seguía diciendo demasiado que sí, en vez de negarme." ¿Qué deben hacer los generosos para ser más seguros?

La seguridad y la paradoja de la defensoría

Aunque igualmente calificados, los hombres ganaban mucho más que las mujeres. Linda Babcock, economista de la Carnegie Mellon University, miraba los datos consternada.[18] Aunque ya era el siglo XXI, el sueldo de los egresados de la maestría en administración de su escuela era 7.6% superior al de sus homólogas. Carnegie Mellon es una de las mejores instituciones técnicas del mundo, que se jacta de tener dieciocho ganadores del Premio Nobel, siete de ellos de economía. Al inscribirse en ese posgrado en Carnegie Mellon, los estudiantes aceptan un enorme reto cuantitativo. Esta escuela ofrece títulos en finanzas computacionales, economía cuantitativa e ingeniería de software, y más del cuarenta por ciento de sus egresados ocupan puestos en finanzas. En un entorno tan denso en términos cuantitativos, esas cifras salariales sugerían que las mujeres siguen enfrentando barreras. Babcock calculó que, a lo largo de una carrera de treinta y cinco años, esa brecha significaba que cada mujer perdía en promedio más de un millón de dólares.

Resultó, sin embargo, que tal brecha de género no se debía a una barrera. Hombres y mujeres recibían ofertas iniciales similares, y la discrepancia surgía al momento de firmar su oferta final. Luego de una inspección más atenta, Babcock descubrió una drástica diferencia entre hombres y mujeres en su disposición a pedir más. Más de la mitad de los hombres –cincuenta y siete por ciento– intentaban negociar su sueldo inicial, contra sólo siete por ciento de las mujeres. Ellos tenían más de ocho veces más probabilidades de negociar que ellas. Los estudiantes que negociaban (hombres en su mayoría) mejoraban su sueldo en 7.4% en promedio, suficiente para explicar la brecha de género.

La discrepancia en disposición a negociar no se reducía al mundo cuantitativo de los egresados de Carnegie Mellon. En otro estudio, Babcock y colegas reclutaron a individuos que jugaran cuatro rondas de Boggle a cambio de entre tres y diez dólares. Al terminar, un investigador actuaba como interesado, dándoles el mínimo de tres dólares y preguntando: "¿Están bien tres dólares?". También en este caso, ocho veces más hombres que mujeres pidieron más dinero. El estudio siguiente consistió en lo mismo, pero el investigador daba el mínimo de tres dólares sin preguntar si estaba bien. Ninguna mujer pidió más dinero, en tanto que trece por ciento de los hombres tomaron la iniciativa de hacerlo. Con otro grupo de participantes, el investigador daba más de tres dólares y decía: "El pago exacto es negociable". La mayoría de los hombres (cincuenta y nueve por ciento) aprovecharon la oportunidad y pidieron más, contra sólo diecisiete por ciento de las mujeres. En general, ellos tuvieron 8.3 veces más probabilidades de pedir más dinero que ellas. En cada caso, las mujeres fueron tapetes, permitiendo a los interesados pasar por encima de ellas. Las investigaciones muestran que una de las principales razones de que las mujeres tiendan a negociar menos asertivamente que los hombres es que les preocupa infringir las expectativas sociales de que deben ser cordiales y bondadosas.*

---

* Esto plantea una pregunta más amplia: ¿las mujeres son más propensas a la generosidad que los hombres? La psicóloga de Northwestern University Alice Eagly y sus colegas analizaron sistemáticamente cientos de estudios sobre conductas generosas como ayudar, compartir, consolar,

Sin embargo, las mujeres no son las únicas dejadas en la mesa de negociaciones. El efecto tapete es una maldición que aqueja a generosos de ambos géneros. En varios experimentos, hombres y mujeres generosos se mostraron dispuestos a hacer grandes concesiones con tal de llegar a un acuerdo satisfactorio para la otra parte, aun si disponían de mejores opciones.[19] Y en una serie de estudios dirigidos por el profesor de Notre Dame Timothy Judge, cerca de cuatro mil estadunidenses llenaron una encuesta acerca de si eran generosos, indicando el grado en que tendían a ser útiles, bondadosos y confiados. En promedio, los generosos obtenían ingresos catorce por ciento más bajos que la otra parte, menos generosa, lo que equivalía a un impacto salarial anual de cerca de siete mil dólares. Cuando los datos se dividieron por género, tal sanción salarial fue tres veces mayor para los generosos que para las generosas. Éstas ganaron en promedio 5.47% menos que la otra parte, o 1 828 dólares. Ellos ganaron en promedio 18.31% menos que la otra parte, o 9 772 dólares.[20]

Como vimos en el capítulo sobre la comunicación persuasiva, los generosos tienden a ser modestos y sentirse incómodos cuando deben imponerse directamente. Estudios en ambientes más controlados han demostrado que en situaciones de suma cero, los generosos suelen resistirse a defender sus intereses: al negociar su sueldo, hacen peticiones más moderadas que equitativos e interesados, y terminan aceptando resultados menos favorables.[21] Es probable que esta renuencia a la seguridad aqueje especialmente a los generosos afables, quienes pagan el precio en su bolsillo.*

guiar, rescatar y defender a otros. Resulta que cuando se estudian sus conductas, hombres y mujeres son igualmente propensos a la generosidad, sólo que dan de manera distinta. Por un lado, ellas tienden a ser más generosas que ellos en sus relaciones íntimas. En promedio, son más proclives a donar órganos a miembros de su familia, ayudar a compañeros de trabajo y orientar a subordinados, y las doctoras tienden a dar más apoyo emocional a pacientes que los doctores. Por el otro, cuando se trata de desconocidos, los hombres son más propensos a actuar con generosidad. En promedio, tienen más probabilidades que las mujeres de ayudar en emergencias y arriesgar su vida por salvar a desconocidos. Véase Alice H. Eagly y Maureen Crowley, "Gender and Helping Behavior: A Meta-Analytic Review of the Social Psychological Literature", en *Psychological Bulletin*, núm. 100, 1986, pp. 283-308.

* Aunque hay evidencias sistemáticas de que la inseguridad es una de las razones de la desventaja salarial de los generosos, hay un segundo factor en juego. Los generosos suelen elegir carreras mal remuneradas: están dispuestos a ganarse pobremente la vida con tal de marcar una diferencia. Un estudio reciente reprodujo el hallazgo básico de que los generosos ganan menos aun después de tomar en cuenta su ocupación, pero esto redujo su desventaja, lo que sugiere que la diferencia se debe en parte a que aceptan empleos mal remunerados. Para ilustrar esto, el economista de Cornell Robert Frank descubrió que las personas en las ocupaciones más socialmente responsables tienen un sueldo anual treinta por ciento menor que aquellas con ocupaciones medianamente responsables, y cuarenta y cuatro por ciento menor que aquellas en las menos responsables. Los empleados del sector privado ganan al año veintiún por ciento más en promedio que los del gobierno, arri-

En una empresa de servicios profesionales, un hombre al que llamaré Sameer Jain era un generoso que solía caer víctima del efecto tapete.[22] Sameer estaba clasificado como el mejor de su grupo, y en su empresa en el diez por ciento superior entre los empleados del noreste de Estados Unidos, y dedicaba mucho tiempo a ayudar a colegas y orientar a empleados de bajo rango. Pese a su alto rendimiento, veía que sus amigos de otras empresas ascendían más rápido y ganaban más, mientras que él no había negociado su sueldo ni pedido jamás un aumento. En varias ocasiones, vio a compañeros seguros de rendimiento inferior al suyo negociar aumentos y ascensos, dejándolo atrás en la jerarquía corporativa. "Yo no había insistido lo suficiente para estar en la misma situación. No quería incomodar a nadie, ni extralimitarme."

Crecido en la India, Sameer era un dejado, lo que lo volvió blanco de bromas en su familia. De origen humilde, su padre había aprendido a negociar tercamente y a regatear por todo, gracias a lo cual la familia ascendió empeñosamente a la clase media. Sameer creció resguardado, protegido de tener que hacer valer sus derechos. Su docilidad molestaba a su esposa, una negociadora dura. Cuando empezaron a salir, Sameer estaba por tomar en renta un departamento. Ella intervino, negoció en su nombre y redujo la renta seiscientos dólares al año. Él quedó impresionado, aunque avergonzado. Desde entonces, cada vez que compraban algo, él recurría a ella para que negociara, sabiendo que él sería un tapete. "Para ser franco, esto me ha apenado mucho tiempo", admite.

Al dejar la empresa de servicios profesionales, Sameer terminó su maestría en administración y recibió una oferta de trabajo de una compañía de

ba a su vez en treinta y dos por ciento de los de organizaciones no lucrativas. ¿Quiénes crees que tienen más probabilidades de terminar en empleos del gobierno y organizaciones no lucrativas? Los generosos. En un divertido estudio, Frank pidió a estudiantes de economía considerar justo el mismo puesto en dos organizaciones, una con fuertes valores de los generosos y otra... con valores menos firmes. Los estudiantes dijeron que preferirían trabajar como redactores publicitarios de la American Cancer Society que de los cigarros Camel aunque ganaran cincuenta por ciento menos, como contadores de un museo de arte que de una compañía petroquímica o como reclutadores de Peace Corps que de Exxon Mobil ganando diecisiete por ciento menos, y como abogados del Sierra Club que de la National Rifle Association aunque ganaran treinta y tres por ciento menos. Curiosamente, los hombres estaban menos dispuestos que las mujeres a sacrificar su sueldo. El hecho de que los participantes pongan en práctica estas preferencias en su comportamiento real es otro asunto, aunque yo apostaría que los generosos desinteresados tenderían a hacerlo en mayor medida que los alteristas. Véase Lilach Sagiv, "Vocational Interests and Basic Values", en *Journal of Career Assessment*, núm. 10, 2002, pp. 233-257; Idit Ben-Shem y Tamara E. Avi-Itzhak, "On Work Values and Career Choice in Freshmen Students: The Case of Helping vs. Other Professions", en *Journal of Vocational Behavior*, núm. 39, 1991, pp. 369-379; Jeylan T. Mortimer y Jon Lorence, "Work Experience and Occupational Value Socialization: A Longitudinal Study", en *American Journal of Sociology*, núm. 84, 1979, pp. 1361-1385, y Robert H. Frank, "What Price the Moral High Ground?", en *Southern Economic Journal*, núm. 63, 1996, pp. 1-17.

tecnología médica de *Fortune* 500, su empleador ideal. Pero aunque no estaba del todo satisfecho con los términos de la oferta, se resistía a negociar, como de costumbre. "Me sentía raro. Mi jefe me simpatizaba y yo no quería incomodarlo." Peor aún, la economía estaba en crisis y todos sus compañeros firmaban contratos sin negociar.

Pero algo cambió esta vez. Meses antes, Sameer había negociado aumentos en su compensación total por más de setenta mil dólares. Había dejado de ser un bobo, pasando de su tradicional condición de tapete a la de negociador seguro y exitoso. "Mi esposa estaba asombrada y alabó mi persistencia y eficacia como negociador", dice. "Que ella me considere un buen negociador es la confirmación suprema." ¿Qué empujó a Sameer a correr el riesgo?

La respuesta puede hallarse en un ingenioso experimento dirigido por Linda Babcock y colegas. Los participantes fueron ciento setenta y seis ejecutivos de alto rango de organizaciones privadas y públicas, con cargos que iban de director general y director de operaciones a presidente, gerente general y presidente del consejo.[23] Todos esos ejecutivos partieron de la misma información: ante el ascenso de un empleado de una compañía de software, ellos negociarían la compensación del nuevo puesto. Los ejecutivos en el papel del empleado consiguieron en promedio ciento cuarenta y seis mil dólares, tres por ciento más que el promedio de las ejecutivas, de ciento cuarenta y un mil. Pero con una sola frase, Babcock y colegas lograron que las ejecutivas elevaran su promedio a ciento sesenta y siete mil dólares, superando a los hombres en catorce por ciento.

Para ello bastó con que les dijeran que desempeñarían un papel distinto. En vez de imaginarse como el empleado, lo harían como su mentor. Así, pasaron a ser agentes en defensa de otro. Curiosamente, no se fijaron metas más altas, pero se mostraron dispuestas a presionar más para cumplirlas, lo que derivó en mejores resultados. En un estudio similar, los investigadores Emily Amanatullah y Michael Morris pidieron a hombres y mujeres negociar los términos de una atractiva oferta de trabajo. A la mitad de ellos se les instruyó imaginarse como los receptores de la oferta y debían negociarla. A la otra mitad se le pidió imaginar que había recomendado a un amigo para el empleo y ahora debía negociar en su nombre. También en este caso, todos los participantes fijaron metas similares, así fueran hombres o mujeres o negociaran para sí mismos o un amigo.[24]

Pero su conducta en la negociación varió notoriamente. Más allá de si negociaban para ellos u otros, los hombres pidieron un sueldo inicial de cuarenta y nueve mil dólares en promedio. Las mujeres siguieron otro camino; cuando negociaron para sí mismas, pidieron un sueldo inicial de cuarenta y dos mil dólares en promedio, 16.7% menos que los hombres.

Esta discrepancia desapareció al negociar a nombre de un amigo. Como defensoras, las mujeres lo hicieron tan bien como los hombres, pidiendo cuarenta y nueve mil dólares en promedio. En otro estudio, Amanatullah y Morris obtuvieron los mismos resultados en negociaciones de ejecutivos experimentados: los ejecutivos consiguieron el mismo sueldo más allá de si negociaban para sí mismos u otros, en tanto que las ejecutivas lo hicieron mucho mejor al negociar para otros que para ellas. Y los profesores de Vanderbilt Bruce Barry y Ray Friedman determinaron que en negociaciones a corto plazo de un solo asunto, a los generosos les fue peor que a los interesados, pues estuvieron dispuestos a ceder a la otra parte rebanadas del pastel más grandes. No obstante, esta desventaja desaparece cuando los generosos fijan metas altas y se apegan a ellas, lo cual es más fácil cuando hablan por alguien más.

Hablar por otros fue la clave para que Sameer dejara de ser un bobo. Al rehuir las negociaciones con su empleador inicial, pensaba en sus propios intereses. En la compañía de tecnología médica de *Fortune* 500 adoptó una mentalidad distinta: representaba los intereses de su familia. Aunque podía ser un tapete al ser responsable de sí mismo, ser generoso significaba que no quería defraudar a otros. "Usé esto como un arma psicológica contra mí, para motivarme", dice. "La solución fue concebirme como agente, defensor de mi familia. Como generoso que soy, me siento culpable cuando presiono demasiado; pero en cuanto pienso que estoy perjudicando a mi familia, la cual depende de mí en esto, la sensación de culpa se evapora."

Concibiéndose como un agente de su familia, Sameer reunió la determinación necesaria para pedir inicialmente un sueldo más alto y el rembolso de su colegiatura. Ésta fue una estrategia alterista. Por un lado, él hizo lo que hacen naturalmente los generosos: abogar por los intereses ajenos. Por el otro, abogó intencionalmente por su familia, cuyos intereses eran del todo acordes con los suyos. Al mismo tiempo, no presionó tanto como para parecer un interesado; buscó un equilibrio entre satisfacer los intereses de su familia y los de la compañía. "Mi sistema de valores es tal que no haré nada malo ni injusto", explica. "No voy a extorsionar a nadie, pero insistiré hasta donde resulte justo y correcto."

Cuando Sameer inició las negociaciones con su nuevo jefe, pidió un aumento y el rembolso de la colegiatura de su maestría en administración. Esto no desentonaba con lo que otras empresas ofrecían, pero el jefe volvió con malas noticias de RH: no era posible satisfacer su petición. En ese momento, Sameer sintió ganas de retractarse. Quería ser generoso con su jefe y le preocupaba que obtener más dinero afectara el desempeño de éste o comprometiera su presupuesto. Pero tenía una deuda enorme de préstamos académicos y se sentía principalmente responsable de su familia. Insistió, convenciendo a su jefe de que presionara a RH en favor de un aumento en su salario y sus bonos de adquisición. Finalmente, logró un aumento salarial de cinco mil dólares y uno por la misma suma en bonos. Para entonces, sus bonos, por diez mil dólares, ya habían vencido. Pidió también su reemplazo, y se lo concedieron. Su jefe aseguró que era lo más que podía hacer.

Sameer había conseguido ya veinte mil dólares más tan sólo para el primer año, sin mencionar los dividendos que acumularía con el aumento de su salario base, pero eso no fue todo. Seguía sin recibir el rembolso de su colegiatura, así que decidió buscar otra manera de apoyar a su familia. Con mucho tiempo libre en su último semestre en la escuela, negoció con una empresa consultora un empleo de medio tiempo. La compañía aceptó pagarle ciento treinta y cinco dólares la hora, lo que le produciría cincuenta mil dólares más en el lapso de unos cuantos meses. Sameer firmó entonces, habiendo elevado su compensación total en más de setenta mil dólares. "Gran parte de mi capacidad para presionar se la debo a ser agente", dice. "Si no presiono ahora, ¿qué pasará cuando consiga otro ascenso? Seré el tipo con tres hijos al que mangonean. Concebirme como agente me motivó a presionar. Me dio cojones extra."

Aunque abogar por su familia le ayudó a tener éxito, a Sameer le preocupaba cómo afectaría esto su prestigio en la empresa y su relación con su jefe. Cuando la negociación terminó, éste le comunicó un sentir imprevisto: que admiraba su seguridad. "Tal era una de las razones de que él me quisiera consigo", dice. "Le pareció digno de respeto que yo no me dejara pisotear." Los generosos, en particular los afables, suelen sobrestimar el grado en que su seguridad puede desconcertar a los demás. Pero Sameer no sólo ganó respeto por negociar; a su jefe le impresionó también cómo lo hizo. Cuando RH rechazó inicialmente su petición, Sameer explicó las circunstancias de su familia. "Ahora no sólo debo pagar la renta, sino que además tengo una familia que mantener y préstamos por pagar. ¿Podrían volver esto más aceptable para mí?" Al pedir a nombre de su familia, no de él mismo, mantuvo su imagen de generoso. Se mostró dispuesto a abogar por otros, lo que emitió una positiva señal de lo mucho que trabajaría al representar los intereses de la empresa.

Babcock y colegas llaman a esto *nota relacional*, la explicación de una petición que conlleva los intereses de otros, no sólo de uno mismo.[25] Cuando las mujeres piden más sueldo, corren el riesgo de infringir las expectativas de "estar orientadas a los demás y ser bondadosas, de carácter generoso antes que interesado", escriben Babcock y Hannah Riley Bowles. Aunque tal vez les preocupe en especial que su seguridad quebrante normas de género, a generosos de ambos sexos les preocupa infringir sus preferencias de reciprocidad. Si presionan demasiado, se sentirán interesados, no generosos.

Pero cuando abogan por otros, presionar es totalmente acorde con sus valores de proteger y promover intereses ajenos: pueden atribuirlo a bondad. Y al ofrecer notas relacionales, hacen más que sólo concebirse como agentes de otros; se presentan como tales, lo cual es un modo eficaz de preservar su concepto de sí mismos y su imagen social como generosos.

Este razonamiento resultó relevante para Lillian Bauer cuando decidió no permitir más que sus clientes la trataran como tapete. "Me gusta ser generosa y despertar confianza en los clientes, pero eso no significa que puedan pasar por encima de mí", advierte. Para declinar peticiones de clientes ajenas a un proyecto, ahora empleaba una combinación de defensoría y notas relacionales. Comenzando por la primera, daba en concebirse como agente de los consultores de su equipo. "Los generosos tenemos un lado protector. Al negociar con un cliente, siento una responsabilidad enorme para con mi equipo y esto me predispone a trazar una línea firme." Luego adoptó la costumbre de comunicar dicha responsabilidad a sus clientes: "Cuando un cliente hace una petición poco razonable, le explico que tal cosa exigirá mucho de mi equipo, o lo obligará a trabajar como loco. El cliente sabe que me desviviré por hacer lo correcto por aquél, así que cuando cedo, mi decisión tiene más impacto: hay una buena razón para hacerlo".

Pisotear al dejado

El progreso de Lillian tocó una cuerda sensible en mí. En mi primer año en la universidad, acepté un empleo como vendedor de publicidad en las guías de viaje Let's Go. Escritas y producidas en su totalidad por estudiantes de Harvard, estas guías se anunciaban como la biblia del viajero de bajo presupuesto, rivalizando con las de Lonely Planet, Frommer y Rick Steves como el recurso indispensable para viajar económicamente al extranjero. El primer día, mi supervisora me tendió una lista de clientes y me dijo: "Estas personas gastaron trescientos mil dólares el año pasado en anuncios en nuestras guías. Llámales y convéncelas de que vuelvan a anunciarse", tras de lo cual simplemente se dio la vuelta y se fue.

Mientras yo asimilaba el hecho de que no recibiría capacitación alguna, comencé a aterrarme. Desconocía por completo el producto y no tenía experiencia relevante, además de lo cual nunca había salido de América del Norte. Tenía dieciocho años y ninguna experiencia haciendo ventas a vicepresidentes ejecutivos de importantes compañías internacionales.*

---

* Luego me enteré de que mi supervisora me contrató porque mi antecesor se había ido tres semanas después de ingresar y le urgía un reemplazo. El puesto había estado vacante veintidós días y yo fui el único candidato.

Reuní el valor necesario para llamar a uno de los anunciantes más antiguos, un hombre llamado Steven, que tenía una agencia de viajes. En cuanto comenzó a hablar, resultó obvio que estaba furioso. "Al principio me dio gusto ver que mi agencia aparecía en sus guías, aparte de mi anuncio", soltó, "hasta que vi que la información de contacto era caduca. Para que los lectores puedan localizarme, he tenido que pagar cientos de dólares manteniendo antiguas direcciones postales y cuentas de correo electrónico." Le expliqué amablemente que los departamentos editorial y de publicidad estaban separados; yo podía verificar la exactitud de sus anuncios, pero no tenía influencia sobre el contenido de las guías. No le importó; exigió un descuento para compensar ese error editorial y amenazó con no renovar su anuncio si yo no lo satisfacía. Sintiendo lástima por él, le di un descuento de diez por ciento. Esto infringía la política de Let's Go que aparecía en mi contrato, de prohibir todo descuento que no apareciera en el *kit* de medios y fue un presagio de más errores por venir.

Tras localizar a varias docenas de clientes, yo había otorgado tres descuentos más y firmado muy pocos contratos, lo que resultó mortificante cuando me enteré de que Let's Go tenía una tasa de renovación de clientes de noventa y cinco por ciento. Además de no haber obtenido ingresos, cuando un cliente exigió el rembolso de su anuncio del año anterior, cedí, convirtiéndome así en el primer empleado de la empresa en ceder dinero ya invertido en las guías. Al empatizar con los clientes e intentar satisfacer sus necesidades por todos los medios posibles, yo los ayudaba a mis expensas, para no hablar de las de la compañía. Yo era un desastre y estaba dispuesto a marcharme.

No era la primera vez que yo había sido generoso en extremo. A los catorce años había decidido ser clavadista. Estaba resuelto a dominar el arte de lanzarme al vacío, dar giros y volteretas y entrar grácilmente al agua sin salpicar a nadie. Sin reparar en que apenas si podía brincar, hacer saltos mortales o girar, resultó aterrador probar nuevos clavados y mis compañeros de equipo aludieron a mi rigidez apodándome *Frankenstein*. Un día, el entrenador llevó a la práctica un metrónomo, para ver si de ese modo mejoraba mi sincronización. Tras varias horas de esfuerzo, me declaró incapaz de todo ritmo.

Los cuatro años siguientes entrené seis horas diarias. A la larga, fui finalista estatal dos veces, clasificado nacional para las Olimpiadas Júnior dos veces y clavadista de la selección estadunidense. Luego, en Harvard, competí a nivel universitario en la National Collegiate Athletic Association (NCAA). Pero, entre tanto, sacrifiqué mi éxito. Varios meses antes del principal encuentro de mi vida, me ofrecí a entrenar a dos de mis rivales. Les enseñé nuevos clavados, critiqué sus procedimientos y revelé el secreto de la caída a tajo, enseñándoles a desaparecer en el agua al cabo de una zambullida.

Ellos me devolvieron el favor venciéndome en los campeonatos estatales, por apenas un puñado de puntos.

En Let's Go, yo beneficiaba otra vez a otros a un costo personal. Aunque ayudaba a ahorrar a mis clientes, era un dejado, perdiendo ingresos para la compañía y sacrificando mis comisiones. A la semana siguiente, sin embargo, conocí por casualidad a la nueva subgerente de la empresa, cuyo puesto había sido creado gracias a los ingresos publicitarios generados por mi antecesor. Este puesto le permitiría a ella pagar sus estudios. Ésta era la inspiración que yo necesitaba: me di cuenta de que mis colegas dependían de mí. Como estudiante que era, yo no tenía esposa ni hijos, pero podía concebirme como agente de estudiantes universitarios en busca de un empleo con el cual sufragar sus colegiaturas y obtener experiencias laborales significativas. Yo podía ser un tapete al insistir únicamente en mis intereses; pero cuando representaba los de los estudiantes, estaba dispuesto a luchar para protegerlos.

Ante una negociación acalorada con un despiadado hotelero francés que exigía descuento, pensé que tales ingresos podían servir para crear puestos de trabajo, lo que me dio la resolución necesaria para mantenerme firme. Añadí una nota relacional: si yo le ofrecía descuento, sería justo hacer lo propio con los demás, pues era mi deber ser congruente. Él terminó pagando el precio íntegro.

Cuatro meses más tarde, yo había impuesto varios récords en la compañía, generando ingresos por más de seiscientos mil dólares, casi el doble que mi predecesor, y consiguiendo más de doscientos treinta mil dólares de ventas en frío a nuevos prospectos. Vendí el paquete de publicidad más grande en la historia de la empresa, y nuestro presidente proclamó en un banquete que yo era "uno de los mejores socios de publicidad nunca antes vistos" ahí. A mis diecinueve años, fui ascendido a director de ventas de publicidad, lo que me puso a cargo de un presupuesto superior a un millón de dólares y me asignó la tarea de contratar, capacitar y motivar a mi propio personal.

Justo después de mi ascenso, explotó la burbuja de las compañías de internet. Más de una docena de clientes quebraron antes de que nuestra temporada publicitaria comenzara siquiera, y seis de nuestros diez clientes más importantes me informaron que su presupuesto de publicidad había sido recortado drásticamente, de manera que no podrían renovar sus anuncios con nosotros. Al final, Let's Go perdió veintidós clientes leales y cuarenta y tres por ciento del presupuesto del año previo. Lo peor llegó cuando llamó nuestro principal cliente. Era Michael, vicepresidente de la agencia de viajes para estudiantes que había comprado el paquete récord el año anterior. "Me apena mucho decirte esto, porque nos gusta su producto y valoramos esta relación." Respiró hondo. "Pero debido a restricciones presupuestales y a un descenso en el mercado de viajes, no sé si nos podamos permitir anunciarnos este año. Para considerarlo siquiera, necesitaríamos un gran descuento."

Sabiendo que de los ingresos procedentes de la compañía de Michael dependían muchos empleos, me erigí en defensor y cedí. Como sus rivales estaban retirando sus anuncios, le dije a Michael, él tenía la oportunidad de aventajar a la competencia, ¿y qué mejor momento para invertir que durante una recesión? Él dijo que consultaría a su jefe y me llamaría de nuevo. Lo hizo a la semana siguiente, con malas noticias: le habían autorizado anunciarse en nuestras guías sólo si obtenía el mismo paquete que el año anterior, aunque con setenta por ciento de descuento. Esto reduciría sus gastos de poco menos de ciento veinte mil dólares a menos de cuarenta mil.

Mientras yo calculaba el descuento que nos podíamos permitir, fui a un entrenamiento de clavados. Sentado junto a la alberca, me percaté de que había una enorme diferencia entre los clavados y Let's Go. Los deportes individuales implicaban competencias de suma cero donde ayudar a los rivales a ganar significaba que yo tenía más probabilidades de perder. En los negocios, en cambio, era posible el beneficio mutuo; los intereses de mis clientes no tenían por qué ser contrarios a los míos. Cuando empecé a examinar los intereses de Michael, comprendí que él bien podía valorar productos gratis en su establecimiento. Por mis colegas me había enterado de que nuestro contrato editorial concedía a Let's Go los derechos de venta o licencia de todo contenido no mayor de veinte páginas, así que yo podía ofrecerle a Michael patrocinar un nuevo producto: folletos de viaje de Let's Go de veinte páginas, que él podría distribuir entre sus clientes. Éstos agradecerían las sugerencias de viajes gratuitas, y a lo mejor pasarían más tiempo en su oficina o regresarían más seguido. Puesto que los fondos provendrían de su presupuesto de distribución y no del de publicidad, Michael podría considerar esta posibilidad. Al abundar en sus intereses, me di cuenta de que los folletos serían aún más valiosos para él si era el patrocinador exclusivo, sin anuncios de otras compañías. Fue así como Michael y yo llegamos a un acuerdo de patrocinio exclusivo mutuamente beneficioso, en el que él terminaría erogando más de ciento cuarenta mil dólares, cifra superior a mi récord previo del paquete de publicidad más grande en la historia de la compañía.

Mientras que la defensoría y las notas relacionales me permitieron ser más seguro en negociaciones en las que una de las partes sale perdiendo, la adopción de perspectiva me ayudó a agrandar el pastel y triunfar en negociaciones de beneficio mutuo. En definitiva, y pese a la debacle de las compañías en internet, este método hizo posible que más de la mitad de nuestros clientes de renovación incrementaran sus paquetes publicitarios. Nuestro equipo generó ganancias por más de quinientos cincuenta mil dólares, lo que permitió aumentar nuestro personal e introducir nuevas iniciativas de mercadotecnia. Luego de meses de perseguir a clientes morosos para que pagaran, me convertí en el único administrador en la historia reciente en saldar el cien por ciento de las cuentas por cobrar, sin dejar una sola deuda. Elegido miembro del consejo de administración de la compañía, obtuve además el premio de gerente del año en virtud de mi liderazgo, compromiso y visión de negocios. Las lecciones que aprendí en Let's Go resultarían inolvidables, y decidí dedicar el resto de mi carrera a enseñar a otras personas generosas lo que yo había descubierto sobre cómo superar el efecto tapete.

Los investigadores saben desde hace años que los negociadores de éxito tienden a operar de manera alterista. En un muy completo análisis de veintiocho estudios efectuado por el psicólogo holandés Carsten De Dreu, los mejores negociadores no resultaron ser ni interesados ni generosos desinteresados.[26] Los primeros se limitaban a reclamar valor para sí: veían las negociaciones como contiendas de suma cero de ganador-perdedor y no confiaban en la otra parte, así que negociaban agresivamente, dejando pasar la oportunidad de crear valor entendiendo los intereses ajenos. Los generosos desinteresados, a su vez, hacían demasiadas concesiones, beneficiando a la otra parte a un costo personal. Los negociadores más eficaces eran los alteristas, quienes reportaban gran preocupación por sus intereses y los de la otra parte. Al buscar oportunidades para beneficiar a los demás y a sí mismos, los generosos alteristas pueden pensar en formas más complejas e identificar soluciones de beneficio mutuo invisibles para los interesados y generosos desinteresados. En vez de ceder valor como estos últimos, los alteristas primero lo crean. Para cuando regalan rebanadas del pastel, éste es tan grande que hay mucho por reclamar para sí: pueden dar más *y* tomar más.

La noción de agrandar el pastel recoge un punto decisivo en la carrera de Lillian Bauer. Aunque ella había aprendido a contener a los clientes y poner límites al tiempo que dedicaba a orientar y ayudar a interesados, no estaba dispuesta a dejar de ayudar a los generosos y equitativos. Cuando colegas de bajo rango que no parecían interesados necesitaban ayuda, ella aún les daba en forma desinteresada, sacrificando gran parte de su tiempo sin importar su agenda y demandas.

Jason Geller adoptó un método más alterista: halló la manera de ampliar el grado de generosidad que podía ejercer sin aumentar las demandas sobre su tiempo. Compartía su carga de trabajo con otros, dándoles así la oportunidad de ser generosos mientras evitaba sobrecargarse. Como gerente de alto nivel, cuando analistas inferiores le pedían ayuda, él proponía un almuerzo, al que invitaba también a un par de nuevos gerentes. Eso permitía a estos últimos tener acceso a él y orientar a analistas de bajo rango. "Para ellos, ésta es una manera excelente de buscar apoyo en subordinados", dice. En vez de acaparar la generosidad, Geller enlazaba a analistas de bajo rango con múltiples mentores, quienes les brindaban una base de consejos y conocimientos más amplia.

Cuando se le dijo que era demasiado generosa, Bauer adoptó un enfoque parecido al de Geller. Dio en hacer sesiones grupales de mentoría, en lugar de individuales:

> Me preguntaba: "¿Soy de veras la única persona que puede ayudar en este caso particular?". Intentaba no concebirme como el único recurso que yo optimizaba y empecé a entrelazar a la gente para que se prestara ayuda. Ahora soy muy explícita con mis discípulos. Les digo: "La gente hizo esto por mí y tú debes hacerlo por otros. De ti se espera que al recibir esa clase de generosidad correspondas beneficiando a otros".

Al decidir no asumir sola la carga, Bauer agrandó el pastel, permitiendo que su generosidad tuviera más impacto mientras protegía su tiempo. "Si tienes en tu compañía una combinación natural de generosos, interesados y equitativos", dice, "puedes hacer mucho para magnificar la tendencia a la generosidad, suprimir las tendencias más agresivas al interés propio y mover a los equitativos hacia la largueza. Esto brinda energía y satisfacción, y es, a su manera, una práctica adictiva."

En vez de asumir que están condenados a ser tapetes, los generosos de éxito reconocen que sus decisiones cotidianas determinan los resultados que obtienen en situaciones competitivas y de confrontación. Los peligros yacen menos en la generosidad misma y más en la rigidez de apegarse a un solo estilo de reciprocidad en todas las interacciones y relaciones. Como dice el psicólogo Brian Little: aun si un estilo como el generoso es nuestra primera naturaleza, la posibilidad de que prosperemos depende de adoptar con suficiente holgura un enfoque equitativo que se vuelva nuestra segunda naturaleza.[27] Aunque muchos generosos de éxito parten por sistema de confiar en las intenciones ajenas, tienen el cuidado de buscar en su entorno a posibles interesados y están siempre listos para pasar de sentir las emociones de éstos a analizar sus pensamientos, así como de la generosidad incondicional a un enfoque más mesurado de retribución generosa. Y cuando quieren retractarse, los generosos de éxito están preparados para extraer reservas de seguridad de su compromiso con las personas más importantes para ellos.

Para Lillian Bauer, estos cambios en su estrategia catalizaron una transformación que le permitió dejar de ser boba. Cuando aprendió a aprovechar sus fortalezas naturales abogando por otros e interpretando los motivos ajenos, ajustó su conducta a fin de invertir en aquellos en quienes podía ejercer más influencia, animándolos a dar también. El efecto acumulado de todo esto la hizo pasar de tapete a generosa de éxito. Aunque al principio su generosidad retardó su ascenso a socia, terminó obteniendo éste antes de tiempo. Lillian Bauer fue una de las primeras integrantes de su grupo de consultoría en convertirse en socia.

8

El cambio Scrooge

Por qué un equipo de futbol, una huella digital y un nombre
pueden inclinarnos en la dirección contraria

Por egoísta que pueda suponerse al hombre, hay evidentemente
en su naturaleza principios que lo interesan en la fortuna de otros
y le vuelven necesaria su felicidad, aunque no derive de ella
sino el placer de contemplarla.

–ADAM SMITH, PADRE DE LA ECONOMÍA[1]

En 1993, un hombre llamado Craig Newmark dejó IBM luego de una
estancia de diecisiete años para ocupar un puesto de valores bursátiles
de computación en Charles Schwab, en San Francisco. Siendo un sol-
tero nuevo en el área de la bahía, buscó formas de dar sabor a su vida social.
A principios de 1995 empezó a mandar correos a sus amigos para compartir
información sobre eventos locales de arte y tecnología. Pronto corrió la voz,
y la gente comenzó a anunciar también ofertas de empleo, departamentos y
todo tipo de artículos en venta. En junio, la lista de correo había aumentado ya a doscientas cuarenta personas. Demasiado grande para el correo
directo, Craig la pasó a un servidor de listas. Fue así como nació la página
Craigslist, en 1996.[2] Para fines de 2011, había páginas Craigslist en más de
setecientas localidades de todo el mundo. Tan sólo en Estados Unidos, cada
mes visitan Craigslist cincuenta millones de personas, lo que convierte a esta
página en una de las diez más populares de ese país y una de las cuarenta
más visitadas del mundo.

Craigslist floreció apelando a nuestros instintos básicos de equidad. Facilita transacciones en las que compradores y vendedores pueden conve-
nir precios razonables, intercambiando bienes y servicios por su justo valor.
Craigslist tiene que ver en esencia con el canje de valor en intercambios directos entre personas, lo que crea un equilibrio entre dar y tomar del gus-

to de los equitativos. "No somos altruistas", escribe Newmark. "Desde cierta perspectiva, somos una suerte de bazar."

¿Un sistema como éste puede funcionar con base enteramente en la generosidad, no en la equidad?

En 2003, Deron Beal, nativo de Ohio, decidió descubrirlo. Como Craig
Newmark, Beal se hallaba en una ciudad nueva donde carecía de información, así que inició una lista de correo entre amigos. Siguiendo el ejemplo
de Craigslist, se propuso crear comunidades locales de intercambio basadas
en internet y de acceso libre, con objeto de enlazar a personas necesitadas
de bienes con personas que quisieran deshacerse de ellos. Pero alejándose
radicalmente del intercambio clásico de Craigslist, Beal fijó una directriz inusual: la prohibición de toda moneda o comercio. La red fue llamada Freecycle y todos los bienes manejados en ella debían ser gratuitos.[3]

La idea de Freecycle se le ocurrió a Beal mientras desarrollaba y dirigía
un programa de reciclamiento para empresas en la organización no lucrativa
Rise, en Tucson, Arizona. Empresas locales dieron en cederle objetos usados
en buenas condiciones pero imposibles de reciclar, como computadoras y
escritorios. Esperando poder regalarlos a personas que los necesitaran, Beal
pasó horas en el teléfono ofreciéndolos a instituciones de beneficencia, sin
lograr gran cosa. Al mismo tiempo, tenía una cama que él quería regalar,
pero las tiendas de ahorro no la aceptarían. Comprendió entonces que tal
vez resolvería ambos problemas mediante una comunidad en línea que re-
uniera en forma más eficiente a donadores y receptores.

Beal envió por correo electrónico un anuncio inicial de Freecycle a unos
cuarenta amigos, a los que invitó a sumársele y correr la voz. No dejaron de
sorprenderle algunos de los primeros anuncios de artículos gratis de miembros de Freecycle. Una mujer ofreció gratis un frasco parcialmente usado de
tinte para el pelo que caducaría en unas horas. "Debe usarse pronto", escribió,
"así que si alguien tiene ganas de oscurecerse el pelo, ésta es la noche". Un
señor de Texas anunció un objeto más apetecible —equipo de pesca—, aunque con una condición: regalarlo a alguien a quien le hubieran robado uno
igual. "De niño, hace treinta y cuatro años, yo robé uno. Pero como ya es inútil buscar al afectado para enmendar mi error, al menos haré esto." En vista,
sin embargo, de que algunos buscarían resquicios de equidad en el sistema
y otros pretenderían regalar baratijas, Freecycle parecía una causa perdida.

No obstante, Beal creía que "la basura de uno es el tesoro de otro". Y en
Freecycle había quienes regalaban auténticos tesoros que habrían podido
vender fácilmente en Craigslist. Alguien donó una cámara en excelentes condiciones, con valor de al menos doscientos dólares; otros regalaban computadoras, televisores de pantalla plana, asientos para bebé, pianos, aspirado-

ras y equipo para hacer ejercicio en buen estado. Freecycle empezó en mayo de 2003 con treinta miembros; un año después ya eran más de cien mil, en trescientas sesenta ciudades del mundo entero. En marzo de 2005, su membresía había aumentado diez veces, a un millón de individuos.

En fecha reciente, los científicos sociales Robb Willer, Frank Flynn y Sonya Zak decidieron estudiar qué mueve a la gente a participar en sistemas de intercambio.[4] Querían llegar al fondo de un intenso debate entre científicos sociales, muchos de los cuales creían que el tipo de intercambios directos en Craigslist eran la forma óptima de intercambiar recursos. Al permitir a la gente canjear valor, un sistema como Craigslist capitaliza el hecho de que la mayoría es equitativa. Pero algunos expertos previeron el rápido crecimiento de sistemas como Freecycle, cuyos miembros dan a una persona y reciben de otra, sin canjear valor nunca con la misma. Estos investigadores estaban convencidos de que aunque un sistema de reciprocidad generalizada como ése depende de que la gente sea generosa y pueda ser explotada por interesados, podía ser tan eficaz como la equidad directa para facilitar el intercambio de bienes y servicios.

La explicación intuitiva es que esos dos tipos de sistemas atraen a tipos diferentes de personas. Tal vez equitativos eran atraídos a Craigslist, en tanto que generosos se congregaban en Freecycle.* Como me dijo Deron Beal: "Si sólo hubiera personas interesadas, Freecycle no existiría". Pero el equipo de Willer descubrió que ésta no era toda la historia.

Aunque Freecycle creció en parte atrayendo a personas ya inclinadas a la generosidad, consiguió algo más impresionante. Por alguna razón, logró animar a personas equitativas e interesadas a actuar como generosas. Para saber cómo funciona Freecycle, el equipo de Willer estudió muestras aleatorias de miembros tanto de ese sistema como de Craigslist. Encuestó a más de mil miembros de ambas organizaciones de intercambio en docenas de comunidades estadunidenses, evaluando sus estilos de reciprocidad mediante el hecho de pedirles responder una serie de preguntas sobre si, en general, preferían maximizar sus ganancias o aportar a otros. Los generosos habían donado en promedio veintiún artículos en Freecycle. Los interesados podían no haber dado nada, pero habían regalado en promedio más de nueve artículos cada uno en Freecycle.

Curiosamente, de hecho, la gente suele sumarse a Freecycle para tomar, no para dar. "Por lo común se entera de Freecycle como vía para obtener cosas gratis. La persona promedio se integra pensando: 'Puedo obtener algo a

* Muchas páginas de Craigslist tienen una sección de objetos gratis, pero su popularidad es eclipsada por las de compraventa.

cambio de nada'", dice Beal. "Pero se impone un cambio de paradigma. Hubo una oleada enorme de nuevos padres que necesitaban ayuda en momentos difíciles. Recibieron carriolas, asientos, cunas y sillas altas. Luego, en vez de venderlos en Craigslist, los regalaron."

¿Qué impulsa a la gente a unirse a un grupo con intención de tomar para terminar dando?

La respuesta a esta pregunta apunta a otra forma en que los generosos evitan la parte inferior de la escala del éxito. Cuando tratan con individuos, es lógico que se protejan con la comprobación de sinceridad y actuando como equitativos en intercambios con interesados. Pero en condiciones grupales, se aseguran de no ser explotados de otra manera: haciendo que todos actúen como generosos. Esta estrategia fue prefigurada por Jason Geller y Lillian Bauer, quienes pidieron directamente a sus discípulos beneficiar a otros en grupos de orientación de colegas de bajo rango. Antes, Adam Rifkin, el generoso de Silicon Valley designado por *Fortune* como el mejor formador de redes, había hecho lo propio en su red. Invitó a quienes se beneficiaban de su generosidad a ayudar a otros en su red de relaciones, lo que produjo una norma de generosidad. Como señalé en el capítulo 1, es raro que la gente tenga un solo estilo de reciprocidad que aplica de modo uniforme en todos los aspectos de su vida. Si un grupo desarrolla una norma de generosidad, sus miembros la respetarán y darán, aun si en otras partes se inclinan por el interés propio o la equidad. Esto reduce los riesgos de la generosidad: cuando todos aportan, el pastel crece y los generosos ya no se ven forzados a dar más de lo que reciben.

¿Qué tienen los grupos que pueden inclinar a sus miembros a la generosidad? Al final de este capítulo presentaré una eficaz actividad que algunas de las compañías y escuelas de administración más importantes del mundo usan ya para motivar la generosidad entre interesados y equitativos, lo mismo que entre generosos. Pero primero, desentrañando el éxito de Freecycle para motivar a dar a equitativos e interesados, podremos comprender mejor qué pueden hacer individuos y organizaciones para fomentar mayores niveles de generosidad. El punto de partida es preguntar por qué da la gente en primera instancia.

El debate sobre el altruismo

Durante cerca de cuarenta años, dos de los psicólogos más distinguidos del mundo han chocado en torno a si la decisión de dar es puramente altruista o definitivamente egoísta. Más que debatir en términos filosóficos, cada uno de ellos ha acudido a la batalla empuñando un arma mortífera: los experimentos psicológicos.

El acusado de altruismo puro es C. Daniel Batson, quien cree que cuando empatizamos con una persona desvalida asumimos una generosidad realmente desinteresada.[5] Entre mayor es su necesidad y más fuerte nuestro apego a esa persona, más empatizamos con ella. Cuando empatizamos con alguien, dirigimos nuestra energía y atención a ayudarlo, pero no para sentirnos bien, sino porque nos importa de veras. Batson cree que aunque algunos sienten empatía más intensa y frecuentemente que otros, prácticamente todos los seres humanos tenemos la capacidad de hacerlo, aun los interesados más desagradables. Como dijo Adam Smith hace siglos: "La emoción que la desgracia de otros nos hace sentir [...] no es de ningún modo exclusiva de los virtuosos y humanitarios, pese a que ellos la experimenten quizá con la sensibilidad más exquisita. El mayor rufián, el más empedernido violador de las leyes de la sociedad, no carecen por completo de ella".

El abogado del diablo es Robert Cialdini, quien alega que el altruismo puro no existe.[6] Él cree que los seres humanos suelen ser generosos, buenos y atentos, pero no que el origen de estas conductas sea enteramente altruista. Piensa que cuando otros sufren, nosotros sufrimos, y que esto es lo que nos motiva a ayudar. La primera objeción de Cialdini a las afirmaciones de Batson fue que cuando la empatía nos induce a ayudar, no es porque nuestra meta última sea beneficiar a otro. Propuso que cuando los demás están desvalidos, nos sentimos afligidos, tristes o culpables. Para reducir estos sentimientos negativos, ayudamos. Cialdini acumuló una impresionante serie de estudios que sugieren que la gente ayuda cuando una persona necesitada la hace sentir afligida, culpable o triste.

La refutación de Batson: aunque es cierto que a veces se ayuda para reducir sentimientos negativos, ésta no es la única razón de que se preste ayuda. Y los sentimientos negativos no siempre inducen a ayudar. Cuando nos sentimos afligidos, tristes o culpables, nuestra meta última es reducir esos sentimientos. En algunos casos, ayudar es la estrategia que elegimos. Pero en muchos otros podemos reducirlos de manera distinta, distrayéndonos o escapando de la situación. Batson ideó un modo ingenioso de distinguir si la empatía nos induce a ayudar porque queremos reducir la aflicción de otra persona o la nuestra. Si la meta es reducir la nuestra, elegiremos cualquier curso de acción que nos haga sentir mejor. Si es reducir la de otra persona, ayudaremos aun si es costoso y otros cursos de acción nos harían sentir bien.

En un experimento, Batson y colegas dieron a elegir a la gente entre ver a una mujer recibir choques eléctricos o abandonar el experimento para evitar la aflicción. No es de sorprender que setenta y cinco por ciento lo haya

abandonado. Pero cuando la gente sentía empatía por la mujer, sólo catorce por ciento lo dejó; el otro ochenta y seis se quedó y se ofreció a recibir
los choques en lugar de ella. De quienes se quedaron a ayudar, los que más
empatizaron con ella soportaron cuatro veces más choques que los que empatizaron menos. Batson y colegas expusieron este patrón en más de media docena de experimentos. Aun si la gente puede reducir sus sentimientos
negativos escapando de la situación, si siente empatía permanecerá y ayudará de cualquier manera, a un costo personal de tiempo y dolor. Con base
en estas evidencias, Batson concluyó que reducir malos sentimientos no es
la única razón de que la gente ayude, y un exhaustivo análisis de ochenta y
cinco estudios lo apoyaba.

Pero Cialdini, uno de los pensadores sociales más grandes de nuestro
tiempo, no había terminado todavía. Admitió que la empatía puede empujar
a ayudar; preocupación y compasión ciertamente nos motivan a actuar en
beneficio de otros, a un costo personal. Sin embargo, no estaba convencido
de que esto refleje un altruismo puro. Adujo que cuando empatizamos con
una víctima desvalida, nos apegamos tanto a ella emocionalmente que experimentamos una sensación de unidad. La fundimos con nuestro concepto
de nosotros mismos. Vemos más de nosotros en ella. Y por eso ayudamos;
porque en realidad nos ayudamos a nosotros. Para citar otra vez a Adam
Smith, "por la imaginación nos ponemos en su estado, nos concebimos so-
portando los mismos tormentos, entramos (por así decirlo) en su cuerpo y
nos volvemos en cierta medida la misma persona con ella, y de ahí que nos
formemos una idea de sus sensaciones y aun que sintamos algo".

Cialdini y colegas realizaron numerosos experimentos en apoyo a esta
idea. La empatía conduce a una sensación de unidad, o de empalme yo-
otro, que nos hace ayudar más. El equipo de Batson opuso otra refutación:
eso es precisamente el altruismo. Si empatizamos con otro al punto de fun-
dir nuestra identidad con la suya, nos preocupamos por él tanto como por
nosotros. Dado que ya no ponemos nuestros intereses antes que los suyos,
ayudarlo es altruismo puro.

Tablas.

Ambos bandos están de acuerdo en que la empatía induce a ayudar. Ambos están de acuerdo también en que una sensación de unidad es una razón
clave de que lo hagamos. Pero difieren fundamentalmente en si esa unión
es egoísta o altruista. Yo creo que aquí existe un punto medio, que Deron
Beal descubrió desde un primer momento. Cuando Beal inició Freecycle,
quería evitar que bienes usados llegaran a los tiraderos, regalándolos a personas que los necesitaran. Pero también tenía intereses personales en juego. En su programa de reclamiento acabó con una bodega llena de cosas

que no podía usar ni reciclar, y su jefe quería que la vaciara. Además, esperaba deshacerse de un colchón viejo. Ninguno de sus amigos lo necesitaba, y era demasiado grande para tirarlo a la basura. Para deshacerse de él tendría que pedir prestada una camioneta y transportarlo a un tiradero, donde se le cobraría por recibirlo. Vio entonces que sería más fácil y barato regalarlo a alguien en Freecycle.

Esa misma fue la causa de que muchos interesados y equitativos comenzaran a dar en Freecycle. Ésta es una forma eficiente de deshacerse de cosas que no quieren y que quizá no puedan vender en Craigslist. Pero pronto, lo sabe Beal por experiencia, la gente que empieza regalando cosas por razones egoístas termina interesándose en las personas a las que ayuda. Cuando el receptor convino en ir a recoger el colchón, Beal se emocionó. "Pensé que por fin iba a regalarlo, que yo era el benefactor", dice. "Pero cuando esa persona se presentó en la puerta de mi casa y me dio las gracias, me sentí bien. Ése era un acto egoísta sólo en parte: estaba ayudando a alguien en una forma que me hacía feliz. Me sentí tan bien que seguí regalando cosas."

Luego de una década de investigaciones, llegué a la conclusión de que la experiencia de Beal es la norma, no la excepción. La unidad es alterista. En la mayoría de los casos en que damos, lo hacemos por un coctel de motivos para beneficiar a otros y a nosotros mismos. Interesados y equitativos quizá tienden a dar cuando sienten que pueden promover los intereses propios y ajenos al mismo tiempo. Como escribió el primatólogo Frans de Waal en *The Age of Empathy* (La era de la empatía): "La división egoísta/generoso podría ser una pista falsa. ¿Por qué intentar arrancar el yo del otro, o el otro del yo, si la fusión de ambos es el secreto de nuestra naturaleza cooperativa?".[7]

Considérese el caso de Wikipedia, la enciclopedia en línea escrita en forma gratuita por más de tres millones de voluntarios, más de cien mil de los cuales colaboran con regularidad. Interrogados acerca de por qué escriben para Wikipedia, casi ningún voluntario dijo hacerlo por interés propio, para hacer nuevos contactos, ampliar su fama, reducir su soledad o sentirse valorado y necesitado. Sin embargo, el valor relativamente altruista de ayudar a otros tampoco fue el único factor que enfatizaron. Los colaboradores de Wikipedia no son necesariamente generosos en todas las áreas de la vida, pero ofrecen su tiempo para resumir exhaustivamente y hacer referencias cruzadas entre entradas de Wikipedia. ¿Por qué? En una encuesta predominaron dos razones: porque lo creían divertido y porque opinaban que la información debe ser gratuita. Para muchos voluntarios, escribir entradas de Wikipedia es un acto alterista: brinda satisfacción personal y beneficia a otros.[8]

Beal cree que la estructura alterista de Freecycle es una de las causas principales de su rápido crecimiento. Regalar objetos que no necesitamos, y beneficiar a otros por ello, es una economía generosa equivalente a los favores de cinco minutos de Adam Rifkin: bajo costo para uno junto con un beneficio potencialmente alto para otros. Resulta notable que la declaración de misión formal de Freecycle subraye dos series de ventajas: que los miembros pueden aportar a otros y beneficiarse ellos mismos. La misión es "crear un movimiento mundial de generosidad que reduzca el desperdicio, ahorre recursos valiosos y aligere la carga de los tiraderos permitiendo al mismo tiempo a sus miembros beneficiarse de la fortaleza de una comunidad enorme".

Más allá de esta estructura alterista, hay un rasgo central de una comunidad de Freecycle que motiva a la gente a dar. Una clave de ese mecanismo radica en la historia de un consultor francés que durante años se empeñó en ganarse la confianza de un posible cliente, hasta que advirtió el poder de la noción de comunidad.

De enemigos a aliados

Durante la crisis financiera global de 2008, una de las muchas compañías afectadas fue una organización francesa que llamaré Nouveau. Con sede en una pequeña ciudad del centro de Francia que presumía de su equipo de futbol, sus fundadores habían elegido ese sitio con el propósito de recuperar su antigua gloria, pero la población iba en declive y las ganancias menguaban, así que se insistía en optar por una ciudad más grande. Los ejecutivos de Nouveau decidieron salvar sus oficinas mediante una reorganización drástica. En busca de asesoría externa, el director financiero solicitó propuestas a empresas consultoras. Nouveau estaba dispuesta a trabajar con la que presentara la mejor propuesta, con una excepción: un despacho en particular en el que no podía confiar. Este despacho había trabajado por años con el principal competidor de Nouveau. Al alto mando de ésta le preocupaba que información confidencial se filtrara por accidente, o incluso que fuese robada por un interesado.

El socio principal de la consultoría sospechosa, a quien llamaré Phillippe, sabía de la desconfianza de los ejecutivos de Nouveau.[9] Su despacho había presentado propuestas a Nouveau en ocasiones previas, y siempre habían sido rechazadas. Los consultores habían explicado repetidamente sus estrictas políticas de confidencialidad, sin convencer a los ejecutivos de Nouveau. Concluyeron por fin que no tenía caso continuar haciendo propuestas. Pero a Phillippe le interesaba mucho contribuir al éxito de Nouveau, así que hizo que su equipo preparara y presentara una propuesta de reorganización, tras de lo cual se procedió a una lluvia de ideas: "¿Cómo podemos demostrar a Nouveau que somos de fiar?".

El despacho de Phillippe fue el último en detallar su propuesta a Nouveau. Phillippe llegó a las oficinas de ésta seguido de cinco consultores. Todos fueron conducidos a una sala enorme, donde diez ejecutivos de Nouveau se sentaron frente a ellos. El equipo de Phillippe presentó la propuesta sin que los ejecutivos de Nouveau se inmutaran. "Nos gusta su plan", dijo uno de ellos, "pero no podemos confiar en su empresa. ¿Por qué habríamos de entablar una relación con ustedes? ¿Cómo podemos estar seguros de que pondrán primero nuestros intereses?". Phillippe les recordó las políticas de confidencialidad y código de honor del despacho, haciendo hincapié en que su reputación dependía de mantener los más altos estándares para con sus clientes, pero su proclama cayó en oídos sordos.

Habiendo agotado todos los argumentos lógicos, Phillippe recurrió al único que le quedaba. Tomó su portafolio y sacó la pañoleta azul del famoso club de futbol de la ciudad. Poniéndosela como símbolo de orgullo de la urbe, clamó: "Llevamos años tratando de convencerlos de que nuestras políticas de confidencialidad son de fiar. Pero como no hemos logrado decirlo con palabras, nos gustaría mostrar nuestro compromiso de otra manera". Los cinco miembros de su equipo lo siguieron, echándose al cuello las pañoletas del equipo de futbol.

Los ejecutivos de Nouveau no cabían en sí de la sorpresa. Preguntaron qué socio se haría cargo del proyecto. Phillippe dijo: "Yo, y empezaremos a trabajar en las vacaciones de agosto. Puedo comprometerme a ello porque sus oficinas están junto a mi casa".

Horas después, la empresa de Phillippe había obtenido el proyecto.

Los ejecutivos de Nouveau no sabían que él era de su ciudad. "Era una tarea de reorganización", explica Phillipe, "y tener a alguien interesado en la ciudad, y a personas que viven en ella, fue una ventaja para los empleados y la compañía. Era un terreno común".

El terreno común es una influencia importante en las conductas generosas. En un experimento, psicólogos del Reino Unido reclutaron a aficionados del equipo de futbol Manchester United. Al pasar de un edificio a otro, éstos vieron resbalar en un campo deportivo a un atleta, quien cayó agarrándose el tobillo y gritando de dolor. ¿Lo ayudarían?[10]

Todo dependía de la camiseta que aquél llevara puesta. Si llevaba una camiseta lisa, sólo lo ayudaba treinta y tres por ciento de los aficionados. Si llevaba la del Manchester United, lo ayudaba noventa y dos por ciento de ellos. El psicólogo de Yale Jack Dovidio llama a esto "activar una identidad común".[11] Cuando la gente comparte una identidad con alguien, darle algo a éste asume una cualidad alterista. Si ayudamos a personas que pertenecen a nuestro grupo, nos ayudamos a nosotros mismos, ya que de ese modo mejoramos la situación del grupo.*

Una identidad común fue un ingrediente activo clave del rápido crecimiento de Freecycle, y de los niveles de generosidad inusualmente altos ahí. Cuando el equipo del profesor de Berkeley Robb Willer comparó a los miembros de Craigslist y Freecycle, le interesó el grado en que cada grupo experimentaba identificación y cohesión. Cuanto más se identificaban los miembros con el grupo, más veían a Craigslist o Freecycle como parte importante de su concepto de sí mismos, reflejo de sus valores básicos. Mientras más cohesión reportaban los miembros, más parte se sentían de una comunidad significativa de Craigslist o Freecycle. ¿Experimentaban mayor identificación y cohesión con aquélla o con ésta?

La respuesta depende de cuánto ha recibido del grupo cada miembro. En el caso de miembros que recibían o compraban pocas cosas, no había diferencias de identificación y cohesión entre Craigslist y Freecycle. La gente estaba igualmente apegada y unida a ambas páginas. Pero en el caso de miembros que recibían o compraban muchas cosas, hubo marcadas diferencias: reportaron mucha mayor identificación y cohesión con Freecycle que con Craigslist. Esto fue así aun después de tomar en cuenta las tendencias generosas de los miembros: más allá de que fueran generosos o no, los que participaban con frecuencia se sentían más apegados a Freecycle que a Craigslist. ¿Por qué la gente se sentía más identificada y unida a una comunidad en la que regalaba que a una en la que intercambiaba equitativamente?

El equipo de Willer sostiene que son dos las razones centrales de que recibir sea una experiencia fundamentalmente distinta en un sistema de ge-

---

* Si el atleta llevaba puesta la camiseta de un equipo rival, el Liverpool FC, era ayudado por treinta por ciento de los aficionados, lo que plantea la pregunta de si es posible hacer que la gente ayude a un rival. Antes de la supuesta emergencia, los aficionados habían escrito acerca de por qué el Manchester United era su equipo favorito, cuánto tiempo llevaban apoyándolo, qué tan seguido lo veían jugar y cómo se sentían cuando ganaba y perdía. Concibiéndose como seguidores del Manchester United, la gran mayoría de los aficionados no quisieron ayudar a su enemigo. Pero los psicólogos tenían un as bajo la manga. En otra versión del estudio, en lugar de escribir sobre por qué favorecían al Manchester United, los aficionados escribieron por qué eran aficionados al futbol, qué significaba este deporte para ellos y qué tenían en común con otros seguidores. Cuando el atleta se torció el tobillo, los aficionados siguieron siendo más propensos a ayudarlo si llevaba una playera del Manchester United (ochenta por ciento) que una lisa (veintidós por ciento). Pero cuando llevaba la camiseta de su rival, Liverpool FC, setenta por ciento lo ayudó. Cuando concebimos a un rival como un aficionado igual que nosotros, antes que como un enemigo, podemos identificarnos con él. A menudo no nos identificamos con la gente porque nos concebimos —o a ella— en términos demasiado específicos y estrictos. Si consideramos más ampliamente los rasgos comunes entre ella y nosotros, es más fácil que veamos la generosidad como alterista.

nerosidad generalizada y en otro de equidad directa. La primera diferencia
radica en los términos del intercambio. En el caso de la equidad directa, el
intercambio es una transacción económica. Cuando los miembros compran
un artículo en Craigslist, saben que los vendedores tratan de maximizar sus
ganancias, con poca consideración de los intereses de los compradores. En
la generosidad generalizada, en contraste, los donadores no obtienen nada
tangible de los receptores. Cuando los miembros de Freecycle reciben un
objeto, aceptan un regalo de una persona generosa que se lo da sin condiciones. Según el equipo de Willer, esto "sugiere que el donador se siente
motivado a actuar en interés del receptor más que de sí mismo", lo que "co-
munica consideración por él más allá del valor instrumental atribuido al artículo en sí". En comparación con una transacción económica, un obsequio
está cargado de valor.

La segunda diferencia tiene que ver con quién es el responsable de los
beneficios que recibes. Cuando compras en Craigslist, puedes atribuir la obtención de un artículo a buen precio a tu habilidad para negociar o a la bondad (o ingenuidad) del vendedor. Intercambias algo con otro individuo; no
recibes nada de la comunidad de Craigslist. "Así, quienes participan en el intercambio directo tienden a identificarse menos con el grupo, porque suelen
derivar menos experiencia emocional de pertenecer a él", escribe el equipo
de Willer. En la generosidad generalizada, por otra parte, la comunidad es
la fuente de las cosas gratuitas que recibes. Un sistema efectivo de generosidad generalizada suele implicar ciclos de intercambio con la siguiente estructura: la persona A da a la persona B, que da a la persona C. Cuando los
miembros de Freecycle reciben múltiples artículos de diferentes personas,
atribuyen los beneficios al grupo, no a individuos.

Juntas, esas dos fuerzas facilitan el desarrollo de un vínculo con Freecycle. En vez de comprar un artículo a alguien, la gente siente que recibe obsequios de una comunidad. La gratitud y buena voluntad generadas de este
modo se traducen en identificación con la comunidad, en conceptualización
como miembros de Freecycle. Una vez ocurrida esta identificación, la gente está dispuesta a dar cosas gratis a cualquiera que comparta la identidad
de Freecycle. Esto extiende su disposición a beneficiar a toda la comunidad de
Freecycle, incitándola a ofrecer artículos que ya no necesita en respuesta a
peticiones cuando puede ayudar. Regalando cosas que no necesitan, los interesados sienten que no pierden nada de valor, pero mantienen la norma de
dar para poder seguir obteniendo cosas gratis cuando lo necesiten. Para los
equitativos, dado que no es posible retribuir, beneficiar a otros es lo menos
que pueden hacer, considerando en especial que ayudan a personas como
ellos mismos. Esto es lo que sucedió con los padres que regalaron artículos

para bebé: recuperaron su sensación de intercambio equitativo y recíproco donando artículos que ya no necesitaban a padres en situaciones similares.

La gente se siente motivada a dar cuando se identifica como parte de una comunidad. Pero no todos los individuos o grupos tienden a atraer por igual este tipo de identificación. Hay algo más en la comunidad de Freecycle que fomenta la identificación, un factor que Adam Rifkin comprende muy bien.

La búsqueda de la distinción óptima

Cuando conocí a Adam Rifkin, le pedí que me hablara de los contactos más interesantes de su red. "Uno de mis favoritos", dijo, "es Adam Rifkin".

No se refería a sí mismo. Adam Rifkin ha desarrollado una estrecha relación con otro individuo también llamado Adam Rifkin, escritor, director, productor y actor de Hollywood que colaboró destacadamente en películas como *Detroit Rock City* (Rockeros rebeldes) y *He-Man* (He-Man y los amos del universo). Para evitar confusiones, llamaré a este último Hollywood Adam y a su simpático doble Panda Adam.[12]

En 1992, cuando Hollywood Adam se iniciaba apenas, Panda Adam se mudó a Los Ángeles para emprender un doctorado en Caltech. La gente le llamaba accidentalmente cuando quería comunicarse con Hollywood Adam. Panda Adam quiso ponerse en contacto con Hollywood Adam para aclarar la confusión, así que anunció su número telefónico en internet. En tres años, nadie llamó. En 1996, Hollywood Adam estaba en Nueva York y un amigo le enseñó la página de Panda Adam. "Yo no sabía nada de internet y me impresionó lo que él había creado. Como me habían confundido varias veces con él, le llamé de inmediato."

Era de mañana en la costa este y acababa de amanecer en la oeste. El sonido taladrante del timbre del teléfono despertó a Panda Adam.

Panda Adam (atarantado): "¿Bueno?".

Hollywood Adam: "¿Adam Rifkin? Habla Adam Rifkin".

Panda Adam: "He esperado esta llamada toda mi vida".

A primera vista, no tenían mucho en común. Hasta donde ambos sabían, no estaba emparentados. Panda creció en Nueva York, Hollywood en Chicago. Panda era ingeniero de software, Hollywood cineasta. Pero cuando se conocieron en persona, sintieron un vínculo instantáneo. "Hollywood Adam es un personaje fabuloso", dice Panda Adam. "Su carrera en Hollywood y la mía en Silicon Valley tienen más paralelos de los que imaginé. Cuando alguien me pide un contacto en Hollywood, acostumbro comenzar por él. Ha ayudado a conocidos míos presentándolos con incontables personas. Mucha gente en Hollywood es narcisista y egocéntrica, pero Hollywood Adam es amable y bondadoso como el que más. En cierto modo, tenemos la misma filosofía."

"Panda Adam es un gran tipo", dice Hollywood Adam. "Nuestro sentido del humor es similar. Nos ayudamos uno a otro sin llevar la cuenta. No nos importa; simplemente hacemos lo que hace falta." Panda Adam fue quien introdujo a Hollywood Adam en Twitter. Cuando éste hizo para Showtime la serie *Look* (Mira), Panda Adam lo invitó al norte de California a hacer proyecciones privadas en YouTube y Twitter. ¿Por qué los dos Adam Rifkin se identifican tanto entre sí?

Si estás pensando que eso se debe al efecto de la semejanza de su nombre, los datos sugieren que estás en lo cierto, al menos en parte. Brett Pelham, psicólogo de la Universidad de Buffalo, señaló que preferimos a personas, lugares y cosas que nos recuerdan a nosotros mismos.[13] Dado que asociamos estrechamente nuestro nombre con nuestra identidad, es posible que nos sintamos atraídos a tomar decisiones importantes que nos hagan acordarnos de nuestro nombre. En un intento por demostrar esto, Pelham y colegas realizaron una serie de estudios controvertidos, casi descabellados.

En cinco estudios descubrieron que la gente es inusualmente proclive a vivir en localidades enlazadas con su nombre. En uno de ellos, el equipo de Pelham buscó en las cuarenta ciudades más grandes de Estados Unidos los cien nombres más comunes que compartían sus tres primeras letras con el nombre de tales ciudades. Luego comparó nombres en términos de qué tan populares eran en diferentes grupos de edad. Resulta que las personas que responden al nombre de Jack tienen cuatro veces más probabilidades de vivir en Jacksonville que las llamadas Phillip, pese a que ambos nombres son igualmente comunes. (Al parecer, los Phils se han concentrado en Filadelfia, donde superan en número a los Jacks.) Y no es que deban su nombre a esos lugares; es más probable que la gente se mude a lugares cuyo nombre se parece al suyo (Georgia tiene el doble de probabilidades de mudarse a Georgia que las que predice el azar).

Esto se aplica igualmente a las carreras: en 1990, Dennis era el cuadragésimo nombre de hombre más común en Estados Unidos, Jerry el trigésimo noveno y Walter el cuadragésimo primero.

Había entonces doscientos setenta dentistas llamados Jerry.

Doscientos cincuenta y siete llamados Walter.

¿Cuántos se llamaban Dennis?

Estadísticamente, debía haber habido entre doscientos cincuenta y siete y doscientos setenta.

Pero había cuatrocientos ochenta y dos.

Si te llamabas Dennis, tenías casi el doble de probabilidades de ser dentista que si te llamabas Jerry o Walter, nombres igualmente comunes. Otros estudios muestran que los individuos apellidados Lawyer tienden a ser abogados más que médicos, en un índice cuarenta y cuatro por ciento superior al azar; lo opuesto es cierto respecto a los individuos apellidados Doctor, en treinta y ocho por ciento más que el azar. Dicha atracción se sostiene también en el caso de productos y personas que asociamos con nosotros mismos. Pelham y colegas hallaron que la gente prefiere los chocolates, galletas y tés que incluyen letras de su nombre, y que se siente atraída por posibles parejas con iniciales similares a las suyas, pese a que insista en que esta semejanza no influye en su atracción.[14] Además, las evidencias indican que la semejanza puede influir en a quién decidimos ayudar. Los investigadores Jeff Galak, Deborah Small y Andrew Stephen analizaron más de doscientos ochenta y nueve mil préstamos otorgados a más de veintitrés mil prestatarios en Kiva, página de microfinanzas en internet donde la gente puede obtener préstamos de desde veinticinco dólares para ayudar a personas del mundo en desarrollo a escapar de la pobreza y poner un negocio.[15] La gente tiende a hacer micropréstamos a prestatarios que comparten sus iniciales u ocupaciones.*

---

* Abundan otras explicaciones de muchos de estos hallazgos. El profesor de Wharton Uri Simonsohn escudriñó los datos, y aunque cree que la semejanza de nombres puede influir en nuestras decisiones, alega persuasivamente que muchos estudios han sido sesgados por otros factores. Por ejemplo, el nombre Dennis está sobrerrepresentado entre los abogados, no sólo entre los dentistas. Sin embargo, esto no explica por qué experimentos controlados y aleatorizados señalan que la gente tiende a ayudar a personas de nombre similar al suyo, a comprar productos coincidentes con sus iniciales y a sentirse atraída por parejas con sus mismas iniciales, como tampoco explica estudios recientes sobre cómo los nombres pueden sabotear el éxito. Psicólogos han descubierto que, en promedio, la gente cuyo nombre empieza con A y B obtiene mejores calificaciones y es aceptada en escuelas de leyes de mayor nivel que aquella cuyo nombre empieza con C y D, y que los beisbolistas profesionales cuyo nombre empieza con K, símbolo de *strikeout* (ponchado), ponchan nueve por ciento más que sus compañeros. En este caso se especula que a la gente le acomodan resultados negativos que le recuerdan sutilmente a ella misma. Otras evidencias dan sustento tentativo a esta idea: atletas, médicos y abogados cuyo nombre empieza con D mueren (*die* en inglés) antes que aquellos con iniciales distintas. Beisbolistas profesionales con iniciales positivas (ACE, JOY, WOW; "as", "gozo" y "¡guau!", respectivamente) viven en promedio trece años más que aquellos con iniciales negativas (BUM, PIG, DUD; "vago", "cerdo" e "inútil"). Y en California, entre 1969 y 1995, en comparación con iniciales neutras, las mujeres con iniciales positivas vivieron en promedio 3.4 años más, los hombres 4.5 más, y los hombres con iniciales negativas murieron en promedio 2.8 años antes. De conformidad con la idea de que las iniciales afectan cómo nos cuidamos, la gente con iniciales positivas tiene menor índice de accidentes y suicidios. Véase Uri Simonsohn, "Spurious? Name Similiarity Effects (Implicit Egotism) in Marriage, Job, and Moving Decisions", en *Journal of Personality and Social Psychology*, núm. 101, 2011, pp. 1-24; Leif D. Nelson y Joseph P. Simmons, "Moniker Maladies: When Names Sabotage Success", en *Psychological Science*, núm. 18, 2007, pp. 1106-1112; Ernest L. Abel y Michael L. Kruger, "Symbolic Significance Initials on Longevity", en *Perceptual and Motor Skills*, núm. 104, 2007, pp. 179-182, y "Athletes, Doctors,

Por lo visto, la semejanza con uno mismo lubrica un tanto el proceso de atracción: la gente es un poco más entusiasta, amistosa y liberal cuando conoce a alguien que le recuerda a ella misma. Esto fue lo que ocurrió con los dos Adam Rifkin cuando se conocieron. Congeniaron en principio a causa de una semejanza superficial, lo que les permitió entenderse después debido a semejanzas reales, y ayudarse mutuamente.

Pero el vínculo entre ellos va más allá del hecho de que se llamen igual. Para ilustrarlo, imagina que participas en una investigación junto con una estudiante universitaria. Un investigador toma sus huellas digitales, con el pretexto de examinar si revelan algo sobre su personalidad. Ambos llenan un cuestionario de personalidad. Al disponerte a partir, ella saca un texto de su mochila. "Un desconocido debe evaluar este ensayo mío, de ocho páginas, para mi curso de inglés. ¿Podrías leerlo y comentar por escrito, en una cuartilla, si mis argumentos son convincentes y por qué? Lo necesito para mañana a esta hora." ¿Le ayudarías?[16]

Formarías parte así del grupo de control de un estudio dirigido por el psicólogo Jerry Burger, en el que cuarenta y ocho por ciento de los participantes ayudaron a la estudiante. Sin embargo, a otros se les hizo creer que tenían algo en común con ella. Una vez que llenaron el cuestionario, el investigador examinó una hoja de evaluación de huellas digitales y observó: "¡Qué interesante! Ambos tienen huellas digitales tipo E".

¿Serías más proclive a ayudar esta vez?

Todo depende de cómo se formule la semejanza. En la mitad de los casos, el investigador mencionó que las huellas digitales tipo E son comunes; ochenta por ciento de la población las tiene. En la otra mitad, dijo que son muy raras: sólo las tiene dos por ciento de la población.

Cuando la semejanza fue común, cincuenta y cinco por ciento de los participantes ayudaron, apenas un poco más que el grupo de control. Pero cuando fue rara, ochenta y dos por ciento ayudó. Lo que impulsó a la gente a actuar con generosidad no fue un rasgo común cualquiera, sino uno poco común. En los estudios de Pelham, los efectos de la semejanza de nombres sobre dónde vivimos, qué carrera elegimos y con quién nos casamos son más fuertes entre personas de nombre raro que común. Gravitamos hacia personas, lugares y productos con los que tenemos un rasgo común poco común. Éste es el vínculo que sintieron al conocerse los dos Adam Rifkin. Éste es un nombre raro, rasgo común poco común que tal vez lubricó el proceso de atracción. La investigación de Pelham demuestra, en efecto, que entre

and Lawyers with First Names Beginning with 'D' Die Sooner", en *Death Studies*, núm. 34, 2010, pp. 71-81, y Nicholas Christenfeld, David P. Phillips y Laura M. Glynn, "What's in a Name: Mortality and the Power of Symbols", en *Journal of Psychosomatic Research*, núm. 47, 1999, pp. 241-254.

más singular sea tu nombre, más probabilidades tienes de identificarte con lugares cuyo nombre se parezca a él.

Para explicar por qué los rasgos comunes poco comunes son tan influyentes, la psicóloga Marilynn Brewer desarrolló una persuasiva teoría. Por una parte, queremos encajar: buscamos conexión, cohesión, comunidad, pertenencia, inclusión y asociación con los demás. Por la otra, queremos destacar: buscamos singularidad, diferenciación e individualidad. Mientras sorteamos el mundo social, esos dos motivos suelen estar en conflicto. Cuanto más estrechamente nos asociamos con un grupo, mayor es el riesgo de que perdamos nuestra sensación de singularidad. Cuanto más nos esmeramos en distinguirnos de los demás, mayor es el riesgo de que perdamos nuestro sentido de pertenencia.

¿Cómo resolver este conflicto? La solución es ser igual y diferente al mismo tiempo. Brewer llama a esto el principio de *distinción óptima*: buscamos formas de encajar y destacar.[17] Un medio frecuente para lograr la distinción óptima es integrarnos a un grupo singular. Formar parte de un grupo con intereses, identidades, metas, valores, habilidades, características o experiencias compartidas nos brinda una sensación de unidad y pertenencia. Al mismo tiempo, formar parte de un grupo visiblemente distinto a otros nos da un sentido de singularidad. Los estudios revelan que la gente se identifica más con individuos o grupos que comparten semejanzas especiales. Cuanto más raro es un grupo, valor, interés, habilidad o experiencia, es más probable que facilite un vínculo. Y las investigaciones indican que la gente es más feliz en grupos que brindan distinción óptima, concediendo una sensación tanto de inclusión como de singularidad. Éstos son los grupos de los que más nos enorgullecemos y en los que nos sentimos más cohesionados y valorados.

Freecycle brindó en principio un sentido de distinción óptima enfatizando la protección del medio ambiente. La meta central era distinta a la de la mayoría de los movimientos de reciclamiento; en vez de reprocesar materiales viejos para convertirlos en nuevos, los miembros buscaban receptores necesitados de bienes que era imposible reprocesar para evitar que fueran a dar a los tiraderos. Este propósito común creó una identidad compartida en la comunidad de Freecycle, fomentando una sensación de unidad entre ideologías diversas. El grupo original de voluntarios de Freecycle en Tucson incluía a un demócrata liberal apasionado de la sustentabilidad del medio ambiente, un republicano conservador que no creía en la eliminación de residuos y un libertario que quería potenciar a la gente para que hiciera cosas por ella misma en vez de depender del apoyo gubernamental. Con el tiempo, mientras la membresía se extendía y diversificaba, cada comunidad de Freecycle proporcionó una salida para que la gente ajustara la generosidad a sus intereses. En Nueva York, por ejemplo, un grupo local adoptó la costumbre de cerrar una calle de la ciudad para eventos de donaciones de Freecycle.

Al fomentar una identidad común y oportunidades para la expresión personal, Freecycle fue capaz de movilizar un sistema de generosidad basado en la reciprocidad generalizada: das para ayudar a otros miembros de la comunidad, y sabes que alguien de la comunidad te dará a ti. Pero el equipo de Willer percibe un distingo: dicho sistema depende de una "masa crítica de beneficios de intercambio", la cual "crea sentimientos positivos hacia el grupo, sentimientos que alientan más contribuciones". En otras palabras, la gente se identifica con un grupo de generosidad generalizada sólo después de recibir beneficios suficientes para sentir que el grupo le ayuda. En Freecycle, nada garantizaba este resultado; después de todo, si los generosos en esa página hubieran sido arrollados por interesados atentos a cometer abusos, quizá el proyecto nunca habría despegado. ¿Cómo acumuló Freecycle esa inicial masa crítica de generosidad y desanimó el parasitismo?

Por qué Supermán es contraproducente y la gente conserva la electricidad

Uno de los primeros miembros de Freecycle fue un señor de noventa y ocho años que recolectaba partes para componer bicicletas que después regalaba a niños de su localidad. Era un "increíble modelo a seguir", recuerda Deron Beal. Los ciudadanos de Tucson podían identificarse con él como residentes. Al ver que daba, lo tenían por miembro de su comunidad singular, así que se sentían más compelidos a seguir su ejemplo. El psicólogo de New York University Jonathan Haidt llama a esto elevación, la grata sensación de emocionarse por actos de generosidad de otros, lo cual puede "apretar un 'botón de reinicio' mental que elimine el cinismo y lo reemplace por [...] una sensación de inspiración moral". Cuando nos elevamos, escriben Haidt y la psicóloga Sara Algoe, "sentimos que (por un momento) nos hemos vuelto menos egoístas y deseamos actuar en consecuencia".[18]

Sin embargo, lo que hacía de ese anciano un modelo tan edificante era algo más que una identidad común. Considérese un experimento de los psicólogos Leif Nelson y Michael Norton, quienes asignaron aleatoriamente a personas la elaboración de una lista de diez rasgos de un superhéroe o de Supermán.[19] Cuando se invitó a esas personas a prestar servicio voluntario en la comunidad, el grupo que enlistó rasgos de superhéroes tuvo cerca del doble de probabilidades de ofrecerse a prestar ese servicio que el grupo que enlistó los de Supermán. Tres meses después, Nelson y Norton invitaron a ambos grupos a reunirse para iniciar su trabajo voluntario. Las personas que habían escrito sobre un superhéroe tendieron a presentarse cuatro veces más que las que escribieron sobre Supermán. Haber pensado tres meses antes en un superhéroe impulsó la generosidad. Haber pensado en Supermán la desalentó. ¿Por qué?

Cuando la gente piensa en los atributos generales de los superhéroes, genera una lista de características deseables que puede asociar consigo misma. En ese estudio, por ejemplo, algunas personas escribieron que los superhéroes son útiles y responsables, y querían expresar esos valores de los generosos, así que ofrecieron sus servicios. Pero cuando se piensa específicamente en Supermán, lo que viene a la mente es una serie de normas imposibles de cumplir, como las popularizadas en la serie de televisión *The Adventures of Superman*: "Más rápido que una bala, más fuerte que una locomotora, capaz de salvar grandes edificios de un solo salto". Nadie puede ser tan fuerte y heroico, así que para qué molestarse en intentarlo.

En Freecycle, los generosos inspiraron una norma que parecía alcanzable. Cuando los miembros vieron que un señor de noventa y ocho años hacía bicicletas para los niños, supieron que ellos también podían hacer algo. Cuando veían a la gente regalar artículos como ropa y aparatos eléctricos usados, sentían que era fácil hacer lo mismo. Los pequeños actos de generosidad iniciados en Freecycle volvieron fácil y aceptable que otros dieran en cantidades reducidas. En efecto, Cialdini ha establecido que la gente dona más dinero a la beneficencia cuando la frase "Aun un centavo ayudará" se añade a una solicitud de fondos.[20] Curiosamente, esta frase incrementa el número de personas que dan sin reducir necesariamente la cantidad que dan. Legitimar contribuciones pequeñas atrae a los interesados, pues vuelve difícil y vergonzoso que digan que no, sin aminorar drásticamente la cantidad que los generosos donan.

Aunque la mayoría se integró a Freecycle para obtener cosas gratis, esto no significa que tomar sea su estilo primario de reciprocidad. Cuando la gente se integra a un grupo, busca indicios de conducta apropiada. Cuando los nuevos miembros de Freecycle vieron a otros parecidos a ellos inspirar actos de generosidad de bajo costo, resultó lógico que los siguieran. Al hacer visible la generosidad, Freecycle facilitó a la gente ver la norma.

Ésta es una lección importante, más aún cuando nos percatamos de cuánto puede afectar la visibilidad de la generosidad a los estilos de reciprocidad. En muchas áreas de la vida, la gente acaba siendo interesada porque no tiene acceso a información sobre lo que otros hacen. Justo meses después del despegue de Freecycle, Cialdini trabajó con un equipo de psicólogos encuestando a más de ochocientos californianos sobre su consumo de energía.[21] Preguntaron a éstos qué tan importantes eran los siguientes factores en la determinación de sus decisiones de ahorro de energía:

- Ahorrar dinero
- Proteger el medio ambiente
- Beneficiar a la sociedad
- Mucha gente lo hace

Los californianos reportaron sistemáticamente que el factor más importante era proteger el medio ambiente. Beneficiar a la sociedad fue el segundo, ahorrar dinero el tercero y seguir el ejemplo de otros el último. El equipo de Cialdini quiso saber si la gente estaba en lo cierto acerca de sus motivaciones, así que diseñó un experimento. Visitó cerca de cuatrocientos hogares en San Marcos, California, a los que asignó aleatoriamente uno de cuatro tipos de rótulos de picaporte:

Ahorra dinero conservando energía: Según investigadores de Cal State San Marcos, podrías ahorrar hasta cincuenta y cuatro dólares al mes usando ventiladores en vez de aire acondicionado para refrescarte en el verano.

Protege el medio ambiente conservando energía: Según investigadores de Cal State San Marcos, podrías impedir la liberación de hasta ciento veinte kilogramos de gases de invernadero al mes usando ventiladores en vez de aire acondicionado para refrescarte este verano.

Haz tu parte para conservar energía para las *generaciones futuras*: Según investigadores de Cal State San Marcos, podrías reducir veintinueve por ciento tu demanda mensual de electricidad usando ventiladores en vez de aire acondicionado para refrescarte este verano.

Únete a tus vecinos en la conservación de energía: En una encuesta reciente de hogares de tu comunidad, investigadores de Cal State San Marcos descubrieron que setenta y siete por ciento de los residentes de San Marcos suelen usar ventiladores en vez de aire acondicionado para refrescarse en el verano.

El equipo de Cialdini hizo entrevistas puerta por puerta en cada hogar, sin saber qué letrero les había tocado. Interrogados acerca de qué tan motivadores eran esos rótulos, los residentes cuyo rótulo enfatizaba sumarse a sus vecinos reportaron la motivación más baja: dieciocho por ciento menos deseos de conservar energía que los residentes con los rótulos sobre la protección del medio ambiente, trece por ciento menos que aquellos con los relativos a las generaciones futuras y seis por ciento menos que los residentes con los letreros sobre ahorro de dinero.

Sin embargo, cuando el equipo de Cialdini examinó los recibos de luz de los residentes para ver lo que en realidad hacían, se topó con algo asombroso: los vecinos estaban equivocados respecto a sus motivaciones. Durante los dos meses siguientes, los residentes cuyos rótulos enfatizaban sumarse a sus vecinos fueron los que conservaron más energía. En promedio, el rótulo "Únete a tus vecinos" indujo una reducción de entre cinco y nueve por ciento en kilowatts-hora diarios de energía contra ninguna de los otros tres letreros, todos ellos igualmente ineficaces. Saber que otros conservaban energía fue la mejor manera de lograr que algunos residentes hicieran lo mismo.

Pero quizá fue la gente que ya conservaba electricidad en cada colonia la que respondió más visiblemente, metiendo en cintura a quienes consumían en exceso. Para averiguar si compartir información sobre los esfuerzos de conservación de sus vecinos podía motivar la conservación entre personas que consumían altos niveles de electricidad, el equipo de Cialdini hizo otro experimento con cerca de trescientos hogares de California. Esta vez dio a los residentes rótulos con datos sobre su consumo de electricidad en comparación con hogares similares de su colonia en la última semana o par de semanas. Los rótulos ofrecían datos sobre si los residentes consumían menos (daban) o más (tomaban) que sus vecinos.

En las semanas siguientes, los hogares con alto consumo de electricidad lo redujeron en forma significativa, 1.22 kilowatts-hora diarios en promedio. Ver que consumían más que el promedio en su colonia los motivó a igualarlo.* Pero esto sólo surte efecto cuando se compara a la gente con sus vecinos. Como explica el equipo de Cialdini:

El factor clave fue qué "otras personas": otros californianos, otros individuos de su ciudad u otros residentes de su comunidad específica. De conformidad con la idea de que lo que más influye en las personas son otras parecidas a ellas, el poder de las normas sociales aumentó entre más cercano y similar fuera el grupo para los residentes; la decisión de

* Irónicamente, el mensaje resultó contraproducente para quienes conservaban energía al modo de los generosos. Una vez que vieron que estaban por debajo de la norma de consumo, se sintieron en libertad de gastar más, así que su consumo aumentó en promedio 0.89 kilowatts-hora diarios. Los psicólogos pudieron impedir esta consecuencia no deseada insertando una ☺ junto a la información de que dichos hogares consumían menos que el promedio. Aparentemente, esta pequeña señal de aprobación social bastó para motivar a la gente a seguir actuando con generosidad.

conservar se vio principalmente influida por las personas más parecidas
a los decisores: los residentes de su comunidad.

Inspirada por estas evidencias, la compañía Opower envió cartas de re-
porte de energía a seiscientos mil hogares, asignando aleatoriamente a la mitad de ellos la comparación de su uso de energía con el de sus vecinos. También en este caso, fueron los interesados –los que consumían más– quienes
más conservaron, al ver lo mucho que consumían. En general, el solo hecho
de enseñar a la gente lo que hacía en relación con la norma local causó una
mejora drástica en conservación de energía. La cantidad de energía ahorra-
da gracias a esa información equivale a la que se ahorraría si el precio de la
electricidad subiera hasta veintiocho por ciento.

Es común que la gente abuse por no darse cuenta de que se aparta de la
norma. En estas situaciones, mostrarle la norma suele bastar para motivar-
la a dar, sobre todo si tiene instintos equitativos. Parte de lo bueno de Freecycle es que sus miembros disponen de constante acceso a la norma. Cada
vez que uno de ellos regala algo, su acto es transparente: los demás pueden
ver lo frecuente de la generosidad, y querrán actuar de igual forma. Y como
Freecycle está organizada en comunidades locales, sus miembros ven dar
a sus vecinos, lo que señala la posición de su generosidad en relación con
la norma local. Más allá de que la gente tienda a ser generosa, interesada o
equitativa, no querrá infringir las normas establecidas por sus vecinos, de
modo que las cumplirá.

Según Yahoo!, hoy sólo dos términos ambientales se buscan más en el
mundo entero que *Freecyle: calentamiento global* y *reciclar*. En el verano de
2012, Freecyle tenía ya más de nueve millones de miembros en más de ciento diez países, y crecía a un índice de ocho mil miembros por semana. Muchas personas se integran aún con una mentalidad de interés propio, esperando conseguir gratis lo más posible. Pero recibir beneficios de un grupo
de ciudadanos que sirve de modelo de modestos actos de generosidad continúa creando una identidad común en las comunidades de Freecycle, inci-
tando a muchos miembros a seguir la dirección de la generosidad. Juntos,
los nueve millones de miembros de Freecycle regalan más de treinta mil artículos al día, con un peso de novecientas toneladas. Si todos los bienes re-
galados el año pasado se amontonaran, formarían una montaña catorce veces más alta que el Everest. Como escribió Charles Darwin, una tribu con
muchas personas generosas, "siempre dispuestas a ayudarse y a sacrificar-
se por el bien común, vencería a las demás, y esto sería selección natural".[22]

Cuando me enteré del éxito de Freecycle, me pregunté si acaso esos principios podrían aplicarse a la vida diaria, en una organización sin un enfoque

ambiental. ¿Qué se necesitaría para crear y sostener un sistema de generosidad en una escuela o compañía?

El círculo de reciprocidad

Cuando entré a dar clases a Wharton, la escuela de administración de empresas más antigua del mundo, decidí hacer un experimento de generosidad
en mi salón. Anuncié que llevaríamos a cabo un ejercicio llamado el círculo
de reciprocidad, desarrollado por el sociólogo de la University of Michigan
Wayne Baker y su esposa, Cheryl, en Humax. Cada alumno pediría algo al
grupo, y el resto utilizaría sus conocimientos, recursos y contactos para satisfacer su petición. Ésta podía referirse a cualquier cosa importante en la
vida profesional o personal de los alumnos, de pistas de empleo a sugerencias de viajes.

En cuestión de minutos, me vi frente a una fila de estudiantes, algunos
de ellos cínicos, otros preocupados. Uno dictaminó que ese ejercicio no daría resultado, porque en Wharton no había personas generosas; los generosos estudian medicina o trabajo social, no administración. Otro admitió que
le gustaría recibir consejos de compañeros más experimentados sobre cómo
mejorar como candidato a puestos de consultoría, pero que sabía que no lo
ayudarían, porque competían con él por esos mismos puestos.

Poco después, aquellos alumnos vieron incrédulos que sus compañeros
comenzaban a usar sus redes para ayudarse. Un estudiante de tercer año,
Alex, dijo que le encantaban los parques de diversiones, y que estudiaba en
Wharton justo con la ilusión de dirigir Six Flags algún día, pero que no sabía
por dónde empezar; ¿alguien podía ayudarle a introducirse en esa industria?
Un compañero suyo, Andrew, levantó la mano y dijo tener cierta relación con
el exdirector general de Six Flags. Andrew se aventuró a ponerlos en contacto, y semanas más tarde Alex recibía ya invaluables consejos profesionales de ese exdirector. Una alumna de último año, Michelle, confió que tenía
una amiga de desarrollo atrofiado por problemas de salud que no encontraba ropa que le quedara. Resultó que una compañera suya, Jessica, tenía un
tío en la industria de la moda, al que le pediría ayuda. Tres meses después,
ropa a la medida llegaba a la puerta de la amiga de Michelle.

Wayne Baker ha hecho círculos de reciprocidad en muchas compañías,
de General Motors (GM) a Bristol-Myers Squibb. A menudo reúne a líderes
y gerentes de compañías competidoras y los invita a pedir cosas y ayudarse.
En una sesión, un ejecutivo farmacéutico estuvo a punto de pagar cincuenta mil dólares a un proveedor externo para que sintetizara una cepa del al-

caloide PCS. El ejecutivo preguntó si alguien sabía de una opción más barata. Resultó que un miembro del grupo disponía de capacidad de sobra en su laboratorio, y podía hacerlo gratis.

El círculo de reciprocidad puede ser una experiencia muy eficaz. Bud Ahearn, presidente de grupo en CH2M HILL, señaló que los líderes de su compañía "eran grandes promotores, no sólo a causa de los cientos de miles de dólares que generaban anualmente en valor, sino también de su notable potencial para elevar la calidad de nuestra vida en su conjunto". Baker ha pedido a ejecutivos calcular el valor en dólares y tiempo ahorrado de participar dos horas y media en círculos de reciprocidad. En un despacho de consultoría en ingeniería y arquitectura, treinta personas estimaron ahorros superiores a doscientos cincuenta mil dólares y cincuenta días. En una compañía farmacéutica global, quince personas calcularon ahorros de más de noventa mil dólares y sesenta y siete días.

En lo personal, luego de haber aplicado el círculo de reciprocidad con líderes, gerentes y empleados de compañías como IBM, Citigroup, Estée Lauder, UPS, Novartis y Boeing, me sorprenden las peticiones satisfechas, desde la obtención de un codiciado puesto en Google hasta el hallazgo de un mentor y la recepción por un niño de objetos autografiados de uno de sus ídolos del futbol americano. Pero antes de que esto sucediera, e igual que mis alumnos de Wharton, muchos participantes cuestionaron que hubieran de recibir la ayuda que necesitaban. Yo respondí invariablemente preguntando si acaso no subestimaban a los generosos en su medio.

En un estudio de los investigadores Frank Flynn y Vanessa Bohns se pidió a los participantes acercarse a desconocidos en Nueva York y pedirles contestar una encuesta.[23] Los participantes estimaron que sólo una de cada cuatro personas accederían a hacerlo, cuando en realidad fueron una de cada dos. En otro estudio en Nueva York, cuando los participantes abordaron a desconocidos para pedirles prestado su teléfono celular, esperaban que accediera a hacerlo treinta por ciento de ellos, cuando en realidad fue el cuarenta y ocho. Cuando, en otro caso, abordaron a desconocidos para decirles que se habían perdido y pedir que los llevaran al gimnasio más cercano, esperaban una respuesta afirmativa del catorce por ciento de ellos, y la recibieron del cuarenta y tres. Y cuando debieron reunir miles de dólares con fines de beneficencia, supusieron que tendrían que pedir donativos a doscientas diez personas para cumplir su meta, previendo un donativo promedio de menos de cincuenta dólares. En realidad la cumplieron abordando a la mitad de ese número; les bastó con ciento veintidós personas, cada una de las cuales donó más de sesenta dólares.

¿Por qué subestimamos la cantidad de personas dispuestas a dar? De acuerdo con Flynn y Bohns, cuando intentamos predecir las reacciones ajenas, nos fijamos en los costos de decir sí, y pasamos por alto los de decir no. Rechazar una modesta petición de ayuda es incómodo, genera culpa y resulta vergonzoso. Y la investigación psicológica apunta a otro factor —igualmente influyente y muy arraigado en la cultura estadunidense— que hace que la gente crea que no hay muchas personas generosas a su alrededor.

Centros de trabajo y escuelas suelen idearse como entornos de suma cero, con rangos forzosos y curvas de calificación obligatorias que oponen entre sí a los miembros del grupo en contiendas en que sólo puede haber un ganador. En esos medios, es natural suponer que los demás se inclinarán por el interés propio, así que la gente se abstiene de dar.[24] Esto reduce el grado de generosidad real, lo que lleva a subestimar el número de personas inclinadas a dar. Con el tiempo, y debido a lo aparentemente infrecuente de la generosidad, la gente con valores generosos cree estar en minoría.

En consecuencia, aun si adopta conductas generosas, a la gente le preocupa aislarse socialmente si viola la norma, de modo que oculta su generosidad detrás de motivos de mero interés propio. Ya desde 1835, tras visitar Estados Unidos procedente de Francia, el filósofo social Alexis de Tocqueville escribió que a los estadunidenses "les gusta explicar casi cada acto de su vida con el principio del interés propio". Él veía que "se ayudaban unos a otros" y "cedían de buen grado parte de su tiempo y riqueza por el bien del Estado", pero le impresionó "su renuencia a admitir" que esos actos se debieran a un genuino deseo de ayudar. "No creo que con ello se hagan justicia a sí mismos", escribió.[25] Siglo y medio después, el sociólogo de Princeton Robert Wuthnow entrevistó a una amplia gama de estadunidenses que habían elegido profesiones asistenciales, de cardiólogos a rescatistas. Cuando les pidió explicar por qué hacían buenas obras, ellos mencionaron razones de interés propio, como "Me agradaba la gente con la que trabajaba" o "Eso me obliga a salir de casa". No querían admitir que eran personas útiles, amables, generosas, bondadosas o compasivas. "Tenemos normas sociales contra parecer demasiado caritativos", escribe Wuthnow, de manera que "llamamos 'bonachones' o 'defensores de causas perdidas' a quienes lo son."[26]

Mi experiencia señala que eso es justo lo que sucede en numerosas empresas y universidades: muchas personas enarbolan los valores de los generosos, pero los reprimen o esconden suponiendo equivocadamente que nadie los comparte. Como explicaron hace años los psicólogos David Krech y Richard Crutchfield, esto crea una situación en la que "nadie cree, pero todos piensan que todos creen."[27] Considérese una encuesta de 2011 entre alumnos de nuevo ingreso de Harvard, quienes sistemáticamente reportaron que la compasión era uno de sus valores principales, pero uno de los últimos en Harvard.[28] Si muchos creen personalmente en la generosidad pero suponen que los demás no, la norma de un grupo o compañía bien puede distar de la esplendidez. "Las ideas pueden tener efectos profundos aun si son falsas, nada más que ideología", escribe el psicólogo Barry Schwartz. "Tales efectos emergen porque, a veces, cuando la gente actúa con base en la ideología, dispone sin querer las condiciones mismas que ponen la realidad en correspondencia con la ideología."[29] Cuando la gente supone que los demás no son generosos, actúa y habla en formas que desaniman a éstos a dar, creando así una profecía que se cumple sola.

En cuanto forma estructurada de generosidad, el círculo de reciprocidad fue concebido para trastocar esa profecía. El primer paso es asegurarse de que la gente pida ayuda. Las investigaciones demuestran que, en el trabajo, la generosidad entre personas sucede en gran medida en respuesta a peticiones directas de ayuda. En un estudio, gerentes describieron las veces en que daban y recibían asistencia. Noventa por ciento de esos intercambios fueron iniciados por el receptor, peticionario de ayuda. Pero cuando estamos en necesidad, solemos resistirnos a pedir ayuda. Muchas veces nos da vergüenza: no queremos parecer incompetentes o necesitados, ni molestar a otros. Como explica un director de Wharton: "Los estudiantes llaman a esto 'salvar el honor': presionados a parecer exitosos todo el tiempo, a que no haya una sola grieta en su armadura, abrirse los volvería vulnerables".

En el círculo de reciprocidad no hay motivo de vergüenza, porque todos piden. Al hacer peticiones explícitas y específicas, los participantes brindan claras indicaciones a los generosos en potencia de cómo contribuir con eficacia. Al igual que en Freecycle, el círculo de reciprocidad suele iniciarse poniendo a los generosos como modelo de contribución. Pero es lógico que en cada círculo haya muchos equitativos y algunos que prefieren operar como interesados. Para que un sistema de generosidad generalizada alcance una eficacia sustentable, como en Freecycle, esos equitativos e interesados deben contribuir. De otra manera, los generosos terminarán ayudando a todos y recibiendo poco a cambio, exponiéndose a ser timados o a agotarse. ¿Equitativos e interesados se atreven a intervenir?

Como en los círculos de reciprocidad la gente tiende a hacer peticiones significativas, esto atrae por empatía a muchos equitativos. Cuando yo oí a un poderoso director general temblarle la voz al pedir consejo y contactos para combatir una extraña forma de cáncer, la empatía en la sala era palpable. "Mi enorme deseo de ayudar me sorprendió", confió un ejecutivo de servicios financieros. "Mi trabajo me exige concentración en las labores y orientación financiera. No pensé que aquello fuera a importarme tanto, considerando sobre todo que se trataba de alguien a quien no conocía. Pero sentí mucha pena por su necesidad y haría lo que fuera por contribuir y satisfacer su petición."

Aun si no empatizan, los equitativos terminan haciendo abundantes contribuciones. Es difícil actuar como equitativo puro en un círculo de reciprocidad, porque es improbable que la misma gente a la que ayudas pueda satisfacer tu petición. Así, ser equitativo consiste en este caso en dar tanto como los demás. El círculo de reciprocidad crea una versión en miniatura de la red de Panda Adam Rifkin: alienta a los participantes a hacer favores de cinco minutos a cualquier otro miembro del grupo. Para confirmar el cumplimiento de todas las peticiones, los participantes deben hacer múltiples contribuciones, aun a personas que no los han ayudado directamente. Dando más de lo que toman, los participantes amplían las posibilidades de que todos vean satisfechas sus peticiones, a la manera de la norma de beneficiar a otros que Panda Adam estableció en su red.

¿Y los interesados? A muchos les preocupa que éstos capitalicen la oportunidad de obtener ayuda sin dar nada a cambio. Para examinar este riesgo, Wayne Baker y yo encuestamos a más de cien personas sobre sus valores como generosos e interesados.[30] Los encuestados participaron luego en el círculo de reciprocidad y nosotros contamos sus aportaciones. Como era de esperar, los generosos contribuyeron mucho más que los interesados, cuatro veces cada uno en promedio.

Pero, sorpresivamente, también los interesados fueron muy generosos, promediando tres contribuciones cada uno. Pese a valorar el poder y el éxito más que la ayuda a los demás, los interesados dieron tres veces más de lo que recibieron. El círculo de reciprocidad creó un contexto que los animó a actuar como generosos, la clave de lo cual está en hacer pública la generosidad. Los interesados saben que, en un ámbito público, obtendrán beneficios de prestigio por ser generosos y compartir sus conocimientos, recursos y relaciones. Si no contribuyen, parecerán mezquinos y egoístas y no obtendrán mucha ayuda cuando pidan algo. "Ser altruista suele considerarse 'bueno', y ser codicioso o egoísta no", escribe el economista conductual de Duke Dan Ariely en compañía de dos colegas, de manera que la generosidad es "un medio para indicar a otros que eres bueno".[31]

Las investigaciones indican que los generosos tienden a contribuir independientemente de que ocurra en público o en privado, pero que los interesados lo hacen cuando sucede en público. En un estudio, cuando los demás podían ver sus resultados, los interesados hicieron muchas aportaciones en una lluvia de ideas.[32] Pero cuando sus resultados no eran visibles, aportaron menos valor. Otros estudios revelan que los interesados se vuelven ecologistas para sobresalir: prefieren artículos de lujo que orgánicos cuando sus decisiones son privadas, pero optan por estos últimos cuando son públicas, esperando ver crecer su prestigio por proteger el medio ambiente.[33] Yo advertí una tendencia similar entre los estudiantes de Wharton: cada semana cedía la palabra para que algunos hicieran peticiones e invitaba al grupo a contribuir. Una mañana de noviembre, cinco estudiantes presentaron peticiones, y me sorprendió ver que uno de los alumnos que se habían descrito como interesados ofreciera ayuda a cuatro de ellos. En cuanto su prestigio entre sus compañeros comenzó a depender de la generosidad, contribuyó. Haciendo visibles las aportaciones, el círculo de reciprocidad permite que individuos de cualquier estilo de reciprocidad sean alteristas: pueden ser buenos y parecerlo al mismo tiempo.

Cambios de identidad y alteraciones de reciprocidad

Esto plantea una pregunta fundamental: ¿un sistema de generosidad generalizado como Freecycle o el círculo de reciprocidad motiva a los interesados a ser mejores impostores, o realmente puede volverlos generosos? Yo diría que, en cierto modo, los motivos no importan; lo que cuenta es la conducta. Si los interesados actúan en beneficio de otros, aun si sus motivos son principalmente egoístas antes que desinteresados o alteristas, hacen contribuciones que sostienen la generosidad generalizada como forma de intercambio.

Dicho esto, si ignoramos por completo los motivos, pasaremos por alto el riesgo de que los interesados reduzcan su generosidad tan pronto como dejen de estar bajo los reflectores. En un estudio de investigadores chinos, más de trescientos cajeros bancarios fueron considerados para su ascenso.[34] Los gerentes evaluaron qué tan seguido había adoptado cada uno de ellos conductas generosas, como ayudar a compañeros con una gran carga de trabajo y ofrecerse a hacer tareas no requeridas por su puesto. Con base en la conducta generosa, ascendieron a setenta cajeros.

Pero en los tres meses siguientes terminaron por lamentar haber ascendido a más de la mitad de ellos. Treinta y tres de los setenta ascendidos eran generosos auténticos: mantuvieron su generosidad tras el ascenso. Los otros treinta y siete la redujeron rápidamente. Eran impostores: en los tres meses previos al ascenso, sabiéndose observados, se tomaron la molestia de ayudar. Pero luego de ser ascendidos, aminoraron su generosidad, veintitrés por ciento en promedio cada uno.

¿Qué se necesita para inducir a la gente a ser generosa? Cuando el director de Harvard Thomas Dingman vio que los estudiantes valoraban la compasión pero creían que los demás no, decidió actuar. Por primera vez en los cuatro siglos de historia de esa institución, los alumnos de primer año fueron invitados a firmar un juramento de servicio, que terminaba así: "Como iniciados en Harvard, nos comprometemos a respetar los valores de esta universidad y a hacer de la entrada y los jardines lugares donde todos podamos prosperar y donde el ejercicio de la bondad tenga un sitio a la par del desarrollo intelectual".

Creyendo en el poder de un compromiso público, Dingman decidió llegar más lejos e invitar a los estudiantes a firmar ese juramento. Para animarlos a cumplir, sus firmas se enmarcarían y colgarían en los pasillos de los dormitorios. Pronto llovieron objeciones, en particular de Harry Lewis, profesor de ciencias de la computación y exdirector de Harvard College. "Un llamado a la bondad resulta más que pertinente", dijo. "Coincido en que el ejercicio de la bondad personal hace mucha falta en esta comunidad", escribió en su blog, pero "'invitar' a la gente en Harvard a jurar bondad es insensato y sienta un precedente terrible".[35]

¿Es cierto?

En una serie de experimentos dirigidos por el psicólogo de la New York University Peter Gollwitzer, la gente que asumió públicamente su intención de adoptar una conducta relevante para su identidad fue mucho menos propensa a adoptarla que la que mantuvo en privado su intención. Al dar a conocer a los demás sus planes identitarios, podía reclamar la identidad sin ejercer la conducta.[36] Firmando el juramento de bondad, los estudiantes de Harvard podían establecer una imagen de generosidad sin necesidad de actuar en consecuencia.

Dingman desechó pronto la idea de exhibir públicamente las firmas. Aun así, las evidencias sugieren que firmar en privado un juramento de bondad podría ser contraproducente. En un experimento, psicólogos de la Northwestern University asignaron aleatoriamente a los participantes la redacción de textos sobre sí mismos usando términos propios de los generosos como *bondadoso, pródigo* y *amable* o términos neutrales como *libro, llaves* y *casa*. Una vez que los participantes llenaron otro cuestionario, un investigador les preguntó si querían donar dinero para una obra de beneficencia de su elección. Los que habían escrito sobre sí mismos como generosos donaron en promedio dos y media veces *menos* que los que lo habían hecho con palabras neutrales. "Soy una persona generosa", se dijeron, "así que esta vez no tengo que donar".[37] El juramento de bondad pudo tener un efecto parecido en los estudiantes de Harvard. Al firmarlo, establecían su acreditación como generosos, lo que podía darles una licencia psicológica para dar menos, o tomar más.

Cuando intentamos influir en alguien, solemos adoptar un método semejante al juramento de Harvard: comenzamos por cambiar sus actitudes, esperando que su conducta siga igual dirección. Si hacemos firmar a la gente una declaración de que actuará como generosa, terminará por creer que dar es importante, y entonces dará. Pero según un conjunto sustancial de trabajos detectivescos en psicología, este razonamiento ya es anticuado. Hoy la influencia es mucho más eficaz si sigue la dirección opuesta: cambia primero la conducta de la gente, y su actitud la seguirá. Para convertir a interesados en generosos, a menudo es necesario convencerlos de dar. Con el tiempo, si las condiciones son las adecuadas, acabarán viéndose como generosos.

Esto no ocurrió con los cajeros de China: aun después de tres meses de ayudar a sus colegas, una vez que fueron ascendidos dejaron de dar. En los últimos treinta y cinco años, investigaciones de Batson y colegas señalan que, cuando la gente da, no se concibe como generosa si puede atribuirlo a una razón externa, como un ascenso.[38] Pero cuando toma repetidamente la decisión personal de dar, interioriza la generosidad como parte de su identidad. En algunos, esto sucede mediante un proceso activo de disonancia cognitiva: "Una vez que he tomado la decisión voluntaria de dar, no puedo cambiar mi conducta, así que la manera más fácil de ser congruente y evitar la hipocresía es decidir que soy generoso". En otros, el proceso de interiorización es de aprendizaje, observando su propia conducta. Para parafrasear al escritor E. M. Forster, "¿Cómo sé quién soy hasta que no veo lo que hago?".[39]

En apoyo a esta idea, estudios sobre trabajo voluntario muestran que aun cuando la gente se une a una organización de voluntarios para avanzar en su carrera, cuanto más permanezca en ella y más tiempo dé, más verá ese papel como un aspecto importante de su identidad.[40] Una vez que esto sucede, comenzará a experimentar una identidad común con las personas que ayuda y se volverá generosa en ese papel. Investigaciones documentan un proceso similar en compañías: cuando la gente toma decisiones voluntarias de ayudar a colegas y clientes más allá del alcance de su puesto, acaba por concebirse como ciudadana organizacional.*

---

* Curiosamente, aunque personas de cualquier estilo de reciprocidad pueden interiorizar una identidad generosa, persiste una diferencia entre generosos e interesados. En un estudio sobre una empresa mercantil de *Fortune* 500 que realicé con mis colegas Jane Dutton y Brent Rosso, descubrí que cuando la gente ayudaba a sus compañeros tendía a verse como útil, generosa y bondadosa. Éste es el patrón que emerge en los generosos genuinos: actos repetidos de ayuda voluntaria contribuyen al desarrollo de una identidad generosa en general. Pero en los interesados, la identidad generosa así desarrollada podría no trasladarse a otros papeles u organizaciones. Ellos podrían ser generosos en Freecycle, pero al unirse a otra organización, volver a ser interesados hasta interio-

Parte del saber detrás de Freecycle y el círculo de reciprocidad es que estos dos sistemas de generosidad generalizada fomentan la generosidad al tiempo que mantienen el libre albedrío. Pese a la vigencia de una marcada norma de generosidad, a cada participante le toca decidir qué dar y a quién ayudar. Cuando mis alumnos de Wharton practicaron el círculo de reciprocidad, mientras diferentes estudiantes elegían su forma de dar y a qué compañeros ayudar, comenzó a desarrollarse una identidad distintiva común. "Éste es un grupo de personas peculiar en Wharton, porque se preocupan unas por otras", dijo un alumno. Aunque los estudiantes competían por los mismos puestos de consultoría gerencial y banca de inversión, dieron en prestarse ayuda para prepararse para entrevistas, compartiendo sugerencias y dando consejos. Cuando el curso terminó, un grupo de estudiantes tomó la iniciativa de implantar una lista de exalumnos en un servidor de listas para que pudieran seguir ayudándose. Según uno de ellos, "dado el énfasis en nuestra comunidad en el beneficio de dar y ayudar, me siento mucho más cómodo y dispuesto a pedir (y quizá recibir) ayuda de cualquier miembro del grupo de exalumnos que en otros grupos".

Al final del semestre, el estudiante cínico que había cuestionado la existencia de personas generosas en Wharton se acercó discretamente a mí. "Por alguna razón", dijo, "todos los miembros del grupo nos sentimos intrínsecamente motivados a dar y esto trasciende al grupo mismo".

rizar la identidad de esta organización. Como ya vimos, mientras más provea la organización una sensación de distinción óptima, más rápido tenderá a ocurrir esa identificación. Véase Adam M. Grant, Jane E. Dutton y Brent D. Rosso, "Giving Commitment: Employee Support Programs and the Prosocial Sensemaking Process", en *Academy of Management Journal*, núm. 51, 2008, pp. 898-918.

9

Desde las sombras

Cuando hacen un favor, algunos buscan siempre la oportunidad
de cobrarlo. Otros no lo hacen, pero no lo pierden de vista, de tal forma
que no dejan de considerarlo una deuda. Otros más, sin embargo,
no hacen ni siquiera esto último. Son como una parra que produce
uvas sin buscar nada a cambio [...] después de ayudar. [...]
Sencillamente pasan a otra cosa. [...] Así debemos ser nosotros.

–MARCO AURELIO, EMPERADOR ROMANO[1]

Hace varios años, una figura imponente dejó huella en el mundo del
deporte. De más de uno ochenta de estatura y noventa kilogramos
de peso, Derek Sorenson era un competidor rudo y agresivo que in-
fundía temor en el corazón de sus contrincantes.[2] En la National Collegiate
Athletic Association (NCAA) llevó a su equipo a un campeonato nacional,
y más tarde jugó con los profesionales. Tras el prematuro fin de su carrera a
causa de una lesión, los mejores equipos profesionales de su deporte lo cor-
tejaron para que se dedicara a negociar contratos. Trataría con jugadores y
agentes, en afán de formar un equipo de clase mundial.

Para afinar sus habilidades como negociador, Derek se inscribió en un
curso de negociación en una importante escuela de administración. En cada
clase tenía la oportunidad de practicar como negociador en papeles diversos, de ejecutivo farmacéutico interesado en la compra de una planta ma-
nufacturera a promotor de condominios en una acalorada discusión con un
carpintero. En una de sus primeras negociaciones, compró una propiedad
en calidad de inversión inmobiliaria y, a la manera de los interesados supre-
mos, convenció a la agente de que se la vendiera a un precio contrario a los
intereses de su cliente.

Una fría noche de invierno, Derek desempeñó el papel de uno de cuatro pescadores de empresas en competencia. Todos pescaban de más, casi al
punto de provocar la extinción del recurso, así que se sentaron a hablar de

cómo resolver este dilema. Uno de los negociadores sugirió dividir la pesca
máxima total en partes iguales. Otro propuso una forma distinta de impar-
cialidad, basada en la equidad más que en la igualdad: como las operaciones de algunos de ellos eran más grandes que las de otros, cada quien debía
reducir su pesca en cincuenta por ciento. Todos estuvieron de acuerdo en
que ésta era una solución justa, y se levantó la sesión. Tocaba ahora a cada
negociador tomar la decisión de si honrar o no ese acuerdo, y cuánto pescar.

Dos de los negociadores se apegaron a ese compromiso, reduciendo
su pesca en cincuenta por ciento. El tercero operó como generoso: redujo su
pesca en sesenta y cinco por ciento. El grupo estaba listo así para mantener
intacto el recurso, pero Derek optó por no restringir su pesca en absoluto.
Tomó cuanto pudo, aumentando su captura total y diezmando a los otros tres
empresarios. Antes de aquella reunión, Derek era el que percibía las menores ganancias. Una vez que excedió su parte de la recolección, sus utilidades
fueron setenta por ciento superiores a las del generoso, y treinta y uno a las
de los otros dos. Cuando sus colegas se lo reclamaron, él contestó: "Quería
ganar las negociaciones y destruir a mis competidores".

Meses después, Derek inició un ascenso meteórico en su carrera. Contratado por un equipo profesional, se hizo fama de negociador dominante,
desempeñando un papel clave en la conformación de un equipo que más
tarde ganaría un campeonato mundial. Ascendido en un periodo inusualmente corto, se le reconoció como una de las cien personas más poderosas
en su deporte, pese a que aún no cumplía los cuarenta.

Cuando empezó a trabajar como negociador profesional de su equipo, su
labor consistía en administrar el presupuesto, identificar a los mejores prospectos y negociar contratos con agentes a fin de conseguir nuevos jugadores
al tiempo que conservaba a los existentes. Como los recursos eran escasos,
negociar como interesado obraba en su beneficio. Derek dio en buscar talentos subestimados, tropezando por casualidad con una gema de las ligas
menores, con cuyo agente procedió entonces a negociar un contrato. Como
era de esperar, hizo una oferta reducida. El agente se exasperó: varios jugadores comparables ganaban más. Acusó a Derek de pretender esquilmarlo
y exigió más dinero, pero aquél ignoró sus demandas y no cambió de parecer. El agente cedió al fin y aceptó las condiciones de Derek. Fue un triunfo
para éste, que le ahorró a su equipo miles de dólares.

Al llegar esa noche a su casa, Derek se sentía inquieto. "Sentí muy mo-
lesto al agente durante toda la conversación. Mencionó un par de cosas
sobre jugadores comparables, y al calor del debate es probable que yo no
le haya puesto mucha atención. Se fue con mal sabor de boca." Decidiendo que no quería terminar de malas con él, rompió el contrato y satisfizo

la petición original del agente, concediéndole miles de dólares extra por el jugador.

¿Fue ésta una decisión acertada? Derek le estaba costando dinero a su equipo, y quizá había sentado un precedente. Además, el trato ya estaba hecho. El agente había aceptado la oferta reducida, y Derek había cumplido su meta. Dar marcha atrás no parecía una decisión inteligente.

Pero, en realidad, fue mucho más inteligente de lo que semejó en un principio. Cuando los investigadores de Vanderbilt Bruce Barry y Ray Friedman estudiaron algunas negociaciones, les dio la impresión de que los negociadores sagaces eran los que obtenían mejores resultados, pues podían reunir y analizar más información, seguir la pista de múltiples asuntos y generar soluciones no perceptibles a primera vista. En un estudio, Barry y Friedman obtuvieron datos sobre el grado de inteligencia de cerca de cien estudiantes de maestría en administración. Midieron su inteligencia usando el puntaje de cada uno en la GMAT, prueba rigurosa de amplio uso como examen de admisión en escuelas de administración, para evaluar las aptitudes cuantitativas, verbales y analíticas de los candidatos. Los participantes negociaron en pares, imaginándose como promotores de un nuevo centro comercial o representantes de la principal tienda de éste. Terminadas las negociaciones, presentaron sus acuerdos finales, cuyo valor para cada parte fue estimado por dos expertos.

Conforme a lo esperado, las ganancias conjuntas alcanzaron su nivel más alto cuando ambas partes eran muy inteligentes. Barry y Friedman desglosaron las ganancias de cada parte, esperando hallar que los negociadores más inteligentes conseguían mejores acuerdos para sí mismos. Pero no fue así. Los negociadores más brillantes obtenían mejores arreglos *para la otra parte.*

"El negociador más inteligente parece ser capaz de comprender los verdaderos intereses de su adversario, y de ofrecerle así un mejor acuerdo a bajo costo para sí mismo", escriben Barry y Friedman.[3] Cuanto más inteligente eres, más ayudas a la otra parte a tener éxito. Esto es justo lo que hizo Derek al dar más dinero al agente por el jugador de las ligas menores. Cedió en una forma alterista de bajo costo para él, pero de gran beneficio para el agente y el jugador. Unos miles de dólares más eran poca cosa para su equipo, pero muy significativos para el jugador.

¿Qué impulsó a Derek a ser generoso? Poco antes de negociar con ese agente, había obtenido un destello de algo que le importaba sobremanera: su prestigio. Al final de su curso de negociación, cada participante votó por sus compañeros para el reparto de premios de negociación. Derek no recibió ningún voto como el negociador más cooperativo, el más creativo ni el más ético. Sólo los recibió para una única presea, en la que arrasó: fue el ganador indiscutible del premio al negociador más implacable.

Pero esa misma semana logró algo más memorable aún: se convirtió en el único alumno en la historia de esa escuela de administración en ser elegido el negociador más implacable por *un grupo que no era el suyo*. Mientras él tomaba su curso, se hallaba en marcha otro de negociación. Ninguno de los estudiantes de esa otra clase negoció jamás con él, y algunos ni siquiera lo conocían. Pero su fama se extendió tan pronto que de todas formas votaron por él como el negociador más implacable.

Derek negociaba como lo habría hecho cualquier individuo razonable en un mundo de personas interesadas. Como atleta profesional, había aprendido que si no reclamaba para sí el mayor valor posible, se arriesgaba a ser visto como tapete. "Era el equipo contra el jugador. El equipo siempre quería quitarme dinero, así que yo veía la negociación como un proceso combativo, que producía un ganador y un perdedor", dice. "Debía intentar tomar más cada vez." Tras ser ungido por sus compañeros –y un grupo de desconocidos– como el negociador más implacable, Derek se puso a reflexionar en su estilo de reciprocidad en la mesa de negociaciones. "Aunque como interesado obtenía un beneficio a corto plazo, a la larga salía perdiendo. Había arruinado mi relación con un colega y eso estaba acabando con mi prestigio", dijo. En la negociación con el agente, romper el contrato y conceder más dinero a aquél "generó buena voluntad. El agente lo apreció mucho", reflexiona. "Cuando el jugador estuvo listo para trabajar por su cuenta, el agente me llamó. Viéndolo ahora, me da mucho gusto haber hecho eso. Nuestra relación mejoró y la organización se vio beneficiada. Tal vez el más implacable había madurado ya."

No creo que "madurar" sea la mejor manera de describir la transformación de Derek. Madurar implica un proceso de crecimiento y desarrollo, mientras que, en cierto modo, Derek había dado un paso atrás para expresar valores básicos que abrazó durante años, lejos de la mesa de negociaciones. Mucho antes de que negociara como un interesado, sus iguales lo habían percibido como una persona útil y generosa que daba de su tiempo a quienquiera que se lo pidiera. Pasó incontables horas dando consejos a colegas deseosos de una carrera de gestión deportiva y orientando a jóvenes atletas que aspiraban a seguir sus pasos. De chico fue elegido capitán de prácticamente todos los equipos en los que jugó, de la primaria a la preparatoria, y después en la universidad. Siendo novato, fue capitán incluso de su primer equipo profesional; jugadores que le doblaban la edad respetaban su compromiso de anteponer los intereses del equipo a los suyos propios.

En la mesa de negociaciones, la transición de Derek no se debió a que hubiera adquirido un nuevo conjunto de valores, sino a que desarrolló la seguridad y el valor necesarios para expresar un antiguo conjunto de valores en un nuevo dominio. Creo que esto mismo puede decirse de la mayoría de las personas que operan profesionalmente como equitativas, así que confío en que quienes son como Derek no esperen a recibir el premio del negociador más implacable para empezar a buscar en su trabajo maneras de actuar en beneficio de los demás. Una de las formas distintivas de la generosidad que Derek asume hoy en día es ayudar a equipos contrarios a obtener información sobre jugadores. Aunque compiten en un deporte de suma cero, él comparte sus conocimientos para ayudar a equipos rivales a tomar buenas decisiones sobre jugadores que ya han estado en su escuadra. "En la cancha, quiero batir a los equipos rivales. Pero fuera de ella, siempre estoy dispuesto a ayudarlos."

Derek atribuye hoy su éxito en la formación de un equipo profesional ganador de campeonatos a su transición del interés propio a la generosidad. Sin embargo, todavía le preocupa lo que puede pasar si la gente fuera de su círculo íntimo se enterara de su cambio hacia la generosidad. De hecho, Derek Sorenson es un seudónimo; antes de contarme su historia, me pidió que ocultara su identidad. "No quiero que se sepa que le di a un jugador más dinero del que debía", dice.

Esos temores persisten entre muchos otros generosos de éxito, pero no son insuperables. Considérese el caso de Sherryann Plesse, la ejecutiva de servicios financieros presentada en el capítulo 1 que ocultó que la bondad y la compasión habían emergido como sus fortalezas principales.[4] Cuando le pedí originalmente que me relatara su historia, ella accedió a condición de permanecer en el anonimato, igual que Derek. Seis meses después cambió de opinión. "He puesto en marcha una campaña clandestina para que los generosos salgan del clóset", dijo. "Ser generosa ha contribuido a mi éxito personal y profesional. Es liberador poder hablar de esto. Ya no tengo miedo."

¿Qué hizo que Sherryann cambiara de opinión? Al enterarse de sus atributos como generosa, se fijó únicamente en los riesgos: la gente esperaba que fuera dura y orientada a resultados, y quizá viera la generosidad como muestra de debilidad. Pero cuando ella analizó más detenidamente su compañía, le sorprendió darse cuenta de que todos sus modelos profesionales eran personas generosas. De repente, su marco de referencia cambió: en lugar de ver a los generosos únicamente en el fondo, reconoció en la cima a un número asombroso de ellos. Esto no es lo que solemos advertir al echar un vistazo al horizonte de la gente de éxito. En general, dadas sus tendencias al habla impositiva y la atribución de méritos propios, los interesados de éxito suelen dominar la escena. Pero si prestas atención a los estilos de reciprocidad en tu centro de trabajo, presiento que descubrirás a muchos generosos que han alcanzado el éxito al que tú aspiras.

En lo personal, la gente de éxito a la que más admiro son personas generosas y siento que es mi responsabilidad transmitir lo que he aprendido de ellas. Cuando llegué a Wharton, mi deber consistía en enseñar a algunas de las mejores mentes analíticas del mundo a ser mejores líderes, gerentes y negociadores. Decidí introducirlos a los estilos de reciprocidad, planteando la pregunta que animó el preludio de este libro: "¿Quiénes creen ustedes que acaban en la parte inferior de la escala del éxito?".

El veredicto fue casi unánime: los generosos. Cuando pregunté quiénes llegan a la cumbre, mis estudiantes se dividieron en partes iguales entre equitativos e interesados. Así que decidí enseñarles algo que les pareció una herejía. "Quizá subestiman el éxito de los generosos", les dije. Es cierto que algunas personas que ayudan sistemáticamente a otras sin esperar nada a cambio se sumergen en el fondo. Pero esta misma orientación a la generosidad, con algunos ajustes, puede permitir a la gente llegar a la cima. "Pongan su atención y energía en marcar una diferencia en la vida de los demás y el éxito podría presentarse como subproducto de ello." Yo sabía que libraba una batalla difícil, de modo que decidí demostrarles a mis alumnos que estaban equivocados.

Este libro es la prueba.

Aunque muchos de nosotros sostenemos firmemente los valores propios de los generosos, con frecuencia nos resistimos a expresarlos en el trabajo. Sin embargo, la propagación del trabajo en equipo, de los empleos en el sector servicios y de las redes sociales de comunicación ha abierto nuevas oportunidades para que las personas generosas desarrollen relaciones y una fama que aceleren y amplifiquen su éxito. Ya hemos considerado evidencias de que los generosos pueden llegar a la cima en una variedad asombrosamente diversa de ocupaciones, de la ingeniería y la medicina a las ventas. ¿Y recuerdas que dio la impresión de que Peter Audet, el asesor financiero australiano, perdía su tiempo yendo a ayudar a un pobre hojalatero a administrar sus bienes?[5] Este cliente resultó ser el adinerado propietario de una empresa hojalatera, lo que derivó en importantes ganancias para la compañía de Peter. Pero la historia no termina ahí.

Peter se enteró más tarde de que este cliente estaba demasiado ocupado en sus negocios para tomar vacaciones y quiso ayudarlo. Meses después, otra cliente suya le dijo que no estaba satisfecha trabajando como gerenta de un taller de hojalatería. Peter la recomendó con el dueño de la empresa hojalatera, quien tenía necesidad de las habilidades de ella, la que resultó vivir a cinco minutos de su taller. Tres semanas más tarde ya trabajaba ahí y el cliente pudo llevar a su esposa a sus primeras vacaciones en años. "Ambos clientes están muy contentos y agradecidos de que yo piense en su vida entera, no sólo en sus inversiones", dice Peter. "Cuanto más ayudo, más éxito tengo. Pero mido el éxito como lo que hago por quienes me rodean. Éste es el verdadero premio."

En la mente de una persona generosa, la definición misma de éxito adquiere un significado distinto. Mientras que los interesados lo ven como obtener resultados superiores a los de los demás y los equitativos en términos de equilibrar sus logros individuales con la justicia para con otros, los generosos se inclinan a seguir el ejemplo de Peter, caracterizando el éxito como logros individuales con un impacto positivo en los demás. Tomar en serio esta definición podría requerir cambios drásticos en la forma en que las organizaciones contratan, evalúan, recompensan y ascienden a sus empleados. Significaría prestar atención no sólo a la productividad de las personas en lo individual, sino también a los efectos de esa productividad en los demás. Si ampliáramos nuestra imagen del éxito para incluir en ella las contribuciones a otros aparte de los logros individuales, la gente podría sentirse motivada a inclinar hacia la generosidad su estilo profesional de reciprocidad. Si el éxito requiriera beneficiar a los demás, tal vez interesados y equitativos serían más propensos a buscar maneras alteristas de promover sus intereses personales y los colectivos al mismo tiempo.

La relación entre éxito individual y colectivo está en la base de cada una de las historias de generosos de éxito que se expusieron en este libro. Como emprendedor, Adam Rifkin formó una red de personas influyentes a fin de ayudar a todos sus conocidos, lanzar compañías exitosas y hacer posible que miles de colegas hallaran empleo, desarrollaran sus habilidades e iniciaran empresas productivas entre tanto. Como capitalista de riesgo, David Hornik invirtió en compañías lucrativas y consolidó su fama ayudando a emprendedores potenciales a elaborar mejor sus propuestas y conseguir financiamiento para sus empresas. Como guionista cómico, George Meyer ganó varios Emmys y se hizo fama de ser el libretista más divertido de Hollywood al tiempo que elevaba la eficacia de y abría puertas a la gente que colaboraba con él en *Army Man* y *Los Simpson*.

En el aula, C. J. Skender obtuvo docenas de premios docentes mientras inspiraba a nuevas generaciones de estudiantes, reconociendo su potencial y motivándolos a cumplirlo, mientras que Conrey Callahan preservó su energía y fue postulada a un premio docente nacional por haber puesto en marcha una organización no lucrativa para ayudar a jóvenes desfavorecidos a prepararse para la universidad. En el área de la atención a la salud, Kildare Escoto y Nancy Phelps llegaron a la cima de las gráficas de ventas de su compañía empeñándose en ayudar a sus pacientes. En la consultoría, Jason Geller y Lillian Bauer se volvieron socios antes de tiempo en virtud de sus contribuciones a la orientación y desarrollo de los demás, lo que enriqueció a su vez el conocimiento de colegas de bajo rango. En la política, Abraham Lincoln fue presidente –y dejó un legado como uno de los mayores líderes en la historia mundial– gracias a que ayudaba a sus rivales a conseguir codiciados puestos políticos.

Esto es lo que más me atrae de los generosos de éxito: que llegan a la cima sin aplastar a otros, buscando formas de agrandar el pastel que los beneficien a ellos mismos y a quienes los rodean. Mientras que en un grupo de interesados el éxito es de suma cero, en grupos de generosos quizá sea cierto que el todo es mayor que la suma de sus partes.

Armado de este conocimiento, he visto a algunos individuos volverse equitativos más estratégicos, ayudando a los demás en un afán de desarrollar las relaciones y fama necesarias para promover su propio éxito. ¿Puede triunfar la gente mediante la generosidad instrumental, donde la intención primordial es obtener? Al principio de este libro sugerí que, a largo plazo, la respuesta podría ser no.

Hay una línea muy delgada entre la generosidad y la equidad inteligente, que se borra según si definimos los estilos de reciprocidad por las acciones mismas, los motivos detrás de ellas o una combinación de ambas cosas. Ésta es una cuestión filosófica profunda, fácil de identificar con varias opiniones acerca de cómo evaluar a los equitativos. Por un lado, aun si los motivos son mixtos, las conductas asistenciales suelen aportar valor a los demás, lo que incrementa el grado total de generosidad en un sistema social. Por el otro, como vimos en el caso de Ken Lay, nuestras conductas dejan ver trazas de nuestros motivos. Si receptores y testigos de nuestra generosidad empiezan a cuestionar si acaso nuestros motivos no serán interesados, es poco probable que reaccionen con gratitud o elevación. Cuando equitativos estratégicos intentan malamente ayudar a otros sobre todo para su beneficio personal, podría salirles el tiro por la culata: otros equitativos pueden negarles su ayuda, hacerles mala fama o buscar otras formas de imponerles cargas que suelen destinar a los interesados.

Para evitar estas consecuencias, los aspirantes a equitativos harían bien en ser generosos en formas agradables para ellos, a favor de receptores cuyo bienestar les importa. De esta manera, aun si no obtienen recompensas directas o kármicas, operarán con la mentalidad de los generosos, lo que hará que sus motivos parezcan –y sean– más puros. En definitiva, tomando repetidamente la decisión de actuar en beneficio de otros, los equitativos estratégicos podrían verse desarrollando identidades generosas, lo que resultaría en un gradual cambio de estilo hacia el extremo de la generosidad del espectro de la reciprocidad.

Pasamos en el trabajo la mayor parte de nuestro tiempo. Esto significa que lo que hacemos ahí es parte fundamental de lo que somos. Si reservamos los valores propios de los generosos para nuestra vida personal, ¿qué falta en nuestra vida profesional? Al seguir poco a poco la dirección de la generosidad, podríamos ver marcado nuestro tiempo por más éxito, mayor significado y un impacto más duradero.

ACCIONES PARA TENER IMPACTO

Si te interesa aplicar en tu trabajo o en tu vida los principios de este libro, he reunido aquí una serie de acciones prácticas que puedes emprender. Muchas de ellas se basan en estrategias y hábitos de generosos de éxito y en cada caso proporciono recursos y herramientas para evaluar, organizar o ampliar la generosidad. Algunos pasos consisten en incorporar más generosidad en tu comportamiento diario y otros enfatizan formas en que puedes ajustar tu generosidad, localizar a otras personas generosas o participar con otros en actos de generosidad.

1. *Prueba tu coeficiente de generosidad.* Vivimos con frecuencia en un vacío de retroalimentación, sin conocimiento de cómo afectan a los demás nuestras acciones. Para que puedas rastrear tu impacto y evaluar cuánto te conoces a ti mismo, he concebido una serie de herramientas gratis en línea. Visita www.giveandtake.com para llenar una encuesta gratis que probará tu coeficiente de generosidad. Además de contestar la encuesta, también podrás invitar a miembros de tu red a evaluar tu estilo de reciprocidad y recibirás datos acerca de qué tan a menudo se te ve como generoso, interesado y equitativo.

2. *Organiza un círculo de reciprocidad.* ¿Qué podría conseguirse en tu organización –y qué normas de generosidad se desarrollarían– si grupos de personas se reunieran veinte minutos a la semana para pedir cosas y ayudarse a obtenerlas? Para más información sobre cómo iniciar un círculo de reciprocidad en tu organización, visita la compañía de Cheryl y Wayne Baker, Humax (www.humaxnetworks.com), la cual ofrece un juego de herramientas para la formación de redes sociales de individuos y organizaciones. Los Baker han producido materiales para coordinar un círculo de reciprocidad en persona, y una herramienta *Rippleffect* para coordinarlo en línea. Estos grupos suelen ser de quince a treinta personas. Cada una presenta una petición a las demás, quienes hacen contribuciones: usan sus conocimientos, recursos y contactos para satisfacer la petición. Favo.rs (http://favo.rs), otra nueva empresa, ha creado un mercado en línea donde la gente puede hacer y satisfacer peticiones de ayuda.

3. *Ayuda a otros a perfeccionar su puesto, o perfecciona el tuyo incorporando más generosidad en él.* La gente suele ir a dar a empleos que no se ajustan a sus intereses y habilidades. Una eficaz manera de dar es ayudar a otros a volver más interesantes, significativos o estimulantes sus deberes. En 2011, un vicepresidente de una importante tienda multinacional llamado Jay envió correos a cada uno de sus empleados en los que anunciaba una misión ultrasecreta, cuyos detalles se les comunicarían conforme fuera necesario en reuniones personales.[1] Cuando cada empleado se presentó a su reunión, Jay reveló el proyecto confidencial. Les preguntó qué les gustaba hacer que también fuera de interés para otros. Indagó sobre sus pasatiempos e intereses personales, y a qué les gustaría dedicar más tiempo en la compañía. Luego los despachó de vuelta a su trabajo para llevar a cabo su misión, con tres reglas: 1) atraer a al menos una persona más, 2) que se tratara de una actividad de bajo o nulo costo y 3) que fuera iniciada por el empleado.

A lo largo del año, Jay estuvo al pendiente de cómo avanzaban las misiones secretas. Alrededor de dos tercios de sus empleados habían hecho un esfuerzo por hacer realidad su visión, la mitad de los cuales lo lograron. Una de las misiones favoritas de Jay resultó en un club de lectura en el que los empleados leían libros y hablaban de temas de interés personal y relevantes para su empleo. "El personal ya podía hacer todo eso antes de que yo le hiciera esa pregunta", reflexiona Jay, "pero el hecho de que yo haya preguntado lo autorizó a perseguir sus intereses como nunca antes. Es como plantar semillas, un porcentaje de las cuales se convierten en iniciativas reales". Esas semillas han florecido en el caso de muchos de sus empleados y también de Jay mismo: en 2012 fue nombrado vicepresidente de recursos humanos de una enorme división de su compañía, donde es responsable de más de cuarenta y cinco mil empleados.

En las misiones secretas, Jay animó a sus empleados a adoptar el perfeccionamiento de puestos, concepto formulado por Amy Wrzesniewski y Jane Dutton, profesoras de administración de Yale y la University of Michigan, respectivamente.[2] El perfeccionamiento de puestos implica innovar la descripción de funciones, añadiendo y ajustando creativamente tareas y responsabilidades para adecuarlas a los intereses y valores personales. Una inquietud lógica es que la gente perfeccione su puesto sin contribuir a su organización. Para atacar este asunto, Amy, Justin Berg y yo nos asociamos con Jennifer Kurkoski y Brian Welle, coordinadores de un laboratorio de individuos e innovación en Google. En un estudio en Estados Unidos y Europa, asignamos aleatoriamente a empleados de ventas, finanzas, operaciones, contabilidad, mercadotecnia y recursos humanos de Google a un taller de perfeccionamiento de puestos. Los empleados hicieron un diagrama de cómo les gustaría modificar sus tareas, elaborando una visión más ideal aunque realista de sus puestos, acorde con sus intereses y valores.

Seis semanas después, sus gerentes y compañeros los juzgaron mucho más felices y eficaces. Buen número de empleados de Google hallaron la manera de dedicar más tiempo a tareas interesantes o significativas; otros delegaron tareas desagradables y otros más ajustaron su puesto para incorporar nuevos conocimientos y habilidades que querían desarrollar. En general, su trabajo les resultó más disfrutable y los motivó a rendir más, beneficios que en algunos casos duraron seis meses. El perfeccionamiento de puestos dio resultado en todos los estilos de reciprocidad: generosos, interesados y equitativos se volvieron más eficaces por igual. Los generosos vieron esto como una oportunidad para extender su impacto, así que concibieron medios para aportar más valor a los demás y a la compañía, como orientar a colegas de bajo rango, crear mejores productos para los clientes y mejorar la capacitación de nuevos empleados. Los equitativos agradecieron la oportunidad de hacer un trabajo más significativo e interesante, y correspondieron trabajando con más ahínco. Y hasta los interesados admitieron que, para poder avanzar en su carrera, necesitaban perfeccionar sus puestos en formas beneficiosas para la compañía tanto como para sí mismos.

Para ayudar a la gente a perfeccionar su puesto, Justin, Amy y Jane desarrollaron la herramienta Job Crafting Exercise (Ejercicio de perfeccionamiento de puestos). Usada por nosotros en los talleres de Google, esta herramienta supone crear un "boceto" de cómo distribuyes tu tiempo y energía, y desarrollar después un "diagrama" de naturaleza visual de cómo te gustaría modificar tu puesto. Los folletos respectivos pueden pedirse en línea (www. jobcrafting.org) y llenarse en equipos o en forma individual, para ayudar a amigos y colegas a hacer modificaciones valiosas a sus puestos.

4. *Instituye una Love Machine.* En muchas organizaciones no se reconoce a los generosos. Para combatir este problema, algunas han introducido programas de reconocimiento de compañeros con objeto de recompensar a la gente por dar en formas que líderes y gerentes raramente ven. Un estudio de Mercer reveló que, en 2001, veinticinco por ciento de las compañías más grandes ya contaban con este tipo de programas, cifra que en 2006 había aumentado a treinta y cinco por ciento y que incluía a compañías célebres como Google, Southwest Airlines y Zappos.[3]

Un enfoque interesante, conocido como Love Machine, fue desarrollado en Linden Lab, la compañía detrás de la Second Life virtual mundial.[4] En una compañía de alta tecnología, muchos empleados buscan proteger su tiempo y resguardar celosamente su información en vez de compartir su tiempo y conocimientos con sus colegas. Love Machine se ideó para vencer esa tendencia, permitiendo a los empleados enviar un mensaje de amor para agradecer la ayuda de un colega. Los mensajes de amor eran visibles para todos, recompensando y reconociendo la generosidad mediante la vinculación de ésta con el prestigio y la fama. Un miembro de esa compañía consideró que esta iniciativa era una manera de lograr que "los técnicos compitan para ver quién es más útil". Love Machine ayudó a "crear conciencia acerca de quienes realizan tareas que a veces son pasadas por alto. Nuestro personal de apoyo, por ejemplo, es el que solía recibir más amor", dice Chris Colosi, exgerente de Linden. "Una vez que introduces en tu sistema cierto porcentaje de interesados, debes pensar qué efecto tendrá un incentivo, pero a mí me encantó la idea de Love Machine para tareas ajenas a la descripción o requerimientos de funciones de alguien."

Para probar la Love Machine en tu organización, busca la nueva herramienta electrónica SendLove. Puedes conseguirla en LoveMachine (www.lovemachineinc.com), nueva empresa que te pide comenzar eligiendo un periodo de reconocimiento. Los miembros del equipo pueden enviarse mensajes breves para reconocer su generosidad, todos los cuales son públicamente visibles.

5. *Adopta el favor de cinco minutos.* Si visitas un 106 Miles Meetup (www.meetup.com/106miles), quizá veas a Panda Adam Rifkin en toda forma. Él es un maestro del favor de cinco minutos, y tú puedes seguir su ejemplo preguntando a la gente qué necesita y buscando el modo de ayudarla a un costo personal mínimo. Los dos ofrecimientos preferidos de Rifkin son hacer comentarios honestos y presentar a personas entre sí. Por ejemplo, he aquí un ejercicio sencillo para iniciarte como punto de enlace. Comienza recorriendo tu red de Rolodex, LinkedIn o Facebook. Identifica pares de personas con un rasgo común poco común. Luego, elige un par por semana para presentarlas por correo electrónico. Rifkin recomienda asimismo volver a hacer contacto con lazos latentes, no para obtener algo, sino para dar. Una vez al mes, busca a una persona con la que no has hablado en años. Indaga en qué trabaja y pregúntale en qué le puedes servir. Por lo demás, conoce mejor el enfoque de David Hornik sobre la generosidad visitando Venture Blog (www.ventureblog.com/).

6. *Practica la comunicación persuasiva, pero sin dejar de abogar por otros.* Desarrollar soltura y habilidad en la comunicación persuasiva requiere un cambio de hábitos, de hablar a escuchar, de autopromoverte a buscar consejo y de argumentar a interrogar. Jim Quigley, socio de alto nivel de Deloitte, de la que fue director general, decidió trabajar en su comunicación persuasiva. Se propuso no hablar en reuniones más de veinte por ciento de la duración de éstas. "Uno de mis objetivos es escuchar. Muchas veces tienes más

impacto si sabes qué preguntar, en lugar de qué decir. Cuando hablo, no me entero de nada; me entero cuando escucho", me dijo.[5] Mientras transitaba de las respuestas a las preguntas, Quigley se dio cuenta de que comprendía mejor las necesidades de los demás. "No hacemos esto de modo natural, pero es un hábito y puedes forjarlo." Para más información sobre el poder de la comunicación persuasiva, visita los blogs de Susan Cain (www.thepowerof introverts.com) y Jennifer Kahnweiler (www.theintrovertedleaderblog.com).

Al mismo tiempo, es importante confirmar que la comunicación persuasiva no ocurra a expensas de la seguridad al abogar por los intereses ajenos y propios. GetRaised es un recurso gratuito que brinda asesoría para negociar aumentos salariales. Según su cofundador, Matt Wallaert, el aumento promedio es de 6 726 dólares, siempre y cuando estés subremunerado. La mitad de los usuarios consiguen un aumento, lo mismo que tres cuartas partes de las usuarias (https://getraised.com).[6]

7. *Únete a una comunidad de generosos.* Para encontrar a otras personas generosas, súmate a una comunidad de Freecycle para regalar bienes y saber qué necesitan otros (www.freecycle.org). Otra incitante comunidad de generosos es ServiceSpace (www.servicespace.org), fuente de una serie de iniciativas de donación promovidas por Nipun Mehta.[7] Con sede en Berkeley, California, ServiceSpace tiene más de cuatrocientos mil miembros y manda más de cincuenta millones de correos al año, pese a lo cual sigue operando de acuerdo con tres reglas: "sin personal, sin recaudar fondos y sin condiciones". A través de ServiceSpace, Nipun ha creado una plataforma para que la gente aumente su coeficiente de generosidad, dividida en tres categorías: proyectos de economía del regalo, contenido inspiracional y apoyo voluntario y no lucrativo. Uno de los proyectos de economía del regalo es Karma Kitchen, cuyo menú no tiene precios. Cuando llega la cuenta, dice $0.00 y sólo contiene dos frases: "Tu comida fue un obsequio de alguien que vino antes que tú. Para mantener viva la cadena de regalos, te invitamos a beneficiar a quienes comerán después que tú". Otro proyecto de economía del regalo es HelpOthers.org, el cual reúne historias de personas que actúan como generosas: haz algo por alguien en forma anónima y déjale una tarjeta con una cara sonriente invitándolo a beneficiar a otros.

Nipun cuenta que una empleada de una compañía de *Fortune* 500 fue por un refresco a la máquina despachadora, donde puso cambio extra y dejó una nota: "Tu refresco ya fue pagado por alguien que no conoces. Propaga el amor". Luego llevó donas y dejó otra tarjeta con una cara sonriente. "Un chico notó esta tendencia y decidió mandar un correo a todo el edificio", dice Nipun, riendo. "Escribió: 'Llevo mucho tiempo siguiéndote, y creo que estás entre los pisos dos y tres'. Ahora todos están alertas a la bondad y muchos la ejercen ya." En la página de ServiceSpace puedes ordenar tarjetas con caras sonrientes, apoyar causas no lucrativas, suscribirte a un boletín semanal o leer una sugerente lista de formas de dar, como pagar el peaje de la persona atrás de ti o dar las gracias a alguien que te ayudó escribiendo una nota elogiosa dirigida a su jefe. "Cuanto más das, más quieres dar, lo mismo que quienes te rodean. Es como ir al gimnasio", dice Nipun. "Si trabajas en tus músculos de bondad, adquirirás más fuerza en eso."

Otra iniciativa impresionante es HopeMob, promovida como el lugar "donde generosos desconocidos se unen para llevar esperanza inmediata a personas con necesidades apremiantes en el mundo entero" (http://hopemob. org). Para ideas sobre cómo organizar tu propio grupo de personas realizadoras de actos fortuitos de bondad, conoce las iniciativas en marcha en Extreme Kindness en Canadá (http://extremekindness.com) y The Kindness Offensive en el Reino Unido (http://thekindnessoffensive.com). The Kindness Offensive es un grupo de personas empeñadas en el servicio dinámico, que han organizado algunos de los mayores actos fortuitos de bondad en la historia humana. Han proporcionado un juguete a cada niño en un hospital de Londres, obsequiado medio millón de crepas, distribuido toneladas de regalos en festivales de Gran Bretaña, provisto implementos médicos gratis y apoyo de vivienda a familias necesitadas, organizado sesiones de té para personas de la tercera edad, obtenido una guitarra eléctrica para un chico de diez años y conseguido gratis asientos de primera fila e instrucción tras bastidores del Circo de Moscú para un padre que quería sorprender a su hija. Tal vez no sea mera casualidad que el fundador de esta organización se llame David Goodfellow.

Quizá también te intrigue BNI (www.bni.com), la organización de redes de negocios de Ivan Misner, cuyo lema es "Los generosos ganan",[8] así como la Go-Giver Community (www.thegogiver.com/community), grupo de personas que leyeron la fábula The Go-Giver, de Bob Burg y John David Mann, y decidieron que la generosidad sería una forma eficaz de desarrollar su vida profesional.

8. *Realiza un experimento personal de generosidad.* Si prefieres dar solo, prueba el reto GOOD de treinta días (www.good.is/post/the-good-30-day-challenge-become-a-good-citizen). Cada día durante un mes, GOOD sugiere una forma diferente de dar. Para más ejemplos de actos fortuitos de bondad, conoce el experimento de generosidad de treinta días de Sasha Dichter (http://sashadichter.wordpress.com) y el año de actos diarios fortuitos de bondad de Ryan Garcia (www.366randomacts.org). Dichter, director de innovación del Acumen Fund, se embarcó en un experimento de generosidad de un mes, en el que dijo sí a cada petición de ayuda que recibió. Gar-

cia, ejecutivo de ventas de ZocDoc, hace un acto diario fortuito de bondad durante un año y lleva un blog sobre su experiencia, desde ofrecerse como mentor hasta dar las gracias a un representante de servicio al cliente.[9] Como vimos en el capítulo 6, este experimento de generosidad puede ser muy gratificante en términos psicológicos si le dedicas de dos y once horas a la semana, distribuidas en periodos largos: múltiples actos una vez a la semana en lugar de uno cada día.

9. *Contribuye a financiar un proyecto*. Muchas personas buscan apoyo financiero para sus proyectos. En Kickstarter (www.kickstarter.com), conocida como la plataforma fondeadora de proyectos creativos más grande del mundo, puedes hallar a personas que buscan ayuda para concebir y lanzar películas, libros, videojuegos, música, juegos, cuadros y otros productos y servicios. En Kiva (www.kiva.org) puedes identificar oportunidades para hacer micropréstamos de veinticinco dólares o más a emprendedores del mundo en desarrollo. Ambos sitios te permiten ver y seguir el progreso de las personas que ayudas.

10. *Busca ayuda más a menudo*. Si quieres que haya más generosos, uno de los pasos más sencillos para lograrlo es pedir ayuda. Cuando pides ayuda, no siempre impones una carga. Hay personas generosas y al pedirles que te ayuden les das la oportunidad de expresar sus valores y sentirse valiosas. Al pedir un favor de cinco minutos, impones una carga relativamente reducida; y si se lo pides a una persona equitativa, puedes contar con que tendrás la oportunidad de corresponder. Wayne y Cheryl Baker señalan que la gente puede "encender la chispa de la reciprocidad pidiendo ayuda tanto como ayudando a los demás. Ayuda generosamente y sin pensar que recibirás algo a cambio; pero también pide con frecuencia lo que necesitas".[10]

AGRADECIMIENTOS

Las semillas de este libro fueron sembradas por mis abuelos, Florence y Paul Borock, quienes invirtieron incansablemente tiempo y energía en otros sin esperar nada a cambio. De chico, mi curiosidad por la psicología y mi fascinación por la calidad de la vida laboral fueron despertadas por mis padres, Susan y Mark. Mi entrenador de clavados, Eric Best, me enseñó que la psicología era una fuerza importante detrás del éxito, me introdujo en el poder de la generosidad para alentar el desarrollo de los demás y me animó a seguir una carrera que combinara la psicología y la escritura. Encontré esa carrera gracias a Brian Little, cuya sabiduría y generosidad cambiaron el curso de mi vida. Brian encarna lo mejor de la condición humana, y fue gracias a la hondura de sus conocimientos, su compromiso con sus alumnos y su aptitud para cautivar a una audiencia que yo me hice profesor. Al iniciar mis estudios de psicología organizacional, me beneficié enormemente de la orientación de Jane Dutton, Sue Ashford, Richard Hackman, Ellen Langer y Rick Price. En particular, Jane me retó a pensar más a fondo y me alentó a esforzarme más por realizar investigaciones que marcaran una diferencia.

Dicen que se necesita un ejército para escribir un libro, y mi caso no fue la excepción: tuve la suerte de trabajar con un ejército de personas generosas cuyas huellas digitales favorecieron cada página. Dirigió la carga Richard Pine, de InkWell, ejemplo de cada cualidad que un autor puede desear en un agente. Richard tiene un verdadero don para ver el potencial de ideas y personas y es sumamente hábil y apasionado para enlazarlas en eficaces formas que hagan uso de la palabra escrita para hacer del nuestro un mundo mejor. Desde ayudarme a encontrar mi voz escribiendo para el gran público y defender el tema hasta ofrecer agudas ideas sobre la sustancia e identificar a generosos de éxito en nuestro medio, Richard ha tenido un impacto indeleble en este libro y en mi vida.

La otra fuerza creativa esencial detrás de este libro fue el extraordinario editor Kevin Doughten. Entre sus muchas contribuciones, cabe referir que él fue quien puso a George Meyer en mi radar y quien percibió que un rasgo específico del éxito de una persona generosa reside en elevar a otras.

Kevin lo sabe por experiencia, ya que ésta es la influencia de su éxito en sus autores. Sus perceptivos y exhaustivos comentarios mejoraron la estructura, afianzaron los argumentos y enriquecieron las historias y estudios, aparte de lo cual también me motivaron a reescribir por completo tres capítulos. Además de haber dado forma a cada frase de este libro, la dirección de Kevin alteró fundamentalmente mi manera de entender la escritura en general.

En Viking, Rick Kot excedió el sentido del deber ofreciendo su ingenio, buen ojo, capital social y asistencia. Tuve la suerte de beneficiarme de su apoyo, así como de las contribuciones editoriales, de publicidad y de mercadotecnia de Catherine Boyd, Nick Bromley, Peter Chatzky, Risa Chubinsky, Carolyn Coleburn, Winnie De Moya, Andrew Duncan, Clare Ferraro, Alexis Hurley, Whitney Peeling, Lindsay Prevette, Britney Ross, Jeff Schell, Nancy Sheppard, Michael Sigle, Dennis Swaim y Jeannette Williams, lo mismo que de las personas generosas de Napa Group, LLC.

Cuando contemplé en principio la posibilidad de escribir este libro, muchos colegas me dieron sabios consejos. Gracias especialmente a Jennifer Aaker, Teresa Amabile, Dan Ariely, Susan Cain, Noah Goldstein, Barry Schwartz, Marty Seligman, Richard Shell, Bob Sutton y Dan Pink, quienes no sólo compartieron invaluables discernimientos, sino que también propusieron el título. La idea del libro mismo fue inspirada por una conversación con Jeff Zaslow, y cobró vida dialogando con Justin Berg, cuya visión y experiencia mejoró inmensamente la forma y función de este volumen.

Por sus perspicaces comentarios sobre varios borradores, gracias a Andy Bernstein, Ann Dang, Katherine Dean, Gabe Farkas, Alex Fishman, Alyssa Gelkopf, Kelsey Hilbrich, Katie Imielska, Mansi Jain, Valentino Kim, Phil Levine, Patrice Lin, Nick LoBuglio, Michelle Lu, Sara Luchian, Lindsay Miller, Starry Peng, Andrew Roberts, Danielle Rode, Suruchi Srikanth, Joe Tennant, Ryan Villanueva, Guy Viner, Becky Wald, Teresa Wang, Catherine Wei y Tommy Yin. Por pistas sobre historias y contacto con los entrevistados, agradezco sinceramente la ayuda de Cameron Anderson, Dane Barnes, Renee Bell, Tal Ben-Shahar, Jesse Beyroutey, Grace Chen, Chris Colosi, Angela Duckworth, Bill Fisse, Juliet Geldi, Tom Gerrity, Leah Haimson, Dave Heckman, Dara Kritzer, Adam Lashinsky, Laurence Lemaire, Matt Maroone, Cade Massey, Dave Mazza, Chris Myers, Meredith Myers, Jean Oelwang, Bob Post, Jon Rifkind, Gavin Riggall, Claire Robertson-Kraft, Scott Rosner, Bobbi Silten, Matt Stevens, Brandon Stuut, Jeff Thompson, Mike Useem, Jerry Wind, Amy Wrzesniewski, George Zeng y los extraordinarios generosos anónimos de Riley Productions (www.rileyprods.com).

Por compartir su sabiduría, conocimiento y experiencias en entrevistas, aparte de las personas citadas en el libro, gracias a Antoine Andrews,

Peter Avis, Bernie Banks, Colleen Barrett, Margaux Bergen, Bob Brooks, Rano Burkhanova, Jim Canales, Virginia Canino, Bob Capers, Brian Chu, Bob Coghlan, Matt Conti, Mario DiTrapani, Atul Dubey, Nicole DuPre, Marc Elliott, Scilla Elworthy, Mark Fallon, Mike Feinberg, Christy Flanagan, Mike Fossaceca, Anna Gauthier, Jeremy Gilley, Kathy Gubanich, Michelle Gyles-McDonnough, Kristen Holden, Beak Howell, Tom Jeary, Diane y Paul Jones, Rick Jones, Melanie Katzman, Colin Kelton, Richard Lack, Larry Lavery, Eric Lipton, Theresa Loth, Nic Lumpp, Dan Lyons, Sergio Magistri, Susan Mathews, Tim McConnell, David McMullen, Debby McWhinney, Rick Miller, Roy Neff, Randi Nielsen, Scott O'Neil, Jenna Osborne, Charles Pensig, Bob Post, Larry Powell, Kate Richey, Manfred Rietsch, Jon Rifkind, Larry Roberts, Clare Sanderson, Rebecca Schreuder, Bill Sherman, Scott Sherman, John Simon, Ron Skotarczak, Marijn Spillebeen, David Stewart, Craig Stock, Suzanne Sutter, Pat Sweeney, Vivek Tiwary, Vickie Tolliver, Ashley Valentine, Tony Wells, Matthew Wilkins, Yair Yoram, Jochen Zeitz y Fatima Zorzato.

Rachel Carpenter y Erica Connelly proporcionaron un alud de ideas innovadoras para correr la voz sobre este libro y organizaron una productiva sesión de ideas en la que tuvieron la amabilidad de participar y contribuir Alison Bloom-Feshbach, Zoe Epstein, Sean Griffin, Adria Hou, Katherine Howell, Ian Martinez, Scott McNulty, Annie Meyer y Becky Wald. Por pasar una semana llevando diarios de generosidad, agradezco la ayuda de Josh Berman, Charles Birnbaum, Adam Compain, Keenan Cottone, Ben Francois, Jean Lee, Josh Lipman, Charlie Mercer, Phil Neff, Mary Pettit, Matt Pohlson, Kiley Robbins, Chris Sergeant, Kara Shamy, Charlene Su y Nina Varghese.

Muchos otros amigos, colegas, alumnos y familiares contribuyeron a la lluvia de ideas sobre la formulación y contenido del libro, entre ellos Sam Abzug, David Adelman, Bob Adler, Sebastian Aguilar, Tanner Almond, Michael Althoff, Dan Baker, Rangel Barbosa, Dominique Basile, Deepa Bhat, Bill Boroughf, Andrew Brodsky, Anita Butani, Lewis Chung, Constantinos Coutifaris, Cody Dashiell-Earp, Kathryn Dekas, Alex Edmans, Mehdi El Hajoui, Mark Elliott, Jerrod Engelberg, Dafna Eylon, Jackie Fleishman, Michelle Gaster, Christina Gilyutin, Guiherme Giserman, Ross Glasser, Matt Goracy, Brett Lavery Gregorka, Dan Gruber, Sheynna Hakim, Howard Heevner, Greg Hennessy, Dave Hofmann, Victoria Holekamp, Rick Horgan, John Hsu, David Jaffe, Amanda Jefferson, Nechemya Kagedan, Melissa Kamin, Jonathan Karmel, Ely Key, Jeff Kiderman, Anu Kohli, Ben Krutzinna, Amin Lakhani, Chester Lee, Amanda Liberatore, Nicole Lim, Lindsey Mathews Padrino, Amy Matsuno, Lauren Miller, Zach Miller, Josephine Mogelof, Lauren Moloney-Egnatios, David Moltz, Brian Nemiroff, Celeste Ng, Dan Oppedisano, Matt Pohlson, Georges Potworowski, Derrick Preston, Vyas Ramanan,

David Rider, David Roberts, Jeremy Rosner, Juan Pablo Saldarriaga, Frances Schendle, Christine Schmidt, Margot Lee Schmorak, Ari Shwayder, Kurt Smith, Scott Sonenshein, Mike Taormina, Palmer Truelson, Jonathan Tugman, Eric Tulla, Mike Van Pelt, Jamie Wallis, Michael Wolf, Rani Yadav, Lauren Yaffe, Andrew Yahkind y Ashley Yuki.

Por su aliento a lo largo de los años, gracias a Traci; Florie; mis abuelos, Marion y Jay Grant; mis suegros, Adrienne y Neal Sweet, y el Impact Lab. Sobre todo, no habría podido escribir este libro sin el apoyo de mi esposa, Allison. Ella dedicó incontables horas a generar ideas, leer, discutir y buscar y no tengo palabras para describir cuánto significa su amor para mí. Cada vez que me sentaba a escribir, me servía del ejemplo que ella da. Por lo que toca a la generosidad en el ámbito familiar, ella es el modelo supremo. Nuestras hijas, Joanna y Elena, son las mayores fuentes de dicha y significado en mi vida. Estoy increíblemente orgulloso de ellas y espero que este libro ofrezca a su generación una nueva perspectiva de lo que significa tener éxito.

REFERENCIAS

Capítulo 1: Buenos rendimientos

1. Samuel L. Clemens (Mark Twain), "At the Dinner to Joseph H. Choate, November 16, 1901", en J. Elderkin, C. S. Lord y H. N. Fraser, eds., *Speeches at the Lotos Club*, Lotos Club, Nueva York, 1911, p. 38.

2. Entrevistas personales con David Hornik, 30 de enero y 12 de marzo de 2012, y Danny Shader, 13 de febrero de 2012.

3. Edward W. Miles, John D. Hatfield y Richard C. Huseman, "The Equity Sensitivity Construct: Potential Implications for Worker Performance", en *Journal of Management*, núm. 15, 1989, pp. 581-588.

4. Margaret S. Clark y Judson Mills, "The Difference between Communal and Exchange Relationships: What It Is and Is Not", en *Personality and Social Psychology Bulletin*, núm. 19, 1993, pp. 684-691.

5. Francis J. Flynn, "How Much Should I Give and How Often? The Effects of Generosity and Frequency of Favor Exchange on Social Status and Productivity", en *Academy of Management Journal*, núm. 46, 2003, pp. 539-553.

6. Filip Lievens, Deniz S. Ones y Stephan Dilchert, "Personality Scale Validities Increase Throughout Medical School", en *Journal of Applied Psychology*, núm. 94, 2009, pp. 1514-1535.

7. Adam M. Grant y Dane Barnes, "Predicting Sales Revenue", documento de trabajo, 2011.

8. Timothy A. Judge, Beth A. Livingston y Charlice Hurst, "Do Nice Guys – and Gals– Really Finish Last? The Joint Effects of Sex and Agreeableness on Income", en *Journal of Personality and Social Psychology*, núm. 102, 2012, pp. 390-407.

9. Robert J. Homant, "Risky Altruism as a Predictor of Criminal Victimization", en *Criminal Justice and Behavior*, núm. 37, 2010, pp. 1195-1216.

10. Nir Halevy, Eileen Y. Chou, Taya R. Cohen y Robert W. Livingston, "Status Conferral in Intergroup Social Dilemmas: Behavioral Antecedents and Consequences of Prestige and Dominance", en *Journal of Personality and Social Psychology*, núm. 102, 2012, pp. 351-366.

11. Eugene Kim y Theresa M. Glomb, "Get Smarty Pants: Cognitive Ability, Personality, and Victimization", en *Journal of Applied Psychology*, núm. 95, 2010, pp. 889-901.

12. Entrevista personal con Randy Komisar, 30 de marzo de 2012.

13. Bill Clinton, *Giving: How Each of Us Can Change the World*, Random House, Nueva York, 2007, p. ix.

14. Mi versión del ascenso de Abraham Lincoln se basa principalmente en el fascinante libro de Doris Kearns Goodwin *Team of Rivals: The Political Genius of Abraham Lincoln*, Simon & Schuster, Nueva York, 2006.

15. Max J. Skidmore, *Presidential Performance: A Comprehensive Review*, McFarland & Co., Jefferson, 2004.

16. Steven J. Rubenzer y Thomas R. Faschingbauer, *Personality, Character, and Leadership in the White House: Psychologists Assess the Presidents*, Brassey's, Dulles, 2004, p. 223.

17. Entrevista personal con Chip Conley, 24 de febrero de 2012.

18. Entrevista personal con Bobbi Silten, 9 de febrero de 2012.

19. Paul Osterman, "Work Reorganization in an Era of Restructuring: Trends in Diffusion and Effects on Employee Welfare", en *Industrial and Labor Relations Review*, núm. 53, 2000, pp. 179-196, y Duncan Gallie, Ying Zhou, Alan Felstead y Francis Green, "Teamwork, Skill Development and Employee Welfare", en *British Journal of Industrial Relations*, núm. 50, 2012, pp. 23-46.

20. Adam M. Grant y Sharon K. Parker, "Redesigning Work Design Theories: The Rise of Relational and Proactive Perspectives", en *Academy of Management Annals*, núm. 3, 2009, pp. 317-375.

21. Entrevistas personales con Steve Jones, 13 de julio de 2011, y Peter Audet, 12 de diciembre de 2011 y 19 enero de 2012.

22. Shalom H. Schwartz y Anat Bardi, "Value Hierarchies across Cultures: Taking a Similarities Perspective", en *Journal of Cross-Cultural Psychology*, núm. 32, 2001, pp. 268-290.

23. Entrevista personal con Sherryann Plesse, 21 de octubre de 2011.

24. Dale T. Miller, "The Norm of Self-Interest", en *American Psychologist*, núm. 54, 1999, pp. 1053-1060.

25. Véase Jeffrey Sanchez-Burks, "Protestant Relational Ideology: The Cognitive Underpinnings and Organizational Implications of an American Anomaly", en *Research in Organizational Behavior*, núm. 26, 2005, pp. 267-308, y "Protestant Relational Ideology and (In)Attention to Relational Cues in Work Settings", en *Journal of Personality and Social Psychology*, núm. 83, 2002, pp. 919-929.

26. Robert H. Frank, *Passions Within Reason: The Strategic Role of the Emotions*, W. W. Norton, Nueva York, 1988, p. xi.

Capítulo 2: El pavo real y el panda

1. Coretta Scott King, *The Words of Martin Luther King, Jr.*, Newmarket Press, Nueva York, 2008, p. 17.

2. Bethany McLean y Peter Elkind, *The Smartest Guys in the Room: The Amazing Rise and Scandalous Fall of Enron*, Portfolio, Nueva York, 2004; Mimi Swartz y

Sherron Watkins, *Power Failure: The Inside Story of the Collapse of Enron*, Crown, Nueva York, 2004, y Judy Keen, "Bush, Lay Kept Emotional Distance", en *USA Today*, 26 de febrero de 2002.

3. Brian Uzzi y Shannon Dunlap, "How to Build Your Network", en *Harvard Business Review*, diciembre de 2005, pp. 53-60, y Ronald Burt, *Structural Holes: The Social Structure of Competition*, Harvard University Press, Cambridge, 1995.

4. Reid Hoffman, "Connections with Integrity", en *strategy+business*, 29 de mayo de 2012.

5. Mitja D. Back, Stefan C. Schmukle y Boris Egloff, "Why Are Narcissists So Charming at First Sight? Decoding the Narcissism-Popularity Link at Zero Acquaintance", en *Journal of Personality and Social Psychology*, núm. 98, 2010, pp. 132-145.

6. Serena Chen, Annette Y. Lee-Chai y John A. Bargh, "Relationship Orientation as a Moderator of the Effects of Social Power", en *Journal of Personality and Social Psychology*, núm. 80, 2001, pp. 173-187, y Katherine A. DeCelles, D. Scott DeRue, Joshua D. Margolis y Tara L. Ceranic, "Does Power Corrupt or Enable? When and Why Power Facilitates Self-Interested Behavior", en *Journal of Applied Psychology*, núm. 97, 2012, pp. 681-689.

7. Matthew Feinberg, Joey Cheng y Robb Willer, "Gossip as an Effective and Low-Cost Form of Punishment", en *Behavioral and Brain Sciences*, núm. 35, 2012, p. 25, y Matthew Feinberg, Robb Willer, Jennifer Stellar y Dacher Keltner, "The Virtues of Gossip: Reputational Information Sharing as Prosocial Behavior", en *Journal of Personality and Social Psychology*, núm. 102, 2012, pp. 1015-1030.

8. Wayne E. Baker, *Achieving Success Through Social Capital: Tapping Hidden Resources in Your Personal and Business Networks*, Jossey-Bass, San Francisco, 2000, p. 19.

9. Arijit Chatterjee y Donald C. Hambrick, "It's All about Me: Narcissistic Chief Executive Officers and Their Effects on Company Strategy and Performance", en *Administrative Science Quarterly*, núm. 52, 2007, pp. 351-386.

10. Benjamin S. Crosier, Gregory D. Webster y Haley M. Dillon, "Wired to Connect: Evolutionary Psychology and Social Networks", en *Review of General Psychology*, núm. 16, 2012, pp. 230-239.

11. Laura E. Buffardi y W. Keith Campbell, "Narcissism and Social Networking Websites", en *Personality and Social Psychology Bulletin*, núm. 34, 2008, pp. 1303-1314.

12. Entrevista personal con Howard Lee, 11 de diciembre de 2011.

13. Jessica Shambora, "Fortune's Best Networker", en *Fortune*, 9 de febrero de 2011, consultado el 26 de enero de 2012, for.tn/1sRErxM

14. Entrevistas personales con Adam Rifkin, 28 de enero de 2012; Jessica Shambora, 9 de febrero de 2012; Raymond Rouf, 16 de febrero de 2012, y Eghosa Omoigui, 14 de marzo de 2012. Visita a 106 Miles, 9 de mayo de 2012; conversación con Brian Norgard (http://namesake.com/conversation/brian/like-welcome-ifindkarma-namesake-community); página en internet de Adam Rifkin (http://ifindkarma.com/) y páginas en internet de Graham Spencer (www.gspencer.net).

15. Robert B. Cialdini, *Influence: The Psychology of Persuasion*, HarperBusiness, Nueva York, 2006.

16. Keith Ferrazzi y Tahl Raz, *Never Eat Alone: And Other Secrets to Success, One Relationship at a Time*, Crown Business, Nueva York, 2005, p. 22.

17. Entrevista personal con Dan Weinstein, 26 de enero de 2012.

18. Entrevista de Warren Cass con Guy Kawasaki, consultada el 14 de marzo de 2012, bit.ly/1sRF0rq

19. Mark Granovetter, "The Strength of Weak Ties: A Network Theory Revisited", en *Sociological Theory*, núm. 1, 1983, pp. 201-233.

20. Fred H. Goldner, "Pronoia", en *Social Problems*, núm. 30, 1982, pp. 82-91, y entrevista personal con Brian Little, 24 de enero de 2011.

21. Daniel Z. Levin, Jorge Walter y Keith Murnighan, "Dormant Ties: The Value of Reconnecting", en *Organization Science*, núm. 22, 2011, pp. 923-939, y "The Power of Reconnection: How Dormant Ties Can Surprise You", en *MIT Sloan Management Review*, núm. 52, 2011, pp. 45-50.

22. Rob Cross, Wayne Baker y Andrew Parker, "What Creates Energy in Organizations?", en *MIT Sloan Management Review*, núm. 44, 2003, pp. 51-56.

23. Robert Putnam, *Bowling Alone: The Collapse and Revival of American Community*, Simon & Schuster, Nueva York, 2000, p. 21.

24. James H. Fowler y Nicholas A. Christakis, "Cooperative Behavior Cascades in Human Social Networks", en *PNAS*, núm. 107, 2010, pp. 5334-5338.

25. J. Mark Weber y J. Keith Murnighan, "Suckers or Saviors? Consistent Contributors in Social Dilemmas", en *Journal of Personality and Social Psychology*, núm. 95, 2008, pp. 1340-1353.

26. Francis J. Flynn, "How Much Should I Give and How Often? The Effects of Generosity and Frequency of Favor Exchange on Social Status and Productivity", en *Academy of Management Journal*, núm. 46, 2003, pp. 539-553.

Capítulo 3: La onda expansiva

1. John Andrew Holmes, *Wisdom in Small Doses*, The University Publishing Company, Lincoln, 1927.

2. David Owen, "Taking Humor Seriously: George Meyer, the Funniest Man behind the Funniest Show on TV", en *New Yorker*, 13 de marzo de 2000; Simon Vozick-Levinson, "For Simpsons Writer Meyer, Comedy Is No Laughing Matter", en *Harvard Crimson*, 4 de junio de 2003; Eric Spitznagel, "George Meyer", en *Believer*, septiembre de 2004; Mike Sacks, *And Here's the Kicker: Conversations with 21 Top Humor Writers on Their Craft*, Writers Digest Books, Cincinnati, 2009, y entrevistas personales con George Meyer, 21 de junio de 2012; Tim Long, 22 de junio de 2012; Carolyn Omine, 27 de junio de 2012, y Don Payne, 12 de julio de 2012.

3. Liz Wiseman y Greg McKeown, *Multipliers: How the Best Leaders Make Everyone Smarter*, HarperBusiness, Nueva York, 2010.

4. Donald W. MacKinnon, "The Nature and Nurture of Creative Talent", en *American Psychologist*, núm. 17, 1962, pp. 484-495, y "Personality and the Realization of Creative Potential", en *American Psychologist*, núm. 20, 1965, pp. 273-281.

5. Gregory Feist, "A Structural Model of Scientific Eminence", en *Psychological Science*, núm. 4, 1993, pp. 366-371, y "A Meta-Analysis of Personality in Scientific and Artistic Creativity", en *Personality and Social Psychology Review*, núm. 2, 1998, pp. 290-309.

6. Roger Friedland y Harold Zellman, *The Fellowship: The Untold Story of Frank Lloyd Wright and the Taliesin Fellowship*, HarperCollins, Nueva York, 2007, p. 138; Ed de St. Aubin, "Truth Against the World: A Psychobiographical Exploration of Generativity in the Life of Frank Lloyd Wright", en Dan P. McAdams y Ed de St. Aubin, eds., *Generativity and Adult Development: How and Why We Care for the Next Generation*, American Psychological Association, Washington, 1998, pp. 402 y 408; Christopher Hawthorne, "At Wright's Taliesin, Maybe the Walls Can Talk", en *Los Angeles Times*, 3 de septiembre de 2006, y Brendan Gill, *Many Masks: A Life of Frank Lloyd Wright*, De Capo Press, Nueva York, 1998, p. 334.

7. Joan Altabe, "Fallingwater Is Falling Apart", en *Gadfly Online*, 18 de febrero de 2002; véase también Hugh Pearman, "How Many Wrights Make a Wrong?", en *Sunday Times Magazine*, 12 de junio de 2005.

8. Robert Huckman y Gary Pisano, "The Firm Specificity of Individual Performance: Evidence from Cardiac Surgery", en *Management Science*, núm. 52, 2006, pp. 473-488.

9. Boris Groysberg, Linda-Eling Lee y Ashish Nanda, "Can They Take It with Them? The Portability of Star Knowledge Workers' Performance", en *Management Science*, núm. 54, 2008, pp. 1213-1230, y Boris Groysberg y Linda-Eling Lee, "The Effect of Colleague Quality on Top Performance: The Case of Security Analysts", en *Journal of Organizational Behavior*, núm. 29, 2008, pp. 1123-1144.

10. MarYam G. Hamedani, Hazel R. Markus y Alyssa S. Fu, "My Nation, My Self: Divergent Framings of America Influence American Selves", en *Personality and Social Psychology Bulletin*, núm. 37, 2011, pp. 350-364.

11. Nathan P. Podsakoff, Steven W. Whiting, Philip M. Podsakoff y Brian D. Blume, "Individual- and Organizational-Level Consequences of Organizacional Citizenship Behaviors: A Meta-Analysis", en *Journal of Applied Psychology*, núm. 94, 2009, pp. 122-141, y Philip M. Podsakoff, Scott B. MacKenzie, Julie B. Paine y Daniel G. Bachrach, "Organizational Citizenship Behaviors: A Critical Review of the Theoretical and Empirical Literature and Suggestions for Future Research", en *Journal of Management*, núm. 26, 2000, pp. 513-563.

12. Entrevistas personales con Jeff Ashby, 9 de julio de 2012, y John Kanengieter, 13 de julio de 2012.

13. Eugene Kim y Theresa M. Glomb, "Get Smarty Pants: Cognitive Ability, Personality, and Victimization", en *Journal of Applied Psychology*, núm. 95, 2010, pp. 889-901.

14. Sabrina Deutsch Salamon y Yuval Deutsch, "OCB as a Handicap: An Evolutionary Psychological Perspective", en *Journal of Organizational Behavior*, núm. 27, 2006, pp. 185-199.

15. Edwin P. Hollander, "Conformity, Status, and Idiosyncrasy Credit", en *Psychological Review*, núm. 65, 1958, pp. 117-127; véase también Charlie L. Hardy y Mark Van Vugt, "Nice Guys Finish First: The Competitive Altruism Hypothesis", en *Personality and Social Psychology Bulletin*, núm. 32, 2006, pp. 1402-1413.

16. Robb Willer, "Groups Reward Individual Sacrifice: The Status Solution to the Collective Action Problem", en *American Sociological Review*, núm. 74, 2009, pp. 23-43.

17. Adam M. Grant, Sharon Parker y Catherine Collins, "Getting Credit for Proactive Behavior: Supervisor Reactions Depend on What You Value and How You Feel", en *Personnel Psychology*, núm. 62, 2009, pp. 31-55.

18. Matej Cerne, Christina Nerstad, Anders Dysvik y Miha Škerlavaj, "What Goes Around Comes Around: Knowledge Hiding, Perceived Motivational Climate, and Creativity", en *Academy of Management Journal* (en prensa).

19. David Oshinsky, *Polio: An American Story*, Oxford University Press, Nueva York, 2005, pp. 205-206 y 208.

20. Douglas Heuck, "A Talk with Salk Sheds Wisdom", en *Pittsburgh Quarterly*, invierno de 2006.

21. Academy of Achievement, "Jonas Salk Interview", 16 de mayo de 1991, consultado el 15 de marzo de 2012, bit.ly/13xPbuZ, y Paul Offit, *The Cutter Incident: How America's First Polio Vaccine Led to the Growing Vaccine Crisis*, Yale University Press, New Haven, 2005, p. 57.

22. Luis Fábregas, "Salk's Son Extends Olive Branch to Polio Team", en *Pittsburgh Tribune*, 13 de abril de 2005.

23. Michael Ross y Fiore Sicoly, "Egocentric Biases in Availability and Attribution", en *Journal of Personality and Social Psychology*, núm. 37, 1979, pp. 322-336.

24. Mark Peters y Daniel O'Brien, "From Cromulent to Craptacular: The Top 12 *Simpsons* Created Words", en Cracked.com, 23 de julio de 2007, y Ben Zimmer, "The 'Meh' Generation: How an Expression of Apathy Invaded America", en *Boston Globe*, 26 de febrero de 2012.

25. Eugene M. Caruso, Nicholas Epley y Max H. Bazerman, "The Costs and Benefits of Undoing Egocentric Responsibility Assessments in Groups", en *Journal of Personality and Social Psychology*, núm. 91, 2006, pp. 857-871.

26. Michael McCall, "Orientation, Outcome, and Other-Serving Attributions", en *Basic and Applied Social Psychology*, núm. 17, 1995, pp. 49-64.

27. Amy Edmondson, "Learning from Mistakes is Easier Said Than Done: Group and Organizational Influences on the Detection and Correction of Human Error", en *Journal of Applied Behavioral Science*, núm. 32, 1996, pp. 5-28, y "Psychological Safety and Learning Behavior in Work Teams", en *Administrative Science Quarterly*, núm. 44, 1999, pp. 350-383.

28. David Obstfeld, "Social Networks, the Tertius Iungens Orientation, and Involvement in Innovation", en *Administrative Science Quarterly*, núm. 50, 2005, pp. 100-130.

29. Loran F. Nordgren, Mary-Hunter Morris McDonnell y George Loewenstein, "What Constitutes Torture? Psychological Impediments to an Objective Evaluation of Enhanced Interrogation Tactics", en *Psychological Science*, núm. 22, 2011, pp. 689-694.

30. Robert Burton, "Pathological Certitude", en Barbara Oakley y cols., eds., *Pathological Altruism*, Oxford University Press, Nueva York, 2011, pp. 131-137; Natalie Angier, "The Pathological Altruist Gives Till Someone Hurts", en *New York Times*, 3 de octubre de 2011, y entrevista personal con Robert Burton, 23 de febrero de 2012.

31. Adam M. Grant y James Berry, "The Necessity of Others Is the Mother of Invention: Intrinsic and Prosocial Motivations, Perspective-Taking, and Creativity", en *Academy of Management Journal*, núm. 54, 2011, pp. 73-96.

32. Francesca Gino y Francis J. Flynn, "Give Them What They Want: The Benefits of Explicitness in Gift Exchange", en *Journal of Experimental Social Psychology*, núm. 47, 2011, pp. 915-922.

33. C. Daniel Batson, Shannon Early y Giovanni Salvarani, "Perspective Taking: Imagining How Another Feels Versus Imagining How You Would Feel", en *Personality and Social Psychology Bulletin*, núm. 23, 1997, pp. 751-758.

34. Betty Repacholi y Alison Gopnik, "Early Reasoning about Desires: Evidence from 14- and 18-Month Olds", en *Developmental Psychology*, núm. 33, 1997, pp. 12-21.

35. Ed de St. Aubin, *op. cit.*, p. 405.

Capítulo 4: Hallar el diamante en bruto

1. Entrevista personal, 28 de mayo de 2012, y Peter Baker, "Education of a President", en *New York Times*, 12 de octubre de 2010; David Picker, "Amazing Ride Nears End for 'First Brother' Reggie Love", en *ABC News*, 22 de noviembre de 2011; Jodi Kantor, "Leaving Obama's Shadow, to Cast One of His Own", en *New York Times*, 10 de noviembre de 2011, y Noreen Malone, "Obama Still Hasn't Replaced Reggie Love", en *New York Magazine*, 16 de febrero de 2012.

2. Entrevistas personales con C. J. Skender, 16 de enero y 30 de abril de 2012; Beth Traynham, 4 de mayo de 2012; Marie Arcuri, 5 de mayo de 2012, y David Moltz, 10 de mayo de 2012; véase también Megan Tucker, "By the Book, Sort of...", en *BusinessWeek*, 20 de septiembre de 2006; Kim Nielsen, "The Last Word: C. J. Skender, CPA", en *Journal of Accountancy*, abril de 2008; Patrick Adams, "The Entertainer", en *Duke Magazine*, 4 de marzo de 2004, y Nicki Jhabvala, "Road Trip: UNC", en *Sports Illustrated*, 8 de noviembre de 2006.

3. Dov Eden, "Pygmalion without Interpersonal Contrast Effects: Whole Groups Gain from Raising Manager Expectations", en *Journal of Applied Psychology*, núm.

75, 1990, pp. 394-398, y "Self-Fulfilling Prophecies in Organizations", en J. Green-berg, ed., *Organizational Behavior: State of the Science*, Erlbaum, Mahwah, 2003, pp. 91-122.

4. Robert Rosenthal y Lenore Jacobson, "Teachers' Expectancies: Determinants of Pupils' IQ Gains", en *Psychological Reports*, núm. 19, 1966, pp. 115-118, y *Pygmalion in the Classroom: Teacher Expectation and Pupils' Intellectual Development*, Crown, Nueva York, 2003.

5. Lee Jussim y Kent Harber, "Teacher Expectations and Self-Fulfilling Prophecies: Knowns and Unknowns, Resolved and Unresolved Controversies", en *Personality and Social Psychology Review*, núm. 9, 2005, pp. 131-155.

6. D. Brian McNatt, "Ancient Pygmalion Joins Contemporary Management: A Meta-Analysis of the Result", en *Journal of Applied Psychology*, núm. 85, 2000, pp. 314-322.

7. Jennifer Carson Marr, Stefan Thau, Karl Aquino y Laurie J. Barclay, "Do I Want to Know? How the Motivation to Acquire Relationship-Threatening Information in Groups Contributes to Paranoid Thought, Suspicion Behavior, and Social Rejection", en *Organizational Behavior and Human Decision Processes*, núm. 117, 2012, pp. 285-297, y Detlef Fetchenhauer y David Dunning, "Why So Cynical? Asymmetric Feedback Underlies Misguided Skepticism Regarding the Trustworthiness of Others", en *Psychological Science*, núm. 21, 2010, pp. 189-193; véase también Fabrizio Ferraro, Jeffrey Pfeffer y Robert I. Sutton, "Economics Language and Assumptions: How Theories Can Become Self-Fulfilling", en *Academy of Management Review*, núm. 30, 2005, pp. 8-24.

8. D. Brian McNatt y Timothy A. Judge, "Boundary Conditions of the Galatea Effect: A Field Experiment and Constructive Replication", en *Academy of Management Journal*, núm. 47, 2004, pp. 550-565.

9. Raymond Cattell, *Abilities: Their Structure, Growth, and Action*, Houghton Mifflin, Nueva York, 1971, e *Intelligence: Its Structure, Growth, and Action*, Elsevier, Nueva York, 1987; véase también Frank Schmidt, "A Theory of Sex Differences in Technical Aptitude and Some Supporting Evidence", en *Perspectives on Psychological Science*, núm. 6, 2011, pp. 560-573.

10. Benjamin Bloom, *Developing Talent in Young People*, Ballantine Books, Nueva York, 1985, p. 173.

11. Daniel Coyle, *The Talent Code: Greatness Isn't Born. It's Grown. Here's How*, Bantam, Nueva York, 2009, p. 173.

12. Malcolm Gladwell, *Outliers: The Story of Success*, Little, Brown and Company, Nueva York, 2008, y K. Anders Ericsson y Neil Charness, "Expert Performance: Its Structure and Acquisition", en *American Psychologist*, núm. 49, 1994, pp. 725-747.

13. Angela L. Duckworth, Christopher Peterson, Michael D. Matthews y Dennis R. Kelly, "Grit: Perseverance and Passion for Long-Term Goals", en *Journal of Personality and Social Psychology*, núm. 92, 2007, pp. 1087-1101.

14. George Anders, *The Rare Find: Spotting Exceptional Talent Before Everyone Else*, Portfolio, Nueva York, 2011, p. 212.

15. Wayne Thompson, *Blazermania: This Is Our Story –The Official History of the Portland Trail Blazers*, Insight Editions, San Rafael, 2010, y "My Memories of Stu Inman", en NBA.com, 2007, consultado el 14 de mayo de 2012, on.nba.com/13xPwxD; Jack Ramsay, "Stu Inman was an Old-School Pro", en ESPN, 2007, consultado el 14 de mayo de 2012, es.pn/1zP6sLA; Steve Duin, "Stu Inman: The Ultimate Class Act", en *The Oregonian*, 30 de enero de 2007; Mandy Major, "Dr. Ogilvie Was an Acclaimed Pioneer in Sports Psychology", en *Los Gatos Weekly Times*, 23 de julio de 2003; Chris Tomasson, "LaRue Martin's Story Proves One of Redemption, Success", en AOL News, 25 de enero de 2011, consultado el 14 de mayo de 2012, http://www.aolnews.com/2011/01/25/larue-martins-story-proves-one-of-redemption-success/, y "Ultimate Rebound: Draft Bust LaRue Martin Lands NBA Gig", en AOL News, 21 de febrero de 2011, consultado el 14 de mayo de 2012, http://www.aolnews.com/2011/02/21/ultimate-rebounddraft-bust-larue-martin-lands-nba-gig/; Jerry Sullivan, "NBA Scouts Are Learning to Think Small", en *Los Angeles Times*, 11 de marzo de 1989; Stats LLC, "Stu Inman, Architect of Trail Blazers' Title Team, Dies at 80", en *Associated Press*, 31 de enero de 2007; Rob Kremer, "Stu Inman, RIP", Blogspot, 31 de enero de 2007, consultado el 14 de mayo de 2012, bit.ly/1wC8e2Q; Dwight Jaynes, "Pioneer Blazer Won with Character", en *Portland Tribune*, 2 de febrero de 2007; Tommie Smith y David Steele, *Silent Gesture: The Autobiography of Tommie Smith*, Temple University Press, Filadelfia, 2007, p. 84; Filip Bondy, *Tip-off: How the 1984 NBA Draft Changed Basketball Forever*, Da Capo Press, Cambridge, 2007, p. 114; Frank Coffey, *The Pride of Portland: The Story of the Trail Blazers*, Everest House, Nueva York, 1980; Chris Ballard, Chuck Wielgus, Clark Kellogg y Alexander Wolff, *Hoops Nation: A Guide to America's Best Pickup Basketball*, University of Nebraska Press, Lincoln, 2004, y entrevista personal con Wayne Thompson, 14 de mayo de 2012.

16. Barry M. Staw y Ha Hoang, "Sunk Costs in the NBA: Why Draft Order Affects Playing Time and Survival in Professional Basketball", en *Administrative Science Quarterly*, núm. 40, 1995, pp. 474-494; véase también Colin F. Camerer and Roberto A. Weber, "The Econometrics and Behavioral Economics of Escalation of Commitment in NBA Draft Choices", en *Journal of Economic Behavior and Organization*, núm. 39, 1999, pp. 59-82.

17. Dustin J. Sleesman, Donald E. Conlon, Gerry McNamara y Jonathan E. Miles, "Cleaning Up the Big Muddy: A Meta-Analytic Review of the Determinants of Escalation of Commitment", en *Academy of Management Journal*, núm. 55, 2012, pp. 541-562.

18. Barry M. Staw, Sigal G. Barsade y Kenneth W. Koput, "Escalation at the Credit Window: A Longitudinal Study of Bank Executives' Recognition and Write-off of Problem Loans", en *Journal of Applied Psychology*, núm. 82, 1997, pp. 130-142.

19. Henry Moon, "The Two Faces of Conscientiousness: Duty and Achievement Striving in Escalation of Commitment Dilemmas", en *Journal of Applied Psychology*, núm. 86, 2001, pp. 533-540.

20. Bruce M. Meglino y M. Audrey Korsgaard, "Considering Rational Self-Interest as a Disposition: Organizational Implications of Other Orientation", en *Journal of Applied Psychology*, núm. 89, 2004, pp. 946-959, y M. Audrey Korsgaard, Bruce M. Meglino y Scott W. Lester, "Beyond Helping: Do Other-Oriented Values Have Broader Implications in Organizations?", en *Journal of Applied Psychology*, núm. 82, 1997, pp. 160-177.

21. Laura Kray y Richard Gonzalez, "Differential Weighting in Choice Versus Advice: I'll Do This, You Do That", en *Journal of Behavioral Decision Making*, núm. 12, 1999, pp. 207-217; Laura Kray, "Contingent Weighting in Self-Other Decision Making", en *Organizational Behavior and Human Decision Processes*, núm. 83, 2000, pp. 82-106, y Evan Polman y Kyle J. Emich, "Decisions for Others Are More Creative than Decisions for the Self", en *Personality and Social Psychology Bulletin*, núm 37, 2011, pp. 492-501.

22. Wayne Thompson, "Bob Gross: Moving Without the Ball", en NBA.com, consultado el 14 de mayo de 2012, on.nba.com/1zd5xSa; Kyle Laggner, "Former Blazers' Forward Bobby Gross Leaves a Lasting Impression", en *Oregonian*, 17 de diciembre de 2008, y artículo especial en Jews in Sports, consultado el 14 de mayo de 2012, bit.ly/1wXEVrk

23. Adam M. Grant, "Does Intrinsic Motivation Fuel the Prosocial Fire? Motivational Synergy in Predicting Persistence, Performance, and Productivity", en *Journal of Applied Psychology*, núm. 93, 2008, pp. 48-58.

24. Entrevista personal con Russell Simmons, 26 de junio de 2012, y Russell Simons y Chris Morrow, *Do You: 12 Laws to Access the Power in You to Achieve Happiness and Success*, Penguin, Nueva York, 2008, pp. 156-157.

25. Clyde Drexler y Kerry Eggers, *Clyde the Glide: My Life in Basketball*, Skyhorse Publishing, Nueva York, 2011, pp. 109-114.

26. Michael Leahy, *When Nothing Else Matters: Michael Jordan's Last Comeback*, Simon & Schuster, Nueva York, 2005; Sam Smith, *The Jordan Rules*, Mass Market, Nueva York, 1993; Jack McCallum, *Dream Team: How Michael, Magic, Larry, Charles, and the Greatest Team of All Time Conquered the World and Changed the Game of Basketball Forever*, Ballantine Books, Nueva York, 2012; ESPN Chicago, "Charles Barkley Critical of Jordan", 1o. de marzo de 2012, consultado el 28 de mayo de 2012, es.pn/1x4yuBC, y Rick Reilly, "Be Like Michael Jordan? No Thanks", en ESPN, 19 de septiembre de 2009, consultado el 28 de mayo de 2012, es.pn/1zd5Yw0

27. George Anders, *op. cit.*, pp. 246-247.

Capítulo 5: El poder de la comunicación persuasiva

1. Theodore Roosevelt, "Letter to Henry R. Sprague", en *American Treasures of the Library of Congress*, 26 de enero de 1900.

2. Hayes Hunt, "The King's Speech: A Trial Lawyer's Stutter", en *From the Sidebar*, 3 de marzo de 2011, y entrevistas personales con Dave Walton, 6 de septiembre y 15 de diciembre de 2011 y 9 de marzo de 2012.

3. Daniel Pink, *To Sell Is Human: The Surprising Truth About Moving Others*, Riverhead, Nueva York, 2012.

4. Nir Halevy, Eileen Y. Chou, Taya R. Cohen y Robert W. Livingston, "Status Conferral in Intergroup Social Dilemmas: Behavioral Antecedents and Consequences of Prestige and Dominance", en *Journal of Personality and Social Psychology*, núm. 102, 2012, pp. 351-366.

5. Susan Cain, *Quiet: The Power of Introverts in a World That Can't Stop Talking*, Crown, Nueva York, 2012.

6. Véase M. Audrey Korsgaard, Bruce M. Meglino y W. Scott Lester, "Beyond Helping: Do Other-Oriented Values Have Broader Implications in Organizations?", en *Journal of Applied Psychology*, núm. 82, 1997, pp. 160-177, y Michael C. Ashton y Kibeom Lee, "Empirical, Theoretical, and Practical Advantages of the HEXACO Model of Personality Structure", en *Personality and Social Psychology Review*, núm. 11, 2007, pp. 150-166.

7. Elliot Aronson, Ben Willerman y Joanne Floyd, "The Effect of a Pratfall on Increasing Interpersonal Attractiveness", en *Psychonomic Science*, núm. 4, 1966, pp. 227-228, y Robert Helmreich, Elliot Aronson y James LeFan, "To Err Is Humanizing –Sometimes: Effects of Self-Esteem, Competence, and a Pratfall on Interpersonal Attraction", en *Journal of Personality and Social Psychology*, núm. 16, 1970, pp. 259-264.

8. Robert H. Frank, "What Price the Moral High Ground?", en *Southern Economic Journal*, núm. 63, 1996, pp. 1-17.

9. Entrevista personal con Bill Grumbles, 4 de octubre de 2011.

10. James Pennebaker, *Opening Up: The Healing Power of Expressing Emotions*, Guilford Press, Nueva York, 1997, p. 3.

11. Entrevistas personales con Kildare Escoto, 23 y 28 de agosto de 2011, y Nancy Phelps, 23 de agosto de 2011.

12. Adam M. Grant y Dane Barnes, "Predicting Sales Revenue", documento de trabajo, 2011.

13. Neil Rackham, "The Behavior of Successful Negotiators", en R. Lewicki, B. Barry y D. M. Saunders, eds., *Negotiation: Readings, Exercises, and Cases*, McGraw-Hill, Nueva York, 2007.

14. Philip M. Podsakoff, Scott B. MacKenzie, Julie B. Paine y Daniel G. Bachrach, "Organizational Citizenship Behaviors: A Critical Review of the Theoretical and Empirical Literature and Suggestions for Future Research", en *Journal of Management*, núm. 26, 2000, pp. 513-563.

15. Carl J. Thoresen, Jill C. Bradley, Paul D. Bliese y Joseph D. Thoresen, "The Big Five Personality Traits and Individual Job Performance Growth Trajectories in Maintenance and Transitional Job Stages", en *Journal of Applied Psychology*, núm. 89, 2004, pp. 835-853.

16. Anthony G. Greenwald, Catherine G. Carnot, Rebecca Beach y Barbara Young, "Increasing Voting Behavior by Asking People if They Expect to Vote", en *Journal of Applied Psychology*, núm. 72, 1987, pp. 315-318.

17. Marian Friestad y Peter Wright, "The Persuasion Knowledge Model: How People Cope with Persuasion Attempts", en *Journal of Consumer Research*, núm. 21, 1994, pp. 1-31; Jack Brehm, *A Theory of Psychological Reactance*, Academic Press, Nueva York, 1966, y John Biondo y A. P. MacDonald Jr., "Internal-External Locus of Control and Response to Influence Attempts", en *Journal of Personality*, núm. 39, 1971, pp. 407-419.

18. Elliot Aronson, "The Power of Self-Persuasion", en *American Psychologist*, núm. 54, 1999, pp. 875-884.

19. Entrevistas personales con Don Lane, 16 de diciembre de 2011 y 30 de marzo de 2012.

20. Alison R. Fragale, "The Power of Powerless Speech: The Effects of Speech Style and Task Interdependence on Status Conferral", en *Organizational Behavior and Human Decision Processes*, núm. 101, 2006, pp. 243-261; véase también Uma R. Karmarkar and Zakary L. Tormala, "Believe Me, I Have No Idea What I'm Talking About: The Effects of Source Certainty on Consumer Involvement and Persuasion", en *Journal of Consumer Research*, núm. 36, 2010, pp. 1033-1049.

21. Entrevista personal con Barton Hill, 19 de marzo de 2012.

22. Cameron Anderson y Gavin J. Kilduff, "Why Do Dominant Personalities Attain Influence in Face-to-Face Groups? The Competence-Signaling Effects of Trait Dominance", en *Journal of Personality and Social Psychology*, núm. 96, 2009, pp. 491-503.

23. Barbora Nevicka, Femke S. Ten Velden, Annebel H. B. de Hoogh y Annelies E. M. Van Vianen, "Reality at Odds with Perception: Narcissistic Leaders and Group Performance", en *Psychological Science*, núm. 22, 2011, pp. 1259-1264.

24. Adam M. Grant, Francesca Gino y David A. Hofmann, "Reversing the Extraverted Leadership Advantage: The Role of Employee Proactivity", en *Academy of Management Journal*, núm. 54, 2011, pp. 528-550.

25. Entrevista personal con Annie, 13 de junio de 2012.

26. Katie A. Liljenquist, "Resolving the Impression Management Dilemma: The Strategic Benefits of Soliciting Others for Advice", tesis de doctorado, Northwestern University, 2010, y Katie A. Liljenquist y Adam Galinsky, "Turn Your Adversary into Your Advocate", en *Negotiation*, 2007, pp. 4-6.

27. Gary Yukl y J. Bruce Tracey, "Consequences of Influence Tactics Used with Subordinates, Peers, and the Boss", en *Journal of Applied Psychology*, núm. 77, 1992, pp. 525-535, y Gary Yukl, Helen Kim y Cecilia M. Falbe, "Antecedents of Influence Outcomes", en *Journal of Applied Psychology*, núm. 81, 1996, pp. 309-317.

28. Ithai Stern y James D. Westphal, "Stealthy Footsteps to the Boardroom: Executives' Backgrounds, Sophisticated Interpersonal Influence Behavior, and Board Appointments", en *Administrative Science Quarterly*, núm. 55, 2010, pp. 278-319.

29. Arie Nadler, Shmuel Ellis e Iris Bar, "To Seek or Not to Seek: The Relationship between Help Seeking and Job Performance Evaluations as Moderated by Task-Relevant Expertise", en *Journal of Applied Social Psychology*, núm. 33, 2003, pp. 91-109.

30. Jon Jecker y David Landy, "Liking a Person as a Function of Doing Him a Favour", en *Human Relations*, núm. 22, 1969, pp. 371-378.

31. Benjamin Franklin, *The Autobiography of Benjamin Franklin*, Dover, Nueva York, 1868/1996, p. 80.

32. Walter Isaacson, "Poor Richard's Flattery", en *New York Times*, 14 de julio de 2003.

Capítulo 6: El arte de seguir motivado

1. Herbert Simon, "Altruism and Economics", en *American Economic Review*, núm. 83, 1993, p. 157.

2. Jeremy A. Frimer, Lawrence J. Walker, William L. Dunlop, Brenda H. Lee y Amanda Riches, "The Integration of Agency and Communion in Moral Personality: Evidence of Enlightened Self-Interest", en *Journal of Personality and Social Psychology*, núm. 101, 2011, pp. 149-163.

3. Barbara Oakley, Ariel Knafo y Michael McGrath, eds., *Pathological Altruism*, Oxford University Press, Nueva York, 2011.

4. Vicki S. Helgeson y Heidi L. Fritz, "The Implications of Unmitigated Agency and Unmitigated Communion for Domains of Problem Behavior", en *Journal of Personality*, núm. 68, 2000, pp. 1031-1057.

5. Adam M. Grant y David M. Mayer, "Good Soldiers and Good Actors: Prosocial and Impression Management Motives as Interactive Predictors of Affiliative Citizenship Behaviors", en *Journal of Applied Psychology*, núm. 94, 2009, pp. 900-912; Adam M. Grant y James Berry, "The Necessity of Others is the Mother of Invention: Intrinsic and Prosocial Motivations, Perspective-Taking, and Creativity", en *Academy of Management Journal*, núm. 54, 2011, pp. 73-96, y Carsten K. W. De Dreu y Aukje Nauta, "Self-Interest and Other-Orientation in Organizational Behavior: Implications for Job Performance, Prosocial Behavior, and Personal Initiative", en *Journal of Applied Psychology*, núm. 94, 2009, pp. 913-926.

6. Bill Gates, "Creative Capitalism", Foro Económico Mundial, 24 de enero de 2008.

7. Steve Volk, "Top 10 Drug Corners", en *Philadelphia Weekly*, 2 de mayo de 2007, y Ledyard King, "Program to Identify Most Dangerous Schools Misses Mark", en *USA Today*, 18 de enero de 2007.

8. Entrevista personal con Conrey Callahan, 26 de enero de 2012.

9. Christina Maslach, Wilmar Schaufeli y Michael Leiter, "Job Burnout", en *Annual Review of Psychology*, núm. 52, 2001, pp. 397-422.

10. Adam M. Grant, Elizabeth M. Campbell, Grace Chen, Keenan Cottone, David Lapedis y Karen Lee, "Impact and the Art of Motivation Maintenance: The Effects of Contact with Beneficiaries on Persistence Behavior", en *Organizational Behavior and Human Decision Processes*, núm. 103, 2007, pp. 53-67; Adam M. Grant, "The Significance of Task Significance: Job Performance Effects, Relational Mechanisms, and Boundary Conditions", en *Journal of Applied Psychology*, núm. 93,

2008, pp. 108-124; Adam M. Grant, "Employees Without a Cause: The Motivational Effects of Prosocial Impact in Public Service", en *International Public Management Journal*, núm. 11, 2008, pp. 48-66, y Adam M. Grant y Francesca Gino, "A Little Thanks Goes a Long Way: Explaining Why Gratitude Expressions Motivate Prosocial Behavior", en *Journal of Personality and Social Psychology*, núm. 98, 2010, pp. 946-955.

11. Olga Klimecki y Tania Singer, "Empathic Distress Fatigue Rather Than Compassion Fatigue? Integrating Findings from Empathy Research in Psychology and Social Neuroscience", en Barbara Oakley, Ariel Knafo y Michael McGrath, eds., *op. cit.*, pp. 368-384, y Richard Shultz y cols., "Patient Suffering and Caregiver Compassion: New Opportunities for Research, Practice, and Policy", en *Gerontologist*, núm. 47, 2007, pp. 4-13.

12. Adam M. Grant y Elizabeth M. Campbell, "Doing Good, Doing Harm, Being Well and Burning Out: The Interactions of Perceived Prosocial and Antisocial Impact in Service Work", en *Journal of Occupational and Organizational Psychology*, núm. 80, 2007, pp. 665-691; Adam M. Grant y Sabine Sonnentag, "Doing Good Buffers Against Feeling Bad: Prosocial Impact Compensates for Negative Task and Self-Evaluations", en *Organizational Behavior and Human Decision Processes*, núm. 111, 2010, pp. 13-22.

13. Yehonatan Turner, Shuli Silberman, Sandor Joffe y Irith Hadas-Halpern, "The Effect of Adding a Patient's Photograph to the Radiographic Examination", Annual Meeting of the Radiological Society of North America, 2008.

14. Nicola Bellé, "Experimental Evidence on the Relationship between Public Service Motivation and Job Performance", en *Public Administration Review* (en prensa).

15. Entrevistas personales con Ben Soccorsy, 10 de enero de 2012, y Bill George, 9 de marzo de 2010.

16. Véase Ellen J. Langer, *Mindfulness*, Addison-Wesley, Reading, 1989, p. 136.

17. Vicki S. Helgeson, "Relation of Agency and Communion to Well-Being: Evidence and Potential Explanations", en *Psychological Bulletin*, núm. 116, 1994, pp. 412-428; Heidi L. Fritz y Vicki S. Helgeson, "Distinctions of Unmitigated Communion from Communion: Self-Neglect and Overinvolvement with Others", en *Journal of Personality and Social Psychology*, núm. 75, 1998, pp. 121-140, y Vicki S. Helgeson y Heidi L. Fritz, "Unmitigated Agency and Unmitigated Communion: Distinctions from Agency and Communion", en *Journal of Research in Personality*, núm. 33, 1999, pp. 131-158.

18. Sonja Lyubomirsky, Kennon Sheldon y David Schkade, "Pursuing Happiness: The Architecture of Sustainable Change", en *Review of General Psychology*, núm. 9, 2005, pp. 111-131.

19. Leslie A. Perlow, "The Time Famine: Toward a Sociology of Work Time", en *Administrative Science Quarterly*, núm. 44, 1999, pp. 57-81.

20. Entrevista personal con Sean Hagerty, 26 de abril de 2012.

21. Timothy D. Windsor, Kaarin J. Anstey y Bryan Rodgers, "Volunteering and Psychological Well-Being among Young-Old Adults: How Much Is Too Much?", en *Gerontologist*, núm. 48, 2008, pp. 59-70.

22. Ming-Ching Luoh y A. Regula Herzog, "Individual Consequences of Volunteer and Paid Work in Old Age: Health and Mortality", en *Journal of Health and Social Behavior*, núm. 43, 2002, pp. 490-509; véase también Terry Y. Lum y Elizabeth Lightfoot, "The Effects of Volunteering on the Physical and Mental Health of Older People", en *Research on Aging*, núm. 27, 2005, pp. 31-55.

23. Jonathan E. Booth, Kyoung Won Park y Theresa M. Glomb, "Employer-Supported Volunteering Benefits: Gift Exchange Among Employers, Employees, and Volunteer Organizations", en *Human Resource Management*, núm. 48, 2009, pp. 227-249.

24. Netta Weinstein y Richard M. Ryan, "When Helping Helps: Autonomous Motivation for Prosocial Behavior and Its Influence on Well-Being for the Helper and Recipient", en *Journal of Personality and Social Psychology*, núm. 98, 2010, pp. 222-244.

25. Adam M. Grant, "Does Intrinsic Motivation Fuel the Prosocial Fire? Motivational Synergy in Predicting Persistence, Performance, and Productivity", en *Journal of Applied Psychology*, núm. 93, 2008, pp. 48-58.

26. Jonathon R. B. Halbesleben, "Sources of Social Support and Burnout: A Meta-Analytic Test of the Conservation of Resources Model", en *Journal of Applied Psychology*, núm. 91, 2006, pp. 1134-1145.

27. Jonathon R. B. Halbesleben y Wm. Matthew Bowler, "Emotional Exhaustion and Job Performance: The Mediating Role of Motivation", en *Journal of Applied Psychology*, núm. 92, 2007, pp. 93-106.

28. Shelley E. Taylor, "Tend and Befriend: Biobehavioral Bases of Affiliation Under Stress", en *Current Directions in Psychological Science*, núm. 15, 2006, pp. 273-277; véase también Bernadette von Dawans, Urs Fischbacher, Clemens Kirschbaum, Ernst Fehr y Markus Henrichs, "The Social Dimension of Stress Reactivity: Acute Stress Increases Prosocial Behavior in Humans", en *Psychological Science*, núm. 23, 2012, pp. 651-660.

29. Dirk van Dierendonck, Wilmar B. Schaufeli y Bram P. Buunk, "Burnout and Inequity Among Human Service Professionals: A Longitudinal Study", en *Journal of Occupational Health Psychology*, núm. 6, 2001, pp. 43-52, y Nico W. Van Yperen, Bram P. Buunk y Wilmar B. Schaufeli, "Communal Orientation and the Burnout Syndrome Among Nurses", en *Journal of Applied Social Psychology*, núm. 22, 1992, pp. 173-189.

30. Elizabeth Seeley y Wendi Gardner, "The 'Selfless' and Self-Regulation: The Role of Chronic Other-Orientation in Averting Self-Regulatory Depletion", en *Self and Identity*, núm. 2, 2003, pp. 103-117.

31. Jon Huntsman, *Winners Never Cheat*, Prentice Hall, Upper Saddle River, 2008, y Steve Eaton, "Huntsmans Urge Strong Work Ethic", en *KSL*, 8 de mayo de 2011.

32. Arthur C. Brooks, *Who Really Cares*, Basic Books, Nueva York, 2006; "Does Giving Make Us Prosperous?", en *Journal of Economics and Finance*, núm. 31, 2007, pp. 403-411, y *Gross National Happiness*, Basic Books, Nueva York, 2008.

33. Elizabeth W. Dunn, Lara B. Aknin y Michael I. Norton, "Spending Money on Others Promotes Happiness", en *Science*, núm. 319, 2008, pp. 1687-1688.

34. James Andreoni, William T. Harbaugh y Lise Vesterlund, "Altruism in Experiments", en Steven N. Durlauf y Lawrence E. Blume, eds., *New Palgrave Dictionary of Economics*, Palgrave MacMillan, Nueva York, 2a. ed., 2008.

35. William T. Harbaugh, Ulrich Mayr y Daniel R. Burghart, "Neural Responses to Taxation and Voluntary Giving Reveal Motives for Charitable Donations", en *Science*, núm. 316, 2007, pp. 1622-1625, y Jorge Moll, Frak Krueger, Roland Zahn, Matteo Pardini, Ricardo de Oliveira-Souza y Jordan Grafman, "Human Fronto-Mesolimbic Networks Guide Decisions about Charitable Donations", en *PNAS*, núm. 103, 2006, pp. 15623-15628.

36. Peggy A. Thoits y Lyndi N. Hewitt, "Volunteer Work and Well-being", en *Journal of Health and Social Behavior*, núm. 42, 2001, pp. 115-131.

37. Yunqing Li y Kenneth F. Ferraro, "Volunteering and Depression in Later Life: Social Benefit or Selection Processes?", en *Journal of Health and Social Behavior*, núm. 46, 2005, pp. 68-84.

38. Marc A. Musick, A. Regula Herzog y James S. House, "Volunteering and Mortality Among Older Adults: Findings from a National Sample", en *Journal of Gerontology: Social Sciences*, núm. 54B, 1999, pp. S173-S180, y Stephanie L. Brown, Randolph M. Nesse, Amiram D. Vinokur y Dylan M. Smith, "Providing Social Support May Be More Beneficial Than Receiving It: Results from a Prospective Study of Mortality", en *Psychological Science*, núm. 14, 2003, pp. 320-327.

39. Tiffany M. Field, Maria Hernandez-Reif, Olga Quintino, Saul Schanberg y Cynthia Kuhn, "Elder Retired Volunteers Benefit from Giving Massage Therapy to Infants", en *Journal of Applied Gerontology*, núm. 17, 1998, pp. 229-239.

40. Roy F. Baumeister, Katheleen D. Vohs, Jennifer L. Aaker y Emily N. Garbinsky, "Some Key Differences between a Happy Life and a Meaningful Life", en *Journal of Positive Psychology* (en prensa).

41. Véase Sigal G. Barsade y Donald E. Gibson, "Why Does Affect Matter in Organizations?", en *Academy of Management Perspectives*, núm. 21, 2007, pp. 36-59; Sonja Lyubomirsky, Laura King y Ed Diener, "The Benefits of Frequent Positive Affect: Does Happiness Lead to Success?", en *Psychological Bulletin*, vol. 131, núm. 6, pp. 803-855, y Timothy A. Judge, Carl J. Thoresen, Joyce E. Bono y Gregory K. Patton, "The Job Satisfaction-Job Performance Relationship: A Qualitative and Quantitative Review", en *Psychological Bulletin*, núm. 127, 2001, pp. 376-407.

42. Carlos A. Estrada, Alice M. Isen y Mark J. Young, "Positive Affect Facilitates Integration of Information and Decreases Anchoring in Reasoning Among Physicians", en *Organizational Behavior and Human Decision Processes*, núm. 72, 1997, pp. 117-135.

43. Richard Branson, *Losing my Virginity: How I've Survived, Had Fun, and Made a Fortune Doing Business My Way*, Crown Business, Nueva York, 1999, p. 56, y *Business Stripped Bare: Adventures of a Global Entrepreneur*, Penguin, Nueva York, 2011, p. 327.

44. Adam M. Grant y David M. Mayer, *op. cit.*

Capítulo 7: Dejar de ser bobo

1. Entrevistas personales con Jason Geller, 14 de diciembre de 2011; "Lillian Bauer", 15 de enero de 2012, y Peter Audet, 12 de diciembre de 2011 y 19 de enero de 2012.

2. Diane M. Bergeron, Abbie J. Shipp, Benson Rosen y Stacie A. Furst, "Organizational Citizenship Behavior and Career Outcomes: The Cost of Being a Good Citizen", en *Journal of Management* (en prensa).

3. Robert Homant, "Risky Altruism as a Predictor of Criminal Victimization", en *Criminal Justice and Behavior*, núm. 37, 2010, pp. 1195-1216.

4. Malcolm Gladwell, *Blink: The Power of Thinking Without Thinking*, Back Bay Books, Nueva York, 2007, y Nalini Ambady y Robert Rosenthal, "Half a Minute: Predicting Teacher Evaluations from Thin Slices of Nonverbal Behavior and Physical Attractiveness", en *Journal of Personality and Social Psychology*, núm. 64, 1993, pp. 431-441.

5. Stephen Leider, Markus M. Mobius, Tanya Rosenblat y Quoc-Anh Do, "What Do We Expect from Our Friends?", en *Journal of the European Economic Association*, núm. 8, 2010, pp. 120-138.

6. Lauri A. Jensen-Campbell, Jennifer M. Knack y Haylie L. Gomez, "The Psychology of Nice People", en *Social and Personality Psychology Compass*, núm. 4, 2010, pp. 1042-1056.

7. Sobre la distinción entre compasión y cortesía, véase Colin G. DeYoung, Lena C. Quilty y Jordan B. Peterson, "Between Facets and Domains: 10 Aspects of the Big Five", en *Journal of Personality and Social Psychology*, núm. 93, 2007, pp. 880-896; sobre la relación más intensa de la compasión con la honestidad y la humildad que con la simpatía, véase Michael C. Ashton y Kibeom Lee, "Empirical, Theoretical, and Practical Advantages of the HEXACO Model of Personality Structure", en *Personality and Social Psychology Review*, núm. 11, 2007, pp. 150-166; sobre la distinción entre simpatía y valores de los generosos, véase Sonia Roccas, Lilach Sagiv, Shalom H. Schwartz y Ariel Knafo, "The Big Five Personality Factors and Personal Values", en *Personality and Social Psychology Bulletin*, núm 28, 2002, pp. 789-801.

8. Entrevistas personales con Danny Shader, 13 de febrero de 2012; Greg Sands, 5 de marzo de 2012, y un discípulo anónimo, 28 de febrero de 2012.

9. Dawne S. Vogt y C. Randall Colvin, "Interpersonal Orientation and the Accuracy of Personality Judgments", en *Journal of Personality*, núm. 71, 2003, pp. 267-295.

10. Harold H. Kelley y Anthony J. Stahelski, "The Inference of Intentions from Moves in the Prisoner's Dilemma Game", en *Journal of Experimental Social Psychology*, núm. 6, 1970, pp. 401-419; véase también Nancy L. Carter y J. Mark Weber, "Not Pollyannas: Higher Generalized Trust Predicts Lie Detection Ability", en *Social Psychological and Personality Science*, núm. 1, 2010, pp. 274-279.

11. William R. Fry, Ira J. Firestone y David L. Williams, "Negotiation Process and Outcome of Stranger Dyads and Dating Couples: Do Lovers Lose?", en *Basic and Applied Social Psychology*, núm. 4, 1983, pp. 1-16.

12. Véase E. Gil Clary, Mark Snyder, Robert D. Ridge, Peter K. Miene y Julie A. Haugen, "Matching Messages to Motives in Persuasion: A Functional Approach to Promoting Volunteerism", en *Journal of Applied Social Psychology*, núm. 24, 1994, pp. 1129-1149.

13. Adam D. Galinsky, William W. Maddux, Debra Gilin y Judith B. White, "Why It Pays to Get Inside the Head of Your Opponent: The Differential Effects of Perspective Taking and Empathy on Negotiation", en *Psychological Science*, núm. 19, 2008, pp. 378-384.

14. Paul A. M. Van Lange, "The Pursuit of Joint Outcomes and Equality in Outcomes: An Integrative Model of Social Value Orientation", en *Journal of Personality and Social Psychology*, núm. 77, 1999, pp. 337-349; véase también Jennifer Chatman y Sigal Barsade, "Personality, Organizational Culture, and Cooperation: Evidence from a Business Simulation", en *Administrative Science Quarterly*, núm. 40, 1995, pp. 423-443.

15. Martin A. Nowak y Roger Highfield, *SuperCooperators: Altruism, Evolution, and Why We Need Each Other to Succeed*, Free Press, Nueva York, 2011, p. 36.

16. Randy Pausch y Jeffrey Zaslow, *The Last Lecture*, Hyperion, Nueva York, 2008, p. 145.

17. Doris Kearns Goodwin, *Team of Rivals: The Political Genius of Abraham Lincoln*, Simon & Schuster, Nueva York, 2006, p. 104.

18. Linda Babcock y Sara Laschever, *Women Don't Ask: The High Cost of Avoiding Negotiation –and Positive Strategies for Change*, Bantam, Nueva York, 2007; Deborah A. Small, Michele Gelfand, Linda Babcock y Hilary Gettman, "Who Goes to the Bargaining Table? The Influence of Gender and Framing on the Initiation of Negotiation", en *Journal of Personality and Social Psychology*, núm. 93, 2007, pp. 600-613.

19. Emily T. Amanatullah, Michael W. Morris y Jared R. Curhan, "Negotiators Who Give Too Much: Unmitigated Communion, Relational Anxieties, and Economic Cost in Distributive and Integrative Bargaining", en *Journal of Personality and Social Psychology*, núm. 95, 2008, pp. 723-738.

20. Timothy A. Judge, Beth A. Livingston y Charlice Hurst, "Do Nice Guys – and Gals– Really Finish Last? The Joint Effects of Sex and Agreeableness on Income", en *Journal of Personality and Social Psychology*, núm. 102, 2012, pp. 390-407.

21. Bruce Barry y Raymond A. Friedman, "Bargainer Characteristics in Distributive and Integrative Negotiation", en *Journal of Personality and Social Psychology*, núm. 74, 1998, pp. 345-359.

22. Entrevista personal con "Sameer Jain", 16 de diciembre de 2011.

23. Hannah Riley Bowles, Linda Babcock y Kathleen L. McGinn, "Constraints and Triggers: Situational Mechanics of Gender in Negotiation", en *Journal of Personality and Social Psychology*, núm. 89, 2005, pp. 951-965.

24. Emily T. Amanatullah y Michael W. Morris, "Negotiating Gender Roles: Gender Differences in Assertive Negotiating Are Mediated by Women's Fear of Backlash and Attenuated When Negotiating on Behalf of Others", en *Journal of Personality and Social Psychology*, núm. 98, 2010, pp. 256-267.

25. Hannah Riley Bowles y Linda Babcock, "Relational Accounts: A Strategy for Women Negotiating for Higher Compensation", documento de trabajo, 2011.

26. Carsten K. W. De Dreu, Laurie R. Weingart y Seungwoo Kwon, "Influence of Social Motives on Integrative Negotiation: A Meta-Analytic Review and Test of Two Theories", en *Journal of Personality and Social Psychology*, núm. 78, 2000, pp. 889-905.

27. Brian R. Little, "Free Traits, Personal Projects and Idio-Tapes: Three Tiers for Personality Research", en *Psychological Inquiry*, núm. 7, 1996, pp. 340-344, y "Free Traits and Personal Contexts: Expanding a Social Ecological Model of Well-Being", en W. Bruce Walsh, Kenneth H. Craik y Richard H. Price, eds., *Person-Environment Psychology*, Guilford Press, Nueva York, 2a. ed., 2000, pp. 87-116.

Capítulo 8: El cambio de Scrooge

1. Adam Smith, *The Theory of Moral Sentiments*, Kessinger Publishing, Kila, 1759/2004, p. 3.

2. Jenna Lloyd y Sherry K. Gunter, *craigslist 4 Everyone*, Pearson Education, Nueva York, 2008.

3. Entrevista personal con Deron Beal, 19 de junio de 2012; Richard Jerome, "Free for All", en *People*, 10 de mayo de 2004; Deron Beal y S. James Snyder, "Power of One", en *Time*, 30 de noviembre de 2009, y Carol Brennan, "Deron Beal", en *Encyclopedia of World Biography*, 2005.

4. Robb Willer, Francis J. Flynn y Sonya Zak, "Structure, Identity, and Solidarity: A Comparative Field Study of Generalized and Direct Exchange", en *Administrative Science Quarterly*, núm. 57, 2012, pp. 119-155.

5. C. Daniel Batson, "How Social an Animal? The Human Capacity for Caring", en *American Psychologist*, núm. 45, 1990, pp. 336-346, y C. Daniel Batson, Karen Sager, Eric Garst, Misook Kang, Kostia Rubchinsky y Karen Dawson, "Is Empathy-Induced Helping Due to Self-Other Merging?", en *Journal of Personality and Social Psychology*, núm. 73, 1997, pp. 495-509.

6. Robert B. Cialdini, Stephanie L. Brown, Brian P. Lewis, Carol Luce y Steven L. Neuberg, "Reinterpreting the Empathy-Altruism Relationship: When One into One Equals Oneness", en *Journal of Personality and Social Psychology*, núm. 73, 1997, pp. 481-494, y Jon K. Maner, Carol L. Luce, Steven L. Neuberg, Robert B. Cialdini, Stephanie L. Brown y Brad J. Sagarin, "The Effects of Perspective Taking

on Motivations for Helping: Still No Evidence for Altruism", en *Personality and Social Psychology Bulletin*, núm. 28, 2002, pp. 1601-1610.

7. Frans de Waal, *The Age of Empathy*, Crown, Nueva York, 2009, p. 75.

8. Oded Nov, "What Motivates Wikipedians?", en *Communications of the ACM*, núm. 50, 2007, pp. 60-64; véase también Joachin Schroer y Guido Hertel, "Voluntary Engagement in an Open Web-Based Encyclopedia: Wikipedians and Why They Do It", en *Media Psychology*, núm. 12, 2009, pp. 96-120.

9. Entrevista personal con "Philippe", 24 de enero de 2012.

10. Mark Levine, Amy Prosser, David Evans y Stephen Reicher, "Identity and Emergency Intervention: How Social Group Membership and Inclusiveness of Group Boundaries Shape Helping Behavior", en *Personality and Social Psychology Bulletin*, núm. 31, 2005, pp. 443-453.

11. John F. Dovidio, Samuel L. Gaertner, Ana Validzic, Kimberly Matoka, Brenda Johnson y Stacy Fraizer, "Extending the Benefits of Recategorization: Evaluations, Self-Disclosure, and Helping", en *Journal of Experimental Social Psychology*, núm. 33, 1997, pp. 401-420.

12. Entrevistas personales con Panda Adam Rifkin, 28 de enero de 2012, y Hollywood Adam Rifkin, 2 de febrero de 2012. Para la historia íntegra de cómo se conocieron los dos Adam Rifkin, véase bit.ly/1v9u0pi

13. Brett W. Pelham, Matthew C. Mirenberg y John T. Jones, "Why Susie Sells Seashells by the Seashore: Implicit Egotism and Major Life Decisions", en *Journal of Personality and Social Psychology*, núm. 82, 2002, pp. 469-487; John T. Jones, Brett W. Pelham, Matthew C. Mirenberg y John J. Hetts, "Name Letter Preferences Are Not Merely Mere Exposure: Implicit Egotism as Self-Regulation", en *Journal of Experimental Social Psychology*, núm. 38, 2002, pp. 170-177; Brett W. Pelham, Mauricio Carvallo y John T. Jones, "Implicit Egotism", en *Current Directions in Psychological Science*, núm. 14, 2006, pp. 106-110, y Ernest L. Abel, "Influence of Names on Career Choices in Medicine", en *Names*, núm. 58, 2010, pp. 65-74.

14. John T. Jones, Brett W. Pelham, Mauricio Carvallo y Matthew C. Mirenberg, "How Do I Love Thee? Let Me Count the Js: Implicit Egotism and Interpersonal Attraction", en *Journal of Personality and Social Psychology*, núm. 87, 2004, pp. 665-683.

15. Jeff Galak, Deborah Small y Andrew T. Stephen, "Microfinance Decision Making: A Field Study of Prosocial Lending", en *Journal of Marketing Research*, núm. XLVIII, 2011, pp. S130-S137.

16. Jerry M. Burger, Nicole Messian, Shebani Patel, Alicia del Prado y Carmen Anderson, "What a Coincidence! The Effects of Incidental Similarity on Compliance", en *Personality and Social Psychology Bulletin*, núm. 30, 2004, pp. 35-43.

17. Marilynn B. Brewer, "The Importance of Being We: Human Nature and Intergroup Relations", en *American Psychologist*, núm. 62, 2007, pp. 728-738, y Kennon M. Sheldon y Ann Bettencourt, "Psychological Need-Satisfaction and Subjective Well-Being within Social Groups", en *British Journal of Social Psychology*, núm. 41, 2002, pp. 25-38.

18. Jonathan Haidt, "Elevation and the Positive Psychology of Morality", en Corey L. M. Keyes y Jonathan Haidt, eds., *Flourishing: Positive Psychology and the Life Well-Lived*, American Psychological Association, Washington, 2003, pp. 275-289, y Sara B. Algoe y Jonathan Haidt, "Witnessing Excellence in Action: The 'Other-Praising' Emotions of Elevation, Gratitude, and Admiration", en *Journal of Positive Psychology*, núm. 4, 2009, pp. 105-127.

19. Leif D. Nelson y Michael I. Norton, "From Student to Superhero: Situational Primes Shape Future Helping", en *Journal of Experimental Social Psychology*, núm. 41, 2005, pp. 423-430.

20. Robert B. Cialdini y David A. Schroeder, "Increasing Compliance by Legitimizing Paltry Contributions: When Even a Penny Helps", en *Journal of Personality and Social Psychology*, núm. 34, 1976, pp. 599-604; para una ampliación reciente, véase Sachiyo M. Shearman y Jina H. Yoo, "Even a Penny Will Help! Legitimization of Paltry Donation and Social Proof in Soliciting Donation to a Charitable Organization", en *Communication Research Reports*, núm. 24, 2007, pp. 271-282.

21. Jessica M. Nolan, P. Wesley Schultz, Robert B. Cialdini, Noah J. Goldstein y Vladas Griskevicius, "Normative Social Influence Is Underdetected", en *Personality and Social Psychology Bulletin*, núm. 34, 2008, pp. 913-923; P. Wesley Schultz, Jessica M. Nolan, Robert B. Cialdini, Noah J. Goldstein y Vladas Griskevicius, "The Constructive, Destructive, and Reconstructive Power of Social Norms", en *Psychological Science*, núm. 18, 2007, pp. 429-434, y Hunt Alcott, "Social Norms and Energy Conservation", MIT Center for Energy and Environmental Policy Research, documento de trabajo, 2009.

22. Charles Darwin, *The Descent of Man and Selection in Relation to Sex*, Murray, Londres, 1871.

23. Francis J. Flynn y Vanessa K. B. Lake (ahora Bohns), "If You Need Help, Just Ask: Underestimating Compliance with Direct Requests for Help", en *Journal of Personality and Social Psychology*, núm. 95, 2008, pp. 128-143.

24. Dale T. Miller, "The Norm of Self-Interest", en *American Psychologist*, núm. 54, 1999, pp. 1053-1060.

25. Alexis de Tocqueville, *Democracy in America*, Anchor Press, Garden City, 1835/1969, p. 526.

26. Robert Wuthnow, *Acts of Compassion*, Princeton University Press, Princeton, 1993.

27. David Krech y Richard S. Crutchfield, *Theory and Problems of Social Psychology*, McGraw-Hill, Nueva York, 1948.

28. Stephanie Garlock y Hana Rouse, "Harvard Most Values Success, 2014 Says", en *Harvard Crimson*, 2 de septiembre de 2011; "Harvard College Introduces Pledge for Freshmen to Affirm Values", en *Harvard Crimson*, 1o. de septiembre de 2011, y Hana Rouse, "College to Remove Signatures from Freshman Kindness Pledge", en *Harvard Crimson*, 7 de septiembre de 2011.

29. Barry Schwartz, "Psychology, Idea Technology, and Ideology", en *Psychological Science*, núm. 8, 1997, pp. 21-27.

30. Wayne Baker y Adam M. Grant, "Values and Contributions in the Reciprocity Ring", documento de trabajo, 2007.

31. Dan Ariely, Anat Bracha y Stephan Meier, "Doing Good or Doing Well? Ima-
ge Motivation and Monetary Incentives in Behaving Prosocially", en *American Economic Review*, núm. 99, 2009, pp. 544-555.

32. Harry M. Wallace y Roy F. Baumeister, "The Performance of Narcissists Ri-
ses and Falls with Perceived Opportunity for Glory", en *Journal of Personality and
Social Psychology*, núm. 82, 2002, pp. 819-834.

33. Vladas Griskevicius, Joshua M. Tybur, and Bram Van den Bergh, "Going
Green to Be Seen: Status, Reputation, and Conspicuous Conservation", en *Journal
of Personality and Social Psychology*, núm. 98, 2010, pp. 392-404.

34. Chun Hui, Simon S. K. Lam y Kenneth K. S. Law, "Instrumental Values of
Organizational Citizenship Behavior for Promotion: A Field Quasi-Experiment", en
Journal of Applied Psychology, núm. 85, 2000, pp. 822-828.

35. Harry Lewis, "The Freshman Pledge", en Blogspot, 20 de agosto de 2011,
bit.ly/1t3fy87

36. Peter M. Gollwitzer, Paschal Sheeran, Verena Michalski y Andrea E. Sei-
fert, "When Intentions Go Public: Does Social Reality Widen the Intention-Beha-
vior Gap?", en *Psychological Science*, núm. 20, 2009, pp. 612-618.

37. Sonya Sachdeva, Rumen Iliev y Douglas L. Medin, "Sinning Saints and Saintly
Sinners: The Paradox of Moral Self-Regulation", en *Psychological Science*, núm. 20,
2009, pp. 523-528.

38. C. Daniel Batson, Jay S. Coke, M. L. Jasnoski y Michael Hanson, "Buying
Kindness: Effect of an Extrinsic Incentive for Helping on Perceived Altruism", en
Personality and Social Psychology Bulletin, núm. 4, 1978, pp. 86-91, y Ziva Kunda
y Shalom H. Schwartz, "Undermining Intrinsic Moral Motivation: External Reward
and Self-Presentation", en *Journal of Personality and Social Psychology*, núm. 45,
1983, pp. 763-771.

39. E. M. Forster, *Aspects of the Novel*, Penguin Classics, Nueva York, 1927/2005.

40. Marcia A. Finkelstein, Louis A. Penner y Michael T. Brannick, "Motive,
Role Identity, and Prosocial Personality as Predictors of Volunteer Activity", en *Social Behavior and Personality*, núm. 33, 2005, pp. 403-418; Adam M. Grant y Jane E.
Dutton, "Beneficiary or Benefactor: Are People More Prosocial When They Reflect
on Receiving or Giving?", en *Pyschological Science*, núm. 23, 2012, pp. 1033-1039, y
Adam M. Grant, "Giving Time, Time After Time: Work Desing and Sustained Employee Participation in Corporate Volunteering", en *Academy of Management Review*, núm. 37, 2012, pp. 589-615.

Capítulo 9: Desde las sombras

1. Marco Aurelio, *Meditations*, traducción de Gregory Hays, Random House,
Nueva York, 2002, p. 55.

2. Entrevista personal con "Derek Sorenson", 11 de enero de 2012.

3. Bruce Barry y Raymond A. Friedman, "Bargainer Characteristics in Distributive and Integrative Negotiation", en *Journal of Personality and Social Psychology*, núm. 74, 1998, pp. 345-359.

4. Entrevista personal con Sherryann Plesse, 13 de abril de 2012.

5. Correspondencia personal con Peter Audet, 1° de julio de 2012.

Acciones para tener impacto

1. Entrevistas personales con Jay, 19 de abril y 10 de mayo de 2012, y su asistente, 3 de mayo de 2012.

2. Amy Wrzesniewski, Justin M. Berg, Adam M. Grant, Jennifer Kurkoski y Brian Welle, "Job Crafting in Motion: Achieving Sustainable Gains in Happiness and Performance", documento de trabajo, 2012.

3. Corporate Executive Board, "Creating an Effective Reward and Recognition Program", marzo de 2006, consultado el 12 de mayo de 2012, bit.ly/1zd6JFg

4. Entrevista personal con Chris Colosi, 20 de marzo de 2012.

5. Entrevista personal con Jim Quigley, 23 de agosto de 2011.

6. Entrevista personal con Matt Wallaert, 8 de febrero de 2012.

7. Entrevista personal con Nipun Mehta, 23 de marzo de 2012.

8. Entrevista personal con Ivan Misner, 31 de enero de 2012.

9. Las entrevistas sobre The Kindness Offensive fueron realizadas por Laurence Lemaire y Matt Stevens con los fundadores David Goodfellow, Benny Crane, James Hunter y Rob Williams, 3 de marzo de 2012, mientras que la entrevista con Ryan Garcia fue realizada por Valentino Kim, 20 de marzo de 2012.

10. Wayne Baker y Cheryl Baker, "Paying It Forward: How Reciprocity Really Works and How You Can Create It in Your Organization", University of Michigan, invierno de 2011, consultado el 14 de mayo de 2012, http://www.bus.umich.edu/Positive/News/newsletter/2-23-11/baker-paying.html

ÍNDICE ANALÍTICO

Esta obra se imprimió y encuadernó
en el mes de octubre de 2021, en los talleres
de Impregráfica Digital, S.A. de C.V.,
Av. Coyoacán 100–D, Col. Del Valle Norte,
C.P. 03103, Benito Juárez, Ciudad de México.